SV

Carolin Amlinger/Oliver Nachtwey

GEKRÄNKTE FREIHEIT

Aspekte des libertären Autoritarismus

Suhrkamp

Bibliographische Information der Deutschen Nationalbibliothek
Die Deutsche Nationalbibliothek verzeichnet diese Publikation
in der Deutschen Nationalbibliographie;
detaillierte bibliographische Informationen im Internet über
http://dnb.de-nb.de abrufbar.

4. Auflage 2023

Erste Auflage 2022
Originalausgabe

Umschlaggestaltung: Rothfos und Gabler, Hamburg
Satz: Satz-Offizin Hümmer GmbH, Waldbüttelbrunn
Druck: GGP Media GmbH, Pößneck
Printed in Germany
ISBN 978-3-518-43071-2

www.suhrkamp.de

Inhalt

Einleitung

Meine Freiheit muss noch lang' nicht deine Freiheit sein.
Meine Freiheit: ja! Deine Freiheit: nein!
Meine Freiheit wird von der Verfassung garantiert,
Deine hat bis jetzt nicht interessiert.
Barbara Peters/Georg Kreisler,
»Meine Freiheit, deine Freiheit« (1985)

Die alte Schulfreundin, der Kollege, das Familienmitglied, die neuerdings davon raunen, dass sie ihre Freiheit bedroht sehen – die meisten von uns können wohl von solchen Begegnungen berichten. Die Gespräche mit ihnen haben sich verändert. Wir vermeiden bestimmte Themen, weil wir wissen, dass sie auf einen rutschigen Abhang argumentativer Eskalation führen können. Manchmal löst sich ein Gesprächsfaden, im schlimmsten Fall eine alte Beziehung auf. Kinder entfremden sich von ihren Eltern. Sie brechen sogar den Kontakt ab, da sie es nicht länger aushalten, Zeug:innen einer fortschreitenden Radikalisierung zu werden.

Oft handelt es sich bei den entsprechenden Personen um Menschen, die sich selbst als aufgeklärt und liberal beschreiben und die nicht selten über eine umfassende Bildung verfügen. Ihre Sorge gilt nicht autoritären Populisten, weder Donald Trump noch Wladimir Putin, und auch nicht rechtspopulistischen Parteien wie der AfD. Sie wähnen sich eingeschnürt von einer Vielzahl von Regeln, Vorschriften und Verboten. Diese ersonnen habe der »Mainstream« oder neuerdings die »Woken«. Sie sehen sich als Opfer eines sinistren Establishments, in dem Liberale und Linke, Wissenschaft und globale Unternehmen einen Totalitarismus ungekannten Ausmaßes vorbereiten.

Wir (und unsere Mitarbeiter:innen in den entsprechenden Projekten) haben mit einer Reihe von Menschen gesprochen, die auf die eine oder andere Weise ins *Driften* gekommen sind. Unsere Forschung beruht auf mehr als sechzig Interviews mit Personen aus der Querdenken-Szene (45) sowie zivilgesellschaftlich aktiven AfD-Anhänger:innen (16). Viele der Begegnungen gingen uns noch lange nach. Meistens erschienen uns die Gesprächspartner:innen im ersten Moment gar nicht als die aggressiven Charaktere, als die sich einige schließlich entpuppten. Wir lernten sie als freundliche, ja sogar herzliche Menschen kennen. Allerdings wirkten sie auf uns eigentümlich verstimmt und enttäuscht von der Welt – gekränkt. Im Laufe der Gespräche tauchten neue Facetten ihrer Persönlichkeit auf, vor allem radikale und autoritäre. Sie ließen ihrer Wut freien Lauf, wahrscheinlich auch, weil wir ihnen in unserer Rolle als soziologische Beobachter:innen nicht widersprachen, sondern zuhörten, zuweilen nachfragten.

Da war etwa Herr Rudolph, ein verarmter Fabrikantensohn, der für das Interview extra Kuchenteilchen geholt hatte. Auch Kaffee stand bereit, eine Kanne mit, eine Kanne ohne Koffein. Ein Grüner der ersten Stunde, ein Kosmopolit, der viele Teile des Globus bereist hat, schilderte er eine bewegte Lebensgeschichte voller Einsatz für die gute Sache. Rudolph hat sich für seine Familie aufgeopfert, aber niemand hat es ihm gedankt. An seinem Küchentisch, an dem er nun höflich und zuvorkommend Kaffee einschenkt, habe schon »die halbe Welt« gesessen. Heute gerät er jedoch in Rage, wenn er von der »Überfremdung« seiner Heimat berichtet. Er ist nicht mehr zu bremsen, es wird beklemmend, als er von seinen Rachefantasien gegenüber jenen spricht, die er verantwortlich macht für die Malaise.

Frau Weber hingegen wünscht sich eine Welt, in der es harmonisch zugeht. Sie meditiert für den Weltfrieden und gibt Kurse in dieser Technik. Für sie zählen menschliche Nähe, Kontakte, Berührungen – und all das werde Kindern in der Coronapandemie vorenthalten. Niemand würde das thematisieren, erst recht nicht die »gleichgeschalteten« Medien. Im Staat sei etwas faul, da stimme etwas grundsätzlich nicht. Mit dem Umstand, dass Rechtsextreme auf den von ihr besuchten Demonstrationen mitlaufen, hat sie kein Problem.

Während sich Frau Weber mehrfach entschuldigt, dass sie nicht konsequent gendere, ist der Genderstern für andere zum Symbol einer heraufziehenden Unfreiheit geworden. Einige Intellektuelle sind der Ansicht, es sei kaum noch möglich, vom »Mainstream« abweichende Positionen zu vertreten. Sie warnen vor einer Meinungsdiktatur. Einst hingen sie subversiven Theorien an und traten für die emanzipatorische Überwindung der bestehenden Ordnung ein. Jetzt kämpfen sie für eine nostalgische »Retrotopie« (Zygmunt Bauman), in der alles so werden soll, wie es einmal war. Sie tigern mit dem heißen Atem des Ressentiments durch die Talkshows, wo sie vor einem Millionenpublikum erklären, dass sie mundtot gemacht werden sollen.

Freiheitskonflikte

In vielen Auseinandersetzungen der Gegenwart kommt irgendwann der Punkt, an dem jemand auf das Recht der individuellen Freiheit pocht. Doch was hier verteidigt wird, ist ein anderer Freiheitsbegriff als der, den sich das aufstrebende Bürgertum und die Arbeiterbewegung einst auf die Fahnen geschrieben hatten. Der Ruf nach Freiheit richtete sich damals gegen die absolutistische Monarchie, gegen feudale Abhängigkeiten, die Herrschaft der Kirche und der Zünfte, gegen die staatliche Zensur.

Der Begriff der Freiheit war verbunden mit der Forderung nach gleichen Bürgerrechten, etwa nach Meinungsfreiheit und dem allgemeinen Wahlrecht. Heute sind die Freiheitsrechte, die einen Schutz vor staatlicher Willkür bedeuten, weitgehend realisiert.

Aber nur, weil wir *im Prinzip* von staatlicher Willkür frei sind, steht es uns noch lange nicht frei, alles zu tun, wonach uns gerade ist. Der soziale Aufstieg bleibt vielen verwehrt, weil die ökonomische Macht nach wie vor höchst ungleich verteilt ist (manche, wir etwa, sprechen deshalb von einer Klassengesellschaft). Wir müssen bei Rot an der Ampel halten, Steuern zahlen und als Kinder zur Schule gehen. Es gibt also in jeder Gesellschaft Regeln, die die Freiheit einschränken. Regeln, die einen offiziellen und formellen Charakter haben und vom Staat durchgesetzt werden, beispielsweise die Straßenverkehrsordnung. Es gibt auch Normen, die eher informeller Natur sind: Wenn eine ältere Person Sie bittet, ihr beim Überqueren der Straße zu helfen, müssen Sie das nicht tun und können weiter Ihres Weges ziehen. Sie können auch einen Döner im vollbesetzten Zugabteil verspeisen, wenn Ihnen die entgeisterten Blicke der Mitreisenden nichts ausmachen.

In der Gegenwart wird oftmals ein libertäres Freiheitsverständnis sichtbar, das gewandelte gesellschaftliche Übereinkünfte als äußere Beschränkungen betrachtet, die die eigene Selbstverwirklichung auf illegitime Weise eingrenzen. Die Anhänger:innen eines solchen Verständnisses empfinden das Tragen eines Mund-Nasen-Schutzes oder gendersensible Sprachkonventionen als Blockade, die sie in ihrer Entfaltung hemmt. Manche gehen sogar noch weiter und richten sich auch gegen die Voraussetzungen, die Freiheit ermöglichen. Sie wollen keine (oder nur sehr niedrige) Steuern bezahlen, fahren aber selbstverständlich auf den Straßen, die aus Steuermitteln finanziert werden. Sie ignorieren, dass medizinische Spitzenforschung ohne staatliche Gelder nicht denkbar wäre und dass Bildung in öffentlichen Schulen die Grundlage individueller Selbstentfaltung ist.

In heutigen Freiheitskonflikten kulminiert eine Entwicklung, die sich in den letzten Jahrzehnten angedeutet hat. Sichtbar wird sie mit der Rückkehr des intervenierenden Staates, der das individuelle Handeln einschneidend limitiert. Anders als klassische Rechte wollen die Menschen, die nun auf die Straße gehen, keinen starken, sondern einen schwachen, geradezu abwesenden Staat. Ihre zuweilen frivole Subversion und die rabiate Ablehnung anderer Ansichten zeugen jedoch zugleich von autoritären Einstellungen. Sie verneinen die Solidarität mit vulnerablen Gruppen, sind verbal martialisch und hoch aggressiv gegen jene, die sie als die Verursacher von Einschränkungen ihrer Freiheit identifizieren. Sie tragen rechte Verschwörungstheorien vor, aber den Vorwurf, rechts zu sein, weisen sie entschieden von sich. Dieser Autoritarismus, der auf der unbedingten Autonomie des Individuums beharrt, ist ein Symptom dafür, dass die etablierten politischen Koordinaten in Unordnung geraten sind. Was steckt hinter diesem Wandel? Waren solche Menschen schon immer autoritär, und war uns das nur nicht bewusst? Oder haben sie eine plötzliche biografische Wende vollzogen?

Auch wir werden diese Fragen nicht endgültig klären können, präsentieren in diesem Buch aber Anhaltspunkte dafür, dass die Ursachen in der historischen Entwicklung *kapitalistischer* Gesellschaften zu finden sind. In diesem Sinne betrachten wir den *libertären Autoritarismus* nicht als irrationale Bewegung gegen, sondern als Nebenfolge spätmoderner Gesellschaften. Ihr Versprechen der individuellen Selbstverwirklichung birgt ein Kränkungspotenzial, das in Frustration und Ressentiment umschlagen kann. Die Menschen, denen wir begegnet sind, verteidigen *die* Freiheit, *ihre* Freiheit – doch dies auf eine merkwürdig apodiktische, ja geradezu autoritäre Weise. Wir verstehen diesen libertären Autoritarismus als Symptom einer individualistischen Freiheitsidee, in der gesellschaftliche Abhängigkeiten abgewehrt werden. Freiheit ist in dieser Perspektive kein geteilter gesellschaftlicher Zustand, sondern ein persönlicher Besitzstand. Der libertär-autoritäre Protest richtet sich *gegen* die spätmoderne Gesellschaft, rebelliert aber *im Namen* ihrer zentralen Werte: Selbstbestimmung und Souveränität.

Das gilt für den Mann, der gegen staatliche Bevormundung demonstriert; den Rentner, der sich als Personal einer Deutschland GmbH gegängelt sieht; oder die Intellektuellen, deren Skeptizismus in neue Letztbegründungen kippt. Auch gegen äußere Widerstände bleiben sie sich selbst treu und nehmen dafür im Zweifel massive Nachteile wie einen Verlust des Arbeitsplatzes oder eine Isolation vom sozialen Umfeld in Kauf. Sie möchten sich außerdem verstehend mit den Problemen, die sie umgeben, auseinandersetzen. Ob von Berufs wegen oder in ihrer Freizeit, sie wälzen Berge von Büchern oder durchforsten alternative Nachrichtenportale. Übergeordnete Instanzen oder vorgegebenes Wissen betrachten sie mit Skepsis. Doch diese Ansprüche auf Autonomie und Selbstentfaltung lassen sich oft nicht erfüllen. Die Versprechen der spätmodernen Gesellschaft stellen sich für sie als leer heraus. Also entwickeln sie einen Groll gegen jene Personen und Instanzen, denen sie die Verantwortung für ihr Scheitern zuschreiben. Sie wollen die erlittene Kränkung nicht hinnehmen und wehren sich, indem sie in den selbst erklärten Widerstand gehen oder in den sozialen Netzwerken unermüdlich Kommentare gegen ihre Feindbilder posten. Nicht selten zwingt eine Steigerungslogik sie zu immer radikaleren Positionen.

Die libertären Autoritären, die uns in diesem Buch beschäftigen, stehen dem sozialen Wandel bisweilen ohnmächtig gegenüber. Dies heißt im Umkehrschluss keineswegs, dass frustrierende Erfahrungen zwangsläufig anomische oder gar autoritäre Reaktionen hervorrufen. Zudem variieren die Freiheitsgrade in der Verfolgung der eigenen Interessen zwischen Klassen, Schichten und Berufsgruppen stark. Es gibt zweifelsohne gelingende Lebensweisen, sie sind sogar in der Überzahl. Menschen können ihre Ansprüche den verfügbaren Möglichkeiten anpassen. Aber einige verteidigen ihre individuellen Handlungsräume gegen mögliche Einschränkungen mit rabiater Vehemenz. Ein spätmodernes Gefühl der Ohnmacht, das wir als *gekränkte Freiheit* beschreiben, treibt sie an. Ob sie gegen eine imaginäre Diktatur auf die Straße gehen, ob sie ihren Hang zum Verschwörungsdenken ausleben oder ihr Ressentiment gegen Minderheiten – immer sind *sie* es, die die Zumutungen der Spätmoderne durchschaut haben. Ihre Energie erschöpft sich praktisch nie, sie sehen sich als Freiheitskämpfer:innen oder als Avantgarde eines neuen Grundsatzkonfliktes.

Libertärer Autoritarismus

Mit dem Wandel der Gesellschaft hat sich auch der Autoritarismus verändert.[1] Wir betrachten den libertären Autoritarismus als eine Metamorphose des autoritären Charakters, wie die Kritische Theorie ihn im 20. Jahrhundert beschrieb. In den *Studien zum autoritären Charakter* aus dem Jahr 1950, an denen der Soziologe und Philosoph Theodor W. Adorno maßgeblich beteiligt war, wird das autoritäre *Syndrom* durch eine Kombination verschiedener Merkmale bestimmt: unter anderem die starre Verfolgung konventioneller Werte, die Unterwerfung unter eine idealisierte Autorität, binäres Machtdenken und Überlegenheitsfantasien oder allgemeine Feindseligkeit.[2] Wie sich im Verlauf des vorliegenden Buches zeigen wird, sind bei den von uns untersuchten Personengruppen die ersten beiden Eigenschaften nur noch sehr eingeschränkt anzutreffen. Als *libertäre* Autoritäre sind ihnen Konventionalismus und insbesondere Unterwürfigkeit fremd. Sie weisen somit Ähnlichkeiten mit einem

Typus auf, den die Vertreter:innen der Kritischen Theorie schon früh identifiziert, damals aber noch als Randfigur betrachtet hatten. Die autoritären »Rebellen«, wie der Sozialpsychologe Erich Fromm sie 1936 nannte, reagierten, »wo immer sie Autoritäten begegnen, ebenso automatisch auflehnend und rebellisch«.[3] Eins waren sie jedoch ganz und gar nicht: libertär. Einem Wert wie »Freiheit« standen sie »gleichgültig gegenüber«.[4]

Die von uns untersuchten Personen lehnen sich trotzig gegen soziale Konventionen auf, sind beseelt von dem anarchischen Impuls, ihre Anliegen gegen alle äußeren Widerstände durchzusetzen. Dabei entwickeln sie bisweilen eine unermüdliche destruktive Aktivität, die als heroischer Mut, zu sich selbst zu stehen, gewendet wird. *Libertär* ist ihr Autoritarismus, weil er eine Abwehr gegen jede Form der Einschränkung individuellen Verhaltens darstellt. In ihm wirkt eine negative Freiheitsidee fort, in der sich das Individuum im Gegensatz zur gesellschaftlichen Ordnung verortet. Die libertären Autoritären identifizieren sich nicht mit einer Führerfigur, sondern mit sich, ihrer Autonomie.

Eine autoritäre Rebellion kann in gesellschaftlichen Situationen auftreten, in denen politische Mächte an Legitimation verlieren. Dann also, wenn Autoritätsfiguren das Versprechen, Statthalter ungestillter Bedürfnisse zu sein, nicht mehr glaubhaft vermitteln können. Hier schlägt die Bewunderung der Untergeordneten in Verachtung und Hass um. Die ehemalige Bundeskanzlerin Angela Merkel wurde in der zweiten Hälfte ihrer Amtszeit von ihren Kritiker:innen von rechts meist als schwach wahrgenommen: In der Euro-Krise galt sie als zu nachgiebig und zu soft gegenüber südeuropäischen Staaten. Während der Migrationskrise 2015 schalt man sie dafür, »die Grenzen geöffnet« zu haben. Die ihr zur Last gelegte Schwäche steigerte sich nach ihrem Ausspruch »Wir schaffen das!« zum Aufwallen eines keineswegs auf rechte Kreise beschränkten Grolls.

Der Trotz gegen die Autorität resultiert aus der kränkenden Einsicht, dass auch sie mangelhaft und fehlbar ist. Doch selbst wenn es hier zu einer Auflehnung gegen Autoritäten kommt, bleibt die Charakterstruktur wesentlich *autoritär*. Der libertäre Autoritarismus führt seinen Kampf gegen die falsche Autorität im Namen einer wahren: der Freiheit. Sie wird nun aber nicht länger von einer mächtigen Führerfigur verwirklicht, sondern das Individuum ermächtigt sich selbst. Dabei partizipieren auch die libertären Autoritären an einem binären »Machtdenken«, das die eigene Überlegenheit wie die Schwäche des Gegners zur Schau stellt.[5] Während man die Eigengruppe glorifiziert, herrscht »Strafsucht« gegenüber der Fremdgruppe.[6] Anders als klassische Autoritäre, die die vermeintliche moralische Schwäche ihrer Gegner herausstellten, genießen es libertäre Autoritäre, die Bigotterie ihrer Kritiker:innen aufzuspießen.

Die Kritische Theorie hatte den autoritären Charakter des 20. Jahrhunderts vor Augen, der unterwürfig gegen Autoritätsfiguren und feindselig gegen Andersdenkende und Minderheiten war. Die libertären Autoritären unserer Gegenwart sehnen sich nicht primär nach traditionalistischen Werten, sie unterwerfen sich auch nicht unkritisch Führerfiguren. Sie nehmen sich als modern und durchaus progressiv wahr, selbst wenn sie von der eigenen Macht und Überlegenheit beseelt sind. Autoritär sind sie insofern, als sie bei den demokratischen Kontrahenten weder plausible Werte noch nachvollziehbare Interessen – mit denen ja ein Kompromiss denkbar wäre – zu erkennen vermögen. Für diese libertären Autoritären kann es keine räsonierende Aushandlung geben, schließlich folgen *die anderen* stets finsteren Absichten und geheimen Plänen.

Zum Aufbau des Buches

Bevor wir uns ausführlich mit dem Charakter und sozialen Ort des libertären Autoritarismus beschäftigen, widmen wir uns im ersten Kapitel, »Aporien der Aufklärung«, dem kritischen Potenzial der Freiheitsidee, und zwar in doppelter Hinsicht: An sie knüpfen einerseits soziale Bewegungen an, die im Namen der Freiheit mobilisieren. Auf der anderen Seite lädt die Norm der Freiheit stets dazu ein, über ihre Widersprüche und Selbstgefährdungen nachzudenken und kritisch zu überprüfen, inwieweit sie in der gesellschaftlichen Realität erfüllt ist. Angesichts des Faschismus und der kapitalistischen Massendemokratien lautete der zentrale Befund der Kritischen Theorie, dass der bürgerlichen Freiheit die Möglichkeit der Regression innewohnt. Die moderne Gesellschaft schaffe zwar materiellen Wohlstand, zugleich beschneide sie aber die Emanzipationsräume der Individuen. Man ging davon aus, dass in den Aporien der modernen Freiheit ein autoritäres Potenzial schlummert.

Das zweite Kapitel, »Freiheit in Abhängigkeit«, spürt diesen Aporien nach und geht zunächst zu den historischen Ursprüngen des modernen Individuums zurück. Die Emanzipation aus feudalen Abhängigkeiten schuf keineswegs wahrhaft selbstbestimmte Menschen, sondern der Individualismus der bürgerlichen Gesellschaft verband sich mit Ungleichheiten und Differenz. Die Besitzbürger und Kaufleute waren frei, die Arbeiter »doppelt frei«: Sie waren auch frei von Privateigentum und abhängig von der Lohnarbeit. Das spätmoderne Individuum ist heute in seiner Grundkonstitution ambivalent. Es kann zwar sein Leben wie nie zuvor autonom gestalten, ist aber zugleich gesellschaftlichen Zwängen unterworfen. Mit dem Soziologen Ulrich Beck analysieren wir negative Individualisierungen, die den bisherigen Zuwachs an Handlungsspielräumen einschränken.

Das Individuum in Gegenwartsgesellschaften ist leistungsorientiert und passt sich den kompetitiven Gesetzen des kapitalistischen Marktes an, gleichzeitig hat mit dem Aufkommen gegenkultureller Alternativbewegungen nach 1968 die Idee des authentischen Selbst an Wirkmächtigkeit gewonnen. Insbesondere in der Mittelklasse verbindet sich das Bedürfnis nach Selbstverwirklichung mit dem Drang nach Erfolg und Anerkennung. Eine Verknüpfung, die systematisch Enttäuschungen produziert. Es entsteht eine verdinglichte Freiheit, die als individuelle Eigenschaft und nicht als gesellschaftliches Verhältnis gedacht wird. Erfahrene Abhängigkeiten werden ignoriert, ja sogar geleugnet. Die Affirmation einer solchen rein negativen Freiheit ist eine wesentliche Quelle des libertären Autoritarismus.

Das dritte Kapitel, »Ordnung der Unordnung«, verortet die Zwickmühlen der Individualität in der sozialen und politischen Dynamik spätmoderner Gesellschaften, in denen wir eine *regressive Modernisierung* am Werk sehen. Darunter verstehen wir Entwicklungen, die durch eine widersprüchliche Gleichzeitigkeit von Modernisierung und Gegenmodernisierung charakterisiert sind. Normenwandel und eine gesteigerte Sensibilität gegenüber Diskriminierungen öffnen den politischen Raum, produzieren aber auch Schließungen und neue Konflikte. Wissen wird unter diesen Bedingungen ebenfalls umkämpft: Zwar verfügen Individuen über mehr Bildung und Techniken der Wissensaneignung, paradoxerweise wissen sie aber immer weniger von der Wirklichkeit. Mit der Zunahme globaler Risiken entsteht eine Abhängigkeit vom Wissen Dritter, insbesondere von wissenschaftlicher Expertise.

Auch die Krise der demokratischen Repräsentation kann als eine Folge regressiver Modernisierung verstanden werden. Das politische System wird als abgeschlossen und hermetisch, ja als »postdemokratisch« empfunden (Colin Crouch). Doch auch die herrschaftskritischen Gegenbewegungen tragen mitunter nicht zur Korrektur des Problems bei, sondern verschärfen es zusätzlich. Man artikuliert apodiktisch plebiszitäre Forderungen, hat dabei aber stets die Tendenz, über das Ziel hinauszuschießen. Parallel dazu hat eine Art Gegen-Epistemologie seit den siebziger Jahren den Zweifel an der Moderne und ihren Wissensordnungen popularisiert. Allerdings radikalisierte sich die Kritik auch hier, sie ist zu einem Selbstzweck geworden und richtet sich nun gegen die soziale Realität. In beiden Fällen haben sich progressive Anliegen transformiert und ein neoautoritäres Unbehagen produziert.

Im vierten Kapitel, »Soziale Kränkung«, befassen wir uns mit den affektiven Spannungen und Friktionen, die im Inneren der Individuen durch spätmoderne Dilemmata hervorgerufen werden. Die Individualisierung verlagert gesellschaftliche Konflikte zunehmend in das Selbst. Individuen werden kränkungsanfällig, sie erleben Enttäuschungen und Frustrationen. Daraus können negative Affekte – Scham, Zorn, Groll und Ressentiment – resultieren und sich zunehmend verselbstständigen. Doch was sind die Auslöser, die bei einigen Menschen solch negative Gefühle hervorrufen? Wir sehen hier im Wesentlichen drei Dilemmata: zunächst das *Paradox egalitärer Normen*, deren Durchsetzung eine gesteigerte Sensibilität für Ungerechtigkeiten nach sich zieht; dann *Aspirationsdefizite*, die aus der Kluft zwischen einem rechtlich verankerten Sollzustand und seiner mangelhaften Realisierung hervorgehen; und schließlich *Zustände gesellschaftlicher Anomie*, in denen allgemein anerkannte Ziele (wie etwa Erfolg) Verhaltensweisen begünstigen, die gegen bestimmte soziale Regeln verstoßen. Dabei kann es sich um eine Überidentifikation mit Normen, aber auch um rebellische bis destruktive Praktiken, um überzogenes Erfolgsstreben, Konkurrenzdenken oder Überlegenheitsgefühle handeln. Solche Reaktionen werden seit den Siebzigern mit der Figur des Narzissten verbunden und begegnen uns nun bei den libertären Autoritären wieder. Den Narzissmus, dessen zeitdiagnostische

Konjunktur bis heute ungebrochen ist, lesen wir dabei weniger als eine manifeste Zivilisationskrankheit denn als Anzeichen dafür, dass der Imaginationshaushalt spätmoderner Gesellschaften zutiefst verunsichert ist.

Im fünften Kapitel, »Libertärer Autoritarismus«, geht es um die Frage, wie die normative Unordnung zu erklären ist, in der sich das Ideal der Freiheit mit zutiefst illiberalen Ansichten und Praktiken verbindet. Wie ist die Charakterstruktur des libertären Autoritarismus beschaffen? In welchen Figuren tritt er auf, in welchen Verhaltensweisen kommt er zum Ausdruck? Wir greifen hier auf die Überlegung zurück, dass es sich beim libertären Autoritarismus um ein Symptom der verdinglichten Freiheit handelt. Der autoritäre Charakter, wie er von der Kritischen Theorie konzipiert wurde, verändert unter spätmodernen Voraussetzungen seine Form. Wir verstehen den libertär-autoritären Charakter, der sich nicht mehr primär an eine Autoritätsfigur bindet, als eine Nebenfolge der Herausbildung des befreiten und mündigen Individuums, das mit abstrakten Abhängigkeiten konfrontiert ist und sich gegen diese wendet. Der libertäre Autoritarismus ist in diesem Sinne eine demonstrative Geste der Beziehungslosigkeit.

Die Kritische Theorie des Autoritarismus betrachten wir nicht als überholt, wir nehmen jedoch Figuren in den Blick, die in der ersten Hälfte des 20. Jahrhunderts nur Nebendarsteller waren, heute aber stärker präsent sind: den bereits erwähnten »Rebellen«, der gegen Mächte trotzt, die seine Unabhängigkeit einschränken, sowie den sogenannten »Spinner«, der sich im Verschwörungsdenken verliert und die epistemische Sezession als Mittel der Selbstermächtigung nutzt. Die spätmoderne Ausweitung der Kränkungszone erreicht allerdings nicht alle Sozialräume im gleichen Ausmaß und ist aus unserer Sicht insbesondere in Milieus zu verorten, die eine eher individualistische Werthaltung aufweisen. Unter welchen Bedingungen widersprüchliche, frustrierende Erfahrungen individuell in libertär-autoritäre Einstellungen und Verhaltensweisen kippen können, versuchen wir in diesem Kapitel abschließend anhand verschiedener Szenarien zu ergründen.

Die unterschiedlichen Ausprägungen des libertären Autoritarismus veranschaulichen wir in drei Fallstudien. Im sechsten Kapitel, »Sturz der Wahrheitssuchenden«, untersuchen wir, auf welche Weise der Typus des allgemeinen Intellektuellen, der im Namen der Freiheit, Gleichheit oder Gerechtigkeit das öffentliche Wort ergreift, in ein regressives Fahrwasser geraten kann (aber selbstredend nicht zwingend muss). Die Intellektuellen, die uns hier begegnen, berufen sich eindringlich auf Meinungsfreiheit oder die Interessen der Mehrheit – allerdings um partikulare Positionen zu verteidigen. Sie stehen exemplarisch für eine unscharf gewordene Kritik an der Gesellschaft, durch die ideologische Interferenzen zwischen unterschiedlichen politischen Lagern entstehen. Was die untersuchten Intellektuellen eint, ist der Kampf gegen gemeinsame Gegner: die Identitätspolitik zuvor ausgeschlossener Gruppen und kultureller Minderheiten, gegen wissenschaftliche Expertise oder angeblich gleichgeschaltete Eliten in Staat und Medien. Wir deuten diese irritierenden Koalitionen als eine reaktive Selbstverhärtung gegen den progressiven Wandel.

In diesem Kapitel beleuchten wir die Beschneidung der Wirkungskreise von Intellektuellen, beschäftigen uns mit verdrehten Freiheitskämpfen, die unter dem Label »Cancel Culture« ausgefochten werden, und erörtern konkrete Fälle, die traditionelle politische Grenzziehungen durchkreuzen. Ein wichtiger Vorläufer dieser, wie der Kulturwissenschaftler Diedrich Diederichsen es ausgedrückt hat, »postideologischen Querfronten« ist aus unserer Sicht das Werk des Philosophen Peter Sloterdijk, dem wir einen kurzen Exkurs widmen. Darauf folgen drei konkrete Beispiele: die überschießende intellektuelle Kritik an staatlichen Maßnahmen im Zuge der Coronapandemie, der nostalgische Klassenkampf gegen die Identitätspolitik marginalisierter Gruppen und das Umschlagen eines vormals antihegemonialen postmodernen Denkens in libertär-autoritäre Positionen. Abschließend resümieren wir, wie sich die Register der Gesellschaftskritik in den letzten Jahren *ver-rückt* und gewandelt haben – Überlegungen, die für ein tieferes Verständnis der beiden folgenden Fallstudien wichtig sind.

Im siebten Kapitel, »Wiederverzauberung der Welt«, untersuchen wir die Proteste der Querdenker:innen. Die Coronamaßnahmen griffen drastisch in die alltägliche Lebensführung der Menschen ein. Alle mussten eine Maske tragen, wenn sie sich in der Öffentlichkeit bewegten. Kultureinrichtungen und Fitnessklubs waren geschlossen, die eigene Bewegungsfreiheit zeitweise eingeschränkt. Die Regierung rechtfertigte die massiven Einschnitte mit wissenschaftlichen Evidenzen über Ansteckungsrisiken und Krankheitsverläufe. Die Querdenker:innen kritisierten nicht nur die Maßnahmen als solche scharf, sondern immer wieder auch ihre Wissensgrundlage. Sie bestritten nicht allein die Gefährlichkeit einer Infektion mit dem Coronavirus, sondern sahen hinter den Maßnahmen teilweise eine groß angelegte Verschwörung.

Für unsere Analyse haben wir eine Online-Umfrage mit 1150 Querdenker:innen sowie 45 ausführliche Interviews durchgeführt, zahlreiche Demonstrationen beobachtet und uns durch Telegram-Kanäle gearbeitet. Viele der Menschen, mit denen wir gesprochen haben, stammen aus den Ausläufern der alten Alternativmilieus. Sie neigen zu New-Age-Praktiken, befassen sich mit Esoterik, machen Yoga und suchen nach innerer Harmonie. Für andere Querdenker:innen, die eher aus dem Milieu der Performer stammen, sind die hedonistische Lebensführung und der Leistungsgedanke zentral, Verschwörungstheorien spielen bei ihnen eine erhebliche Rolle, und sie sympathisieren stärker mit der AfD. Mehrheitlich handelt es sich um Menschen, die eher von links kommen, sich nun aber nach rechts bewegen. Die Entfremdung von der repräsentativen Demokratie ist bei ihnen derart groß, dass sie kein Problem damit haben, dass Rechtspopulisten oder sogar handfeste Rechtsextreme auf denselben Demonstrationen mitlaufen. Die Querdenker:innen stellen gewissermaßen einen Prototyp des libertären Autoritarismus dar: In Fragen der Lebensführung, etwa der Kindererziehung, vertreten sie eher antiautoritäre Positionen, sie sind nicht besonders fremdenfeindlich, sie kritisieren Hierarchien. Gleichzeitig verteidigen sie jedoch ein radikales individuelles Freiheitsrecht, das ins Autoritäre kippt. Viele von ihnen sind von dem Gedanken besessen, diejenigen zu bestrafen, die ihre Selbstbestimmung einschränken (wie »die« Virolog:innen und »die« Regierung).

Das achte Kapitel, »Subversion als destruktives Prinzip«, beruht auf einer empirischen Studie aus dem Jahr 2017. Die Nichtregierungsorganisation Campact, die Online-Kampagnen zu ökologischen und sozialen Themen initiiert, hatte uns 2016 kontaktiert: Einige Personen auf ihrem Verteiler protestierten gegen eine Anti-AfD-Kampagne im Vorfeld der deutschen Bundestagswahl 2017. Sie äußerten Sympathien für die rechtspopulistische Partei, nicht wenige bekundeten gar die Absicht, diese zu wählen. Gemeinsam mit Campact wollten wir herausfinden, warum einige Menschen, die sich für progressive Anliegen engagieren, eine Affinität zur AfD entwickeln. Zu diesem Zweck führten wir sechzehn biografisch-narrative Interviews mit Personen, die die Kampagne kritisiert hatten. Viele der Interviewpartner:innen verachten seit je Autoritäten, können sich nur schwer Konventionen fügen und geraten immer wieder in Konflikt mit ihrem Umfeld.

Ihre Neigung zum Extremen, Exzessiven, Subversiven ist in jüngerer Vergangenheit in ein destruktives Fahrwasser geraten. Sie wettern gegen Geflüchtete, Muslim:innen oder Jüd:innen und steigern sich bisweilen in Gewaltfantasien hinein. Die meisten haben in ihrem Leben existenzielle Brüche oder Krisen erfahren, für die sie ein korrumpiertes System verantwortlich machen, das sie in ihren Freiheiten einschränkt und »Fremde« bevorteilt. Sie erinnern an die Rebellen, die von der Kritischen Theorie erforscht wurden, weisen aber einen entscheidenden Unterschied auf: Ihre grundlegende Skepsis gegenüber Autoritäten lässt keinerlei autoritäre Identifikation zu, weder mit einer mächtigen Führerfigur noch mit der Nation. Die von uns in Anlehnung an die *Studien zum autoritären Charakter* sogenannten *regressiven Rebellen* sind wohl die radikalste Ausprägung des libertären Autoritarismus. Sie betrachten das demokratische System mit seinen liberalen Normen als derart beengend, dass sie, wenn auch nur verbal, aber doch äußerst aggressiv dagegen rebellieren. Neben dem Typus des regressiven Rebellen stellen wir außerdem seinen gewissermaßen moderateren Mitstreiter vor, den *autoritären Innovator.*

Wie ist der libertäre Autoritarismus nun einzuordnen? Was unterscheidet ihn vom Autoritarismus, wie ihn Adorno und seine Mitstreiter:innen analysiert haben? Wird er uns noch längere Zeit beschäftigen? Auf diese Fragen gehen wir im Schlusskapitel noch einmal ein. Wir fürchten, dass der libertäre Autoritarismus nicht so schnell verschwinden wird. Gleichwohl sind wir ihm nicht hilflos ausgeliefert. Es gibt Alternativen. Wir skizzieren Wege, die nicht nur unser Zusammenleben untereinander und mit der Natur verbessern würden, sondern auch dem libertären Autoritarismus den Nährboden entziehen könnten.

1. Aporien der Aufklärung: Kritische Theorie der Freiheit

Freiheit ist die leitende Imago der Moderne.[1] Mehr oder weniger unlöslich haftet sie als Begründungsfigur an den seit dem 18. Jahrhundert entstehenden bürgerlichen Gesellschaften, an der Rationalisierung, Industrialisierung, Demokratisierung und Individualisierung ihrer Lebensbereiche. Mit der Imago der Freiheit entwirft die moderne Gesellschaft ein Bild von sich selbst. Was unter Freiheit zu verstehen und wie sie zu verwirklichen sei, gehört zum Arsenal jener »Grundfragen« von Gemeinschaft und Gesellschaft, wie sie der griechisch-französische Philosoph Cornelius Castoriadis auflistete: »Wer sind wir, als Gemeinschaft? Was sind wir, die einen für die anderen? Wo und worin sind wir? Was wollen wir, was begehren wir, was fehlt uns?«[2] Über die Semantik des Freiheitsbegriffes wird die Identität der Gesellschaft als ganze wie die ihrer Mitglieder verhandelt. Sie verweist darüber hinaus auf Realisierungschancen in sozialen Institutionen, die Freiheit gewähren oder blockieren können. Und nicht zuletzt beherbergt sie ein Versprechen, eine Idee, die zum Vergleich des sozialen Seins mit einem normativen Sollen anregt.

Aus diesem Grund ist es nicht einfach, den Begriff der Freiheit exakt zu bestimmen. »Es gibt wohl kein Wort, dem man mehr unterschiedliche Bedeutungen gegeben hätte als dem Wort Freiheit. Kein Wort hat die Geister so vielfältig gefesselt«, bemerkte der französische Philosoph Montesquieu bereits 1748.[3] Für gewöhnlich wird der Begriff bis in die Gegenwart an zwei

Bedeutungshorizonte gekoppelt: *Erstens* impliziert das Freisein einer Person die Abwesenheit äußerer Zwänge, zumindest in denjenigen Bereichen, die Freiheitsräume garantieren sollen: in der privaten Lebensführung, der Wissenschaft oder der Kunst. Freiheit impliziert *zweitens* aber auch eine legitimierte gesellschaftliche Gewalt, die das Recht des Einzelnen auf Freiheit durchsetzt und es vor Verletzungen schützt, vor allem den Staat als Macht- und Entscheidungsinstanz.[4] Welche der beiden Bedeutungen in öffentlichen Auseinandersetzungen dominant ist, sagt viel über das Selbstverständnis einer Gesellschaft aus.[5] An der jeweiligen Semantik der Freiheit lässt sich ablesen, welchen *Sinn* die Mitglieder ihr geben. Soll das individuelle Schalten und Walten ein von äußeren Eingriffen geschützter Raum sein? Oder soll die Freiheit des Einzelnen über gesellschaftliche Institutionen verwirklicht werden? Hinter diesen Akzentuierungen verbergen sich höchst unterschiedliche Begründungsfiguren des Sozialen. Die Freiheitsidee kann staatliche Eingriffe in die individuelle Unabhängigkeit legitimieren (etwa wenn die Freiheitsrechte der anderen verletzt werden) oder aber den gesellschaftlichen Zusammenhalt erodieren lassen (zum Beispiel wenn die eigene Handlungsfreiheit egoistisch gegen die anderen durchgesetzt wird).

Kritik der Freiheit

Statt den modernen Freiheitsbegriff inhaltlich genauer zu bestimmen, möchten wir zunächst auf seine eigentümliche Struktur hinweisen, welche die gegenwärtige Synthese von Freiheit und Autoritarismus überhaupt erst ermöglicht. Augenscheinlich ist der Freiheitsbegriff durch eine große *Plastizität* gekennzeichnet. Er ist formbar und erhält seine Kraft erst durch die ihm innewohnenden Ambiguitäten. Während negative Freiheitskonzepte die Abwesenheit äußerer Hindernisse hervorheben, betonen positive die inneren Absichten, die der freien Willensentscheidung vorausgehen, sowie die äußeren Voraussetzungen, die zur Gewährleistung individueller Freiheit notwendig sind.[6] Der Philosoph Ernst Bloch spricht in *Das Prinzip Hoffnung* ähnlich wie Montesquieu 200 Jahre zuvor von der Größe der Worte, hinter der sich ganz unterschiedliche Imaginationen verbergen können: »Je größer die Worte, desto eher kann sich Fremdes in ihnen verstecken. Dies ist besonders mit Freiheit, mit Ordnung der Fall, wobei oft jeder sich das Seine denkt«.[7] Hellsichtig beobachtet er, dass in der enormen semantischen Spannweite konträre Bedeutungen Platz haben. Auch solche, die dem Begriff auf den ersten Blick fremd sein mögen.

Die Freiheitsidee bewährt sich im individuellen Alltagshandeln, in dem wir unser Freiheitsverständnis bestätigt oder ihm widersprochen sehen, oder auf der übergeordneten Ebene der politischen Entscheidungsgewalt, die individuelle Freiheitsrechte stärken oder einschränken kann. Imaginationen von Freiheit wirken *schöpferisch*, sie wurden zwar historisch durchaus in den Dienst planvoller Organisation gestellt oder politisch missbraucht, aber als normative Idee entziehen sie sich einer unmittelbaren Kontrolle und Lenkung. Freiheit als soziale Idee kreiert vielmehr neue historische Situationen und neue Verhaltensweisen. Aus der Pluralität ihrer Bedeutungen erwuchs ihre offene, zukunftsweisende Potenz, die sie historisch Hand in Hand mit dem Fortschritt voranschreiten ließ. Diese strukturelle Beschaffenheit macht die Freiheitsidee in der Moderne zu einer zentralen Ressource der Sinngebung.

Vor diesem Hintergrund ist nun auch eine *Kritik der Freiheit* zu verstehen, und zwar in zweifacher Hinsicht. Zum einen sind in ihr all die gescheiterten und gewonnenen sozialen Kämpfe aufgehoben, die im Namen der Freiheit geführt wurden. Für die Verwirklichung von Autonomie einzutreten beinhaltet die Kritik an Gesellschaften, die diese systematisch behindern. Die Emanzipationsbewegung des Bürgertums wollte universelle Freiheitsrechte durchsetzen, die Arbeiterklasse zielte auf die

Aufhebung der Knechtschaft in einem kapitalistischen Apparat, und die Frauenbewegung verfolgte wie die Bewegungen sozialer Minderheiten das Ziel, nicht länger diskriminiert zu werden, sondern das Recht auf freie Lebensgestaltung realisieren zu können. Das Streben nach Selbstbestimmung und Selbstentfaltung war also historisch immer auch ein Movens, Gesellschaftsordnungen zu hinterfragen.[8]

Zum anderen beinhaltet eine Kritik der Freiheit die Überprüfung ihrer eigenen Voraussetzungen, um ihrer Aporien und Selbstgefährdungen gewahr zu werden.[9] Es liegt in der normativen Natur des Freiheitsbegriffes, dass man ihn mit Skepsis betrachtet. Die Freiheitsidee kann an ihren eigenen Versprechen scheitern, wenn sie etwa nur ungenügend und gebrochen verwirklicht werden, oder sie kann unbeabsichtigte Nebenfolgen in Gang setzen, etwa wenn zur Gewährung von Freiheitschancen die individuelle Unabhängigkeit an anderen Stellen beschnitten werden muss. Dies regt dazu an, über die Begrenzungen und Widersprüche zu reflektieren, die der realen Freiheit innewohnen. Wir möchten in unserem Buch diese beiden Formen der Kritik verbinden: Ausgehend von der verstörend regressiven Kritik, die in der unmittelbaren Gegenwart im Namen der Freiheit geübt wird, analysieren wir die aporetische Struktur der bürgerlichen Freiheit, die in spätmodernen Gesellschaften das Potenzial für soziale Erosionen in sich trägt. Wenn Institutionen vor allem als Beschränkung des eigenen Wollens und Handelns betrachtet werden, sagt dies viel über unsere Gesellschaft und über die sozialen Pathologien aus, die sie hervorbringt. Denn dies war nicht immer so.

In der Moderne wurden Freiheit und Fortschritt meist in einem Atemzug genannt.[10] Prägnant kommt dies in der hegelschen Idee einer »*List der Vernunft*« zum Ausdruck, nach der sich Geschichte als »die Entwicklung des Bewußtseins des Geistes von seiner Freiheit und der von solchem Bewußtsein hervorgebrachten Verwirklichung« vollziehe.[11] Der Philosoph

Georg Wilhelm Friedrich Hegel war überzeugt, die Wirklichkeit sei immanent vernünftig, und die Vernunft realisiere sich sowohl im Handeln der Individuen als auch in der sozialen Welt. Geschichte wird hier als Fortschritt gedacht, im Zuge dessen die beschränkten Realisationsformen des Geistes, der sich in der Weltgeschichte objektiviert, überwunden werden – hin zu einer Verwirklichung der Freiheit.[12] Erst wenn sich die Individuen miteinander über sich selbst verständigen, über das, was sie sind und sein wollen, kann für Hegel überhaupt von Geschichte die Rede sein. Diese Form reflexiver Selbstverständigung denkt er praktisch, sie sedimentiert sich in der Rationalität des sozialen Handelns. Freiheit ist in diesem Sinne nicht nur ein intelligibler Maßstab der Vernunft, sondern hat ihren Ort in der sittlichen Organisation der Gesellschaft.

Die Moderne gilt als das größte Emanzipationsprojekt in der Geschichte der Menschheit. Das Vermögen, selbstbestimmt zu handeln, ist nicht länger das Privileg einiger weniger, sondern der universale Anspruch der bürgerlichen Gesellschaft.[13] Damit wird die Idee der individuellen Freiheit untrennbar an die sozialen Institutionen rückgebunden, die diese gewähren sollen. Die »ungeheure Sogwirkung des Autonomiegedankens erklärt sich«, wie der Philosoph Axel Honneth in *Das Recht der Freiheit* betont, »aus seiner Fähigkeit, zwischen dem individuellen Selbst und der gesellschaftlichen Ordnung eine systematische Verknüpfung herzustellen«.[14] Frei ist das moderne Subjekt in dieser Konzeption nicht schon dann, wenn es gemäß seinem eigenen Willen entscheidet, sondern erst, wenn es in den Prozeduren des sozialen Miteinanders frei handeln kann. Autonomie, die für gewöhnlich mit der Unabhängigkeit von äußeren Kräften in Verbindung gebracht wird, ist in der Moderne ein soziales Produkt. Selbstständig ist das Individuum nicht losgelöst *von*, sondern *in* sozialen Situationen. Umgekehrt hängt die Legitimität der gesellschaftlichen Ordnung davon ab, in welchem Maß sie die Freiheit des Einzelnen garantieren kann.[15]

Mit der Frage nach der institutionellen Gewährung von Freiheitschancen kommt ein weiterer Aspekt ins Spiel, der auf den ersten Blick im Widerspruch zur Autonomie der Einzelnen zu stehen scheint: *Herrschaft*. Die moderne Freiheit fußt auf einer asymmetrischen Ordnung, in der unterschiedliche Grade an Selbstbestimmtheit legitimiert sind. Dies gilt keinesfalls bloß für die Gesellschaften des 18. Jahrhunderts. Noch bis weit ins 20. Jahrhundert hinein war es weitgehend selbstverständlich, dass verschiedene Bevölkerungsgruppen ungleichmäßige Chancen hatten, ihre Autonomie zu realisieren. Ob dies nun Arbeiter:innen waren, die über geringe materielle Ressourcen verfügten; Frauen, denen nur eingeschränkte politische Partizipationsmöglichkeiten gewährt wurden (in der Schweiz etwa wurde das Frauenwahlrecht erst 1971, in einem Kanton gar erst 1990 durchgesetzt); oder Migrant:innen, die rechtlich weitestgehend dazu gezwungen waren (und es teilweise bis heute sind), ein Leben abseits des sozialen Miteinanders zu führen. Freiheit und Unterdrückung sind zwar augenscheinlich Gegensätze, aber beide eng an die Idee bürgerlicher Freiheit geknüpft. Zwar war man in der bürgerlichen Gesellschaft rechtlich frei, doch mussten viele ihr Leben dem unerbittlichen Takt der Fließbänder unterordnen. Die trostlose Realität in den Fabrikhallen schien das philosophische Ideal der Freiheit zu konterkarieren, wie Theodor W. Adorno in seiner 1966 erschienenen *Negativen Dialektik* resümiert:

> Seit dem siebzehnten Jahrhundert hatte die große Philosophie Freiheit als ihr eigentümlichstes Interesse bestimmt; unterm unausdrücklichen Mandat der bürgerlichen Klasse, sie durchsichtig zu begründen. Jenes Interesse jedoch ist in sich antagonistisch. Es geht gegen die alte Unterdrückung und befördert die neue, welche im rationalen Prinzip selbst steckt. Gesucht wird eine gemeinsame Formel für Freiheit und Unterdrückung: jene wird an die Rationalität zediert, die sie einschränkt, und von der Empirie

entfernt, in der man sie gar nicht verwirklicht sehen will.[16]

Es ist keineswegs so, dass Adorno hinter der realen Unfreiheit eine noch nicht erfüllte Idee erkennen wollte. Für ihn ist im bürgerlichen Freiheitsbegriff ein antagonistisches Prinzip derjenigen Gesellschaft aufgehoben, auf deren Boden er entstanden ist. So schuf die bürgerliche Gesellschaft mit der Aufhebung ständischer Schranken und Privilegien den seine Privatinteressen verfolgenden *bourgeois* und stellte ihm den *citoyen* zur Seite, den sich auf liberale Grund- und Menschenrechte berufenden Staatsbürger. Dieser Januskopf ist das »rationale Prinzip« der bürgerlichen Gesellschaft, von dem Adorno oben spricht: Sie garantiert zwar zum ersten Mal umfassende Freiheitsrechte, aber da die Freiheit wesentlich eine ökonomische ist, installiert sie im gleichen Atemzug ein neues System der Unterdrückung. Eine Parallele zu Karl Marx' 1844 formulierter Kritik der Menschenrechte liegt auf der Hand: Marx rekonstruiert die *droits de l'homme* in seinem Rezensionsessay »Zur Judenfrage« als die Rechte eines sein egoistisches Privatinteresse besorgenden Menschen, der sein Dasein isoliert von der Gesellschaft fristet. Das universale Freiheitsrecht beruht für Marx auf der Separierung der Individualinteressen, es ist das »Recht, willkürlich (à son gré), ohne Beziehung auf andre Menschen, unabhängig von der Gesellschaft, sein Vermögen zu genießen und über dasselbe zu disponieren, das Recht des Eigennutzes«. Und fügt hinzu: »Jene individuelle Freiheit, wie diese Nutzanwendung derselben, bilden die Grundlage der bürgerlichen Gesellschaft. Sie läßt jeden Menschen im andern Menschen nicht die Verwirklichung, sondern vielmehr die Schranke seiner Freiheit finden.«[17] Der institutionelle Rahmen, der die Autonomie der Individuen realisieren sollte, stellt sich realiter als eine Agentur zur Sicherung von Privatinteressen dar. Auf diese Kluft aufmerksam zu machen, die zwischen der formal garantierten Freiheit des modernen Individuums und seinem realen Potenzial zur Selbstbestimmung liegt, sah die Kritische Theorie seit ihren Anfängen als ihre Aufgabe.

Freiheit in der Kritischen Theorie

Adorno begann im November 1964 sein letztes geschichtsphilosophisches Kolleg mit einer Vorlesung, die bei den anwesenden Studierenden auf offene Ohren gestoßen sein dürfte: »[D]as kann gesagt werden: ein unmittelbarer Fortschritt zur Freiheit ist nicht zu behaupten.«[18] Ein Jahr zuvor war im Frankfurter Römer der erste Auschwitzprozess eröffnet worden, und mit ihm kehrten die verdrängten Verbrechen in das Bewusstsein der restaurativen Bundesrepublik zurück. Der Prozess führte eines vor Augen: Die List der Vernunft mündete nicht zwangsläufig in einer Selbstbestimmung der Individuen, sondern mit dem Holocaust in einem Bruch mit jeder Idee von Humanität überhaupt. Insofern ist die desillusionierende Feststellung, die Adorno als Prämisse seiner Vorlesung voranstellt, vor dem Hintergrund der unmittelbaren historischen Erfahrung nur allzu verständlich. Die moderne Gesellschaft gründete auf einem Freiheitspathos, das realiter nicht erfüllt wurde. An diesem Punkt setzt der Pathologiebefund der Kritischen Theorie ein.

Die historische Befreiung des Individuums aus natürlichen und menschengemachten Zwängen ist der zentrale normative Bezugspunkt der Frankfurter Schule, die sich ab 1931 im von dem Sozialphilosophen Max Horkheimer geleiteten Institut für Sozialforschung in Frankfurt am Main zusammenfand.[19] Das Institut war 1923 durch den Unternehmersohn Felix Weil gegründet worden, der mit seinem Erbe die sozialistische Theoriebildung unterstützen wollte. Anders als sein Vorgänger Carl Grünberg setzte es sich Horkheimer als Direktor zum Ziel, eine Gesellschaftstheorie zu entwickeln, die neben den kapitalistischen Wirtschaftsstrukturen auch das psychische Innenleben einbezog. Mitarbeiter wie der Psychologe Erich Fromm, der Ökonom Friedrich Pollock oder der Literatursoziologe Leo Löwenthal widmeten sich dem Seelenzustand von Arbeitern und Angestellten oder der Funktion des Staates für den Kapitalismus, bevor das Institut 1933 von der Gestapo aufgelöst wurde. Im Exil setzten die Mitarbeiter ihre Forschungen fort, unter ihnen Adorno und Horkheimer, die das Gesicht der Frankfurter Schule prägen sollten. Beide blieben den historischen Versprechen der Aufklärung und der Französischen Revolution stets verbunden: Freiheit, Gleichheit und Brüderlichkeit. Gerade weil sie an diesen Idealen festhielten, führte deren Nichteinlösung zu einem dunklen Fortschrittspessimismus. So sei in der Wirklichkeit zu beobachten, dass sich das Individuum zivilisatorischen Zwängen unterwerfe, die ihm seine Individualität raubten. Vor diesem Hintergrund erklärt sich auch ihre Kritik an der Freiheit in der bürgerlichen Gesellschaft. Unter dem Titel *Dialektik der Aufklärung* veröffentlichten die beiden 1947 ihre »philosophischen Fragmente« in einem Amsterdamer Exilverlag. Sie waren zuvor in New York erschienen und Friedrich Pollock zum fünfzigsten Geburtstag gewidmet. Bereits der Titel verrät, dass die beiden das Projekt der Moderne keinesfalls mit einem optimistischen Fortschrittsbewusstsein verknüpften, sondern dass es ihnen um die Reflexion seiner Aporien ging, wie sie in der im kalifornischen Exil verfassten Vorrede von 1944 klarstellen:

> Wir hegen keinen Zweifel – und darin liegt unsere petitio principii –, daß die Freiheit in der Gesellschaft vom aufklärenden Denken unabtrennbar ist. Jedoch glauben wir, genauso deutlich erkannt zu haben, daß der Begriff eben dieses Denkens nicht weniger als die konkreten historischen Formen, die Institutionen der Gesellschaft, in die es verflochten ist, schon den Keim zu jenem Rückschritt enthalten, der heute überall sich ereignet.[20]

Dieses einflussreiche Werk verarbeitet zwei gesellschaftliche Erfahrungen, die für das 20. Jahrhundert in westlichen Gesellschaften prägend waren: die Heraufkunft der kapitalistischen Massendemokratien und den Faschismus. Aus diesen Erfahrungen speist sich die Einsicht, dass der modernen Freiheitsidee die Möglichkeit zur Regression – oder, drastischer ausgedrückt: der »Selbstzerstörung«[21] – innewohnt. Der widersprüchliche Charakter der Aufklärung besteht darin, »daß der Eigenvollzug der Aufklärung in ihre Negation umschlägt«, wie der Philosoph Gunnar Hindrichs betont.[22] Mit anderen Worten: Die Gefahren von Autoritarismus und Unfreiheit lauern nicht jenseits der modernen Gesellschaft, sondern entfalten sich in ihr, aus ihrer inneren Beschaffenheit heraus. Das Buch erschien, als der Faschismus in Europa gerade besiegt worden war. Für Horkheimer und Adorno war dieser damit aber keineswegs unwiderruflich überwunden. Im kalifornischen Exil begegneten ihnen Menschen, die, davon waren sie überzeugt, empfänglich für faschistische und autoritäre Propaganda waren, auch wenn sie sich nicht offen mit ihr identifizierten.

Am griechischen Mythos der Odyssee, der laut dem Philosophen und Soziologen Jürgen Habermas die »fast verlorene Urgeschichte der Subjektivität« archiviert,[23] veranschaulichen Horkheimer und Adorno, dass der freie, vernunftgemäße Wille von jeher mit dem Drang nach Herrschaft einhergeht. Allein seiner List verdankt Odysseus es, dass er sich auf seinen Irrfahrten gegen mythische Gestalten behaupten kann – und zwar indem er sich ihnen zum Schein unterwirft: »Der Listige überlebt nur um den Preis seines eigenen Traums, den er abdingt, indem er wie die Gewalten draußen sich selbst entzaubert.«[24] Dadurch beweist er zwar seine Unabhängigkeit, bringt aber durch den Verzicht auf Wünsche und Begehren ein großes Opfer. Trotz des Verbots verzehren Odysseus' von Hunger geplagte Gefährten auf der Insel Thrinakia die Rinder des Sonnengottes Helios. Allein Odysseus widersteht der Versuchung. Der Gotteszorn lässt nicht lange auf sich warten: Nachdem ihr Schiff zur Weiterfahrt abgelegt hat, zerschellt es in einem heftigen Sturm. Nur Odysseus, der Verzicht geübt hat, überlebt. Die Pointe der Odyssee-Lektüre von Horkheimer und Adorno besteht darin, dass sich die Herrschaft über die äußere Natur nur um den Preis der Bezwingung der eigenen, inneren Natur erringen lässt. Dadurch ist die zivilisatorische Geburt des Selbst untrennbar mit Entsagung und Formierung verbunden: »Die Herrschaft des Menschen über sich selbst, die sein Selbst begründet, ist virtuell allemal die Vernichtung des Subjekts, in dessen Dienst sie geschieht«.[25] Rationalisierung und Entzauberung der Natur ermöglichen zwar bis dahin ungekannte Freiheitsspielräume, diese fußen aber auf der Herrschaft über sich und über andere. So jedoch werden Mensch wie Natur ihrer Potenziale beschnitten: Natur wird auf ihre Bearbeitbarkeit, menschliche Triebregungen auf Selbstbehauptung reduziert. Die Autoren kommen zu dem paradoxen Schluss, dass der Ursprung des autonomen Individuums gleichzeitig seine Auslöschung sei. In seiner 1947 erschienenen *Kritik der instrumentellen Vernunft* überträgt Horkheimer diese Idee auf den zeitgenössischen industriellen Kapitalismus: Das ehemals starke und nüchterne Subjekt degeneriere schließlich zu einem »eingeschrumpften Ich«.[26] In den Straßen New Yorks, wo Horkheimer 1944 an der Columbia University öffentliche Vorlesungen hielt, eilten Angestellte an ihren Arbeitsplatz, die sich nicht nur in ihrer Kleidung ähnelten, sondern auch den gleichen Anforderungen unterworfen waren. Im industriellen Spätkapitalismus entstehe ein atomisierter und außengeleiteter Sozialcharakter, der sich gegenüber monopolistischen Konzernen, Bürokratie, Normierung und sozialer Kontrolle angepasst verhalte, ja sich ihnen gar unterwerfe.[27]

Die erste Generation der Kritischen Theorie verweigerte sich also einem optimistischen Fortschrittsbewusstsein. Stattdessen können ihre Arbeiten als eine frühe Artikulation jener »defätistischen Katastrophenstimmung«[28] gelesen werden, die sich dann ab dem Ende des 20. Jahrhunderts ausbreitete. An der Idee, dass die moderne, arbeitsteilige Gesellschaft zwar materiellen Wohlstand schafft, aber gleichzeitig die Emanzipationsräume der Individuen massiv beschneidet, hielt Adorno zeitlebens fest. In seiner letzten Vorlesung zur *Einleitung in die Soziologie* im Jahr 1968 betonte er noch einmal nachdrücklich, dass er Gesellschaft als einen »Zwangsverband« verstand, »in den man nun einmal hineingeraten ist«.[29] Allerdings darf man Adorno nicht missverstehen, er wirft damit weder die individuelle Autonomie noch die Angewiesenheit des Individuums auf andere über Bord.[30] Seine Idee einer »Dialektik der Freiheit«[31] enthält immer beide Seiten, die Selbstbestimmung wie die Unterwerfung.

Eine in der Studentenbewegung um 1968 florierende, auf den ersten Blick äußerst desillusionierende Diagnose stammt von dem Philosophen Herbert Marcuse, einem Vertreter der Kritischen Theorie, der wie kaum ein anderer an der Idee der Befreiung festhielt. Liest man sein Buch *Der eindimensionale Mensch*, das drei Jahre nach der amerikanischen Erstveröffentlichung 1967 auf Deutsch erschien, klingt es, als habe sich die Herrschaft in arbeitsteiligen Gesellschaften nahezu vollkommen perfektioniert.[32] Denn die Freiräume, sich selbstständig und kritisch zu verhalten, haben sich laut Marcuse keinesfalls vergrößert, sondern im Gegenteil noch weiter verschmälert. Die Unterdrückung sei perfider geworden, denn gerade *weil* die westlich-industriellen Gesellschaften unmittelbare Zwänge über Bord geworfen hätten, da sie materielle Bedürfnisse über ein ungekanntes Warenangebot befriedigen könnten und die Sexualmoral weitestgehend liberalisiert hätten, verlören die Individuen ihre Fähigkeit zur kritischen Reflexion. Sie säßen nun vor ihren Fernsehern, die neuen Massenmedien böten ihnen eine schöne, aber eben auch »konfektionierte Welt«.[33] In der Massengesellschaft wolle der Mensch so sein wie die anderen, vor den Reihenhäusern parkten die gleichen Autos, in den Kühlschränken standen die gleichen Coca-Cola-Dosen. Denken und Sein der Menschen würden eindimensional. »In dieser Gesellschaft«, führt Marcuse aus,

> tendiert der Produktionsapparat dazu, in dem Maße totalitär zu werden, wie er nicht nur die gesellschaftlich notwendigen Betätigungen, Fertigkeiten und Haltungen bestimmt, sondern auch die individuellen Bedürfnisse und Wünsche. Er ebnet so den Gegensatz zwischen privater und öffentlicher Existenz, zwischen individuellen und gesellschaftlichen Bedürfnissen ein.[34]

Technologische Innovation, Arbeitszeitverkürzung und der wachsende Wohlstand schmälern die Notwendigkeit zu Triebunterdrückung und Sublimierung, die Horkheimer und Adorno noch als konstitutiv für moderne Gesellschaften erachtet hatten. Die Lust kann sich freier entfalten und stößt kaum noch an moralische Schranken. Der Psychoanalytiker Sigmund Freud nahm an, das auf die ungezügelte Befriedigung der Bedürfnisse zielende Lustprinzip werde durch das Realitätsprinzip in Schranken gehalten, indem dieses die Lust an die Erfordernisse der Außenwelt anpasse. In einer weitgehend enthemmten Gesellschaft verändert sich jedoch die Psychodynamik: Das Lustprinzip steht nun, dies ist der Kern von Marcuses Gesellschaftskritik, im Dienst der Unterdrückung. Der Einzelne darf zwar mehr, aber lediglich im Rahmen des gesellschaftlich Gebotenen. Das Lustprinzip ist in einer verkümmerten, auf Sexualität beschränkten Form mit dem Realitätsprinzip identisch.[35] Die Lust verliere dadurch ihren emanzipatorischen Gehalt, woraus eine repressive Entsublimierung resultiere:

> Unter dieser neuen historischen Form des Realitätsprinzips kann Fortschritt als Vehikel von Repression wirken. Die bessere und größere Befriedigung ist sehr real und ist doch, im Sinne Freuds, insofern *repressiv*, als sie in der individuellen Psyche die Quellen des Lustprinzips und der Freiheit mindert.[36]

Die emanzipatorischen Potenziale des Begehrens werden aus Sicht Marcuses durch falsche Substitute (Waren, kommerzielle Formen sexueller Attraktivität, verdinglichte Intimbeziehungen etc.) ersetzt, die einen verlockenden Schein von Freiheit erzeugen, dadurch aber die so in Gang gesetzte Unterdrückung unsichtbar werden lassen.[37] Für ihn war die Überwindung der kapitalistischen Gesellschaft die notwendige Voraussetzung, um das Streben nach Glück zu verwirklichen. Dies entsprach dem Grundgefühl der Studentenbewegung. 1967 zeichnete Marcuse in seinem Vortrag »Das Ende der Utopie« im völlig überfüllten Audimax der Freien Universität Berlin das utopische Bild einer befreiten Gesellschaft, in der eine ästhetisch-erotische Sensitivität entstehen könne, eine Lebenswelt, die Arbeit und Spiel verknüpft.[38]

Doch in den hoch industrialisierten Gesellschaften bilden sich nicht nur die libidinös getriebenen Emanzipationsmöglichkeiten der Individuen zurück, sondern mit dieser Limitierung – hier folgt Marcuse ganz dem Grundgedanken der Frankfurter Schule – werden zudem regressive Potenziale freigesetzt. Es kommt zu einem »Verlust des Gewissens«,[39] also gewissermaßen zu einer Verwahrlosung der Sittlichkeit – eine Beobachtung, die für unsere Analyse noch wichtig werden wird. Wird die konfliktreiche Dynamik von individuellem Begehren und sozialen Erfordernissen, die in modernen Gesellschaften durch Institutionen vermittelt wurde, zugunsten des individuellen Lustgewinns aufgekündigt, bilde sich auch die moralische Urteilskraft der maximal triebbefriedigten Individuen zurück. Dies erleichtere die »Hinnahme der Untaten dieser Gesellschaft«,[40] da das Über-Ich nur noch marginal ausgeprägt sei. Hemmungslose Handlungen können nicht mehr als unsittliche Abweichung wahrgenommen werden, wenn die moralischen Parameter fehlen. Dadurch breche sich eine »triebbestimmte [...] Angriffsenergie«[41] Bahn, die sich jederzeit gegen ein willkürlich gewähltes Objekt richten könne. In einer Gesellschaft, die auf

Konkurrenz und Ausbeutung beruht, wird die Triebentfesselung destruktiv. Die politischen Folgen, die Marcuse an dieser Stelle nur andeutet, hatten seinen einstigen Kollegen und späteren Kontrahenten Erich Fromm bereits früher ausführlich beschäftigt.[42]

Fromm war seit 1930 Leiter der sozialpsychologischen Abteilung des Frankfurter Instituts und galt lange als wichtigster Mitarbeiter in Sachen Theorie.[43] Im US-amerikanischen Exil kam es dann jedoch immer häufiger zu Unstimmigkeiten zwischen ihm, Horkheimer und Adorno. Den beiden missfiel Fromms Kritik an Freud. Zwar kritisierten auch sie die Psychoanalyse, aber von links. Fromms humanistisches Menschenbild, seine Betonung der Spontaneität menschlichen Handelns widersprach ihrer materialistischen Orientierung. Nach seinem nicht sehr versöhnlichen Ausscheiden aus dem Institut veröffentlichte Fromm 1941 sein Werk *Escape from Freedom*, das in deutscher Übersetzung unter dem Titel *Die Furcht vor der Freiheit* erschien. Der englische Originaltitel trifft den Inhalt allerdings deutlich besser: Fromm versucht darin, autoritäre Dispositionen als eine Flucht vor der modernen Freiheit zu verstehen. Einer Freiheit, die statt Selbstbestimmung im Individuum negative Gefühle von Isolation und Ohnmacht befördere. Auch wenn ihm von den ehemaligen Kollegen eine revisionistische Freud-Interpretation vorgeworfen wurde, entwickelt Fromm darin eine Idee, die sich später auch in der *Dialektik der Aufklärung* finden wird. Die höchst freiwillige, bisweilen lustvolle »Unterwerfung«, die den autoritären Charakter ausmacht, entspringt für ihn aus einer schlechten Auflösung des dialektischen Charakters menschlicher Freiheit. Um faschistische und autoritäre politische Systeme zu verstehen, gilt es für Fromm folgerichtig, das »Doppelgesicht der Freiheit«[44] in seinen höchst realen Widersprüchen darzustellen:

> Auf der einen Seite handelt es sich um einen Prozeß der zunehmenden Stärke und Integration, der Meisterung der

> Natur und der zunehmenden Beherrschung der menschlichen Vernunft, der wachsenden Solidarität mit anderen Menschen. Zum anderen aber bedeutet diese wachsende Individuation auch zunehmende Isolierung, Unsicherheit und, hierdurch bedingt, zunehmenden Zweifel an der eigenen Rolle im Universum, am Sinn des eigenen Lebens und, durch das alles bedingt, ein wachsendes Gefühl der eigenen Ohnmacht und Bedeutungslosigkeit als Individuum.[45]

Fromm beobachtet eine Parallele zwischen ontogenetischer und gesellschaftlicher Entwicklung des Menschen zur Freiheit. Das Kind formt sein Selbst, indem es aus der primären Bindung heraustritt, und wird dadurch seiner Autonomie und gleichzeitig seiner Schwäche gewahr. Ganz ähnlich ist für Fromm der gesellschaftliche Fortschritt der wachsenden Individualisierung organisiert. In der Moderne bildet das aus Schranken und Zwängen befreite Individuum zwar einen freien Willen mit kritischem Urteilsvermögen aus, aber es wird dadurch mit neuen Zweifeln behelligt. Das bürgerliche Zeitgefühl, das der kommunistische ungarische Philosoph Georg Lukács in seiner frühen Schrift *Die Theorie des Romans* (1920) so hellsichtig als »transzendentale Obdachlosigkeit« bezeichnete,[46] stellt Fromm damit auf ein sozialpsychologisches Fundament. Die aufgeklärte Lebensimmanenz, die aus der Aufkündigung transzendentaler Bezüge resultierte, habe im Affekthaushalt der Individuen gleichsam befreiende wie überwältigende Folgen. Wie die Romanhelden, die Lukács untersuchte, irrt das moderne Individuum in einer konfus gewordenen Welt umher, die sich gegen seine Wünsche und Strebungen richtet.

Diese negative Freisetzung folgt für Fromm, ähnlich wie für Horkheimer und Adorno, aus einer industriell-kapitalistischen Naturbeherrschung, die zwar technisch rational organisiert die Freiheitsräume vergrößert, gesellschaftlich aber irrationale Folgen zeitigt: »Ganz im Gegenteil ist diese vom Menschen geschaffene Welt zu seinem Herrn geworden, dem er sich beugt.«[47] In

Deutschland, aber auch in den USA dominierten Anfang des 20. Jahrhunderts Großkonzerne den Markt, deren Monopole zunehmend die wirtschaftliche Dynamik gefährdeten. Das Individuum unterliege, wie Fromm noch ganz in marxistischer Diktion formuliert, in diesem »Monopolkapitalismus« externen Zwängen. Ökonomische Krisen oder die Übermacht von Kartellen riefen in ihm das Gefühl hervor, es werde von dunklen Mächten gesteuert, denen es hilflos ausgeliefert sei.[48] Wenn die sozialen Institutionen das Individuum mit einem Gefühl des Mangels an Sicherheit und Zusammenhalt zurückließen, mache »dieser leere Raum die Freiheit zu einer unerträglichen Last«.[49] Es ist diese Freiheit *von* Bindung, die laut Fromm zu einem Wunsch nach Unterwerfung führt. Der Autoritarismus ist ein regressiver Versuch, die Spannung zwischen bedrohlicher Außenwelt und prekärem Selbst aufzulösen.

Mit Fromms Konzeption erfährt die Kritische Theorie der Freiheit eine Wende. Wie seine ehemaligen Kollegen sieht er die autoritären Gefahren einer negativen Freiheit. Anders als Horkheimer und Adorno formuliert er aber ein Ideal positiver Freiheit. Der Bruch mit seinen Kollegen, die damals noch stark vom Marxismus beeinflusst waren, wird in seinem Menschenbild deutlich: »Der Mensch hat die Möglichkeit, spontan in Liebe und Arbeit mit der Welt in Beziehung zu treten und auf diese Weise seinen emotionalen, sinnlichen und intellektuellen Fähigkeiten einen echten Ausdruck zu verleihen.«[50] Die Antinomien der modernen Freiheit lassen sich darum für Fromm regressiv über eine autoritäre Beherrschung und Unterwerfung auflösen *oder* aber über eine responsive Beziehung zur Welt. Im Anhang zu *Die Furcht vor der Freiheit* betont er dies als entscheidende Differenz seiner Sozialpsychologie zur Psychoanalyse Freuds: »Das Schlüsselproblem der Psychologie ist das Problem der besonderen Art der Bezogenheit des einzelnen auf die Welt, und nicht die Befriedigung oder Frustrierung einzelner triebhafter Begierden.«[51] Gegen den Determinismus der Triebe setzt er die freie, spontane Beziehungsfähigkeit der Menschen. Was sich wie eine implizite Abrechnung mit den Frankfurter Kollegen liest, ist gleichzeitig eine Erweiterung der modernen Freiheitsproblematik um ihre intersubjektiven Strukturen, in denen Resonanz erfahren oder blockiert werden kann.[52]

In diesem kurzen Durchgang durch die Freiheitsmodelle der ersten Generation der Kritischen Theorie tritt ein Grundgedanke klar zutage: In einer radikalen Desillusionierung des optimistischen Fortschrittsbewusstseins gilt ihr das Projekt der modernen Freiheit von Anbeginn als dialektisch strukturiert, so dass es im historischen Verlauf zu Pathologien und Bedrohungen kommt. Die Antinomien, denen die individuelle Freiheit im gesellschaftlichen Progress ausgesetzt ist, liegen in ihr selbst, »das heißt, daß wir, wirklich und höchst real, frei und nicht frei in eins sind«.[53] Aus der rein formalen Freiheit in arbeitsteilig organisierten Marktgesellschaften resultiert so der Widerspruch, de jure frei zu sein, aber de facto nicht über sich selbst bestimmen zu können.

Diese Idee ist in zwei Binnendifferenzierungen in der Kritischen Theorie angelegt, die historisch vor der Folie des frühen organisierten Kapitalismus des 20. Jahrhunderts zu verstehen sind. Die erste bezieht sich auf das Paradox der Befreiung in einer spätindustriellen Moderne, die über eine umfassende Liberalisierung neue Freiheitsspielräume schuf, damit aber paradoxerweise eine ungeahnte Konformität des Handelns und Denkens produzierte und so die Emanzipationsräume letztlich verkleinerte. Wir erinnern uns an Marcuse, der die befreiende, entfesselnde, im Kern jedoch destruktive Potenz der liberalen Freiheit hervorhob. Mit der zweiten Differenzierung tritt der zwingende Charakter der Individualfreiheit hinzu, der aus einer eigentümlichen Verschränkung von Konkurrenz und Monopol abgeleitet wird. Zwischenmenschliche Beziehungen sind wettbewerbsförmig organisiert, die Arbeitswelt durch die Macht großer Konzerne geprägt. Dies setzt, wie wir bei Fromm gesehen haben, Gefühle der Isolation und Abhängigkeit frei, die für autoritäre Reaktionsweisen anfällig machen.

Die historisch entwickelten Perspektiven der frühen Kritischen Theorie unterscheiden sich in ihren Nuancierungen, relativ einig ist man sich indes darin, dass »das Individuum unter den Bedingungen des Spätkapitalismus kaum eine Überlebenschance hat«.[54] In den letzten fünfzig Jahren hat das Individuum jedoch neue Vitalität geschöpft, in vielen Bereichen ist es individualistischer (und aus der Perspektive der Kritischen Theorie damit auch konformistischer) denn je. Für Zygmunt Bauman, den feinsinnigen Diagnostiker der Moderne, wurden dem »›Individuum‹« – er setzt es selbst bewusst in Anführungszeichen, um den Zweifel an der Individualität des Individuums syntaktisch einzupreisen – »alle nur erdenklichen Freiheiten, alle Freiheiten, auf die es gehofft hatte, gewährt«.[55]

Eine Kritische Theorie der Freiheit in der Gegenwart muss diesen Veränderungen Rechnung tragen. Sie kann gewinnbringend an die Deutungen der immanenten Spannungen moderner Individuen anknüpfen, ist aber herausgefordert, diese mit der neuen gesellschaftlichen Situation abzugleichen. Die klassische Kritische Theorie entstand im Angesicht des Totalitarismus und entwickelte sich unter den Bedingungen einer »organisierten Moderne«[56] weiter. Diese Moderne war »ein eingeschworener Feind der Kontingenz, Vielfalt und Ambiguität, des Eigensinns und der Idiosynkrasie«.[57] Sie wurde von oben reglementiert und standardisiert, ihre sozialen Institutionen verurteilten das Individuum zwar nicht moralisch, pressten es aber über homogene Lebens- und Erwerbschancen in eine verwaltete Welt – und ließen es dadurch entfremdet und isoliert zurück. Wir leben heute in einer anderen Gesellschaft: Die Spätmoderne ist beschleunigt, flüchtig und auf permanente Differenzierung angelegt.[58] Begehren, Wünsche und Fantasien müssen nicht mehr befreit werden. Die Idee der Befreiung als eine inhärente Potenz des menschlichen Vermögens, die allenfalls durch äußere Schranken blockiert wird, muss unter veränderten gesellschaftlichen Bedingungen neu justiert werden.[59] Freiheit ist zu einer Aufgabe des Individuums geworden. Die Antinomien, die sich zuvor weitestgehend auf die gesellschaftliche Differenz zwischen Institution und Person, zwischen Öffentlichkeit und Privatheit erstreckten, muss der Einzelne nun selbst austragen. In ihm wirken die Spannungen als ein Strom konfligierender Gefühlslagen fort, der energetisch brodelt und nach Entladung drängt. Die Kritische Theorie der Gegenwart muss das Individuum nicht länger über die Gefahren einer repressiven Gesellschaft aufklären, sie ist vielmehr aufgefordert, das gegen die Gesellschaft rebellierende Individuum vor sich selbst zu warnen. War die Kritische Theorie ursprünglich von der Idee getragen, Subjektivität als Quelle der Befreiung zu betrachten, gilt es nun, den Raum der Öffentlichkeit als eine Sphäre der Freiheit zu rehabilitieren.

Liberalismus und Autoritarismus

Vor dem Hintergrund einer extremen historischen Erfahrung, in der sich liberale Gesellschaften in faschistische Diktaturen transformierten, waren Autoritarismus und Liberalismus aus Sicht der Kritischen Theorie keine sich ausschließenden Gegensätze.[60] Im Vorwort zum ersten Band von *Kultur und Gesellschaft* betont Marcuse diese Gewissheit, die er mit den Kollegen des Instituts für Sozialforschung teilte: »[D]ie totalitäre Gewalt und die totalitäre Vernunft [kamen] aus der Struktur der bestehenden Gesellschaft […], die im Begriff stand, ihre liberale Vergangenheit zu bewältigen und ihre geschichtliche Negation sich einzuverleiben.«[61] Während liberale Gesellschaften ihre Legitimation aus der Garantie von Freiheitsräumen für ihre Bürger:innen zogen, streben totalitäre Gesellschaften per definitionem danach, in nahezu alle Sphären des sozialen Zusammenlebens hineinzuregieren. Räume der Unverfügbarkeit sind ihnen ein Dorn im Auge. Dies teilen sie mit dem traditionellen Autoritarismus, der auf der Souveränität der staatlichen Macht gegenüber dem Einzelwillen beruht.

Im amerikanischen Exil wandten sich die Mitarbeiter des Instituts für Sozialforschung der Aufgabe zu, die Knotenpunkte zu identifizieren, die die liberale Gesellschaft mit ihrer totalitären Aufhebung verbanden – nicht zuletzt, um das Umschlagen der bürgerlichen Freiheit in Autoritarismus erklären zu können. Autoritäre Maßnahmen galten der Kritischen Theorie als ein dunkler, keinesfalls aber wesensfremder Auswuchs des Liberalismus, griff dieser doch notfalls auf das staatliche Gewaltmonopol zurück, um die freie Verfügungsgewalt über das Privateigentum zu verteidigen. Marcuse verweist darauf, dass »gewaltsame Eingriffe der Staatsgewalt«[62] in der liberalen Epoche durchaus üblich waren, sei es in Form der Einschränkung der Gestaltungsmöglichkeiten des Parlaments, des harten Durchgreifens gegenüber der Arbeiterbewegung und den Gewerkschaften oder der Beschneidung sozialpolitischer Rechte sowie der Meinungs- und Pressefreiheit. Ja, die Entstehung kapitalistischer Gesellschaft selbst ist »in die Annalen der Menschheit eingeschrieben mit Zügen von Blut und Feuer«, wie Karl Marx den Prozess der ursprünglichen Akkumulation charakterisiert.[63] Das »zum Vagabunden gemachte Landvolk [wurde] durch grotesk-terroristische Gesetze in eine dem System der Lohnarbeit notwendige Disziplin hineingepeitscht, -gebrandmarkt, -gefoltert«.[64] Und auch später galt: Sorgte nicht der »stumme Zwang der ökonomischen Verhältnisse« dafür, den Widerstand in der Bevölkerung zu brechen, griff der Staat zur »unmittelbare[n] Gewalt«.[65] Die Freiheit des Eigentums wurde seit Anbeginn des Kapitalismus notfalls mit autoritären Mitteln durchgesetzt.

Im Jahr 1934, ein Jahr nach der Machtergreifung der Nationalsozialisten, erschien in der Zeitschrift des Instituts für Sozialforschung Marcuses hellsichtiger Aufsatz »Der Kampf gegen den Liberalismus in der totalitären Staatsauffassung«. Marcuse, der ein Jahr zuvor emigriert war, beobachtet, dass hinter der demonstrativen Distanzgeste, mit der sich der faschistische Staat von der Idee des Liberalismus abgrenzte, die »Grundstruktur«[66] der kapitalistischen Wirtschaftsbeziehungen fortbestand – mehr noch: dass eine autoritäre Diktatur die freie Verfügungsgewalt über das Privateigentum im Notfall besser zu schützen wisse, als dies der parlamentarische Rechtsstaat je könnte. Zur Untermauerung seiner These führt Marcuse keinen anderen als Ludwig von Mises an, eine wichtige Gründungsfigur der liberalistischen Gesellschaftstheorie. Dieser hatte 1927 geschrieben:

> Es kann nicht geleugnet werden, daß der Faszismus und alle ähnlichen Diktaturbestrebungen voll von den besten Absichten sind und daß ihr Eingreifen für den Augenblick die europäische Gesittung gerettet hat. Das Verdienst, das sich der Faszismus damit erworben hat, wird in der Geschichte ewig fortleben.[67]

Was Mises hier als die »besten Absichten« bezeichnet, ist der Kampf gegen den Sozialismus und die internationale Arbeiterbewegung. Seine Würdigung des Faschismus darf jedoch nicht missverstanden werden: Für Mises war die autoritäre Staatsgewalt bloß die Ultima Ratio, um den kapitalistischen Warenverkehr gegen seine inneren und äußeren Feinde zu verteidigen. Dass die liberalistische Liaison mit den autoritären Herrschaftsentwürfen schließlich in die Tat umgesetzt werden sollte, musste Marcuse ein Jahr vor seiner Emigration erfahren.

Im Jahr 1932 hielt der rechtskonservative Staatsrechtler Carl Schmitt auf Einladung des Langnam-Vereins, eines rheinischen und westfälischen Unternehmerverbands, eine Rede mit dem Titel »Starker Staat und gesunde Wirtschaft«.[68] Wegen der darin vorgeschlagenen Unterscheidung zweier Formen des »totalen Staates« wurde sie für den frühen Ordoliberalismus zu einer bedeutenden Referenz.[69] Die erste Staatsform, ein »besonders starker Staat«, ist für Schmitt »*total im Sinne der Qualität und der Energie*«; die zweite hingegen bloß »*total in einem rein quantitativen Sinne, im Sinne des bloßen Volumens, nicht der Intensität und politischen Energie*«.[70] Es verwundert nicht, dass er die zweite Staatsform mit der parlamentarischen Demokratie identifiziert, die zwar total sei, weil sie sich in nahezu alle Lebensbereiche ausdehne, aber dadurch zugleich schwach, da es ihr gegenüber den Parteien und organisierten Interessengruppen an Durchsetzungskraft mangele. Dagegen verfüge der faschistische Staat, die von ihm erstgenannte Staatsform, über »ungeahnte neue Machtmittel«; er vereine neue technisch-militärische und propagandistisch-mediale Instrumente, um seine Stabilität nach innen wie nach außen zu verteidigen.[71]

Schmitts skizzierter »stato totalitario«[72] muss den Unternehmern, die seinem Vortrag aufmerksam folgten, als eine völlig neue Interpretation des Wirtschaftsliberalismus erschienen sein: Die Formel »Starker Staat und gesunde Wirtschaft« setzt das Staatsinteresse mit dem der liberalen Wirtschaftsordnung gleich. Während die Sphäre der »wirtschaftlichen Selbstverwaltung«[73] von politischen Eingriffen frei bleiben soll, dient die staatliche Autorität der Unterdrückung der Ansprüche des *demos*. Schmitts Devise war die Entpolitisierung der Wirtschaft bei gleichzeitiger Expansion des Staates in gesellschaftliche Belange, um politischen Protest der Arbeiterbewegung zu unterdrücken. Ein repressiver Staatsapparat erschien Schmitt darum als geeignetes Instrument, um den freien Warenverkehr zu garantieren. Der französische Philosoph Grégoire Chamayou fasst in seiner Studie *Die unregierbare Gesellschaft* das Unternehmen Schmitts treffend zusammen: Die private Selbstregierung werde »nicht in Frage gestellt, sondern im Gegenteil ausgeweitet und für unantastbar erklärt.«[74] Die autoritäre Unfreiheit wurde in den Dienst der wirtschaftlichen Freiheit gestellt. Was für die Wirtschaftseliten, die Schmitt eingeladen hatten, wie ein verheißungsvolles Zukunftsversprechen klingen musste, war für die Kritische Theorie ein untrügliches Zeichen der zivilisatorischen Regression.

Für diese Konstellation aus Wirtschaftsliberalismus und autoritärem Staat prägte der sozialdemokratische Jurist und Staatsrechtler Hermann Heller in seiner kritischen Lektüre Schmitts aus dem Jahr 1933 – dem Jahr, in dem Heller aus Deutschland floh und im spanischen Exil verstarb – den Ausdruck »autoritärer Liberalismus«.[75] Für Heller waren dessen entscheidende Merkmale der »Rückzug des autoritären Staates aus der Sozialpolitik« und die »Entstaatlichung der Wirtschaft«; ein Vorhaben, das nur despotisch durchgesetzt werden, keinesfalls aber auf dem Willen des Volkes beruhen könne.[76] *Autoritär* ist diese Form des Liberalismus, weil der Staat eine souveräne Entscheidungsmacht gegenüber dem Volk behauptet; *liberal* bleibt er, weil er jeden staatlichen Interventionismus in ökonomische Angelegenheiten abschafft. Seine einfachste Bestimmung lautet darum: »Autoritärer Liberalismus ist *Liberalismus ohne Demokratie.*«[77] Hinter diesem allgemeinen Verständnis verbirgt sich nicht zwingend eine Diktatur, sondern der autoritäre Liberalismus ist, wie Chamayou betont, auf »alle Situationen anwendbar«, »in denen sich die Begrenzung des politischen Entscheidungsbereichs qua ökonomischem Verbot (seine *liberale* Variante) mit einer Beschränkung der subalternen Druckmittel auf die politische Entscheidungsfindung (seine eigentlich *autoritäre* Variante) verbindet«.[78] In dieser Sicht transportiert der Begriff keinesfalls einen Widerspruch, sondern resultiert aus den Aporien einer liberalen Freiheitsidee, die Freiheit bloß im Sinne der Einzelinteressen denken kann.[79]

Im selben Jahr wie Heller resümierte Friedrich Pollock, ein Gründungsmitglied des Instituts für Sozialforschung: »Was zu Ende geht, ist nicht der Kapitalismus, sondern nur seine liberale Phase.«[80] Der autoritäre Liberalismus war für die besorgten

Beobachter im Exil eine historische Möglichkeit, die ihre Wurzeln in einem Formwandel des Kapitalismus im 20. Jahrhundert hatte. 1929 wütete in den USA die Große Depression, die in den folgenden Jahren auch fast ganz Europa erfasste. Pollock protokollierte die Indizien der sich abzeichnenden Krise: expansive Kreditpolitik der Großbanken, bedenkliche Zunahme der Wirtschaftskonzentration (in Deutschland entstand 1925 mit der I.G. Farbenindustrie AG der weltweit größte Chemiekonzern, ein Jahr später folgte mit den Vereinigten Stahlwerken das größte europäische Montanunternehmen), Zusammenbruch der Warenpreise. Mit seiner Tendenz zu Monopolen und Kartellen, die den Wettbewerb wenn nicht komplett lahmlegten, so doch erschlaffen ließen, erforderte der Kapitalismus nun fast zwangsläufig eine starke Staatsgewalt, die sich repressiv nach innen und bellizistisch nach außen entlud. Pollock nannte neben Deutschland und Italien auch die Roosevelt-Regierung, welche die Krise in den USA mit dem New Deal rasch eindämmte, als ein Beispiel für einen staatskapitalistischen Interventionismus, der vor diktatorischen Maßnahmen nicht zurückschrecke. Die bürokratischen Institutionen, die ihre Mitglieder verwalteten, und eine industrielle Massenkultur, die auf standardisierten Konsum ausgerichtet war, beschnitten die Freiheitsräume radikal. Dies hatte zwangsläufig Einfluss auf den Sozialcharakter dieser Gesellschaft.

Mitte der vierziger Jahre führte Adorno gemeinsam mit Else Frenkel-Brunswik, Daniel J. Levinson und R. Nevitt Stanford im kalifornischen Berkeley die *Studien zum autoritären Charakter* durch, die zu einem der wichtigsten Dokumente der Kritischen Theorie werden sollten. In der US-Gesellschaft der New-Deal-Zeit waren die Forscher:innen nicht nur auf selbstbestimmte und mündige Individuen getroffen, sondern auch auf autoritätsgläubige Menschen, die sich an einen festen Wertebestand klammerten und diesen im Zweifel aggressiv verteidigten. Diesem Phänomen wollten sie empirisch auf den Grund gehen. Im Hintergrund stand dabei die Überlegung, dass die Charakterstruktur eines Individuums anfällig machen kann für »antidemokratische Propaganda«[81] und dass gesellschaftliche Institutionen, die das Denken und Handeln des Einzelnen systematisch beschneiden, sich langfristig auf die Persönlichkeitsdisposition auswirken. Um dies zu erforschen, führte die Berkeley-Gruppe einerseits Interviews durch; andererseits entwickelte sie einen Fragebogen (die sogenannte Faschismus- oder F-Skala), der etwa vierzig Aussagen umfasste, mit denen autoritäre Einstellungen gemessen werden sollten, und der an 2000 Personen verteilt wurde. Das Besondere an der Skala war, dass sie über übliche Meinungsforschung weit hinausging, da in hohem Maße private Ansichten und Gepflogenheiten der Lebensführung thematisiert wurden.[82] In den *Bemerkungen zu »The Authoritarian Personality«* erläuterte Adorno das Instrument folgendermaßen: »Alle Aspekte von Vorurteilen gegenüber Minderheiten sind so affektgeladen, so eng mit irrationalen Wünschen und Mechanismen verbunden, daß ein rationaler Erklärungsansatz notwendig oberflächlich und trügerisch bliebe.«[83] Während uns einige Aussagen heute eher veraltet erscheinen mögen (wie beispielsweise »Homosexualität ist eine besonders verderbte Art von Vergehen und sollte streng bestraft werden«), wirken andere bestechend aktuell (»Viel stärker als die meisten Menschen erkennen, wird unser Leben durch Verschwörungen bestimmt, welche die Politiker insgeheim aushecken«).[84] Die einzelnen Sätze waren Merkmalen zugeordnet, die mehr oder weniger zentrale Persönlichkeitszüge abbilden sollten:[85] Unterwerfung unter eine idealisierte Autorität (*autoritäre Unterwürfigkeit*), Verurteilung und Bestrafung von Normüberschreitungen (*autoritäre Aggression*), Abwehr von Fantasie und Sensibilität (*Anti-Intrazeption*), Schicksalsgläubigkeit und rigides Denken (*Aberglaube und Stereotypie*), binäres Machtdenken und Überlegenheitsfantasien (*Machtdenken und Kraftmeierei*), allgemeine Feindseligkeit (*Destruktivität und Zynismus*), die Übertragung unbewusster Triebimpulse auf die Außenwelt (*Projektivität*) und die übertriebene Beschäftigung mit Sexualität (*Sexualität*).[86] Ihr kombiniertes Auftreten war für Adorno und seine Mitstreiter:innen Zeichen eines autoritären *Syndroms*.

Neben ausgewählten Gruppen, bei denen sie eine hohe autoritäre Neigung vermuteten (ehemaligen Kriegsteilnehmern etwa oder Insassen des kalifornischen Gefängnisses San Quentin), befragten sie vor allem weiße Angehörige der Mittelschicht, die in den USA geboren waren. Sie kamen zu dem Ergebnis, dass Arbeiter:innen *und* Angehörige der Mittelklasse gleichermaßen antidemokratische Einstellungen aufwiesen.[87] Nur Personen mit einer »Disposition zum Liberalismus«[88] und einer Neigung zu progressiven Werten schienen dieser Versuchung zu widerstehen. In den übrigen Bürger:innen waren jedoch offenkundig innere Kräfte am Werk, die ihrem kritischen Urteilsvermögen entzogen blieben – und die auch nicht unbedingt mit ihrem Alltagshandeln übereinstimmten.

Eine zentrale Überlegung der Kritischen Theorie lautete, dass autoritäre Gesellschaftsformationen keinesfalls ausschließlich auf äußeren Zwang begründet sein müssen, sondern mit einer freiwilligen, bisweilen lustvollen Bejahung seitens ihrer Untergebenen einhergehen können. Autoritarismus war für die Frankfurter Schule also mehr als eine Herrschaftsform, er war eine psychodynamische Schaltstelle, die das Individuum an die gesellschaftlichen Instanzen zurückband. Dieser Einsicht ging ein gemeinsamer Denkprozess voraus, der bereits kurz nach der Übersiedlung nach New York 1934 begonnen hatte. In den fast tausend Seiten umfassenden *Studien über Autorität und Familie* aus dem Jahr 1936 übernahm der junge Erich Fromm die sozialpsychologische Teilstudie. Er beobachtete, dass manche Menschen erst dann glücklich schienen, wenn sie sich in tiefster Abhängigkeit befanden; andere hingegen rebellierten gegen jede Vorgabe, auch wenn diese objektiv durchaus vernünftig war. So verschieden die Reaktionen gegen eine übergeordnete Instanz sein können, für Fromm entsprangen sie der ambivalenten Emotionskultur des Autoritarismus, die zwischen Furcht und Ehrfurcht, Bewunderung und Hass oszilliert.[89] Eine Einsicht, die er in seinem Erfolgswerk *Die Furcht vor der Freiheit* aufgreifen sollte.

Fromm stützte sich in seiner frühen Spurensuche nach dem affektiven Kitt, der eine untergeordnete Person an eine übergeordnete Person fesselt, noch auf Freuds Triebtheorie, die er später verwerfen sollte. Aus der zivilisatorischen Notwendigkeit, die eigenen Triebe zu hemmen, bildet sich laut Freud das Über-Ich als psychische Instanz heraus. Die äußere Gewalt gesellschaftlicher Institutionen, die ihre Mitglieder im Zweifel mit Zwangsmitteln disziplinierte, wird mit dem Über-Ich verinnerlicht, sie transformiert sich in eine innere Gewalt von Geboten und Verboten. Diese verinnerlichte Agentur der Gesellschaft wird nun in einem nachfolgenden Schritt, so Fromm, wiederum auf eine äußere Autoritätsinstanz projiziert, die als Personifikation der Moral, des Gewissens und der Stärke erscheint.[90] Die Autoritätsbeziehung ist darum dialektisch zu denken, sie ist eine Veräußerlichung der verinnerlichten Gesellschaft:

> Einmal ist das Über-Ich die verinnerlichte Autorität und die Autorität das personifizierte Über-Ich, zum anderen schafft das Zusammenwirken beider die freiwillige Fügsamkeit und Unterwerfung, welche die gesellschaftliche Praxis in einem so erstaunlichen Maße kennzeichnen.[91]

Wenn allerdings der Triebverzicht nicht durch ein starkes Ich, das zwischen dem inneren Begehren und den äußeren Anforderungen abzuwägen weiß, sondern nur durch eine affektive Bindung an eine Autorität geleistet werden kann, bilden sich Sozialpathologien aus, die mit einer Lust an der Unterwerfung anderer wie am eigenen Unterworfensein einhergehen. In autoritären Gesellschaften, deren Mitglieder in ein asymmetrisches

Gefüge aus Abhängigkeiten integriert sind, bildet sich für Fromm darum ein autoritär-masochistischer Charakter aus, der durch die »ökonomische Struktur« erzeugt sei.[92] Denn wie in der bürgerlichen sei das Individuum auch in der autoritären Gesellschaft einer tief greifenden Kontingenz ausgesetzt: Da man das eigene Leben nicht durchschauen, geschweige denn kontrollieren könne, produziere es ein Gefühl der Abhängigkeit, das zu jenem ambivalenten Charakter prädisponiere, der sowohl mit der Lust am Gehorchen wie am Beherrschen einhergehe – eine Argumentation, die wir bereits aus seinem späteren Werk kennen. In dem Maße, in dem die eigene Hilflosigkeit zunimmt, steigt demzufolge das sadistische Verlangen. Ob reale Objekte (Fromm weist hier auf die außerordentliche Bedeutung von Kindern, Frauen oder Tieren hin), imaginäre Feinde oder soziale Minderheiten – der sadistische Impuls strebt danach, all jene, die in der sozialen Hierarchie weiter unten verortet sind, gewaltsam zu dominieren.[93] Dies steht nur scheinbar im Widerspruch zum masochistischen Denken, das auf der rastlosen Suche nach schicksalhaften Verkettungen ist. Auch dieses Denken ist bestrebt, die Kontrolle über eine potenziell unkontrollierbare Welt zu erlangen, allerdings wird die Ohnmacht hier durch eine Identifikation mit höheren Gewalten überwunden: »[D]as Leben ist von Mächten bestimmt, die außerhalb des Individuums, seines Wollens und seiner Interessen liegen. Ihnen muss man sich fügen, und diese Unterwerfung zu genießen, ist das letzte erreichbare Glück.«[94] Zwar kamen die Institutsmitarbeiter zu einem Zeitpunkt in die USA, als dort der Höhepunkt der ökonomischen Krise bereits überschritten schien, dennoch war die Unsicherheit in der Bevölkerung groß. Je unkontrollierbarer die gesellschaftliche Lage, desto stärker wird laut Fromm die autoritäre Charakterstruktur im Individuum aktiviert.

Der Politologe und Staatsrechtler Franz L. Neumann, der eng mit dem Institut für Sozialforschung verbunden war, sollte diesen Gedanken knapp zwei Jahrzehnte später aufgreifen. Auch er beginnt in seinem Vortrag »Angst und Politik« aus dem Jahr 1954, den er anlässlich der Verleihung der Ehrendoktorwürde an der Freien Universität Berlin hielt, bei Freud und deutet die repressive Unterdrückung der Triebimpulse als einen Motor »neurotischer Angst«, die losgelöst von realen Bedrohungen frei flottiert und jedwede, auch imaginäre, Gefahr zu vermeiden sucht, um den eigenen Selbstwert zu schützen.[95] Ein entscheidender Aspekt der Abwehr sozialer Deprivationsängste sei die Identifikation mit einer autoritären Führerpersönlichkeit. Mit ihr partizipiert der autoritäre Charakter an einer Macht, die ihm selbst versagt ist. Angst denkt Neumann darum als einen wirkmächtigen politischen Affekt, der Massen vorrational zu mobilisieren vermag. Aus ihr entspringe eine »Verschwörungstheorie der Geschichte«, die an Geltungskraft gewinne, wenn Ereignisse, die den eigenen sozialen Status bedrohen, unverständlich bleiben:

> So wie die Massen ihre Erlösung aus Unglück durch absolutes Einssein mit einer Person erhoffen, so schreiben sie ihr Unglück bestimmten Personen zu, die durch eine Verschwörung gegen die Massen das Unglück in die Welt gebracht haben. Der Geschichtsprozeß wird personifiziert. Der Haß, das Ressentiment, die Angst vor allem, die durch große Umwälzungen erzeugt wird, werden auf bestimmte Personen konzentriert, die als teuflische Verschwörer denunziert werden.[96]

Eine Gesellschaft, die den Menschen chaotisch und unverständlich erscheint, ihnen zudem potenziell feindlich begegnet, entfremde sie letztlich von der sozialen Realität. Sie produziert nicht nur Massen, die sich passiv ihrem Schicksal fügen, sondern mobilisiert eine zerstörerische Aktivität, die sich gegen die imaginäre Bedrohung wendet.

2. Freiheit in Abhängigkeit: Dialektik der Individualisierung

Ein Individuum zu sein – genauer gesagt: ein Individuum sein zu *können* – ist das große Versprechen moderner Gesellschaften. In der Vormoderne entschieden Geburt und familiäre Herkunft über Stand und Status eines Menschen, auf den er im Laufe seines Lebens festgelegt blieb. Die Ungleichheiten zwischen Menschen galten als eine natürliche Tatsache, als Teil einer göttlichen Ordnung, auf deren Grundlage jede und jeder ihren bzw. seinen angestammten Platz hatte. Wer als Tochter oder Sohn einer Bauernfamilie entstammte, wurde Bäuerin oder Bauer. Die Söhne der Schmiede standen später selbst mit dem Hammer am Amboss. Nur wenige Personen konnten durch besondere Leistungen die Statusgrenzen überschreiten. Kurz: Die soziale Position wurde vererbt, es gab fast keine Aufstiege, keinen Raum für Emanzipation, kein Entkommen. Die Familienstruktur war ebenso wie der eigene Lebensverlauf statisch. Zwar gab es in den Städten bereits freie (meist männliche) Bürger, die über größere individuelle Freiheiten verfügten, aber leibeigene Bauern blieben räumlich gebunden und mussten Frondienste leisten. Der Wunsch, über das eigene Leben bestimmen zu können, war dann die kollektive Imagination der bürgerlichen Freiheitsbewegungen. Aber selbst als freier Bürger, emanzipiert von der Herrschaft des Feudalismus, war man noch kein freies Individuum, das autonom sein Leben gestalten konnte. Der jeweilige Status bestimmte Verhaltensnormen, Berufsperspektiven, Kunstgeschmack und Partnerwahl nach wie vor. Das heutige spätmoderne Individuum ist historisch sowohl Resultat wie auch Initiator des gesellschaftlichen Wandels – und lässt sich nur in dieser historischen Gewordenheit, aus seinen Metamorphosen heraus verstehen.

In Gegenwartsgesellschaften äußert sich Individualität vielgestaltig, sie ist ein Mosaik diverser Identitäten, Lebensstile und Wertvorstellungen – und doch schlägt sich in diesen ein übergreifendes Muster nieder. Jede historische Phase der Moderne war mit einem besonderen Sozialcharakter verknüpft, der Individuen in ihrem Handeln, Denken und Fühlen prägte.[1] In der liberal-bürgerlichen Moderne des 18. und 19. Jahrhunderts entstand ein moralisch-souveränes Individuum, das vor allem auf Respektabilität aus war: *der Bürger*. Dieser wollte sein Leben standesgemäß führen, strebte also nach Konformität mit der eigenen sozialen Klasse. In der – wesentlich kürzeren – organisierten Moderne der zwanziger bis siebziger Jahre des 20. Jahrhunderts wurde ein außengeleitetes Individuum dominant: *der Angestellte*.[2] Er war noch ein Resultat einer großflächigen, auf soziale Anpassung und Pflichterfüllung orientierten »Konventionalisierung«.[3] In diesem Kapitel rekonstruieren wir die Entstehung des spätmodernen Individuums seit den siebziger Jahren: *des kreativen Selbstverwirklichers* mitsamt seiner Freiheitskonflikte.[4] Wir analysieren seine Verflechtungen und Verstrickungen, seine Ansprüche und seine gesellschaftlichen Voraussetzungen. Und wir diskutieren die Bedeutung von Freiheit sowie ihre gegenläufigen Nebenfolgen. Die Geschichte der Freisetzung und der Freiheit ist von entscheidender Bedeutung, um die Pathologien von Gegenwartsgesellschaften zu begreifen und zu verstehen, dass auch das spätmoderne Individuum nur *in* Gesellschaft frei sein kann, ja, dass es nur *mit* der Gesellschaft überhaupt in der Lage ist, ein Individuum zu werden. Allerdings ist das Individuum der Gegenwart, und damit schließt die Analyse dieses Kapitels, abhängigkeitsvergessen und durch eine verdinglichte Freiheitsvorstellung geprägt, eine Freiheit, die gesellschaftliche Beziehungen verneint.

Geburt des Individuums

Die Geburt des selbstbestimmten Individuums lässt sich nicht ohne Weiteres datieren. Die Individualisierung ist ein fortwährender historischer Prozess – und keine Tatsache, die unmittelbar mit einer bestimmten Etappe des historischen Wandels verbunden wäre. Zu den frühesten Theoretikern der Individualisierung gehören zwei Autoren, die gemeinhin als Kollektivisten eingeordnet werden: Friedrich Engels und Karl Marx. Doch sie gelten zu Unrecht als dogmatische Verfechter eines Kollektivs, dem sich die Individuen unterordnen sollen. Sie entwickelten zwar eine Idee kollaborativer Vergesellschaftung, aber mit dem Ziel der Realisierung von Individualität, nicht ihrer Einschränkung. Der Wuppertaler Fabrikantensohn, der in Manchester die Geschäfte seines Vaters weiterführte, und der Trierer Spross einer Anwaltsfamilie waren mit jenem Teil des Bürgertums eng vertraut und verwoben, der sich politisch und lebensweltlich befreien, individualisieren wollte. Sie kannten jedoch gleichermaßen, Engels auch durch seine Beziehung zu der Arbeiterin Mary Burns, das Leben der unteren Klassen, die in ihrer existenziellen Not keine Möglichkeiten zu einer eigenständigen Lebensführung hatten. Ihre Schriften entfalten vor diesem ambivalenten Erfahrungshintergrund eine Idee individueller Freiheit, die man mit einigem Recht als Fluchtpunkt ihrer gesamten Theorie bezeichnen kann. Im *Manifest der Kommunistischen Partei*, das 1848 noch vor Anbruch der industriellen Moderne erschien, zeichnen sie die Utopie einer gesellschaftlichen »Assoziation, worin die freie Entwicklung eines jeden die Bedingung für die freie Entwicklung aller ist«.[5] Die Bourgeoisie sorge dafür, so Marx und Engels eindringlich, dass

»alle feudalen, patriarchalischen, idyllischen Verhältnisse zerstört« würden. »Sie hat die buntscheckigen Feudalbande, die den Menschen an seinen natürlichen Vorgesetzten knüpften, unbarmherzig zerrissen und kein anderes Band zwischen Menschen übriggelassen als das nackte Interesse.«[6]

Die »buntscheckigen Feudalbande«, von denen die beiden hier sprechen, waren die traditionellen Loyalitäten und Pflichten gegenüber dem Adel, die Gewohnheitsrechte und vor allem die physische und soziale Immobilität. Im Gegensatz zu dieser statischen Beharrung sahen Marx und Engels die kapitalistische Modernisierung als großen Schmelzofen, in dem nichts bleiben würde, wie es war: »Alle festen eingerosteten Verhältnisse mit ihrem Gefolge von altehrwürdigen Vorstellungen und Anschauungen werden aufgelöst [...]. Alles Ständische und Stehende verdampft.«[7]

Für Marx war allerdings noch ein weiteres Merkmal der Modernisierung von entscheidender Bedeutung für die ambivalente Konstitution des modernen Individuums: Für ihn waren die Arbeiter:innen *doppelt frei.* Sie waren erstens frei »von den alten Klientel- oder Hörigkeitsverhältnissen und Dienstverhältnissen und zweitens frei von allem Hab und Gut und jeder objektiven, sachlichen Daseinsform, frei von allem Eigentum«.[8] Als freie bürgerliche Subjekte können die Arbeiter:innen zwar ihren Arbeitgeber wählen, aber gerade in diese Freiheit ist ein Zwang eingelassen: Ohne Eigentum *müssen* Arbeiter:innen ihre Arbeitskraft verkaufen, um zu überleben. Freisetzung bedeutet also nicht zwangsläufig Freiheit, sondern mitunter Alternativlosigkeit. In ihrer Realisierung, dies stellte Marx mehrfach klar, brachte die bürgerliche Idee der individuellen Freiheit für die Mehrzahl der Menschen einschneidende Beschränkungen hervor, die dem emanzipatorischen Versprechen der Selbstentfaltung zuwiderliefen. Die Arbeiter:innen in den Städten waren zwar rechtlich frei, aber in ihrem Dasein dominierte der alltägliche Hunger und die proletarische Existenz auf beengtem Raum.

Für bürgerliche Individuen wiederum, die über entsprechende Ressourcen verfügten, mündete Freiheit im kaufmännischen Kalkül. Marx und Engels betonen die für die Moderne typische Subjektivität der »egoistischen Berechnung« sowie die bereits in Feudalgesellschaften existierenden »verbrieften und wohlerworbenen« Freiheiten, die nun durch »die *eine* Handelsfreiheit« ersetzt würden.[9] Diese kommerzielle Verengung der Freiheit sollte fast ein Jahrhundert später für die Kritische Theorie zu einer zentralen historischen Erfahrung werden. Max Horkheimer diagnostiziert 1936 in dem Essay »Egoismus und Freiheitsbewegung« die »Fremdheit« als eine neue »anthropologische Konstante«. In der Verallgemeinerung der wirtschaftlichen Beziehungen erfahre das emanzipierte Individuum sich lediglich als ein »isoliertes Subjekt von Interessen«, das Grundgefühl der Epoche sei das der Kälte und Absonderung – mit einschneidenden moralischen Konsequenzen: »[D]er Unterdrückung und Vernichtung des Mitmenschen steht im Wesen des bürgerlichen Individuums nichts entgegen«.[10] Der Emanzipation wohnt so das Potenzial der Regression inne. Bei Marx und Engels klingt zudem bereits jene *Dialektik der Individualisierung* an, wie sie bis heute auch in der soziologischen Theorie gedacht wird: Die Herausbildung des Individuums basiert auf der Gleichzeitigkeit von Befreiung und neuen Zwängen.[11]

Am Soziologischen Seminar in Frankfurt, das am Institut für Sozialforschung untergebracht war, begann im Jahr 1930 ein junger Soziologe seine Assistenz bei Karl Mannheim. Norbert Elias wollte hier rasch seine Habilitation abschließen, doch seine Antrittsvorlesung sollte nie gehalten werden; er musste wie so viele Angehörige des Instituts 1933 emigrieren.[12] Während das Frankfurter Institut unter der Leitung Horkheimers zu Mannheim ein, vorsichtig ausgedrückt, distanziertes Verhältnis pflegte (zu groß waren die theoretischen Differenzen), näherte sich sein Assistent Elias im Exil einer Fragestellung, an der sich angesichts des Faschismus auch die Kritische Theorie abarbeitete. Beim zufälligen Durchblättern von Benimmbüchern im British Museum begann Elias, sich für das Zusammenspiel von Zivilisierung und Triebunterdrückung zu interessieren. 1939 veröffentlichte er sein zweibändiges Werk *Über den Prozeß der Zivilisation*, in dem er zeigt, wie gesellschaftliche Ausdifferenzierung eine Zivilisierung der affektiven Regungen bewirkt, aus der letztlich das moderne Individuum mit seiner spezifischen Triebdynamik hervorgeht: »Mit der Differenzierung des gesellschaftlichen Gewebes wird auch die soziogene, psychische Selbstkontrollapparatur differenzierter, allseitiger und stabiler.«[13] Die Umwandlung von *Fremdzwängen* in *Selbstzwänge*, die das individuelle Handeln regulieren, galt ihm als eine Voraussetzung für die Stabilität der interdependenten, arbeitsteilig organisierten Gesellschaft – einer Gesellschaft freilich, die dem Individuum fremd wird.[14] Erst der Prozess der Individuation ermöglicht es dem Einzelnen, die Gesellschaft als eine separate Entität mit eigenen Gesetzmäßigkeiten aufzufassen.[15] Die Frankfurter Kollegen sahen darin indes weniger die zivilisatorischen Potenziale als vielmehr eine Verkümmerung der Individualität, die den dünnen Firnis der Zivilisation bedrohe. Elias knüpft bei seinen Überlegungen ebenfalls an Gedanken von Sigmund Freud an, der in seiner 1930 erschienenen Schrift *Das Unbehagen in der Kultur* die Kulturschöpfung aus einer äußerlich erzwungenen Sublimierung der Triebenergie ableitet. Tätigkeiten wie der Bau einer Kathedrale oder der Genuss einer Oper hielten die Menschen gewissermaßen davon ab, aufeinander loszugehen. Es sei unmöglich zu übersehen, schreibt Freud, »in welchem Ausmaß die Kultur auf Triebverzicht aufgebaut ist, wie sehr sie gerade die Nichtbefriedigung (Unterdrückung, Verdrängung oder sonst etwas?) von mächtigen Trieben zur Voraussetzung hat«.[16] Der Kern der Individuation bestehe letztlich in der Verschiebung sexueller Triebenergien in zivilisierte Umgangsformen. Die Notwendigkeit dieser Umwandlung sieht

Freud wie wenig später Elias darin begründet, »soziale Beziehungen zu regeln«.[17] Die Verflechtung der einzelnen Bedürfnisse zu einem gesellschaftlichen Miteinander legt dem Individuum Grenzen auf. Auf diesem prekären Zusammenspiel von individueller Befriedigung und sozialer Versagung beruht der regulierte Triebhaushalt der Moderne.

Im Zuge der Modernisierung veränderte sich neben den Berufen, Hierarchien und privaten Formen des Zusammenlebens also auch das Innenleben der Individuen. Einerseits reduzierten sich die gesellschaftlichen Zwänge, andererseits tat sich überhaupt erst der Raum auf, über sich selbst zu reflektieren, Affekte und Triebhaushalt zu kontrollieren. Die Menschen erreichten ein höheres Niveau an Selbstregulierung, sie konnten eine Ich-Identität entwickeln, die weniger auf Kollektive angewiesen war. Sie wurden befreit, aber zugleich in eine veränderte Welt geworfen, über die sie selbst nur wenig Macht hatten. Aus Knechten konnten nach Ende des Zunftzwangs Handwerker werden, der Nachkomme des Leibeigenen wurde Fabrikarbeiter. Vor allem die durch Rechte verbrieften Freiheiten waren jedoch zunächst auf Männer beschränkt.[18] Einige Personen konnten zwar in begrenztem Maß die festgefahrenen Muster des Lebensverlaufs durchbrechen, wurden aber mit neuen Abhängigkeiten konfrontiert. Dieser widersprüchliche Charakter der Individualisierung bedeutet im Umkehrschluss keineswegs, dass die moderne Freiheitsidee bloß eine Imagination ist, die mit der sozialen Wirklichkeit nichts gemein hat; eine Argumentation, die uns im vorherigen Kapitel begegnet ist. Die soziale Bewegungsfreiheit vergrößerte sich real, allerdings auf der Grundlage neuer Unfreiheiten. Der polnisch-britische Soziologe Zygmunt Bauman brachte den zwingenden Charakter moderner Freiheit prägnant auf den Punkt: »Die Individuen waren aufgerufen, ihre neue Freiheit dafür zu verwenden, den richtigen Platz zu finden und sich ordentlich und konformistisch einzurichten: Haltet Euch an die Hausordnung!«[19] Es wurde eine konformistische Anpassung an die Normen der Moderne erwartet, innerhalb derer man dann »*werden*« durfte, »was man ist«.[20] Mit der Individualisierung entstand also ein begrenzter Individualismus, eine neue Unabhängigkeit von Überlieferungen, Traditionen und moralischen Zwängen – selbstredend auf Basis der geteilten Hausordnung. In diesem Rahmen ergaben sich nun Räume der individuellen Besonderung, die über einen »unverwechselbaren Lebensstil«[21] sichtbar nach außen getragen wurde. Die Individualität des Stils war freilich – und das ist größtenteils bis heute so geblieben – klassenstrukturiert. Die Ober- und Mittelklassen verfügten über die Ressourcen, um einzigartige Individualitäten auszubilden, die Unterklassen hingegen waren zu stärkerer Konventionalität verdammt.

In der Perspektive des Soziologen Georg Simmel war es vor allem die soziale Differenzierung, die zu einer Vergrößerung individueller Spielräume führte: Im Angesicht vielfältiger Tätigkeitsbereiche war der Einzelne nicht mehr streng an das soziale Erbe und die Kreise der Eltern gebunden.[22] Die fortschreitende Arbeitsteilung vervielfachte die Wahlmöglichkeiten. So entstand ein autonomes Individuum, das sich vor der Autorität von Monarchie und Klerus mittels Menschen- und Bürgerrechten schützen konnte. Doch Simmel, der vom urbanen Berlin aus auf das industrialisierte Kaiserreich blickte, beobachtete auch gegenläufige Effekte: Das Individuum war nun zwar weniger von einzelnen Personen oder sozialen Teilbereichen abhängig, stattdessen aber in hohem Maße vom »Ganzen der Gesellschaft«.[23] Die Gesamtheit der Beziehungen war der Rahmen für die Entfaltung der Individualität – und musste nicht unbedingt einen zwingenden Charakter besitzen. Simmel strich heraus, dass Individualisierung stets ein ambivalenter Prozess bleibt, der sich nicht in eine Richtung auflösen lässt, eine »ununterbrochene [...] Abwechslung von Bindung und Lösung, von Verpflichtung und Freiheit«.[24] Für den Soziologen Émile

Durkheim stellte die Vergesellschaftung des Individuums gar die Voraussetzung für individuelle Freiheit dar:

> Sich befreien heißt für den Menschen, sich von den blinden, nicht-rationalen, physischen Kräften befreien; doch gelingt ihm das nur, wenn er diesen Kräften eine starke rationale Kraft entgegensetzt, in deren Schutz er sich begibt: nämlich die Gesellschaft. Indem er sich in ihrem Schatten niederläßt, macht er sich in gewissem Maße von ihr abhängig; doch diese Abhängigkeit ist befreiend. Darin liegt kein Widerspruch.[25]

In der Gesellschaft existiert ein Ensemble von Regeln und Normen, an die sich die Menschen in der Regel halten, auch wenn ihnen dies meist gar nicht bewusst ist. Der soziale Normalbetrieb wird durch im Hintergrund wirkende Routinen stabilisiert. Grammatik ist eine Voraussetzung für freies Denken, Höflichkeit unterstützt die freie Rede und Interaktion, Gesetze ermöglichen den ungehinderten Tausch auf dem Markt. Regeln eröffnen also Freiheitsräume. Erst in Krisensituationen offenbart sich, welche Stabilisierungsleistung sie im Alltag erbringen.[26] Der freiwillige Verzicht auf bestimmte Optionen, so Durkheim, ermögliche die gesellschaftliche und mit ihr die individuelle Freiheit. Die »Unterwerfung« sei die Bedingung der Befreiung.[27]

In der Frühmoderne vor 1800 war die Individualisierung noch mit den Prinzipien der Freiheit *und* der Gleichheit gleichermaßen eng verbunden. Obwohl das Aufkommen des Individualismus seit je von einer antimodernen Verfallsdiagnose begleitet wurde, die sich um den Verlust des Gemeinsinns sorgte, galt er zudem als eine vitale Quelle des demokratischen Zusammenlebens. Der junge Alexis de Tocqueville deutete auf seiner Reise in die Vereinigten Staaten den Individualismus 1831 als eine geradezu »magnetische Kraft«,[28] die die Individuen in ihrem Wunsch nach bürgerlichen und politischen Rechten zusammenhalte. Durkheim ging im Anschluss an Tocqueville sogar so weit, im Individualismus ein säkulares Glaubenssystem zu sehen, »das die moralische Einheit des Landes« sicherstelle.[29] Er sollte sich täuschen. Bereits Tocqueville hatte geahnt, dass im Individualismus eine für demokratische Gesellschaften langfristig zermürbende Kraft liegen kann (mehr dazu in Kapitel 4).

Mit dem Aufstieg der kapitalistischen Gesellschaften und ihres politischen Antagonisten – des Sozialismus – veränderte der Individualismus seine historische Form. Freiheit und Gleichheit wurden nicht länger zusammengedacht, vielmehr war der Individualismus nun aufs Engste mit Ungleichheit und Differenz, mit der Vorstellung individueller Einzigartigkeit verknüpft. Der »individualistische Liberalismus«[30] konzipiert das Individuum ausschließlich im Gegensatz zur Gesellschaft – ganz im Sinne des Philosophen Thomas Hobbes, der Freiheit im 17. Jahrhundert als Abwesenheit äußerer Widerstände und als die Möglichkeit definierte, selbst gesetzte Pläne dem eigenen »Willen entsprechend auszuführen«.[31] Diese Idee negativer Freiheit ist in bürgerlichen Gesellschaften eng verbunden mit der »tiefsitzenden Intuition«,[32] für sich selbst eine radikale idiosynkratische Besonderung in Anspruch zu nehmen. Das Streben des Individuums lässt sich in diesem negativen Freiheitsverständnis nur losgelöst von sozialen Bindungen und Beziehungen denken. Was nicht unbedingt heißen muss, dass ein radikal individualistisches Verständnis gar kein Bewusstsein für die Grenzen dieser Freiheit hätte, wie der liberale Philosoph John Stuart Mill betont: »Die einzige Freiheit, die diesen Namen verdient, besteht darin, unser eigenes Wohl auf unsere eigene Art zu suchen, solange wir dabei nicht die Absicht hegen, andere ihrer Freiheit zu berauben oder ihre dahin zielenden Anstrengungen zu durchkreuzen.«[33] Für Mill steht die Frage im Vordergrund, unter welchen Bedingungen und zu welchem Zeitpunkt die Gesellschaft in die unbedingten Freiheitsrechte des Individuums eingreifen darf. Seine Antwort ist durchaus überraschend, da sie zwar das individuelle Eigeninteresse als einzig legitime Rechtfertigung angibt, aber gleichzeitig offen lässt, ob das einzelne Individuum oder die Menschheit insgesamt dieses Eigeninteresse formulieren kann: »[D]er einzige Grund, aus dem es der Gemeinschaft (mankind) gestattet ist, einzeln oder vereint, eines ihrer Mitglieder in der Freiheit seines Tuns zu beschränken, ist der Selbstschutz.«[34] Hundert Jahre nach Mill prägte der Philosoph Isaiah Berlin die einflussreiche Unterscheidung zwischen negativer und positiver Freiheit. *Negative Freiheit* meint die Abwesenheit von staatlichem Zwang – umgekehrt formuliert: Sie schützt die subjektiven Rechte vor externen Eingriffen. *Positive Freiheit* ist hingegen wesentlich ein autonomes Verhältnis zu sich selbst: Das Individuum ist positiv frei, sofern seinem Handeln Zwecke zugrunde liegen, die ohne jeden Zwang zustande gekommen sind.[35] Die negative Freiheit hat trotz ihrer Äußerlichkeit einen vorwärtstreibenden Vektor, der noch für Gegenwartsgesellschaften von großer Bedeutung ist.

Negative Individualisierung

Das spätmoderne Individuum, das im Zentrum unserer Untersuchung steht, ist für uns vor allem in seiner ambivalenten Grundkonstitution relevant. Der Soziologe Ulrich Beck hat dieses Individuum als Resultat eines fortwährenden Modernisierungsprozesses historisiert. Für Beck spielen drei Aspekte eine bedeutende Rolle: die Herauslösung aus überkommenen Sozialformen, der Verlust traditioneller Sicherheiten und neue Arten sozialer Einbindung bzw. Kontrolle.[36] Die Herauslösung aus traditionalen Familienstrukturen und Klassenverhältnissen, aus Loyalitäten und disziplinierenden Institutionen gehört zu den Voraussetzungen für räumliche Mobilität, für Selbstverwirklichung und Autonomie in der Lebensführung. Der Abschied von der, wie es Adorno immer wieder genannt hat, »verwalteten Welt«[37] der vorgegebenen Regeln und fremdbestimmten Ziele war zugleich der Anfang des innengeleiteten Individuums. Dieses kannte nicht länger eine überschaubare Zahl von Autoritäten (den Vater, den Chef), sondern viele – aber die wichtigste war nun plötzlich es selbst.

Beck schreibt damit implizit Norbert Elias' Idee eines fortwährenden Zivilisierungsprozesses des Individuums weiter, in dem Individualität und Vergesellschaftung untrennbar miteinander verwoben sind: »Mehr und mehr Menschen«, hieß es noch bei Elias, »lebten in wachsender Abhängigkeit voneinander, während jeder Einzelne zugleich verschiedener von allen anderen wurde.«[38] Gleichwohl blieben die Individuen in ihrer Individualität *und* Identität immer auch auf Kollektive bezogen – Elias spricht an dieser Stelle von einer »Figuration«.[39] In dieser Figuration ist der Mensch nicht getrennt von »Wir«-Verflechtungen wie der Familie, Berufsgruppen, sozialen Milieus. Allerdings nahm der späte Elias in den achtziger Jahren eine Verschiebung von der Wir-Ich-Balance zur Ich-Wir-Balance wahr.[40] Der Begriff der Balance ist dabei nicht ganz glücklich gewählt, weist Elias doch eigentlich auf ein Ungleichgewicht hin, das auf einer veränderten Gewichtung der Komponenten basiert: Während die Bedeutung der Berufsgruppen oder der Familien abnimmt, rückt das Ich zwar in den Vordergrund, es bleibt jedoch mit den Wir-Formen verbunden.

Beck machte eine ganz ähnliche Beobachtung. Er wurde zwar vor allem mit seiner (leicht affirmativ formulierten) Individualisierungsthese rezipiert, hat darin aber bereits hellsichtig die Grenzen eines Prozesses vorweggenommen, der seinerseits neue Verwundbarkeiten hervorbringt. Denn der Preis für die Herauslösung aus den häufig komplexen familiären Strukturen und tradierten Netzwerken sind neue Abhängigkeiten von den Institutionen einer sich ausdifferenzierenden und standardisierenden Gesellschaft. An die Stelle der überlieferten Sozialformen treten neue Modi der Vergesellschaftung, die den Lebenslauf zwar nicht aller, aber doch sehr vieler prägen. Beck hatte Umbrüche seit den siebziger und achtziger Jahren vor Augen: Im Falle der Arbeitslosigkeit ging man nun zum Amt, anstatt zurück zur Familie; das 1971 eingeführte Bafög machte es möglich, unabhängig vom Elternhaus ein Studium aufzunehmen; immer mehr Menschen lebten allein oder in Wohngemeinschaften.

Die ständischen, klassengeprägten Etappen des Lebensverlaufs werden ersetzt durch »sekundäre Instanzen und Institutionen«:[41] Die allgemeine Schulpflicht existiert in Deutschland erst seit 1919, davor wurde teilweise noch zu Hause unterrichtet (oder auch nicht). Auf die Kindheit folgt nun der Gang durch das Bildungssystem, anschließend das Erwerbsleben und schließlich die staatlich regulierte Rente. Das Individuum ist darum nur bedingt frei, ist es doch auf den Arbeitsmarkt und auf Bildungsinstitutionen angewiesen, auf Infrastrukturen, Verkehrsplanungen usw. Somit entstehen, wie Beck das nannte, »institutionenabhängige Individuallagen«.[42] Der in München lehrende Soziologe analysierte die Individualisierung aber keineswegs vorrangig als Verlustprozess, sondern als Autonomiegewinn in Abhängigkeit. Der Verlust traditioneller Bindungen sei nicht gleichzusetzen mit einem »Niedergang der Gesellschaft«,[43] ganz im Gegenteil. Die gesellschaftlichen Verbindungen gewinnen sogar an Einfluss auf das Individuum hinzu. Insbesondere der volatile Markt, auf dem es sich behaupten muss, entzieht sich seiner Kontrolle: Es ist Trends, Moden und Konjunkturen, Risiko- und Konfliktlagen ausgeliefert, die sich gegen individuelle Bearbeitungsmöglichkeiten sperren oder für die keine etablierten Anpassungsstrategien existieren.

Individuen sind in spätmodernen Gesellschaften in diesem Sinne einem Dilemma ausgesetzt, das sich nur schwer eigenhändig auflösen lässt: Sie haben enorme Erwartungen an die eigene Selbstwirksamkeit – aber genau diese erfahren sie häufig nicht.

Die eigene Laufbahn ist unsicherer geworden, globale Märkte, das politische Weltgeschehen oder der Klimawandel sind schwer kalkulierbar oder entziehen sich gar ganz dem eigenen Handeln. Auch wenn die Individuen nicht mehr den Bahnen der elterlichen Normalbiografie folgen, sie solche Lebensentwürfe sogar mitunter ablehnen, bleibt für viele Menschen, insbesondere aus der Mittelklasse, Überschaubarkeit, Kontrollierbarkeit und Sicherheit wichtig. Für die risikobereiten Individualist:innen wiederum stellen Verluste von Selbstwirksamkeitserfahrungen oder desillusionierte Zukunftsperspektiven eine mögliche Frustrationsquelle dar. In diesem Zusammenhang werden *negative Individualisierungen* wirkmächtig, die den Zuwachs an Handlungsressourcen und Freiheiten einschränken. Für die freie Arztwahl brauchen wir eine Krankenversicherung, für den Austausch in den sozialen Medien Strom und Internet, für den Bezug von Lohnersatzleistungen einen Beleg der Bedürftigkeit. Weil »das Ganze« dem Individuum gegenüber heteronom ist, muss das Individuum sich beständig anpassen *und* auf seiner Selbstbestimmung insistieren. Diesen »realen Antagonismus« (Adorno)[44] zwischen Freiheit und Anpassungsdruck, den bereits Marx und Engels beobachteten, müssen Individuen beständig verinnerlichen. Aber erst im spätmodernen Kapitalismus wird er zum bestimmenden Merkmal der gesellschaftlichen Dynamik.

In den letzten dreißig Jahren wurden wesentliche Voraussetzungen des modernen Individualismus destabilisiert.[45] Das betraf vor allem sozialstaatliche Sicherheiten und die Arbeitswelt. Die Erwerbsarbeit ist nach wie vor der zentrale Mechanismus der gesellschaftlichen Integration, aber ihre historische Form hat sich gewandelt: Aufstiege werden mühsamer; die Ungleichheit ist seit den neunziger Jahren vor allem an den Rändern gewachsen; prekäre Beschäftigungsverhältnisse haben zugenommen. Die Mitte ist geschrumpft, eine neue Unterklasse entstanden.[46] Die Dynamik unterscheidet sich grundlegend von jener der organisierten Moderne, deren Gerichtetheit Ulrich Beck mit der Metapher des »Fahrstuhleffekts« beschrieb: Zwar blieben die Abstände zwischen den Klassen bestehen, aber für die einzelnen Klassen ging es aufwärts. Unter- und Mittelklassen fuhren im Fahrstuhl nach oben und hatten im Alltag recht ähnliche Aspirationen: Auto, Urlaub, Eigenheim. Der materielle Aufstieg von Teilen der Unterklasse und der Zugewinn an sozialen Rechten führte zu einer Gesellschaft der »Ähnlichen«.[47]

Die Dynamik der Spätmoderne seit den achtziger Jahren kann man hingegen eher mit der analytischen Metapher einer nach unten fahrenden Rolltreppe veranschaulichen, gegen die der Einzelne anlaufen muss.[48] Wer Erfolg haben oder einen einmal erreichten Status verteidigen möchte, muss flexibel sein, sich beständig anpassen, neu justieren.[49] Bleibt man stehen, fährt man mit der Rolltreppe nach unten. Selbstoptimierung wird dadurch zum zentralen Imperativ einer spätkapitalistischen Moderne. Dies schlägt sich auch im Umbau des Sozialstaats nieder, der ab den achtziger Jahren liberalisiert wurde. Die in den Institutionen verankerten sozialen Rechte wurden stärker an individuelle Leistungen und damit an Bedingungen geknüpft – was dem Gedanken eines Bürgerrechtes in seinem Kern widerspricht. Aus dem sozialen Recht wurde ein Instrument der Disziplinierung. Individuen verwandelten sich in Marktbürger:innen, in Kund:innen mit Rechten.[50] Für sie erscheint der steuer- und beitragsfinanzierte Sozialstaat nicht als kollektive Errungenschaft vergangener Kämpfe, sondern allenfalls als ein Versicherungssystem mit verpflichtender Mitgliedschaft, dem man mit instrumenteller Vernunft begegnet. Man versucht, es für sich selbst möglichst effizient zu gestalten, optimiert die Leistungsansprüche und reduziert die Kosten. Ein Selbstausschluss schwächt hier nicht nur die allgemeinen Solidaritätsbeziehungen, sondern produziert auch Vulnerabilitäten: Viele, die in jungen Jahren, als sie gesund und leistungsstark waren, eine private

Krankenversicherung abgeschlossen haben, erfahren im Alter, wenn Kraft und Gesundheit nachlassen, wenn die Kurve der Karriere nicht mehr nach oben zeigt und man die Kinder extra versichern muss, die Schattenseiten des Ausstiegs aus der gesetzlichen Krankenkasse: Die Kosten der Privatversicherten steigen unablässig. Aber der Weg zurück in das Solidarsystem der gesetzlichen Kasse ist voller Hürden.

Der Umbau des Sozialstaates wäre ohne eine Umwertung von Werten nicht zu bewerkstelligen gewesen. Eigenverantwortung war in der organisierten Moderne eine Maxime der Emanzipation, der Freiheit. Arbeiter:innen wollten ihre Leben autonom gestalten können und weder von den Mühlen des Kapitalismus zermalmt noch vom Fabrikherren bevormundet werden. Der Sozialstaat galt als Voraussetzung für eine eigenverantwortliche Lebensführung. Die Reformen der rot-grünen Regierung nach der Jahrtausendwende (Agenda 2010, Renten- und Gesundheitsreform) gründeten dann auf einer anderen Interpretation von Eigenverantwortung.[51] Der Umbau des Sozialstaates wurde in eine Semantik der Vorsorge, Aktivierung und Prävention gekleidet, lief aber in erster Linie auf eine Reduzierung von Freiheit sowie von kollektiven sozialen Rechten und damit für die unteren Klassen auf eine negative Individualisierung hinaus.[52] Die neu aufgelegte Semantik der Eigenverantwortung hat eine autoritäre und paternalistische Dimension: Es geht nicht länger um die gesellschaftliche Gewährleistung eines selbstbestimmten Lebens. Eigenverantwortung wurde vielmehr zu einer Vokabel der sozialen Disziplinierung – angeblich im Dienst des Gemeinwohls.[53]

Die Autonomiegewinne des spätmodernen Individuums waren zwar schon immer auch klassenstrukturiert. Aber *soziale* Freiheit, wie Axel Honneth sie bestimmt, die »dem einzelnen die materiellen Voraussetzungen« gewährleisten soll, »unter denen er seine liberalen Freiheitsrechte effektiver wahrnehmen kann«, hängt nunmehr wieder verstärkt von der Position in der sozialen Hierarchie ab.[54] Die hoch qualifizierten Klassensegmente schrauben ihre Freiheitsgrade immer weiter nach oben, in den unteren Klassen geschieht das Gegenteil:[55] Sie müssen Jobs unter ihrer Qualifikation annehmen, ihre Finanzen offenlegen oder den Kontrolleuren der Ämter Einlass gewähren. Adorno hätte in einem derartigen Verständnis von Freiheit eine Form der *Ideologie* erblickt. Für ihn wird der utopische Gehalt der Theorie der Freiheit pervertiert, wenn sie Menschen so darstellt, als seien sie in ihrem Willen absolut frei und allein für sich selbst verantwortlich. Theorie diene dann nur noch der Repression und der Rechtfertigung von Unfreiheit.[56] Aus der Perspektive der absoluten »Freiheit« gibt es für die Einzelsubjekte schließlich keine »mildernden Umstände« mehr, die Menschen erfahren im Fall misslingender Eigenverantwortung unmittelbar die harte Hand der staatlichen Sanktion.

Negative Individualisierungen schlagen sich auch im Wandel der Erfolgs- und Leistungssemantik nieder. Das Leistungsprinzip selbst ist ein höchst ambivalentes Konzept.[57] Es kann einerseits in einer produktivistischen Lesart zum Ausschluss oder zur Diskriminierung verwendet werden (»Wer nicht arbeitet, soll auch nicht essen«) und verdeckt bis heute die real stattfindende Ausbeutung von Arbeiter:innen. Historisch diente es andererseits als politisches Kampfmittel des Bürgertums gegen die ständischen Privilegien des Adels. Für Mittelklasse und Arbeiterbewegung stiftete es trotz unterschiedlicher Auslegungen Orientierung und Identität. Seinem Wesen nach ist es reziprok, es verbindet den individuellen Aufwand und den legitimerweise zu erwartenden Ertrag.[58] Dabei ist das Leistungsprinzip stets auch ein Resultat gesellschaftlicher Konflikte darüber, welche Maßstäbe bei der Verteilung von Erträgen angewandt werden sollen.[59] Es ist das Produkt einer Aushandlung sowie ein Mittel gesellschaftlicher Selbstvergewisserung und Integration.

Doch der spätmoderne Kapitalismus seit den siebziger Jahren ist von einem Kult des Erfolgs durchdrungen.[60] Nicht mehr die erbrachte Leistung, sondern der Erfolg entscheidet über Prestige, Anerkennung und soziale Position. Leistung ist damit nicht obsolet geworden, sie wird nach wie vor von allen verlangt, garantiert aber eben nicht länger den Erfolg.[61] Denn dieser ist insgesamt kontingenter geworden, das Individuum hat es nur noch sehr eingeschränkt selbst in der Hand, seinen Erfolg *durch* Leistung zu sichern. Erfolg hat, wer bereits erfolgreich ist – eine bestechende Selbstreferenz. Infolgedessen wird die erbrachte Leistung – die Verausgabung, Anstrengung, Disziplin – als Maßstab erschüttert, ja sogar entwertet. Denn diejenigen, die nicht erfolgreich sind, gelten auch nicht mehr als Leistungsträger:innen. Als diese gelten fortan jene, die Erfolg haben – die Manager:innen, Berater:innen, die Stars.[62]

Der Druck auf die Individuen nimmt auch deshalb zu, weil mit dem Kriterium des Erfolgs eine herabsetzende Bewertung droht. Zwar gibt es auch im Erfolg Abstufungen, aber er ist eher binär oder zumindest ordinal – und nicht wie das Leistungskriterium graduell – codiert. Es geht nicht *um mehr oder weniger* Leistung, sondern um Erfolg *oder* Misserfolg. Es gibt Sieger und Verlierer. Gerade ästhetische und technologische Märkte werden zu Winner-take-all-Märkten, in denen sich der Erfolg auf die Superstars konzentriert,[63] in der Literatur zumeist auf wenige Bestseller.[64] In der digitalen Ökonomie verstärken Netzwerkeffekte und Skalenerträge die Konzentration bei den Tech-Konzernen.[65] Auch die invasive Kultur des Vergleichens, des Bewertens, der Rankings erzeugt neue Erfolgshierarchien: Die wenigen an der Spitze profitieren vom Matthäus-Effekt (»Wer hat, dem wird gegeben«), alle anderen verbleiben auf der Stufe des Misserfolgs. Die Ausrichtung der Gehälter an der Leistung, die nun meist *Performance* heißt, ist für Angestellte in unteren und mittleren Positionen zwiespältig: Sie können sich zwar einen Bonus erarbeiten, nehmen aber in Kauf, dass ihre Leistungen überwacht werden – permanent. Jeder Fehler, jede Phase der Erschöpfung und Schwäche wird sichtbar. Nur für die Angehörigen des Managements bedeutet die Orientierung am Erfolg eine *Win-Win-Situation.* In der Vergangenheit haben sie unter der Ägide des *Shareholder Value* den Aktienkurs nach oben getrieben, auch wenn dies für die Beschäftigten und/oder den langfristigen Unternehmenserfolg nicht von Vorteil war. Nach wenigen Jahren konnten sie ihre Aktien verkaufen, die Boni einstreichen und weiterziehen. Misserfolg stellt für Manager:innen zudem selten eine Gefahr dar. Wenn sie zur Demission gezwungen werden, wird ihnen der Abschied in der Regel vergoldet. Für die meisten Beschäftigten erzeugt Misserfolg hingegen heimtückische Zuschreibungen. Ist jemand *erfolglos*, zählt auch die erbrachte Leistung nicht mehr. Im Falle des Scheiterns kann das Individuum kaum noch auf ein ungerechtes System (wie den Kapitalismus) oder andere Kollektivakteure (wie das Unternehmen) verweisen. Nun schlägt die Eigenverantwortung zu Buche.

Der Erfolg greift häufig gerade auf die Ressourcen und Privilegien zurück, die mit dem Leistungsprinzip ursprünglich ausgeschaltet werden sollten. Viele Angehörige der Eliten sind nicht allein auf Basis ihrer Leistung nach oben gekommen, sondern stammen vielfach aus (groß)bürgerlichen Familien.[66] Oben angekommen, wird die privilegierte Herkunft jedoch häufig geleugnet, um die eigene Leistung herauszustreichen.[67] Der Erfolg *erscheint* nun als individuelle Leistung, wo Scheitern zum Resultat individuellen Versagens wird.[68] Letzteres wird noch dadurch verstärkt, dass immer weniger Menschen Mitglieder in Entlastungskollektiven wie Gewerkschaften oder Parteien sind, in denen sie ihre individuellen Probleme als Teil gesellschaftlicher Fehlentwicklungen diskutieren können.

Der Zwang zum Erfolg hat zudem gravierende Folgen für die individuelle und gesellschaftliche Konfliktbearbeitung. Der Ausrichtung am Erfolg wohnt, zugespitzt ausgedrückt, eine anomische Tendenz inne, wie wir in Kapitel 4 noch ausführlicher sehen werden. Erfolgshandeln orientiert sich allein am gewünschten Ergebnis, weshalb es sich an »weitere Normsetzungen nicht gebunden« fühlt. Erfolg »wird zum Inbegriff der instrumentellen Vernunft«.[69] Während das Leistungsprinzip auf arbeitsteiliger Kooperation beruht, stiftet das Vordringen einer Logik des Erfolgs »Feindseligkeit«.[70] Keine Siegerin ohne Besiegte, kein Gewinner ohne Verlierer. Zwar wird in der modernen Unternehmenskultur mit ihrem Leitbild des Silicon Valley die Fehlerkultur gepriesen, es gehört geradezu zum guten Ton, schon einmal gescheitert zu sein – sofern man anschließend direkt das nächste Projekt erfolgreich beginnt.[71] Individuelles Scheitern ist in der Spätmoderne ansonsten aber im Grunde keine Option. Krankheiten sind ein Ausdruck mangelnder Vorsorge, Übergewicht das Resultat fehlender Selbstdisziplin, Rückschläge im Job Ergebnis mangelnder Motivation, private Probleme zeugen von geringer sozialer Kompetenz, Zukunftsängste erscheinen als Unfähigkeit zu positivem Denken.[72] Gesellschaftliche Probleme werden in individuelle transformiert.[73]

Trotz der polarisierenden Auswirkungen ist der Erfolg eine bedeutende internalisierte Norm, in bestimmten Gruppen paradoxerweise sogar noch bedeutender als der soziale Aufstieg. Alle wollen zur Ober- oder Mittelklasse zählen, die Zugehörigkeit zur Arbeiterschaft gleicht einem Stigma.[74] Arbeiter:innen, das sind nur noch die, die es nicht geschafft haben, die Verlierer. Während der Aufstieg jedoch gerade in der Mittelklasse durch Investitionen in den Status, durch Fleiß, Ehrgeiz und das disziplinierte Ansammeln von Bildung erreicht und so später auch zum Erfolg führen kann, spielt die Norm des Erfolgs für jüngere Menschen aus den Unterklassen eine widersprüchliche Rolle. Gerade für die Kinder der unteren 20 bis 30 Prozent der Gesellschaft gilt seit den achtziger Jahren das Versprechen des sozialen Aufstiegs nur noch mit Einschränkungen.[75] Statt auf das unsichere Leistungsprinzip zu vertrauen, setzt man sich in der Erfolgshierarchie höher bewertete, aber riskantere Ziele, die ohnehin kaum zu erreichen sind. Wenn man sagt, ich will Manager oder Popstar werden, nimmt man sich von vornherein vom Leistungsprinzip aus – und kann auch nicht mehr daran scheitern.[76] Was bleibt, ist die Abkürzung über Performance, über Casting-Shows, Influencer-Dasein oder Gangsta-Rap.[77] Für kollektive Solidarität ist hier nur wenig Platz.

In spätmodernen Gesellschaften beschränkt sich der Wettbewerb nicht nur auf die Gütermärkte, er ist in der Lebenswelt allgegenwärtig und zu einem »dominanten Interaktionsmodus« geworden.[78] Die Konkurrenz um knappe Ressourcen ist dem Individuum ein äußerlicher Zwang, aber eben darum wird sie auch zu einem inneren Drang. »Wenn die eigene Geltung vom sozialen Vergleich aktueller Erfolgsbilanzen abhängt, müssen gute Platzierungen und deren Statussymbole andauernd ausgestellt und auch nur geringe Wettbewerbsvorteile ständig bewirtschaftet werden«, schreibt der Soziologe Sighard Neckel.[79] Auf allen Ebenen wird verglichen, bewertet, gerankt. Die im kalifornischen Berkeley lehrende Soziologin Marion Fourcade nennt diese Prozesse »Ordinalisierung«, sie wurzeln in einer radikal freiheitlichen und individualistischen Philosophie. Von außen zugeschriebene Klassifikationen wie *race* oder Gender (Fourcade spricht hier von »nominalen« Merkmalen) werden vermeintlich aufgelöst oder treten in den Hintergrund. In einer scheinbar entklassifizierten, inklusiven und gleichberechtigten Gesellschaft agieren alle unter fairen Ausgangsbedingungen, aber ihre individuellen Leistungen werden dadurch umso sichtbarer: Man kann sich nicht mehr auf Zugehörigkeiten berufen, alle werden in Rangfolgen der Wertigkeit gestellt, die allein der Leistung gehorchen.[80] Dies ist der Kern des meritokratischen Versprechens. Doch gerade hinter ihm verbirgt sich ein symbolisch strukturierter Machtprozess, denn selbst Bestnoten in der Schule helfen nur bedingt. Das Kind einer alleinerziehenden Mutter oder einer Familie aus Syrien hat beim Eignungstest für eine Elite-Institution zwar formell die gleichen Chancen, kann sich aber nicht durchsetzen, weil zu Hause keine Schubert-Sonaten gehört werden und es im bildungsbürgerlichen Alltagsgespräch nicht aufgeschnappt hat, was das Besondere am Licht in der Malerei von Caravaggio ist. Deshalb ist auch mit formeller Chancengleichheit noch lange keine wirkliche Chancengleichheit erreicht: »Hinter einem Schleier von Fairness, Präzision und Objektivität können traditionelle Grenzen und Ungleichheiten verstärkt oder neu geschaffen werden«, schreiben Fourcade und Alex V. Barnard.[81] Hinzu kommt, dass dieser Prozess gerade für jene benachteiligen sozialen Gruppen, für deren Identität symbolische Zuschreibungen von großer Bedeutung waren, einer Abwertung gleichkommt: »Was einst stabile, intern homogene Kategorien waren, wie etwa race, erscheint nun als arbiträre Zusammenfassung unterschiedlichster Individuen in einer Kategorie.«[82] Kurzum: Gebildete Afroamerikaner:innen konkurrieren mit anderen gebildeten Angehörigen von Minderheiten auf dem Arbeitsmarkt, aber im Mahlstrom der Konkurrenz geht ihnen auch das verloren, was sie als Afroamerikaner:innen ausgemacht hat.

Der ubiquitäre Wettbewerb ist somit selbst ein wesentlicher Motor negativer Individualisierung. Er verspricht Fairness und Chancengleichheit, verstärkt aber gleichzeitig die Ungleichheiten; er ebnet symbolische Grenzziehungen ein, steigert aber das Identitätsbewusstsein; er verhilft zu erfolgreichem Handeln, generiert aber auch Normlosigkeit; er mobilisiert und aktiviert und erzeugt gleichwohl Erschöpfung; er ist Mittel der Emanzipation, zwingt die Menschen jedoch zugleich in den Konformismus; er ist Treiber kalter gesellschaftlicher Rationalisierung, entfesselt indessen neue Affekte. Letztere sind auch ein Resultat der gewachsenen Ungleichheit. Laut dem britischen politischen Ökonomen William Davies verdecken viele typisch moderne Fortschrittsindikatoren wie das Bruttoinlandsprodukt die Risse in der Gesellschaft. Die Erzählungen der Politik lassen viele Menschen wütend zurück, weil diese Narrative und die *offiziellen* Fakten zur sozioökonomischen Entwicklung nicht mit ihrer subjektiven Realität übereinstimmen.[83]

Paradoxien der Emanzipation

Die organisierte Moderne war bis in die frühen siebziger Jahre im Wesentlichen auf einen Zuwachs an rechtlicher und sozialer Gleichheit ausgerichtet.[84] Die Angehörigen der unteren Klassen konnten erstmals dazugehören. Das wichtigste Statussymbol jener Zeit war natürlich der eigene Pkw, aber auch die Waschmaschine und der Trockner gehörten zum angestrebten Lebensstil. Für den ersten Farbfernseher, der in Deutschland 1967 auf den Markt kam, mussten viele noch einen Kredit aufnehmen. Wer es zu etwas mehr gebracht hatte, baute sich einen Partykeller in das neue Einfamilienhaus. Man wollte geradezu konformistisch sein, *wie alle anderen*, eine »Normalbiographie«[85] leben, da diese nicht nur lebensweltlich, sondern auch sozialstrukturell Sicherheit versprach.

Der konforme Lebensstil der organisierten Moderne bot auf der einen Seite Sicherheit, wurde aber auf der anderen Seite für immer mehr Menschen ein hemmender Zwang, der den individuellen Ansprüchen im Weg stand. Dies kam in der Achtundsechziger-Bewegung ebenso zum Ausdruck wie in der Popkultur. Als exemplarisch für diese Rebellion gegen den Konformismus können von Ray Davies getextete Zeilen aus einem Song der Kinks gelten: »And I don't wanna live my life like everybody else. And I won't say that I feel fine like everybody else. 'Cause I'm not like everybody else.«

Ab den siebziger Jahren setzte dann ein entscheidender Wandel ein – die Spätmoderne begann. Die Attraktivität des Konformismus verblasste nun auch außerhalb der Subkulturen, die freie Selbst- und Lebensgestaltung wurde zum allgemeinen Ideal. Beruf und Familienrollen sollten selbstgewählt und flexibel arrangierbar sein, man wollte nicht nur aus seinem Milieu ausbrechen, sondern im besten Falle gleich mehreren in experimenteller Weise angehören. Wenn man von zu Hause auszog, stand nicht mehr automatisch sofort eine Lehre und dann die Hochzeit an. Man ließ sich Zeit, probierte vieles aus: Partnerschaften, Wohnformen, Rausch- und Genussmittel. Einige pilgerten nach Indien, andere fuhren mit einem Bulli durch Europa. Individualität wurde zu einem neuen Massenphänomen. Am Anfang dieses Kapitels haben wir drei historisch dominante Sozialcharaktere genannt: den Bürger der Frühmoderne, den Angestellten der organisierten Moderne und den kreativen spätmodernen Selbstverwirklicher. Der Soziologe Andreas Reckwitz, auf den diese Unterscheidung maßgeblich zurückgeht, weist darauf hin, dass diese Charaktere von zuvor »minoritären kulturellen *Gegenbewegungen*«[86] mit hervorgebracht wurden. Im Individualismus spätmoderner Gesellschaften vereinigen sich frühere Sozialcharaktere und Bewegungen.[87] Einerseits ist das Ideal eines leistungsorientierten Individuums wirkmächtig, das sich hoch rationalisiert den Gesetzen des kompetitiven Marktes anpasst. Andererseits sehnen sich viele nach sozialen Sinnquellen, die in Differenz zur marktförmigen Rationalisierung stehen – man möchte mehr sein als nur ein austauschbares Rädchen im gesellschaftlichen Getriebe. Die Idee individueller Autonomie erfährt eine wesentliche Ergänzung: Es geht nicht nur darum, das eigene Leben autonomer, sondern auch authentisch, in Übereinstimmung mit dem eigenen Selbst zu gestalten. Der Individualismus der Spätmoderne versucht, unterschiedliche Praktiken und Ziele flexibel miteinander in Einklang zu bringen: das Streben nach Hedonismus und Authentizität mit Leistungs- und Karriereorientierung.[88] Damit ist eine affektorientierte Konsumkultur entstanden, die sich vom Massenkonsum distanziert.[89]

Die Suche nach dem *wahren Selbst* wurde also ab den Siebzigern zu einem gesamtgesellschaftlichen Phänomen. Eine Vielzahl von Verhaltensänderungen beruhte auf der Übernahme von Kulturpraktiken und Identitätsentwürfen, die zuvor nonkonformistischen Minderheiten vorbehalten waren.[90] Selbstverwirklichung war plötzlich nicht mehr nur ein Thema in hippiesken Wohngemeinschaften, sondern auch für zuvor eher traditionelle Familien. Yogamatten sah man nun auch auf den Terrassen Münchener Vororte. Doch damit veränderte sich zugleich der Status der Alternativbewegungen. Der Ausbruch aus den gesellschaftlichen Zwängen transzendierte die gesellschaftliche Ordnung nicht, man richtete sich stattdessen fröhlich in ihr ein: Die antikapitalistische Säure kippte zur lebensweltlichen Base der Selbstverwirklichung. Der Kapitalismus hatte die »Künstlerkritik« der Achtundsechziger-Bewegung – also Forderungen nach mehr Selbstbestimmung und Authentizität, nach weniger Standardisierung und Hierarchien – erfolgreich internalisiert und für sich fruchtbar gemacht.[91] Es schien, als könnte man diese Ziele gerade *durch* und nicht länger *gegen* den Kapitalismus erreichen.

Das wiederum hat natürlich Folgen für die ehemals emanzipatorischen Normen. Eingebettet in eine stark deregulierte Arbeitsgesellschaft werden sie zu Anforderungen, die ähnlich repressiv wirken können wie die standardisierte Arbeitswelt der organisierten Moderne. Lassen Sie uns das kurz an den Prinzipien des *New Work* veranschaulichen, die sich in den letzten Jahren immer weiter durchgesetzt und als mitunter dystopische Befreiung entpuppt haben.[92] New Work kleidet sich in Begriffe der Emanzipation: Selbstständigkeit, Selbstverwirklichung, Freiheit, persönliche Entfaltung, Flexibilität und Teilhabe. Tatsächlich begrüßen viele Beschäftigte Arbeitsformen, die nicht vertikal organisiert sind. Aber gleichzeitig müssen sie Leistungsnormen nun selbst definieren. Dass Beschäftigte Routinen als Erleichterung wahrnehmen, gilt als Abweichung von der kreativen Norm. Aus der scheinbaren Autonomie wird schließlich eine neue Heteronomie. Die attraktive Work-Life-Balance wird zu einem *Work-Life-Blending* – Beschäftigte *sollen* Arbeit und Freizeit nicht mehr trennen, sie müssen permanent an das aktuelle Projekt denken, verfügbar sein. An einer in Freiheits- und Gemeinschaftssemantiken gehüllten Praxis wie dem *Desksharing*, bei dem man jeden Tag seinen Arbeitsplatz frei wählen *kann*, lässt sich ebenfalls gut erkennen, wie sich die (vermeintlich) freie Wahl in ein stahlhartes Gehäuse verwandelt. Unternehmen reorganisieren sich intern verstärkt nach dem Prinzip der Reise nach Jerusalem: In den Bürogebäuden gibt es in diesem Fall weniger Arbeitsplätze als Mitarbeiter:innen, angestrebt wird eine Reduktion um bis zu 40 Prozent.[93] Ein paar Leute fehlen in größeren Unternehmen immer, seien sie krank oder auf Dienstreise. Zudem setzen die Firmen darauf, dass ein bestimmter Anteil im Homeoffice bleibt. Für die Übrigen jedoch beginnt jeden Tag ein Wettbewerb um die besten Plätze – diese muss man nach getaner Arbeit wieder sauber verlassen (*clean desk*), weil das Spiel am nächsten Tag von vorne losgeht. Für die Firmen bringt das viele Vorteile, die niedrigeren Heiz- und Unterhaltskosten sind nur ein kleiner Teil davon. Für die Beschäftigten entpuppt sich das *Desksharing* indes als eine mit Stress belastete Herausforderung: Sie können ihre Arbeitsumgebung nicht mehr mit Blumen oder Bildern personalisieren, sondern werden zu Nomad:innen in einer gleichförmigen Umgebung. Jeden Tag »dürfen« sie neben neuen Kolleg:innen sitzen, haben sie die »Chance«, andere Menschen kennenzulernen. Es gibt natürlich Beschäftigte, die solchen Formen der Arbeitsorganisation etwas abgewinnen können (sie sehen darin eine »Challenge«), aber für die meisten ist es aus- oder unausgesprochen eine Entfremdungserfahrung: Sie haben enorme Wahlfreiheiten, diese sind jedoch hochgradig verdinglicht. Beschäftigte können sich zwischen Varianten der Verwertung entscheiden, auf die sie selbst keinen Einfluss haben. In der gewohnten Umgebung bei den liebsten Kolleg:innen zu sitzen, mit denen man solidarische Routinen zur Bewältigung der Anforderungen ausgebildet hat – diese Option gibt es mit Absicht nicht mehr.

Während sich die Individualität in der organisierten Moderne über das kulturelle Muster der Angleichung entfaltete, das in seinen Konformitätszwängen repressiv wirkte, übt die Individualität in der Spätmoderne Druck über ein diffiziles System der Differenz aus. Die seit den neunziger Jahren gewachsene soziale Ungleichheit und Prekarität hat insbesondere der Mittelklasse vor Augen geführt, dass ihre Stellung nicht dauerhaft gesichert ist.[94] Sie wird vom Treibenden zum Getriebenen einer Lebensführung, in der das Bedürfnis nach Selbstentfaltung und emotionaler Erfüllung mit dem Drang nach Erfolg, Anerkennung und Aufmerksamkeit legiert ist.[95] Die Mittelklasse bleibt angewiesen auf eine beharrliche »investive Statusarbeit«[96] – selbst dort, wo in die Poren des Alltags noch keine Verunsicherung eingedrungen ist. Diesem Selbstentwurf wohnen gegenläufige Effekte inne, er verwandelt sich in einen »systematischen Enttäuschungsgenerator« (Andreas Reckwitz).[97] Dies hat mehrere Gründe.

Erstens sind Individuen, die zwei komplementäre Normsysteme – Erfolg *und* Authentizität – internalisiert haben, einem unauflöslichen Dilemma ausgesetzt. Die rationalisierte Lebensführung des pragmatischen Erfolgsstrebens schafft es durchaus, sich mit dem Bedürfnis nach Selbstentfaltung zu synthetisieren, gar die materiellen wie sozialen Ressourcen zu seiner Realisierung bereitzustellen, wie eine Reihe von Identifikationsfiguren sichtbar vorführen: Start-up-Unternehmer:innen, beruflich erfolgreiche Computernerds oder Influencer:innen. Doch eine falsche Balance der darin enthaltenen Ansprüche kann zum Eindruck des Ungenügens führen. Setzt man zu sehr auf Selbstverwirklichung, steigt die Gefahr einer prekären Existenz, orientiert man sich hauptsächlich auf die pragmatische Karriere, bleibt das eigene Ich auf der Strecke. Selbstverwirklichung und

Statusarbeit haben zusammengefunden, es gibt aber nach wie vor einen *Trade-off* in der einseitigen Verfolgung der Prinzipien: Je dominanter das eine, desto rückläufiger das andere.[98]

Spätmoderne Gesellschaften bauen *zweitens* auf der permanenten Valorisierung und gleichzeitigen Devalorisierung kultureller Praktiken auf.[99] Was eben noch einzigartig, bedeutsam, werthaltig erschien, kann bald schon gewöhnlich werden. Allein durch Nachahmung wird die Einzigartigkeit veralltäglicht: Wenn heute weiße Turnschuhe ein omnipräsentes Lifestyleaccessoire darstellen, wird ihre Außergewöhnlichkeit bald durch ihren Massengebrauch aufgehoben. Das Streben nach einem unverwechselbaren Leben ist mitunter erfüllend, droht aber gleichzeitig, sich selbst zu sabotieren. Die eigene Individualität gleicht eher einer Mimesis an vorgefundene symbolische Zeichen, Formen oder Moden. Besonderheit führt zu formaler Standardisierung; sie produziert einen homologen Habitus, dessen Kern das Streben nach Differenz ist.[100] Individuen sind also gezwungen, selbstreflexive Distanz zu sich selbst und ihrer Umwelt zu gewinnen, da ihre Unverwechselbarkeit strukturell ungesichert ist. Im Streben nach Differenz verhält man sich im Grunde stromlinienförmig. Möglicherweise war es genau dieses Phänomen, das Simmel vor Augen hatte, als er der modernen Individualität in seiner geldvermittelten Anpassung eine gewisse »Charakterlosigkeit« zurechnete.[101]

Dem skizzierten Spannungszustand wohnt *drittens* eine Steigerungslogik inne. Selbstverwirklichung ist ein unendlicher Prozess, in dem Erfüllung sofort als neuer Mangel erlebt wird. Sie kennt keine Grenze, und zwar selbst dann nicht, wenn sie als Verzicht – der Rückzug aufs Land, das einfache Leben – praktiziert wird. Sie kennt kein *Genug*, es gibt immer ein Mehr. Gesteigert werden soll insbesondere das individuelle Glücksempfinden. Vor allem die erstarkte Disziplin der positiven Psychologie, die im Alltagsdenken mittlerweile eine große Rolle spielt, verallgemeinert die Vorstellung, Glück stelle ein unverzichtbares Ziel ohne fixierbaren Endpunkt dar.[102] Erfolgreich ist die eigene Lebensführung, sofern sie positive Emotionen hervorbringt. Die permanente Steigerung erfüllter Erfahrungen resultiert aus der Fluidität des Glücks: Es verflüchtigt sich, sobald der erstrebenswerte Zustand verwirklicht ist.

Diese Logik wirkt *viertens* auch in der Selbstoptimierung fort, der eine »Form der Unabschließbarkeit und der infiniten Möglichkeit zur Überbietung« innewohnt.[103] Nicht nur Leistung, auch Glück wird ein Ziel, das einzig vom Individuum selbst und nur bedingt mithilfe externer Faktoren erreicht werden kann. Gelten Glück oder Leid, Erfolg oder Scheitern, Gesundheit oder Krankheit als direkte Resultate individuellen Handelns, versetzt dies die Menschen in eine rastlose Optimierungsaktivität. Wird »persönliche Erfüllung«[104] zum zentralen Maßstab eines gelingenden Lebens, schlägt sie um in ihr Gegenteil, die Disziplinierung und Kontrolle des Selbst.[105] Augenscheinlich wird dies in der verzwickten Körperarbeit: Im Fitnessstudio stemmen nun nicht mehr allein altmodische Individualisten wie Bodybuilder Gewichte. Der Körper wird in allen Milieus – bei McFit oder mit dem Personal Trainer – getrimmt, gestählt, definiert. Mit der Smartwatch am Arm wird der Puls kontrolliert, werden die täglichen Schritte vermessen oder kleine Fehler aufgedeckt. In der Nacht ruht nur der Mensch, die Smartwatch wacht darüber, wie gut er es tut. Sein Schlafrhythmus, seine Herzfrequenz und Atmung werden in biometrische Langzeitbeobachtungen überführt. Fühlte der beflissene Protestant des vergangenen Jahrhunderts sich noch mittels eines religiösen Tagebuches »*selbst* ›den Puls‹«,[106] um die Sünden zu notieren und damit zu kontrollieren, erledigt dies heute ein Gerät algorithmisiert von ganz allein. Über die Teilen-Funktion kann in den sozialen Netzwerken unmittelbar sichtbar gemacht werden, wenn die Sühne in Form eines langen Laufs stattgefunden hat. Eine Mahnung für andere – und sich selbst. Digitale Selbstvermessung ist permanente Selbstoptimierung.[107]

Der Vergleich, der der Selbstoptimierung inhärent ist, führt uns *fünftens* zum allgegenwärtigen Wettbewerb. Es herrscht Konkurrenz zwischen Unternehmen, auf Märkten und natürlich auch zwischen Individuen. Die Sphären des Wettbewerbs haben sich ausgeweitet; das gesamte Leben ist auf Optimierung, Investition, die Kreation des eigenen »unternehmerischen Selbst« ausgelegt.[108] Individualität bezog sich in der industriellen Moderne noch auf Stabilität: das Sicherheitsnetz des Sozialstaates, Qualifikationen und letztlich das Vertrauen, dass Individualität sich auszahlt oder in der persönlichen Bilanz zumindest nicht negativ zu Buche schlägt. Der süße Nektar der Ungewissheit schmeckte am besten im Kelch der sozialen Sicherheit. In der Spätmoderne ist die Individualisierung indessen ein Spiel, das nie aufhört. Man ist immer in Bewegung, es gibt keine Ruhepause, man kommt nie an, es findet keine »Wiedereinbettung«[109] in verlässliche Strukturen statt. Man kann an diesem Spiel nicht nicht teilnehmen. Es ist keine Option, sein Leben *nicht* im Modus des Wettbewerbs zu führen. Jedes Individuum *muss* kompetitiv sein, es *muss* in sich selbst investieren, es *muss* autonom sein. Menschen, die sich dieser Anrufung systematisch entziehen – im öffentlichen Raum wurde diese Verweigerung einst emblematisch von Punks verkörpert –, sind ein Relikt vergangener Zeiten.[110]

Fassen wir zusammen: In Gegenwartsgesellschaften ist das Selbstmanagement ins Zentrum des individuellen Strebens gerückt. Der richtige Einsatz der Ressourcen (auch der emotionalen) wird sowohl als Voraussetzung sowie als Ergebnis eines gelingenden Individualismus angesehen – hierfür stapeln sich zahlreiche Ratgeber in den Buchhandlungen. Da das widersprüchliche Normgefüge aus leistungsorientiertem Rationalismus und authentischer Selbstfindung ein persönliches Ungenügen, praktische Widersprüche oder unauflösliche Dilemmata produziert, begegnen Individuen diesem mit Kontrolle (der

Emotionen, des Körpers oder des Lebensverlaufs) – sie internalisieren die von außen an sie gestellten Ansprüche.[111] Immer wieder erscheinen so neue Anrufungen, die zu Normen werden, jüngst etwa Achtsamkeit und Resilienz.[112] Diese neu gewachsenen Ansprüche reagieren allesamt auf Probleme, die aus den vorangegangenen Normen entstehen. So hat die Inkorporation von Selbstverwirklichung in der Arbeitswelt dazu geführt, dass Beschäftigte sich ihrer Arbeit derart hingeben, dass sie an Erschöpfung oder Burnout leiden.[113] Honneth hatte vor nunmehr zwanzig Jahren noch erwartet, die Anforderungen der Individualität, die Instrumentalisierung und Standardisierung der Selbstverwirklichung werde die Menschen überfordern, so dass ein »emotional erkaltetes« Anspruchssystem schließlich Leiden, Schuldgefühle und Passivität erzeuge.[114] Es gibt viele Indizien dafür, dass zum Beispiel Burnouts und andere Psychopathologien auf das überfordernde Anspruchssystem zurückzuführen sind, wie wir später noch genauer sehen werden. In den letzten Jahren mehren sich aber auch die Hinweise, und das ist das Thema dieses Buches, dass gerade das emotional erkaltete System siedende negative Affekte produziert.

Verdinglichte Freiheit

Formal ist das Individuum in westlichen Gesellschaften also freier als je zuvor. Zumindest wenn man Freiheit mit Bauman in dem Sinne versteht, »kein Hindernis, keinen Widerstand im Weg zu haben, durch die eine gewünschte oder mögliche Bewegungsfreiheit beschränkt« würde.[115] Eine Errungenschaft moderner Gesellschaften besteht darin, fundamentale Freiheiten verwirklicht zu haben. Wir können unsere Meinung ungehindert äußern, müssen aber damit rechnen, dass die anderen von diesem Recht ebenfalls Gebrauch machen. Wir können auch von jetzt auf gleich unsere Sachen packen und verreisen oder unseren Arbeitsplatz kündigen. Horkheimer hob hervor, dass es »in den realen Kämpfen um die Freiheit [...] zunächst um das bessere Leben, vielmehr das Leben überhaupt« ging.[116] Erst in modernen Gesellschaften wurde Freiheit gleichbedeutend mit dem guten Leben, der Freiheit des Handelns und der Wahl aus einer Vielzahl an Möglichkeiten. Wenn die großen Freiheiten und die demokratischen Rechte als gesichert gelten, kann sich allerdings eine paradoxe Folge einstellen: Gleichgültigkeit gegenüber der demokratischen Öffentlichkeit und der demokratischen Ordnung, während der Freiheitsbegriff in der schlichtesten Form darauf reduziert wird, alles zu tun, was man will.

Eine philosophische Grundlegung dieser libertären Freiheitsidee ist Robert Nozicks 1974 publiziertes Buch *Anarchie, Staat, Utopia*.[117] Gegen John Rawls' einflussreiche *Theorie der Gerechtigkeit*, ein Standardwerk für die liberale Legitimation staatlicher Umverteilung, setzt Nozick eine einschränkungslose negative Freiheit, die dem Individuum fast unbegrenzte Rechte zuspricht, die nicht verletzt werden dürfen.[118] Damit geht Nozick auch weit über den Liberalismus von John Stuart Mill hinaus, für den es, wie wir oben in diesem Kapitel gesehen haben, durchaus Gründe für eine Beschränkung einer solch unbegrenzten Freiheit gab. Der Staat dürfe nicht umverteilen, darin war sich Nozick mit neoliberalen Denkern wie Friedrich August Hayek einig.[119] Allerdings positionierte sich Nozick im Kern sogar noch viel radikaler als die Neoliberalen, denn in seiner Theorie hat der Staat lediglich als absoluter Minimalstaat eine Existenzberechtigung. Er darf nicht in das Leben des oder der Einzelnen eingreifen, sondern lediglich die individuelle Freiheit und das persönliche Eigentum schützen. Schon gar nicht dürfe er an das Individuum Verhaltenserwartungen wie jene des solidarischen Handelns herantragen. Im Vergleich dazu war selbst ein Autor wie Hayek dem Staat geradezu freundlich gesinnt. Aus seiner Sicht konnte sich dieser zur

Verbesserung der Funktionsweise von Märkten sogar als nützlich erweisen.

Bei Nozick begegnet uns ein atomares, gleichzeitig unbeschränktes Individuum, das auf (fast) nichts und niemand Rücksicht nimmt außer auf sich selbst: »Friedliche Menschen, die sich nur um ihre Angelegenheiten kümmern, verletzen keine Rechte anderer.«[120] Die einzig legitime Beschränkung sei die Unantastbarkeit der individuellen Freiheit anderer. Nozicks Buch wurde enorm einflussreich für die libertäre Philosophie und markiert gleichzeitig eine Bedeutungsverschiebung der Freiheitsidee, die in Teilen der Gesellschaft an Wirkmächtigkeit gewinnt. Freiheit wird nun nicht mehr in erster Linie in Abgrenzung zum staatlichen Gewaltmonopol verstanden, sondern zu gesellschaftlichen Normen insgesamt. Staatliche Regulierungen des Alltagsverhaltens, etwa die Gurt- oder Helmpflicht, stellen aus dieser Perspektive ebenso eine Einschränkung der persönlichen Freiheit dar wie Gebote der Nichtdiskriminierung. Ein solchen Freiheitsvorstellungen anhängendes Individuum lehnt »jede Quelle außerhalb seiner selbst als Richtschnur für das eigene Handeln« ab.[121] Der Individualismus ist hier, wie bereits Tocqueville befürchtete, keine demokratische Tugend mehr, sondern das Ende aller Tugenden, da er die privaten wie die öffentlichen angreift und zerstört – und in »Einsamkeit« und »Egoismus« endet.[122] Es verwundert darum nicht, dass in den siebziger Jahren, eben jener Zeit, in der die libertäre Freiheitsidee an Popularität gewann, der Narzissmus als ein gesellschaftliches Phänomen entdeckt wurde (siehe Kapitel 4).

Aus unserer Sicht liegt der problematische Aspekt spätmoderner Individualisierung nicht in einem profanen Egoismus, sondern in einem individuellen Verdrängen der Abhängigkeit von gesellschaftlichen Institutionen. Es ist eine *verdinglichte Freiheit*, die radikalisierte Ansprüche in Bezug auf individuelle Freiheitsräume hervorruft. Der Begriff der Verdinglichung geht auf Georg Lukács zurück, der in *Geschichte und Klassenbewußtsein* (1923) die von Marx im *Kapital* entwickelte Theorie des Warenfetischismus mit Webers Analyse kapitalistischer Rationalisierung zusammenführte. Nach Lukács zeichnet sich Verdinglichung dadurch aus, dass soziale Beziehungen eine »gespenstische Gegenständlichkeit« bekommen, die in ihrer »geschlossenen und rationalen Eigengesetzlichkeit jede Spur ihres Grundwesens, der Beziehung zwischen Menschen verdeckt«.[123] Auf unserem Lohnzettel verschwinden die während der Arbeit getätigten menschlichen Interaktionen. Der Algorithmus, der unsere Performance »bewertet«, übt eine zwingende Macht auf uns aus, er entwickelt scheinbar ein Eigenleben. Dass Menschen mit bestimmten Zielvorgaben diesen Algorithmus programmiert und trainiert haben, ist für uns nicht mehr sichtbar. Dies gilt ebenso für das Privatleben. Bei Partnerbörsen wie Tinder werden zwischenmenschliche Kontakte allein aufgrund äußerlicher Eigenschaften hergestellt oder weggewischt.

Die verdinglichten Beziehungen durchdringen laut Lukács, der seine Theorie auf dem Boden der hoch rationalisierten organisierten Moderne verfasste, in Form unpersönlicher Mechanismen wie Warentausch oder Recht die Gesellschaft. Die Logik des Marktes und der Kalkulation begegnen den Individuen als eine »zweite [...] Natur« von unbezwingbaren Mächten, sie können die Welt nicht länger als mehr oder weniger vernünftiges, menschengemachtes Ganzes erfahren.[124] Lukács beobachtete, dass die Macht der großen Konzerne, des bürokratischen Apparats von den Menschen als unveränderbar hingenommen wurde. Sie nahmen ihre berufliche Tätigkeit, ihre zwischenmenschlichen Beziehungen in der Form von Waren wahr, einer »phantasmagorischen« Form, in der gesellschaftliche Verhältnisse den Individuen vergegenständlicht gegenübertreten.[125] Tatsächlich hatten die Lohnarbeiter damals kaum eine andere Wahl, als tagtäglich in die Fabrikhallen zu gehen, wenn sie ihre

Familien irgendwie über die Runden bringen wollten. Doch sie nahmen diesen Zwang vielfach als Naturtatsache hin, nicht als gesellschaftliche Übereinkunft, die prinzipiell verändert werden konnte. Die Pointe Lukács' besteht darin, dass gerade die verdinglichte Welt »*unmittelbar* als die wahre Welt« erscheint.[126] In dieser *wahren* Welt, die nicht zufällig auch die Welt der Waren ist, wird Freiheit zu einer individuellen Qualität – zu einer Abstraktion, wo sie doch eigentlich ein gesellschaftliches Verhältnis ist. Der »Besitzindividualismus« wird zum dominanten Modus der Vergesellschaftung.[127] Die verdinglichte Freiheit *gehört* dem einzelnen Individuum, sie ist nicht länger eine Beziehung zu anderen.

Nun ist Lukács' Buch fast ein Jahrhundert alt, gleichwohl bietet es eine originelle Sichtweise auf die libertäre Idee, welche die gesellschaftliche Bedingtheit der Freiheit leugnet. Jürgen Habermas hat darauf hingewiesen, dass sich der »Mechanismus der Verdinglichung« in spätkapitalistischen Gesellschaften verändere und sich nun vorrangig in einem »*fragmentierte*[*n*] Bewußtsein« äußere, das aufgrund einseitiger Rationalisierungen seiner synthetisierenden Kraft beraubt worden sei – mit einschneidenden Folgen für die »Assimilation« des Alltagsbewusstseins.[128] Alles scheint isoliert voneinander zu existieren: das Scheitern am Arbeitsplatz, Kriege, Umweltkrisen werden nicht mit dem kapitalistischen Wirtschaftssystem in Verbindung gebracht. Lukács hatte aus der Verdinglichung sozialer Beziehungen ähnlich wie die frühe Kritische Theorie noch ein tiefes Gefühl der Ohnmacht (vor allem des Proletariats) abgeleitet, in der Spätmoderne haben jedoch leistungsstarke Individuen teilweise gelernt, verdinglichte Beziehungen strategisch einzusetzen. Der Influencer, der seinen kompletten Alltag auf Instagram wie eine Ware öffentlich ausstellt, ist nur ein Beispiel unter vielen.[129] Individuen, die zu einer verdinglichten Freiheit neigen, identifizieren sich mit dem spätmodernen Kapitalismus, bejahen seine Normen und werfen sich schwungvoll auf das »Juggernautrad« (Marx).[130] Sie sind gewissermaßen Individuen »im Übermaß«.[131]

Während die Kritische Theorie, wie wir noch zeigen werden, vor allem das *Leiden* als Sozialpathologie kapitalistischer Individualisierung in den Blick genommen hat, möchten wir den Fokus auf eine andere Folge richten, die aus unserer Sicht einen Schlüssel zur Erklärung des libertären Autoritarismus darstellt: die aktive *Affirmation* kapitalistischer Freiheitsnormen. Zwar identifizierte sich auch der »eindimensionale Mensch« des organisierten Kapitalismus unmittelbar mit »seiner Gesellschaft und dadurch der Gesellschaft als einem Ganzen«.[132] Allerdings fand diese Identifikation auf dem Boden fortgeschrittener Industriegesellschaften statt, wo laut Marcuse das Streben nach Selbstverwirklichung systematisch unterdrückt wurde.[133] Heute hat sich die Konstellation grundlegend verändert: Weitgehend befreite Individuen identifizieren sich mit der Gesellschaft, die ihnen umfassende individuelle Selbstentfaltung verspricht und auch bisweilen gewährt. Der Kapitalismus wird von vielen Menschen nicht als Maschine einseitiger Rationalisierung wahrgenommen, die jedes Streben nach Authentizität verhindert, sondern im Gegenteil als ein System, das individuelle Selbstverwirklichung gerade ermöglicht.

Marx hatte bereits in seiner Rezension »Zur Judenfrage« gegen eine solche Form des libertären Individualismus polemisiert: »Die Freiheit des egoistischen Menschen und die Anerkennung dieser Freiheit ist aber vielmehr die Anerkennung der zügellosen Bewegung der geistigen und materiellen Elemente, welche seinen Lebensinhalt bilden.«[134] Regulierende oder umverteilende Interventionen in den Kapitalismus sehen solche Individuen als Eingriff in die Freiheit, in *ihre* Freiheit. Es ist aber keinesfalls so, dass die verdinglichte Freiheit obsiegen muss. Ihr Gegenstück ist die soziale Freiheit, in der die Individuen sich in ihrer Abhängigkeit wechselseitig anerkennen. Aber das hängt, wie wir im Schlusskapitel argumentieren, auch von der Kraft solidarischer Bewegungen ab.

Wenn nun also Abhängigkeiten, mit denen die meisten Menschen alltäglich konfrontiert sind, durch die Identifikation mit einem libertären Freiheitsverständnis geleugnet werden, ist dies keineswegs ein rein illusionärer Akt. Es handelt sich eher um ein Resultat der *realen* individuellen Freiheit, in der Autonomie und Abhängigkeit Hand in Hand gehen. Erinnern wir uns an die gesteigerte Institutionenabhängigkeit der Individuen: Zwar sind sie losgelöst von standardisierten Lebenslaufmustern, doch gleichzeitig können sie auf dem volatilen Markt, auf dem sie sich behaupten müssen, nur selten wirklich selbstbestimmt agieren. Sie sind abhängig von Entwicklungen, die sie nicht kontrollieren können. Dies führt unweigerlich zu unauflöslichen Widersprüchen im subjektiven Bewusstsein. Zwar sind gesellschaftliche Anforderungen wie auch individuelle Ansprüche auf die Erweiterung von Freiheitsräumen ausgerichtet, doch in die erweiterten Sphären der individuellen Besonderung wirken externe Kräfte hinein. Das eigene Handeln ist nicht zwangsläufig Resultat freier, selbstgesetzter Zwecke. Dieser Widerspruch liegt bereits im »principium individuationis« begründet, das auch in spätmodernen Gesellschaften nicht an Geltung eingebüßt hat: Adorno verwies darauf, dass das vereinzelte Individuum »sich abdichten [muss] gegen das Bewußtsein seiner Verstricktheit im allgemeinen«.[135] Dieses »Sich-Abdichten« ist ein elementarer Bestandteil des libertären Freiheitsverständnisses. In der Praxis der libertären Freiheit werden die Bedingungen ausgeblendet, auf denen sie gründet, sie zielt auf eine rein äußere Befreiung des individuellen Handlungsvermögens.

3. Ordnung der Unordnung: Gesellschaftlicher Wandel und regressive Modernisierung

Nie war es einfacher, sein Leben individuell zu führen. Doch auch in Gegenwartsgesellschaften bleibt die Individualität umstritten. Sie wird herausgefordert, unterlaufen, angepasst. Das heutige Individuum ist autonom, darin aber fragil; gebildet, aber strukturell überfordert; moralisch, aber normativ verunsichert; räsonierend, aber hochemotional. Gekränkte Freiheiten, das Thema dieses Buches, resultieren dabei aus dem Umstand, dass das Individuum gesteigerte Bedürfnisse entwickelt hat, seine Ansprüche in spätmodernen Gesellschaften jedoch nicht (oder nur gebrochen) realisieren kann.

Soziale Ordnungen können an einer Epochenschwelle »kippen«, argumentiert Andreas Reckwitz.[1] Angesichts der mannigfaltigen Krisen zeitgenössischer Gesellschaften hält er es für möglich, dass die Spätmoderne ihren Zenit überschritten hat und wir uns auf eine neue Epoche zubewegen. Er nennt sie vorläufig »Postspätmoderne«, wobei das Präfix »post« auf eine noch unscharfe Zukünftigkeit verweist.[2] Da diese Epoche erst im Entstehen begriffen ist, sind ihre Konturen noch nicht konkret identifizierbar. Darum ist im Moment schwer zu beurteilen, ob der diffuse Schwellenzustand in eine neue Konfiguration der sozialen Ordnung übergeht. Vielleicht findet sich in der Zukunft ein zeitdiagnostischer Begriff, der sich nicht in der verdoppelten Nachzeitigkeit zur Moderne erschöpft.

Unser Begriff der *regressiven Modernisierung* bezeichnet die Art und Weise der jüngsten Phase des sozialen Wandels, in der eine »Dialektik von Modernisierung und Gegenmodernisierung« am Werk ist, wie Ulrich Beck schon 1996 festhielt.[3] Fortschritte und Rückschritte sind im selben Prozess verzahnt, mehr noch: Sie sind nicht voneinander zu trennen.[4] Anschaulich lässt sich diese bisweilen verworrene Dynamik bei der Globalisierung und der europäischen Integration beobachten: Ökonomische, politische und kulturelle Räume wurden geöffnet. Gleichzeitig wurden im Namen der wettbewerbsorientierten Austeritätspolitik sozialstaatliche Sicherungen abgebaut und soziale Rechte eingeschränkt. So hat die europäische Integration zwar Fortschritte hinsichtlich der Mobilität der Beschäftigten hervorgebracht, aber die Mitbestimmung von Arbeitnehmer:innen in Deutschland geschwächt.[5] Die Integration erweitert durch Öffnungen Teilhabemöglichkeiten, erzeugt im selben Moment jedoch Exklusionen in anderen Feldern. In Plattformunternehmen und Tech-Konzernen wird viel Wert auf Diversität gelegt, gleichzeitig sind (vor allem für Migrant:innen) prekäre Jobs an der Tagesordnung.[6] Bei diesen von immanenten Widersprüchen geprägten Entwicklungen handelt es sich nicht um Rückschritte zu früheren Formen des Zusammenlebens. Gesellschaften sind dynamisch, neue Fortschritte reagieren auf alte Probleme. Doch mit der Lösung von Problemen entstehen häufig neue. Solche immanenten Nebenfolgen stellen bisweilen den sozialen Fortschritt selbst infrage. Sie erscheinen dann als Niedergang oder Verfall. Aus unserer Sicht haben wir es jedoch mit einer Gleichzeitigkeit des Ungleichzeitigen zu tun.[7]

Horkheimer und Adorno sahen in dieser Gleichzeitigkeit ein strukturelles Merkmal der Modernisierung: »Der Fluch des unaufhaltsamen Fortschritts ist die unaufhaltsame Regression.«[8] Sie schrieben diesen düsteren Satz allerdings 1944 vor dem Hintergrund der historischen Erfahrung des Faschismus. Nach 1945 hellte sich der Blick in die Zukunft wieder auf, das

Vertrauen in den linearen Fortschritt überwog – Rückschritte, die den Fortschritt begleiteten, traten nur marginal ins gesellschaftliche Bewusstsein. In spätmodernen Gesellschaften ist dieser Optimismus freilich geschwunden. Die Zunahme sozialer Rückschritte veranlasste Claus Offe dabei schon vor über zehn Jahren, Abschied vom Ziel des unaufhaltsamen Fortschritts zu nehmen. Nun gelte es vielmehr, bestehende Errungenschaften zu konsolidieren. Von zukünftigen Entwicklungen erwartete Offe nur wenig Gutes. Was dem Soziologen blieb, war für das kommende »regressive [...] Potential« zu sensibilisieren.[9] Sein Kollege Peter Wagner erkennt in der Gegenwart zwar nach wie vor soziale Fortschritte wie eine Reduzierung formaler Herrschaft und einen Abbau von Hierarchien, allerdings habe die Zunahme an individueller Wahlfreiheit derart tief greifende soziale Ungleichheiten und Exklusionen produziert, dass sich das normative Ideal des Fortschritts erschöpft habe.[10]

Wir halten hingegen an der Idee des gesellschaftlichen Fortschritts fest, analysieren ihn aber in seiner widersprüchlichen Dynamik. Aus unserer Sicht haben sich Fortschritte *und* Regressionen in den vergangenen Jahrzehnten erheblich radikalisiert, so dass Horkheimers und Adornos rückläufige Anthropogenese eine neue Brisanz erhält. Die gekränkte Freiheit des Individuums ist nicht nur, aber vor allem ein Resultat des gleichzeitigen Aus- und Rückbaus von Freiheitsgraden.

Die Tücken des normativen Fortschritts

Der Historiker Reinhart Koselleck kolportiert in einem Aufsatz folgende Geschichte, die sich im späten 19. Jahrhundert in einer ländlichen Gegend im Süden des heutigen Niedersachsen zugetragen haben soll: Kinder durften dort traditionell nicht am elterlichen Tisch essen, sondern mussten die Mahlzeit im Stehen einnehmen. Am Tag ihrer Konfirmation bekamen sie eine Ohrfeige, anschließend behandelte man sie aber wie Erwachsene, und sie konnten sich zu den Eltern setzen. Eines Tages freilich durfte der jüngste Sohn auch dort Platz nehmen – ohne Konfirmation und ohne Ohrfeige. Auf die erstaunte Nachfrage seiner Frau, was das denn solle, antwortete der Vater, das *komme vom Fortschritt.* Dass es Fortschritte gab, war deutlich sichtbar. Warum und wie genau, war dem Vater allerdings nicht klar.[11] Heute scheint es geradezu umgekehrt zu sein: Es gibt viele Gründe, auch weiterhin für Fortschritt zu kämpfen – wir können aber leider keinen mehr erkennen.

Ein solch desillusionierter Blick blendet jedoch die interne Dynamik spätmoderner Gesellschaften aus. Immerhin erleben wir einen breiten und nicht nur bei jüngeren Kohorten anzutreffenden *progressiven* Normwandel.[12] Zahlreiche Formen der Diskriminierung gelten nicht länger als legitim (auch wenn der Kampf um neue Normen bisweilen moralisch überschießen kann). Der soziale und politische Raum wird insgesamt offener und egalitärer. Exklusionen aufgrund zugeschriebener Merkmale wie Geschlecht oder Ethnie werden heute weniger toleriert als noch vor zwanzig Jahren. Der neue deutsche Bundeskanzler Olaf Scholz sah sich 2021 in der Pflicht, sein Kabinett paritätisch mit Frauen und Männern zu besetzen, wurde aber dennoch harsch kritisiert, da bestimmte Gruppen und Lebensformen nicht repräsentiert sind.[13] Das Normgefüge wird insgesamt progressiver, doch gleichzeitig werden die wütenden Zwischenrufe lauter.

Mit dem Konzept der *regressiven* Modernisierung erweitern wir die Theorie der *reflexiven* Modernisierung Becks. In der industriellen Moderne waren die gesellschaftlichen Ziele laut Beck noch einigermaßen klar: soziale Integration und Emanzipation. Auch die Mittel zu ihrer Erreichung waren mehr oder weniger unumstritten: technischer Fortschritt, Wachstum und soziale Reformen. Im Prozess der reflexiven Modernisierung würden, so Beck, die Basisinstitutionen der industriellen Moderne – Nationalstaat und Demokratie – jedoch durch die Anwendung der genannten Mittel grundlegend transformiert. Sie würden nicht verschwinden, jedoch in ihrer Geltung eingeschränkt und hybrider. Vor allem ging es Beck aber um die *Nebenfolgen* der Erfolge der industriellen Modernisierung und des Wirtschaftswachstums, um neue Zivilisationsrisiken wie etwa die Umweltverschmutzung.[14] In spätmodernen Gesellschaften werden darum die Mittel umstrittener und die Ziele unsicherer. Aus der *reflexiven* wird eine *regressive* Modernisierung. Gesellschaften fallen in einzelnen Feldern hinter einmal erreichte Standards zurück. Im Fortschritt wird ein Rückschritt erkennbar. Solche regressiven Modernisierungen zeigen sich insbesondere in vier Bereichen, denen wir uns im Folgenden zuwenden wollen: *erstens* dem Wandel des politischen Horizonts und der gesellschaftlichen Alternativen, *zweitens* dem Problem der Nebenfolgen, *drittens* der Transformation emanzipatorischer Normen und *viertens* der Metamorphose sozialer Bewegungen.

Der utopische Horizont hat sich weitgehend verdüstert – in Zeiten des Klimawandels und globaler Pandemien wohl mehr denn je. Bereits vor Beck hatte Jürgen Habermas ein Schwinden utopischer Energien festgestellt. Ausgangspunkt seiner Diagnose waren zwei miteinander verflochtene Entwicklungen: die Krise des sozialstaatlich regulierten Kapitalismus und ein damit verbundener Verlust des emanzipatorischen Denkens. Der reformerische Optimismus der sechziger Jahre hatte sich verflüchtigt. Utopische Visionen machten einer Orientierungslosigkeit Platz, Zukunft war nun negativ besetzt.[15] Dieser Pessimismus hat sich in den letzten Jahrzehnten noch einmal radikalisiert: Im Angesicht des Klimawandels wären wir heute schon froh, wenn es gelänge, unabänderliche Zumutungen halbwegs abzumildern. Von einer grundsätzlich anderen Welt träumen nur noch wenige.[16] Das vielzitierte Bonmot des marxistischen

Kulturtheoretikers Fredric Jameson, es sei einfacher, sich das Ende der Welt vorzustellen als das Ende des Kapitalismus, zielt genau auf diesen Aspekt.[17] Vielleicht wird der Kampf um Moral und soziale Normen heute auch deshalb so heftig geführt, weil sich eine gesellschaftliche Alternative der kollektiven Imagination entzieht.

Während die *grundsätzlichen* Alternativen und die Visionen verschwunden sind, gibt es plötzlich eine schier unermessliche Fülle an *gleichartigen* Optionen, die im Hier und Jetzt realisiert werden können. Zu Beginn der organisierten Moderne hatte der US-amerikanische Automobilpionier Henry Ford 1922 noch geschrieben, jeder Kunde könne »ein Auto in jeder gewünschten Farbe haben, solange es Schwarz« sei.[18] Heute ist jedes Auto *customized*, man kann nicht einfach einen schwarzen oder roten Golf bestellen, sondern muss zwischen Dutzenden Farben, Motor- und Antriebsvarianten sowie Interieurs wählen. Diese neue Unübersichtlichkeit spiegelt sich auch in individuellen Lebensverläufen und persönlichen Beziehungen wider. Nach dem Abitur stellt sich nicht mehr die Frage, ob man ein Studium aufnehmen soll, sondern welcher unter den vielen Studiengängen am besten passt. Kommerzielle Dating-Apps wie Tinder produzieren Entscheidungsunfähigkeit und das Unvermögen, sich wirklich einzulassen.[19] Nie konnte man unter so vielen potenziellen Partner:innen wählen, gleichzeitig ist die Zahl der Alleinstehenden seit dem Jahr 2000 um 25 Prozent gestiegen.[20] Diese mögen viele flüchtige Kontakte haben, doch die Gefahr der Vereinsamung wächst. Die schiere Fülle an Optionen führt zu einer gewissen Vorläufigkeit aller Entscheidungen.

Das aufgekratzte Suchen hat stets eine spielerische Note. Erlebnisse werden wie auf einer Perlenkette aufgereiht, die kein Ende hat – und deshalb nicht getragen werden kann. Zygmunt Bauman sieht in dieser Konstellation des »Unvollendeten, Unvollständigen, und Unbestimmten« eine Ursache der Entfremdung sowie der Zunahme von Ängsten:[21] Die Welt erscheine

»als grenzenlose Ansammlung von Möglichkeiten: ein Container, randvoll mit zu ergreifenden oder verpassten Gelegenheiten. Es gibt – schmerzhaft – viele Alternativen, deren Menge den Rahmen eines individuellen Lebens sprengt.«[22] Der slowenische Philosoph Slavoj Žižek hat in Gegenwartsgesellschaften drei Problematiken der Wahlfreiheit ausgemacht. Die erste ist die *alternativlose Wahl.* Ich kann frei wählen, allerdings unter der Bedingung, dass ich die *richtige* Wahl treffe. Meine Entscheidung erschöpft sich in der »leeren Geste, so zu tun, als ob ich das frei zustande bringe, was mir in jedem Fall auferlegt wird«.[23] Außerdem habe man zweitens oft nur die Wahl zwischen zwei *gleichförmigen* Alternativen: Den Konsument:innen wird zwar ein breites Angebot suggeriert, am Ende handelt es sich aber immer nur um Varianten des Gleichen – Coca-Cola oder Pepsi.[24] Der Audi Q3 baut auf demselben konzerninternen Modul auf wie der VW Tiguan und der Škoda Kodiaq. Zwar gebe es drittens auch noch wirklich *freie* Entscheidungen, diese würden aber gerade deshalb zunehmend als frustrierend erfahren. Die Entscheidung für ein Studienfach hat beispielsweise enorme Auswirkungen auf den späteren Lebensweg, man muss sie jedoch auf einer unzureichenden Wissensgrundlage treffen.[25] Die manifeste Fülle schlägt um in ein Gefühl der Überforderung, objektive Wahlfreiheit in subjektive Entscheidungsunfähigkeit. Reduzieren kann man die Zahl der Optionen aber auch nicht, versprechen spätmoderne Gesellschaften doch gerade eine Erhöhung der Freiheitsgrade. Regressive Modernisierung bedeutet hier also, keine echten Alternativen zu haben, gleichzeitig aber zu viele Optionen.

Ein zweites Grundproblem von Gegenwartsgesellschaften besteht darin, dass negative Entwicklungen häufig Nebenfolgen einer emanzipatorischen Modernisierung darstellen. Ein Fortschritt für die eine Gruppe kann mit Rückschritten für eine andere verkoppelt sein. Nehmen wir die gewachsene (allerdings längst nicht hinreichende) Gleichberechtigung zwischen den Geschlechtern.[26] Zwar gibt es weiterhin eine gläserne Decke, viele Diskriminierungen sind jedoch schwächer geworden oder stehen zumindest unter Rechtfertigungsdruck. Führungsgremien ohne Frauen wirken aus der Zeit gefallen, Unternehmen geraten in Erklärungsnot, wenn sie weibliche Angestellte schlechter bezahlen (obwohl der Gender Pay Gap gesamtwirtschaftlich groß bleibt). Dabei handelt es sich um ein Resultat von Liberalisierungen, die traditionelle Rollenverteilungen und familiäre Lebensformen partiell aufgelöst haben. Mit der gestiegenen Emanzipation und Arbeitsmarktpartizipation der Frauen haben jedoch neue Unterschichtungen Einzug gehalten, weil die gesellschaftliche mit einer wirtschaftlichen Liberalisierung einherging. Ein Fortschritt, der »den Rückschritt in sich trägt« – und dieser trifft sehr häufig die Unterklassen.[27] Aufgrund der Erosion des männlichen Ernährermodells und der Hausfrauenehe brauchen Mittelschichtfamilien eine Haushaltshilfe, eine Nanny für die Kinder oder eine Pflegekraft, die sich im Alter um die Eltern kümmert. Lebensmittel werden geliefert, Alltagstätigkeiten an neue Dienstboten ausgelagert. Die Bildungsexpansion hat eine neue obere Mittelklasse hervorgebracht, die sich in ihrer Weltoffenheit und nachhaltigen Lebensführung von der alten Mittelklasse und erst recht von den profan materialistischen Unterklassen abgrenzt.[28] Parallel entsteht ein wachsender Niedriglohnsektor und mit ihm eine sichtbare Klassengesellschaft.[29] Während demokratische Inklusionen stattfanden, wurden soziale Rechte, insbesondere für Arbeitnehmer:innen, Arbeitslose und Arme, abgebaut. Für sie bedeutet die doppelte Liberalisierung eine Reduzierung ihrer positiven Freiheit.[30]

Gleichwohl handelt es sich nicht um ein Nullsummenspiel, bei dem der Fortschritt für die einen den Rückschritt für die anderen erzeugt. Die gegenläufigen Effekte verdichten sich nicht notwendig in demselben Bereich des sozialen Wandels zu einem Rückschritt, sondern in einem *anderen*, der gleichwohl mit dem ersten in Beziehung steht. Fortschritte in der Dimension A führen zu Rückschritten in der Dimension B, wobei A und B zwar wechselseitig Einfluss aufeinander haben, aber normativ und strukturell teilautonom sind. Es wäre also nicht gerechtfertigt, den Rückschritt in B auf Kosten des Fortschritts in A zurücknehmen zu wollen – Rückschritte können nicht einseitig aufgelöst werden. Auf das Beispiel bezogen: Das Problem der prekären Dienstleistungsarbeit zu beheben, indem man die Hausfrauenehe restauriert, die Arbeitsmarktpartizipation der Frauen zurückfährt und dadurch das Arbeitskräfteangebot so reduziert, dass nur noch gut bezahlte Normalarbeitsverhältnisse »übrig bleiben«, wäre weder möglich noch normativ wünschenswert.

Damit kommen wir zu einem dritten Problem und zurück zu unserer eingangs formulierten Beobachtung: Der gesellschaftliche Normwandel ist zwar progressiv, führt aber zu aversiven Reaktionen und neuen Konflikten. Der niederländische Soziologe Cas Wouters, ein Schüler von Norbert Elias, teilt dessen Ansicht, dass der Zivilisationsprozess auf einer Formalisierung der Umgangsformen gründet, weist aber darauf hin, dass strikte Verhaltensvorschriften im 20. Jahrhundert zunehmend als repressiv empfunden wurden. Ein größeres Spektrum an Gefühlen und Verhaltensweisen galt als akzeptabel, der Begriff der Umgangsform selbst wurde rechtfertigungsbedürftig. Da den meisten Benimmregeln soziale Hierarchien eingeschrieben sind, bedeutete ihre »Informalisierung« ab den sechziger Jahren auch einen Abbau von Macht und Privilegien.[31] Thomas Mann ließ sich von seinen Kindern noch siezen, heute lassen sich manche Eltern von ihren Kindern mit dem Vornamen ansprechen. Am Esstisch muss man nicht länger warten, bis einem die ranghöchste Person das Wort erteilt. Auf einem Faschingsball dürfen Männer und Frauen tanzen, mit wem sie wollen. Außer vor der Queen und dem Papst verbeugt sich niemand mehr.

Als Wouters diese durchaus zutreffenden Beobachtungen in den neunziger Jahren niederschrieb, konnte er noch nicht ahnen, welche Folgen daraus für den sozialen Zusammenhalt erwachsen sollten. Da Informalisierungen auf dem Abbau sozialer Hierarchien beruhen, verstärken sie die Ansprüche ehemals schwacher Gruppen; die »Machtbalance« in der Gesellschaft ändert sich.[32] Gruppen, die zuvor von höheren (Sprecher-)Positionen ausgeschlossen waren, stellen nun den legitimen Anspruch, dorthin vorzurücken. Das politische Feld wird pluraler, es kommt aber auch zu mehr Konflikten.[33] Die normativen Fortschritte rufen teilweise Widerstand hervor, weil sie bisweilen vom moralischen Überschuss eines »positionalen Fundamentalismus«[34] begleitet werden. Personen werden ungeachtet ihrer tatsächlichen Meinung mit bestimmten Positionen gleichgesetzt, wie etwa den sogenannten »alten weißen Männern« oft eine rückwärtsgewandte Haltung unterstellt wird. Die häufig zu hörende Kritik an der »Moralisierung« verfehlt jedoch den Kern der Auseinandersetzung. Natürlich bringen die neuen Akteure neben eigenen Sichtweisen auch ihre Verletzungen und Idiosynkrasien mit. Vor allem aber müssen Gruppen ihre Macht teilen. Diejenigen, »deren moralischer Standard zuvor diskursiv hegemonial war«, schrumpfen, wie der Soziologe Armin Nassehi bemerkt, »nun selbst zu einer Gruppe unter anderen zusammen«.[35] Für sie bedeutet Demokratisierung nicht nur Machtverlust, sondern auch symbolische Abwertung. Um ihre Macht zu behaupten, ziehen sie sich auf traditionelle Normen oder eine konservative Identitätspolitik zurück, die auf der vertikalen Hierarchisierung von Lebensformen und Identitäten beruht. Weil dieser Protest mittlerweile Formen eines regelrechten Kulturkampfs angenommen hat, entsteht der Eindruck eines reaktionären Backlashs.[36] Dies mag für Länder wie Ungarn oder Polen durchaus richtig sein, aber im Westen zeigt sich ein anderes Bild. Selbst wo rechtspopulistische Parteien Wahlerfolge erzielen, gelingt es ihnen in der Regel nur in wenigen Fällen, normative Liberalisierungen wieder zurückzudrehen. In den Vereinigten Staaten gab es jüngst zwar einen großen Rückschritt mit Blick auf das Recht auf Abtreibung, aber das Land hat große Fortschritte bezüglich der Inklusion ethnischer Minderheiten und der Gleichberechtigung der Geschlechter gemacht. Bewegungen wie #MeToo und Black Lives Matter reagieren auf alltäglichen Sexismus und tief verwurzelte rassistische Strukturen, in ihnen artikuliert sich aber zugleich der Anspruch, die Normen der Gleichberechtigung *endlich* zu verwirklichen.

Aber es ist noch vertrackter: Normative Fortschritte, und damit sind wir beim vierten Problem, tragen eine regressive Modernisierung in sich, die aus der Metamorphose sozialer Bewegungen resultiert. Bis weit ins 20. Jahrhundert wurde der Kampf um Emanzipation im Namen einer unterdrückten Mehrheit gegen eine mächtige Minderheit geführt. Die Interessen der Mehrheit – vor allem der Arbeiterklasse – wurden dabei mit dem Allgemeinwohl und universalistischen Prinzipien identifiziert. Erst in der zweiten Hälfte des 20. Jahrhunderts rückten Minderheiten als Opfer von Unterdrückung in den Fokus. Universalismus bedeutet nun Anerkennung der gleichen Rechte von Minderheiten. Auch hier ist das Beispiel der USA einschlägig: Die Arbeiterbewegung hatte mit dem New Deal zwar einen gewissen Grad an sozialer Sicherheit errungen, war jedoch alles andere als universalistisch eingestellt, da sie andere Diskriminierungsformen nicht mit der gleichen Verve bekämpfte oder diese sogar akzeptierte: die Benachteiligung von Frauen am Arbeitsplatz, die Hausfrauenehe und rassistische Exklusion.[37] Die neuen sozialen Bewegungen grenzten sich deshalb von Beginn an auch von den Gewerkschaften ab. Sie stritten für ein Ende von Diskriminierungen, für *soziale* Öffnung und mehr Durchlässigkeit, gerieten dadurch jedoch mit Teilen der alten industriellen Arbeiterklasse in Konflikt. Diese sahen durch die von wirtschaftlichen Eliten vorangetriebene *ökonomische* Öffnung globaler Märkte ihre Lebensgrundlage bedroht.[38]

Am Ende stand eine neue Koalition der Öffnung, die Nancy Fraser als *progressiven Neoliberalismus* bezeichnet hat. Die Diagnose der US-amerikanischen Philosophin wurde breit rezipiert (aber auch heftig kritisiert), weil sie eine Erklärung für den Aufstieg des Rechtspopulismus liefert. Gleichberechtigung, Diversität und Empowerment seien mit dem Programm des ökonomischen Liberalismus legiert worden – zum Nachteil weniger flexibler, weniger mobiler und stärker von den sozialen Sicherungssystemen abhängiger Gruppen.[39] Der progressive Neoliberalismus oder auch Linksliberalismus sei, so die Kritik, in erster Linie auf mehr Diversity in Unternehmensvorständen aus, während er die stark gestiegene materielle Ungleichheit achselzuckend hinnehme. Vom Abstieg bedrohte weiße Industriearbeiter antworteten darauf mit regressiven Forderungen nach einer neuen Schließung. Politiker wie Donald Trump versprechen ihnen eine neoprotektionistische Wirtschaftspolitik und wehren die Anliegen der LGBTQ+-Bewegung aggressiv ab. Ein Ansatz, der sich eher in Richtung des klassischen Autoritarismus entwickelt. Im Verlauf des Buches werden wir einer weiteren regressiven Reaktion auf den progressiven Neoliberalismus begegnen: Ein Kreis öffentlicher Intellektueller beklagt, die Berücksichtigung von Minderheiten sei nun selbst zu einer repressiven Norm geworden (siehe Kapitel 6). Zuvor erlaubte Verhaltensweisen würden paternalistisch gerügt, man werde zum Gendern gezwungen, dürfe nicht mehr sagen, was man denkt. Die Emanzipation von Minderheiten wird hier als Einschnitt in die eigene Handlungs- und Meinungsfreiheit gedeutet.

Wissenskränkungen

In der organisierten Moderne war die Wirklichkeit weitgehend unumstritten, sie galt als verstehbar, solide und materiell greifbar wie ein geschmiedetes Fabriktor. Man verstand sie als gestaltbare Realität, die mittels detaillierter Pläne nach den Maßgaben der Vernunft gefügig gemacht werden konnte. Mit dem Übergang zur reflexiven Moderne oder Spätmoderne schien sich die Wirklichkeit dem menschlichen Wissen aber immer weiter zu entziehen. Dafür gab es mehrere Gründe, auf einige werden wir unten noch näher eingehen. An dieser Stelle möchten wir uns zunächst mit Wissenskränkungen befassen, die mit dem von Beck identifizierten gewachsenen Bewusstsein für Risiken als Nebenfolgen der industriellen Moderne zusammenhängen.

In spätmodernen Gesellschaften, so Beck 1986, gehe »die gesellschaftliche Produktion von Reichtum systematisch einher [...] mit der gesellschaftlichen Produktion von Risiken«.[40] Mit der Kategorie des Risikos führte Beck eine neue Sichtweise auf die soziale Realität ein. Risiken sind ihrem Wesen nach noch nicht manifest, ob und zu welchem Zeitpunkt sie sich materialisieren, kann nicht exakt vorhergesagt werden. Die Risiken der industriellen Moderne waren in der Regel sinnlich wahrnehmbar und an den Ort ihrer Produktion gekoppelt. Hunger und Armut konnte man spüren oder sehen, in Wuppertal war das Wasser der Wupper im 19. Jahrhundert oft durch Chemikalien verfärbt, im Rhein konnte man unterhalb der Basler Chemiekonzerne bis in die dreißiger Jahre nicht schwimmen, wenn man nicht Blasen und Hautausschlag davontragen wollte. Im Verlauf des 20. Jahrhunderts hätten Risiken, so Beck, dann jedoch eine qualitativ neue Form angenommen: Sie würden zunehmend unsichtbar, auch ihr Eintreffen sei zeitlich und örtlich kontingenter. Beck hatte in erster Linie industrielle Giftstoffe und Radioaktivität vor Augen. Der Umstand, dass es kurz nach der Veröffentlichung seines Buches zum Reaktorunglück von Tschernobyl kam, verlieh seiner Diagnose zusätzliche Plausibilität. Wir denken heute vor allem an Viren und CO_2, die sich ebenfalls der unmittelbaren Wahrnehmung entziehen. Dadurch entstehen aber auch neue Wissensasymmetrien: Zwar verfügen die Individuen grundsätzlich über mehr Bildung, und auch das gesamtgesellschaftliche Wissen hat massiv zugenommen; zugleich wissen wir als Einzelne aber immer weniger von der Welt, die uns umgibt.

Um Risiken zu erkennen, zu messen und schließlich zu bearbeiten, ist daher eine »Wissenschafts*expansion*«[41] notwendig und mit ihr eine wachsende Zahl von Expert:innen. Risiken sind definitions- und deutungsoffen, erst durch Interpretation werden sie zu einer gesellschaftlichen Realität. Die Wissensabhängigkeit der Modernisierungsrisiken führt jedoch nicht zu einer Versachlichung von öffentlichen Debatten, ganz im Gegenteil: Diese werden hochgradig politisiert und *entrationalisiert*. Zahlen und Statistiken bringen Objektivität in die Welt, sie sind das Gegenteil von Gefühlen. Abstrakte Zahlen müssen aber interpretiert und argumentativ vermittelt werden. Kausalitätsvermutungen ergeben sich nicht unmittelbar aus der Statistik selbst. Letztlich müssen sie »geglaubt« werden.[42] Das führt notwendigerweise zu Konflikten. Die »zunehmende Verwissenschaftlichung der Welt«, so Adorno bereits 1965, wolle »dem Begriff der Freiheit ans Leben«.[43] Adorno war gewiss kein früher Querdenker. Aber er nahm mit dieser Formulierung ein Problem vorweg, das der Wissenschaftssoziologe Alexander Bogner jüngst als »Epistemisierung des Politischen« bezeichnet hat.[44]

Die Interpretation wissenschaftlicher Daten ist von der normativen Frage begleitet, wie wir leben wollen. Dabei existieren in jeder Gesellschaft Akteure und Betroffene mit antagonistischen Interessen, die Einfluss auf die jeweilige Definition von Risiken haben. Ein Tabakkonzern und der Gaststättenverband schätzen die Gefährlichkeit des Rauchens anders ein als der Bundesverband der Pneumologen. Politische Entscheidungen, die mithilfe von wissenschaftlicher Expertise getroffen wurden, beinhalten trotz ihrer rationalen Legitimation einen normativen Kern. Soziale Auseinandersetzungen entzünden sich an der zunächst sachlich wirkenden Frage, wie groß das Risiko ist, und weiter, wie groß es für welche sozialen Gruppen ist. Daran knüpfen unweigerlich Fragen der Verantwortlichkeit an: Wer haftet im Fall des Risikoeintritts und kommt für den Schaden auf? Mit der Pluralisierung von Risiken kommt es also zu einer Pluralisierung von Risikodefinitionen, die Opfer sowie Schuldige benennen (oder solche Zuschreibungen relativieren). Entsprechende Konflikte werden mit der Waffe der Zahlen ausgetragen, »mit der man andere, abweichende Stimmen zum Schweigen bringen kann«.[45]

Beck ging davon aus, dass in der globalen Risikogesellschaft eine »*grenzensprengende, basisdemokratische Entwicklungsdynamik*« in Gang gesetzt werde, welche »die Menschheit in der einheitlichen Lage zivilisatorischer Selbstgefährdung« zusammenzwinge.[46] Diese Diagnose trifft heute mehr denn je zu. Ob Klimawandel oder Corona, es handelt sich um globale Phänomene, die die Menschheit tatsächlich in eine kollektive Gefahrenlage bringen. Allerdings führt dies subjektiv nicht zu einem geteilten Bewusstsein, sondern zwischen und innerhalb der Staaten zu extrem polarisierten Deutungen. Es entsteht keine »Solidarität aus Angst«.[47] Stattdessen ist eine angstvolle Überforderung der Einzelnen zu beobachten, die mit einer Kränkung ihrer Wissenssouveränität verbunden ist. Die Ursache hierfür liegt in der Komplexitätssteigerung und der damit verbundenen Zunahme des individuellen Nicht-wissen-Könnens. Das Nichtwissen ist die Kehrseite der fortwährenden Wissensproduktion, da wir zunächst mehr darüber wissen, was wir nicht wissen. Nichtwissen kann aber auch durch mediale oder kommunikative Filterungen, Selektionen oder Verfälschungen entstehen, aus wissenschaftlichen Irrtümern erwachsen, ein verdrängendes Nicht-wissen-Wollen oder ein Nichtwissen-Können sein.[48] So vielfältig die Formen des Nichtwissens sind, am Ende kommt es zu umfassender »*Unsicherheit* auf *allen* Seiten«.[49] Diese hat unmittelbare Auswirkungen auf die normative Integration der Gesellschaft. Aus diesem Grund spricht der französische Historiker Pierre Rosanvallon von einer heraufziehenden »Misstrauensgesellschaft«.[50] Bereits Beck merkte an, dass »Definitionsverhältnisse« sich als Herrschaftsverhältnisse erweisen.[51]

Die Produktion immer umfassenderer Wissensbestände und potenziell zu revidierender Einsichten greift die Autonomie spätmoderner Individuen an, sie werden epistemisch geschwächt. Zwar verfügen viele Menschen über mehr und höhere Bildungstitel, aber gleichzeitig werden sie zunehmend »*fremdwissensabhängig*«.[52] Bedrohungen und Gefahren verallgemeinern sich, man kann ihnen überall begegnen, Reichweite und Grad der Betroffenheit entziehen sich jedoch dem eigenen Urteilsvermögen. Die räsonierende Verstandestätigkeit aufgeklärter Individuen verliert angesichts komplexer Risiken an Zuständigkeit, sie werden entsouveränisiert *und* auf sich zurückgeworfen. Sie sind auf Wissensinstitutionen angewiesen, aber als kritisch urteilende Individuen gleichzeitig »gezwungen, den Rationalitätsversprechen dieser Institutionen zu misstrauen«.[53] Dem Individuum tritt als Gegenfigur die Expertin oder der Experte gegenüber. Diese generieren nicht nur beständig neues Wissen, sondern ihnen fällt auch zusehends das Monopol der Einordnung und Interpretation neuer Erkenntnisse zu. Sie werden dadurch zu Autoritäten über die individuelle Lebensführung, indem sie entscheiden, was ich noch guten Gewissens essen kann, wohin und mit welchen Verkehrsmitteln ich reisen sollte, wo ich mich während einer Pandemie aufhalten und wem ich begegnen darf. Deshalb werden Expert:innen angesichts komplexer Zivilisationsrisiken schnell zu Sündenböcken.[54] Je stärker Wissenschaft und Technologie die alltägliche Lebensrealität durchdringen, desto stärker droht die Autorität der Expertise infrage gestellt zu werden. Gegen sie leistet man epistemischen Widerstand, um die eigene Souveränität zurückzuerlangen. Man stellt nicht nur die politischen Entscheidungen, sondern auch die zugrunde liegenden Fakten infrage (siehe Kapitel 7).

Demokratie und Gegen-Demokratie

Die Krise der Demokratie wird schon seit langer Zeit und aus ganz unterschiedlichen Perspektiven diskutiert. Zum Wesen dieser Debatte gehört, dass die Krisendiagnosen oft dramatischer ausfallen als die realen Bedrohungen. Bis auf einige wenige, die auch bei Einzug der Dunkelheit eine funktionierende Straßenlaterne für das Morgenrot der Demokratie halten, besteht jedoch mittlerweile große Einigkeit, dass es um das politische System derzeit nicht gut bestellt ist. Aus unserer Sicht handelt es sich dabei um das Ergebnis eines Strukturwandels der Politik, der zu einer gestiegenen *affektiven* Spannung geführt hat. Die spätmoderne Gesellschaft, in der Rationalität, Vernunft und Kontrolle bis tief in die Kapillaren vorgedrungen sind, ist gleichzeitig eine Gesellschaft, die auf *Affizierung* beruht. Viele »lechzen danach, affiziert zu werden und andere affizieren zu können, um selbst als attraktiv und authentisch zu gelten«, schreibt Reckwitz.[55] Für seinen Kollegen Hartmut Rosa stammt die affektive Aufladung aus dem strukturellen Zwang zu Steigerung und Beschleunigung. Der Drang, alles verfügbar zu machen, zu beherrschen, zu kommodifizieren, sei im Grunde ein »Aggressionsverhältnis« gegenüber der Welt, das Spannungen nach sich ziehe – und tief in die Sphäre der Politik einsickere.[56]

Diagnosen der »Postdemokratie«,[57] die seit den neunziger Jahren eine Konjunktur erleben, gingen noch davon aus, dass die Institutionen der parlamentarischen Demokratie zwar formal weiterhin existieren, dass Bürger:innen sowie Gewerkschaften aber an politischem Einfluss verlieren. So werde die Demokratie gleichsam von innen ausgehöhlt.[58] Žižek beschrieb 1999 in *Die Tücke des Subjekts* eine Form postpolitischen Regierens, in dem es keine großen Entwürfe und tief greifenden Konflikte mehr gibt. Herrschaft werde stattdessen über behauptete Alternativlosigkeit und die diskursive Herstellung von Konsens legitimiert: Überlieferte ideologische Unterscheidungen seien weitestgehend aufgehoben, politische Autorität werde durch Expertenwissen und die Illusion allgegenwärtiger Mitsprachemöglichkeiten ersetzt.[59]

Die wachsende Ungleichheit hat jedoch seither weltweit insbesondere die etablierten Demokratien destabilisiert.[60] Die (nunmehr ehemaligen) Volksparteien haben ihre Verankerung in der Bevölkerung eingebüßt und dienen nicht länger als Transmissionsriemen für die Interessen politischer Milieus. Entscheidungen werden dabei ohnehin vermehrt von Expert:innen, Kommissionen und Lobbyist:innen vorbereitet und vorweggenommen. Zudem sind viele Entscheidungen immanent asymmetrisch. Es werden vor allem die Interessen der Oberklasse und oberen Mittelklasse bedient.[61] Daraus resultiert eine *Krise der Repräsentation*: Die parlamentarische Demokratie entfernt sich vom demokratischen Ideal, in der Folge entfremden sich die Bürger:innen zwar nicht von der Idee der Demokratie, wohl aber von ihrer real existierenden Ausgestaltung.[62] Statt »Wohlfahrtsstaat und Massenloyalität« gilt nun die Formel »Liberale Gesellschaft und Unzufriedenheit der Bürger«.[63]

Allerdings ist auch die Krise der Repräsentation eine paradoxe Folge regressiver Modernisierungen, denn tatsächlich ist die

Demokratie im Lauf der Zeit inklusiver geworden. Der Politikwissenschaftler Philip Manow spricht daher von einer »Demokratisierung der Demokratie«.[64] Repräsentation sei historisch immer mit einem Ausschluss sozialer Gruppen einhergegangen (ursprünglich zum Beispiel des Pöbels). Vor allem seit den siebziger Jahren wurden jedoch immer weitere Gruppen in die Demokratie einbezogen. Dadurch entpuppt Repräsentation sich freilich als fast unmögliches Unterfangen, weil die Regeln, Normen und Legitimitätsressourcen extrem komplex geworden sind. Das Bild einer entpolitisierten Demokratie, wie es sich angesichts sinkender Wahlbeteiligungen (die sich übrigens seit dem Aufstieg des Populismus wieder erholt haben) und des abnehmenden Engagements in Großorganisationen verfestigt hat, hängt daher in gewissem Sinne schief: Die allgemeinen Partizipationsmöglichkeiten sind größer geworden, und mit ihnen haben sich demokratische Ansprüche radikalisiert. Für sich genommen sind diese Ansprüche durchaus fortschrittlich, aber in ihrer Gesamtheit haben sie zu einer demokratischen Regression beigetragen. Bürgerschaftliches Engagement und lokale Plebiszite haben sich ausgedehnt, parlamentarische Verfahren wurden so komplementiert – und zugleich erheblich erschwert.[65]
Rosa führt einen weiteren Gesichtspunkt an: das Problem der »Desynchronisation«.[66] Gerade die großen Krisen der letzten Dekade – von der Euro- und der Migrationskrise über die Pandemie bis zum Krieg in der Ukraine – machten schnelle Entscheidungen notwendig.[67] Parlamentarische Politik lässt sich aber strukturell nur schlecht beschleunigen. Sie braucht Meinungsbildung, Austausch, Kompromissfindung. Durch die Pluralisierung der Demokratie hat sie sich weiter verlangsamt, ist ungeordneter und umkämpfter geworden, da auch Konventionen und Moralvorstellungen pluraler geworden sind. Gerade deshalb wird die Meinungsfindung durch das Internet oder soziale Medien auch nicht erleichtert oder beschleunigt, sondern geradezu unterlaufen.

Für unsere Analyse ist darum die soziale Seite der Demokratie, der Wandel des zivilgesellschaftlichen Engagements und der demokratischen Normen, von großer Bedeutung. Wir orientieren uns dabei an dem von Pierre Rosanvallon geprägten Begriff der *Gegen-Demokratie*, unter dem er die politisch aktive Zivilgesellschaft sowie den Staat überwachende Institution zusammenfasst. Zur aktiven Zivilgesellschaft zählt der französische Historiker vor allem soziale Bewegungen und Nichtregierungsorganisationen, aber auch diskutierende Netzgemeinschaften im Internet. Instanzen wie der Bundesrechnungshof, Datenschutzbeauftragte oder Ethik-Kommissionen bewerten ebenfalls die Handlungen der Regierung.[68] Die Gegen-Demokratie hat nach Rosanvallon drei Funktionen: die Überwachung demokratischer Verfahren, ein Veto gegenüber demokratischen Entscheidungen und die Beurteilung der Qualität der Ergebnisse demokratischer Prozesse. Er eröffnet damit eine andere Sichtweise auf die Demokratie. Gewöhnlich betrachten wir diese als ein durch Wahlen legitimiertes System der Herrschaft, das kollektiv bindende Entscheidungen produziert. Rosanvallon lenkt den Blick hingegen auf ein institutionalisiertes Misstrauen, das die Demokratie mit mehr oder minder großem Argwohn von innen überwacht. Die Demokratie wird sozusagen systematisch von Misstrauen begleitet, ja sie bringt dieses Misstrauen selbst hervor. Dabei stellt sich die Gegen-Demokratie nicht *gegen* die Demokratie, sondern stütze sie vielmehr »nach Art eines Strebepfeilers«.[69] Besonders interessiert Rosanvallon sich dabei für unkonventionelle Politikformen, in deren Verhältnis zur Wahldemokratie er den neuralgischen Punkt aktueller Konflikte ausmacht. Entsprechende Initiativen entfalteten eine »Art Gegenpolitik«, welche die Staatsorgane zwar kontrollieren und begrenzen, aber nicht mehr selbst erobern wolle.[70] Dies war schon ein Kennzeichen der seit den sechziger Jahren entstandenen neuen sozialen Bewegungen. Sie verfolgten, so eine prägnante Formulierung des Protestforschers Dieter Rucht,

»Projekte in der Gesellschaft«, statt die gesamte »Gesellschaft als Projekt« zu betrachten.[71]

Rosanvallon sieht in der Gegen-Demokratie fatale Mechanismen am Werk. Das Erstarken der Zivilgesellschaft führe paradoxerweise zu einer Fragmentierung des politischen Raums, die schließlich die »Attribute der Zugehörigkeit zu einer gemeinsamen Welt« erodieren lasse.[72] Einige Bewegungen hätten eine Politik des generalisierten Misstrauens kultiviert, die ihrem Wesen nach negativ sei.[73] Wir haben es mit einer Art negativen Souveränisierung qua misstrauensgesättigter Obstruktion zu tun, Rosanvallon selbst spricht von einer »regressive[n] Direktdemokratie«.[74] Dieser Strukturwandel ereignete sich vor dem Hintergrund eines säkularen Trends: der Erosion der Mitgliedschaft in Großorganisationen wie Parteien, Gewerkschaften und Kirchen. In den Siebzigern verzeichneten die beiden Volksparteien CDU und SPD jeweils noch über eine Million Mitglieder. Ihre Zahl hat sich seither mehr als halbiert. Ähnliches gilt für den gewerkschaftlichen Organisationsgrad. War damals noch jeder dritte Arbeitnehmer Mitglied in einer Gewerkschaft, ist es heute nur noch einer von sieben. Diese Entwicklung ist sicherlich auch eine Folge der Individualisierung, der Abnahme langfristiger Loyalitäten sowie der Zunahme temporären Engagements und sequentieller Organisationsbindung. Sie hat aber auch viel mit dem Wandel des politischen Systems zu tun, in dem Parteien nicht länger als Milieuorganisationen agieren.

Vor mehr als fünfzig Jahren analysierte der aus der Kritischen Theorie stammende Rechtswissenschaftler Otto Kirchheimer den Aufstieg der, wie er es nannte, »Allerweltsparteien«.[75] Diese würden die weltanschaulichen Massenintegrationsparteien, wie man sie seit der Zwischenkriegszeit kannte, ablösen und einen entideologisierten Pragmatismus zum Zwecke des Machterwerbs verfolgen. Die Parteien blieben unterscheidbar, doch hinsichtlich der wirtschaftlichen Ordnung und des Staatsverständnisses trenne sie nicht mehr viel. Kirchheimer zeichnete sein Bild mit groben Pinselstrichen, aber mit prognostischer Kraft. Weil die Allerweltsparteien durch die gesellschaftliche Pluralisierung und Differenzierung nicht mehr kohärent repräsentieren, sondern nur unter größten Schwierigkeiten kompromissfähige Synthetisierungen herstellen könnten, stehe am Ende nicht mehr die Repräsentation der Interessen der Anhänger:innen im Zentrum, sondern die Maximierung der Stimmen. Parteien werden zu Kartellen zur Erlangung von Regierungsmacht.[76]

In der aktuellen deutschen Regierungskoalition können sich Freie Demokrat:innen, Grüne und Sozialdemokrat:innen auf eine Form des ökonomischen Liberalismus einigen, den sie mit der Erzählung eines neuen gesellschaftlichen »Fortschritts« verklammern.[77] Sie sehen sich aber vor allem als Koalition der Mitte, wie es die Große Koalition zuvor ebenfalls für sich in Anspruch genommen hat. Bis auf die AfD und Die Linke halten sich alle im Bundestag vertretenen Parteien an das Median-Wähler-Theorem: Sie zielen auf die Wähler:innen, die ideell das Zentrum der Gesellschaft verkörpern. Ihre traditionelle Klientel adressieren sie nur nebenbei, da sie davon ausgehen, dass sie deren Stimmen ohnehin erhalten.[78] Am Ende entsteht somit eine inoffizielle Koalition der »radikalen Mitte«.[79] Die zentripetale Dynamik läuft auf ein Konsens-Kartell hinaus. Die belgische Politikwissenschaftlerin Chantal Mouffe schreibt dazu: »Alle, die sich diesem ›Konsens der Mitte‹ und dem Dogma [der Alternativlosigkeit] entgegenstellen, werden als ›Extremisten‹ gebrandmarkt oder als ›Populisten‹ disqualifiziert.«[80] In der Konsens-Politik werden Auseinandersetzungen im Modus der Moral ausgetragen, der eine fundamentale Wir/sie-Differenz wiederbelebt.[81] Der politische Konflikt wird dadurch jedoch nur kurzfristig stillgestellt, langfristig führt er zu einer wechselseitigen Delegitimierung der Gegner – sowohl der in wie auch der außerhalb der Mitte –, mit fatalen Folgen für die Demokratie insgesamt. Gerade weil die Demokratie so universell geworden ist, fehlt ihr ein nichtdemokratisches Außen (das mit Putins Russland nun möglicherweise zurückkommt). In politischen Auseinandersetzungen werden die politischen Gegner *in* der Demokratie schnell zu Feinden *der* Demokratie, was eine zunehmende »innere Hitze« erzeugt.[82]

Kirchheimer beendete seinen Beitrag mit der Feststellung, der Untergang der alten weltanschaulichen Massenparteien sei wohl nicht zu verhindern. Gleichwohl befürchtete er, dass wir »vielleicht noch einmal bedauern« würden, »daß die Massenpartei [...] verschwunden ist«.[83] Tatsächlich hat die Entwicklung hin zu hoch professionalisierten, mediatisierten, ideologisch pragmatischen Kartellparteien viele nunmehr ehemalige Anhänger:innen tief entfremdet und weiteres Misstrauen geschürt.

Die Ausbildung und Verfestigung eines Konsenses der radikalisierten Mitte produziert in Teilen der Gegen-Demokratie normative Unordnungen, weil es keine konturierten Alternativen mehr gibt. Politik erscheint vielen Bürger:innen nun als hermetisch und von ihrer Lebenswirklichkeit abgekoppelt. Angesichts wachsender Zivilisationsrisiken und komplexer Gefährdungslagen entsteht zudem der Eindruck einer demokratischen Entsouveränisierung, die wiederum Ohnmacht, Ratlosigkeit und aversive Affekte produziert. Die technokratische Tendenz der Politik lässt die Grenzen zwischen politischen Werturteilen, wissenschaftlicher Expertise und vermeintlichen Sachzwängen verschwimmen, so etwa bei der Bankenrettung in der Finanzkrise, den Anleihekaufprogrammen der Zentralbanken oder im Fall der Pandemiemaßnahmen. Staat, Wissenschaft und Politik erscheinen vielen als »abgekartetes Spiel von Insidern«.[84] Ein Generalverdacht hält Einzug.

Die entsprechenden Proteste grenzen sich mitunter dezidiert von einer weltanschaulichen Positionierung ab, stattdessen verstehen sich die Teilnehmenden als unabhängige und skeptische Bürger:innen. Ihre negative Kritik, wie sie für die Gegen-Demokratie kennzeichnend ist, flottiert frei, sie ist an keinen positiven Gesellschaftsentwurf mehr gebunden. Sie sind misstrauende Individuen, die die performativen Protestformen der sozialen Bewegungen adaptieren (wie Mahnwachen oder sogenannte »Spaziergänge«), sich Versatzstücke linker Kritiksemantik aneignen (wie die Interessengebundenheit politischer Akteure, die meist an eine antagonistische Wir/sie-Differenz gekoppelt wird) und gleichzeitig Affinitäten entwickeln für alternative Medien und verschwörungstheoretische Narrative.

Normative Unordnungen konnten im Feld gegendemokratischer Bewegungen unter anderem deshalb so stark werden, weil sich die linke Kritik erschöpft hat.[85] Wurde die Gegen-Demokratie noch bis in die Achtziger von diversen linken Kräften dominiert, kann davon heute längst keine Rede mehr sein. Gewerkschaften sind politisch kraftlos geworden; auch in Sachen Theorie und Herrschaftskritik haben sie heute nicht viel zu bieten. Gegenkulturelle Milieus, die sich dezidiert gegen die allgegenwärtige Kommodifizierung stemmten, transformierten sich zu veganen Lifestyle-Communities von Hochqualifizierten, die nicht länger in WGs leben, sondern in ihren Altbauwohnungen auf Vintage-Möbeln die nächste Start-up-Idee austüfteln. 1968 beflügelte der Protest gegen den Vietnam-Krieg die antiautoritäre Revolte. 2021 zogen sich die USA, Deutschland und weitere Länder nach zwanzig Jahren aus Afghanistan zurück, ohne dass es in diesen zwei Jahrzehnten nennenswerte Proteste der Friedensbewegung gegeben hätte. Die progressive Kritik ist heute selektiv in den Staat, in den »Mainstream« gewandert. Die traditionelle Linke ist für diejenigen, die ein Unvernehmen gegenüber Herrschaft und Staat verspüren, kaum noch eine Anlaufstelle. Gerade weil sie von linken Organisationen immer wieder enttäuscht wurden, hat ihr Aufbegehren häufig einen starken antiinstitutionellen Impuls. So gab es zwar linkspopulistische Versuche einer Aktualisierung der klassischen Sozialkritik über das Programm einer nationalstaatlichen Resouveränisierung. Dies geschah durchaus in progressiver Absicht, entsprechende Projekte wie in Deutschland die Sammlungsbewegung Aufstehen erwiesen sich aber als immanent widersprüchlich und verpufften. Es ist wie mit einer zu kurzen Bettdecke: Man kann einen Rückschritt (Entsicherung) nicht auf Kosten anderer Fortschritte (Integration und Freizügigkeit) zurückdrehen. Aber auch die internationalistische Antworten auf die Krise des demokratischen Kapitalismus blieben wirkungslos. Nach dem Versiegen der linken Globalisierungskritik gelangten entsprechende Ideen nicht einmal mehr in die Nähe des Status einer »materiellen Gewalt«.[86] Stattdessen transportierte der Topos der Renationalisierung regressive Imaginationen. In Deutschland wird plötzlich der Begriff »Heimat« mit einer modernisierten Aura des authentischen, eingebetteten Lebens aufgeladen – in Abgrenzung zu den vermeintlich heimatlosen Kosmopolit:innen.

Heute haben wir es vermehrt mit politischen Akteuren zu tun, die spätmoderne normative Unordnungen in sich aufgenommen haben. Sie entziehen sich häufig – vor allem in der Selbsteinschätzung – der Unterscheidung in links oder rechts. Bereits die Grünen, die sich stark aus dem Alternativmilieu rekrutierten und von lokalen Bürgerinitiativen, Ökolandwirten, Feministinnen, Friedensbewegten usw. gegründet wurden, verstanden sich als »Anti-Parteien-Partei« und hatten in ihrer Frühphase auch völkisch-nationalistische Kräfte wie Baldur Springmann in ihren Reihen. Bei den Occupy-Protesten ab 2011 lehnte eine Mehrheit der Unterstützer:innen eine Einordnung in die Kategorien links und rechts ab.[87] Diese Proteste stellten insofern ein neues Phänomen dar, als hier Sozial- und Systemkritik mit individuellen demokratischen Ansprüchen in einer antiinstitutionellen Praxis verknüpft wurden.[88] Das Misstrauen gegenüber den Institutionen der parlamentarischen Demokratie war bei Occupy enorm hoch.[89] Besuchte man die

Montagsmahnwachen für den Frieden, die 2014 während der ersten Ukraine-Krise stattfanden, konnte man dasselbe Muster beobachten.[90] Bei dieser Protestbewegung, die sich von der »alten« Friedensbewegung distanzierte, gehörte eine gewisse Indifferenz gegenüber rechten Akteuren oder Verschwörungstheorien bereits zur politischen DNA. Die Querdenker:innen, mit denen wir uns noch ausführlicher beschäftigen werden, haben also Vorläufer in der politischen Landschaft. Anders als bei den nunmehr »alten« neuen sozialen Bewegungen existiert hier kein gemeinsamer normativer Bezugsrahmen einer besseren Welt, sondern lediglich eine dünne Rahmenerzählung für das kollektive Handeln: Man ist dagegen – gegen das Establishment, gegen die Macht. Ihre Anhänger:innen verbindet ein tiefer antiinstitutioneller Affekt der Selbstermächtigung. Dieser Impuls mündet häufig in einem Wunsch nach Dis-Intermediatisierung, also der Ausschaltung aller organisatorischen oder repräsentativen Instanzen, die Interessen und Einsprüche bündeln sowie Kompromisse herstellen können. Apodiktisch vorgetragen werden stattdessen plebiszitäre Forderungen – Basisdemokratie, Populismus und Autoritarismus liegen hier nah beieinander.

Gegen-Epistemologie

Nicht nur das Wissen wurde in spätmodernen Risikogesellschaften unsicherer, auch die Wissenschaften selbst gerieten in erkenntnistheoretische Unordnung. Kongenial zur sich neu formierenden Gegen-Demokratie entstand seit den sechziger Jahren eine *Gegen-Epistemologie*, die zunächst aus der Technik- und Wissenschaftskritik erwuchs. Sie war eine Reaktion auf die weitere Verwissenschaftlichung der Welt: Kernenergie, Rüstung, Kybernetik oder *planification* stellten aus der Sicht der Kritischen Theorie (und seit den Sechzigern auch der antiautoritären Studentenbewegung) zentrale Elemente einer »Verschmelzung von Technik und Herrschaft« dar.[91]

Bereits im 19. Jahrhundert ging Herrschaftskritik mit Kritik an gesellschaftlich akzeptiertem Wissen und wissenschaftlichen Methoden einher. Doch selbst die größten politischen und ideologischen Antagonisten waren sich – zumindest in den Grundzügen – darüber einig, in derselben Wirklichkeit zu leben. Marx und Engels bedienten sich der bürgerlichen Wissenschaften, vertieften sich in Adam Smith, David Ricardo und Charles Darwin, studierten neben ökonomischen auch naturwissenschaftliche, anthropologische und geologische Schriften. Was sie fundamental von den Autoren ihrer Lektüren unterschied, war die Interpretation und Bewertung der sozialen Wirklichkeit. Die Liberalen taten dies aus der Perspektive der Fabrikanten und Kaufleute, Marx und Engels aus der Perspektive der Arbeiter:innen. Man kämpfte darum, die soziale Realität gemäß unterschiedlicher Weltanschauungen zu verändern. Es gab jedoch kaum einen epistemischen Dissens in Bezug auf die Realität der Realität. Auch der in den sechziger Jahren des 20. Jahrhunderts ausgetragene Positivismusstreit zwischen Vertretern der Kritischen Theorie und des Kritischen Rationalismus drehte sich primär um die Frage der richtigen sozialwissenschaftlichen Verfahren, um die Reichweite von Theorien und um Werturteile. Man stritt über die Bewertung und Beschaffenheit der Welt, aber nicht über deren Wirklichkeit.

Seit den siebziger Jahren entstand dann aber eine Gegen-Epistemologie, die sich gegen den modernen Rationalismus und Kernbestandteile dessen richtete, was sie unter Aufklärung sowie wissenschaftlicher Expertise verstand. Horkheimer und Adorno hatten den Mythos *im* Projekt der Aufklärung analysiert, gerade weil sie an Letzterem festhielten. Für die neue Gegen-Epistemologie war die Aufklärung *selbst* ein überholter Mythos.[92] Hierbei handelt es sich um keine kohärente Theorieströmung, sondern um disparate Varianten des postmodernen

Denkens sowie der einsetzenden Wissenschaftskritik.[93] Sie hebt dort an, wo das Ganze aufgekündigt wird, und wendet Risse, die Wahrheitsansprüchen und festen Gewissheiten inhärent sind, in ein positives Signum. Solchen Gegen-Epistemologien ist ein fundamentaler Zweifel gemeinsam, der provozieren will, sich gegen Ursprungsgenealogien der Individualität ebenso wendet wie gegen soziale Totalitätskonstruktionen oder feste Bedeutungszuschreibungen an sprachliche Zeichen. Postmodernen Theorien wird gern vorgehalten, Obskurantismus und Irrationalismus zu befördern, gar die Vernunft als solche zu zersetzen. Was sie alle verbindet, ist, negativ formuliert, die »Entzogenheit des ›Realen‹«,[94] positiv gewendet kommt in ihnen ein radikaler Pluralismus zum Ausdruck.[95] Dass sie auch jenseits akademischer Institutionen erheblichen Einfluss gewinnen konnten, dürfte damit zusammenhängen, dass die »Moderne selbst [...] Vielen zunehmend als ein überaus problematisches, ja gescheitertes Projekt« erschien, wie der Schweizer Historiker Philipp Sarasin schreibt.[96] Ein weiterer Grund liegt im veränderten Status des Wissens und der Wissensproduzenten in modernen Gesellschaften.

In vormodernen Gesellschaften war die Wahrheit in der Rolle des Priesters oder Magiers formalisiert, der über einen privilegierten Zugang zu höherem Wissen verfügte. In (spät)modernen Gesellschaften stehen Expert:innen für *propositionale* Wahrheit: Während Wahrheit in vormodernen Gesellschaften über performative Rituale hergestellt wurde und sich weniger auf konkrete Objekte bezog, gewinnt die »›propositionale Wahrheit‹ Geltung durch ihre begründete Übereinstimmung mit den Tatsachen«.[97] So weit das Ideal der Expertin oder des Experten. In spätmodernen Risikogesellschaften können Expert:innen jedoch in gewisser Weise wieder die Rolle des Orakels mit privilegiertem Wissenszugang einnehmen. Aus dem einfachen Grund, dass Wissen immer stärker spezialisiert und arbeitsteilig organisiert ist, so dass die Nachvollziehbarkeit für Laien schwindet.

Sie *müssen* vertrauen, andernfalls geraten sie in den Sog des epistemischen Widerstands, den wir in diesem Buch noch mehrfach diskutieren werden.

Schon bevor Beck die Akkumulation von Risiken und deren Folgen für das Wissen beschrieb, hatte das postmoderne Denken den Status des Wissens grundsätzlich infrage gestellt. Für den französischen Philosophen Jean-François Lyotard, der als Wegbereiter der Postmoderne gelten kann, hatten die modernen Metaerzählungen von Wahrheit, Rationalität und Fortschritt ihre Bedeutung eingebüßt. Es gebe nun keine Eindeutigkeiten mehr, sondern nur noch Differenzen, Risse und Hybriditäten und mit ihnen vielfältige Sprachspiele, Wissensformen und Lebensweisen.[98] Michel Foucault legte offen, dass Normalitäts- und Wahrheitsvorstellungen Resultate disziplinierender Diskurse und Praktiken sind, die Herrschaft jenseits vertikaler Hierarchien stabilisieren. Subjekte werden für Philosophen von gesellschaftlichen Dispositiven hervorgebracht, dies ist jedoch in seinen historischen Formen ein kontingenter Prozess.[99] Und der ebenfalls französische Medientheoretiker Jean Baudrillard behauptete, dass das Reale im Zeitalter der elektronischen Medien hinter der Simulation sprachlicher Zeichen verschwinde, die letztlich nur noch auf sich selbst verwiesen.[100]

Postmoderne Theorien trafen einen Nerv: Das moderne Fortschrittsversprechen war brüchig geworden und wandte sich gegen sich selbst. Auch Autoren wie Gilles Deleuze, Felix Guattari und Jacques Derrida popularisierten den Zweifel an unhinterfragten Wissensbeständen und deren Gegenstand: der Realität. Indem sie das soziale System als endlose Variation von Codes und Zeichen dekonstruierten, transzendierten sie auch die Unterscheidung zwischen der Realität und ihrer zeichenhaften Repräsentation. Sie kultivierten eine Form der Kritik, die »soziale Dynamisierung zum Selbstzweck erhebt« und in ihrer »reinen Negativität« jegliche positive, konstruktive Formulierung ablehnt, da darin sogleich eine »Schließung und Stilllegung« enthalten sei.[101] Es gibt deshalb im Denksystem der postmodernen Theorie keinen Anspruch auf Kohärenz (diese wird sogar meist dezidiert abgelehnt), sondern ein Lob der Vielfalt. Die postmodernen Theoretiker wollten das unhinterfragte Wissen dekonstruieren, den Fortschrittsglauben ihrer Zeit, sie waren damit aber keine frühen Querdenker, wie manche Kritiker:innen heute glauben machen möchten.

Eine weitere Form der Gegen-Epistemologie ist die Wissenschaftskritik. Sie betrifft nicht das Individuum, sondern die Möglichkeit von Wahrheit und Erkenntnis. Der wichtigste Vertreter dieser Gegen-Epistemologie war der österreichische Philosoph Paul Feyerabend mit seinem schon beinahe anarchistischen Ansatz.[102] Er galt als bedeutender Wissenschaftstheoretiker, der die Gewissheiten etablierter Paradigmen infrage stellte. Er kritisierte die rationalisierte und verwissenschaftlichte Gesellschaft der Moderne und plädierte für einen methodischen Relativismus, der ganz dezidiert alternative Erkenntnisverfahren wie Mythen, Kosmologien, Astrologie, Reiki etc. einschloss. Für Feyerabend war epistemologische Wahlfreiheit eine notwendige Voraussetzung einer offenen Gesellschaft. Aus heutiger Perspektive stellen sich Feyerabends Interventionen jedoch als problematisch dar. Bogner sieht in seinem Ansatz eine intellektuelle Vorbereitung der Wissenskonflikte der Gegenwart, wertete Feyerabend doch nicht nur alternative Wissenschaften von der Anthroposophie über Hopi-Medizin bis hin zum Kreationismus auf, sondern sah jedes Wissen als eine »Hypothese« an, egal auf welche Weise es gewonnen wurde.[103] Wenn jedoch alle Wissensformen gleichberechtigt nebeneinanderstehen, haben Menschen zwar eine echte Wahlfreiheit, sich etwa für oder gegen die Existenz eines Virus zu entscheiden. Was ihnen aber für die gemeinsame Verständigung fehlt, ist eine geteilte Vorstellung der Realität.

Für Relativisten wie Feyerabend ist das Festhalten an einer wissenschaftlich begründeten Wahrheit vor allem ein Machtanspruch. Es gibt kein besseres Wissen, sondern nur ideologische Passungen. Seine durchaus richtige und angemessene Grundsatzkritik, dass Wissenschaft ihren Geltungsanspruch begründen muss, führt jedoch zu einem »epistemischen Tribalismus« entlang unterschiedlicher Wirklichkeitsauffassungen.[104] Anders, aber nicht unbedingt weniger radikal hat sich später auch der Wissenschaftssoziologe Bruno Latour gegen erstarrte Tatsachenwahrheiten gestellt. Alle Tatsachen seien letztlich sozial konstruiert, weshalb es notwendig sei, in demokratischen Debatten auch den Dingen eine Stimme zu geben.[105]

Paradoxerweise lieferte die sozialkonstruktivistische Wissenschaftskritik, die ursprünglich angetreten war, um den Rationalitätsmythos der Naturwissenschaften als Wahrheits- und Herrschaftsanspruch zu entlarven, den Wissenschaftsleugner:innen jene epistemischen Instrumente, mit denen sie heute unbestreitbare Erkenntnisse in Zweifel ziehen, die für den Fortbestand der Zivilisation (etwa im Fall des Klimawandels) unverzichtbar sind.[106] Die Gegen-Epistemologie hat mit ihrem Ziel, das Wissen zu demokratisieren, (nichtintendierte) regressive Nebenfolgen produziert, indem sie die Gleichwertigkeit verschiedener Wissensformen hervorhob. Durch die »Abkehr von der Idee besseren Wissens« leistete sie der Legitimität postfaktischen Wissens Vorschub.[107]

Mit der Popularisierung der Gegen-Epistemologie verschiebt sich auch das gesellschaftliche Normengefüge, mit weitreichenden Folgen für den Protest gegen eine soziale Wirklichkeit, die selbst fragwürdig geworden ist. Der Nachhaltigkeitsforscher Ingolfur Blühdorn sieht einen Grund für die neoautoritären Bewegungen der Gegenwart in einer Metamorphose emanzipatorischer Normen wie Autonomie, Selbstbestimmung und Authentizität.[108] Während Fraser sich mit den Folgen der Koalition progressiver Kräfte mit einer wirtschaftsliberalen Politik befasst, begibt Blühdorn sich in die semantischen Tiefen des utopischen Imaginationshaushalts. Wie wir bereits gesehen haben, ist der Normenwandel in Gegenwartsgesellschaften eng mit der Individualisierung verwoben. Individuen wollen sich nicht länger vorrangig von gesellschaftlicher Herrschaft, Hierarchien oder vorgebenden Rollen emanzipieren, sondern streben nach Distinktion und Einzigartigkeit. Und diese Idee von Individualität lädt nun auch emanzipatorische Normen anders auf.

Die Initiatoren jüngerer Emanzipationsbestrebungen stellen die Idee des aufgeklärten Individuums infrage, wie sie mit der Philosophie der Aufklärung von Immanuel Kant wirkmächtig wurde: die Vorstellung eines Subjekts, das über eine konsistente Identität verfügt, das vernünftig und verantwortlich, prinzipienorientiert und rational, autonom und authentisch sein will. Diesem traditionellen Subjektbegriff wurde, so Blühdorn, ein Subjekt gegenübergestellt, das spontan und emotional ist, alternativen Rationalitäten folgt und über verschiedene Identitäten verfügt, die Bestandteile seiner Einzigartigkeit sind. Obwohl moderne Normen wie Autonomie und Authentizität weiter zum progressiven Vokabular gehörten, seien sie nun entkoppelt vom Glauben an die Vernunft und insbesondere losgelöst vom Horizont gesellschaftlicher Transformation.[109] Autonomie und Authentizität würden nicht mehr als Ergebnisse einer anderen, besseren Gesellschaft betrachtet, sondern als Resultat der Selbstoptimierung innerhalb der bestehenden Ordnung. Damit sei die Logik des emanzipatorischen Projektes ausgehöhlt worden, es sei erschlafft und habe, ohne es zu wollen, einer regressiven Aneignung ursprünglich progressiver Normen Platz gemacht.[110]

Paternalistische Gouvernementalität

Ende der siebziger Jahre befürchtete der griechische Marxist Nicos Poulantzas noch das Aufkommen eines »autoritären Etatismus«, bei dem der Staat in gesteigertem Maße in die sozioökonomischen Bereiche eingreifen und individuelle Freiheitsrechte beschneiden werde.[111] Eine Ausweitung der staatlichen Machtbefugnisse galt damals als konservative Antwort auf eine vielfach diagnostizierte Unregierbarkeitskrise, für die galoppierende Staatsausgaben, Inflation und soziale Konflikte verantwortlich gemacht wurden.[112] Doch es kam anders, als Poulantzas prophezeit hatte. Statt auf Etatismus zu setzen, schlug man ökonomisch den Weg des Neoliberalismus ein. Dieser versprach, mit staatlich-autoritären Mitteln die Ökonomie aus den Fesseln kollektiver Rechte zu befreien.[113] Was folgte, waren Deregulierung und die Expansion von Märkten, die Privatisierung vormals staatlicher Aufgaben und eine Ökonomisierung der Daseinsvorsorge, Steuersenkungen und ein Umbau des Sozialstaats.[114] Anders, als ihre eher vulgären Adepten behaupten, ging es den intellektuellen Gründungsfiguren des Neoliberalismus dabei jedoch nicht um vollständig unregulierte Märkte und einen totalen Rückzug des Staates, sondern vielmehr darum, die Märkte vor der Demokratie und den Massen zu schützen. Sie sollten gegen demokratische Eingriffe abgeschottet und *ummantelt* werden, nicht zuletzt durch die Schaffung supranationaler Organisationen.[115] Die Neoliberalen waren vehement gegen einen sozialdemokratischen Staat, aber gleichzeitig auch gegen einen Laissez-faire-Staat und favorisierten stattdessen ein Regime, das Märkte garantiert (siehe Kapitel 1). Es überrascht insofern nicht, dass Milton Friedman und Friedrich August von Hayek, zwei der bekanntesten Theoretiker des Neoliberalismus, keine Berührungsängste mit dem chilenischen Diktator Augusto Pinochet hatten und seine autoritär-liberale

Wirtschaftspolitik wohlwollend begleiteten. Die autoritäre Note des Neoliberalismus zeigte sich auch im Umgang mit Armut und Arbeitslosigkeit. In den USA etablierte man in den neunziger Jahren ein System der *workfare*, das staatliche Hilfsleistungen mit dem Zwang zur Arbeitsaufnahme verband.[116] In Europa folgte nur wenig später die Politik des »Forderns und Förderns«. Während man diese mit dem Etikett der Eigenverantwortung oder republikanischen Werten (wie etwa der Pflicht, einen individuellen Beitrag für ein gelingendes Gemeinwesen zu leisten) legitimierte, schalt man den traditionellen Sozialstaat als paternalistisch. Dabei ist die heutige Staatlichkeit nicht weniger, sondern auf eine andere Weise paternalistisch. Nun entscheidet nicht mehr der Staat *für* das Individuum, sondern er unterstützt es dabei, selbstständig die vorgegebene *richtige* Entscheidung zu treffen. Der Individualismus der Lebensführung ist mit einem untergründigen Paternalismus verwoben, dessen Autoritarismus nicht mit unmittelbarer Gewalt durchgesetzt wird, sondern über einen Schein der Vielfalt von Lebensformen und Identitätsentwürfen.

Paternalistisches Regieren erfolgt hier weniger über Zwang und Disziplinierungen, sondern in Form einer »Gouvernementalität«, wie Michel Foucault es in seinem Spätwerk nannte.[117] Im Zentrum seiner Analysen steht der Begriff der Regierung, worunter er jedoch nicht die für das politische Alltagsgeschäft zuständige Personengruppe versteht, sondern Techniken und Prozeduren der Machtausübung und Bevölkerungsführung in einem umfassenden Sinn. Im Konzept der Gouvernementalität verbindet Foucault den Begriff des Regierens (*gouverner*) mit dem des Denkstils (*mentalité*). Diese Verknüpfung erlaubt es ihm, indirekte Machttechnologien und darin verankerte Wissensbestände, aber auch Techniken des Selbst und der Selbstregierung in den Blick zu nehmen. Foucault nahm damit die weichen Strategien des neoliberalen Regierens vorweg, die sich in den letzten dreißig Jahren stark ausgebreitet haben.[118] Unter dem Begriff des »libertären Paternalismus« ist gar eine explizit formulierte Strategie entstanden, auf die weltweit viele Regierungen zurückgreifen.[119] Im *Nudging* finden dabei Behaviorismus und Verhaltensökonomie eine praktische Anwendung: Menschen sollen in ihrer Lebenswelt »angestupst« werden, um *richtige* Entscheidungen zu treffen. Dies geschieht jedoch nicht über ausdrücklich formulierte Ver- oder Gebote, sondern über das Design alltäglicher Entscheidungsarchitekturen. Ein zentrales Signum des aus unserer Sicht eher liberalen und nicht libertären Paternalismus ist nämlich die formale Beibehaltung der Wahlfreiheit, der *Nudge* muss umgehbar bleiben. Der liberale Paternalismus schränkt individuelle Freiheiten nicht ein, aber er zweifelt an der autonomen Vernunft der Individuen, selbstbestimmt die richtigen Entscheidungen treffen zu können. So »erinnern« Bilder von Lungenkrebs auf Zigarettenpackungen daran, dass Rauchen ungesund ist. In Hotels wird man freundlicherweise darüber informiert, dass andere Gäste ihre Handtücher mehrfach benutzen. Und unser Smartphone lässt uns wissen, wie viel Zeit wir auf sozialen Plattformen verdaddelt haben.

Gleichzeitig ist das Individuum im liberalen Paternalismus mit einem Liberalisierungsparadox konfrontiert.[120] Denn Deregulierung, Privatisierungen oder Public-Private-Partnerships haben häufig zur Folge, dass nicht weniger, sondern mehr Verrechtlichung entsteht. Gerade weil die vertikale staatliche Autorität geschwächt wird, ist sie gefordert, Handlungsfelder nach allen Richtungen abzusichern, damit jedes Individuum in gleicher Weise partizipieren kann oder Verantwortlichkeiten eindeutig verteilt werden können. Die Individuen sehen sich einer gewachsenen Zahl von Bestimmungen gegenüber, die zwar nicht direkt ihre Wahlfreiheit beschneiden, aber sie bedingen, verlangsamen und einschränken. Am Ende ist das Individuum in der spätmodernen Gesellschaft zwar frei wie nie zuvor, aber es stößt im Alltag ständig an Grenzen.

Wir haben in diesem Kapitel gesehen, dass Fortschritt von Rückschritt begleitet werden kann, ohne dass er Letzteren kausal auslösen würde. Es ist vielmehr ein Geflecht wechselseitig nebeneinanderlaufender Entwicklungen. Progressive Anliegen können überschießen und unbeabsichtigte Nebenfolgen in Gang setzen, wie radikale Varianten der Macht- oder Wissenschaftskritik einen gefährlichen Relativismus in Gang setzen können. Gleichzeitig können Normen ihren emanzipatorischen Gehalt verlieren, wenn sie mit den Erfordernissen der kapitalistischen Gegenwart synthetisiert werden. In diesen Konstellationen ändern sich auch die Formen des Regierens, die nun stärker an die Eigenverantwortung und innere Einsicht der Individuen appellieren. Die regressiven Modernisierungen wirken sich auch auf das Individuum aus, das im Kreuzfeuer widersprüchlicher Anrufungen Kränkungen und Verletzungen ausgesetzt ist.

4. Soziale Kränkung: Zum sozialen Charakter aversiver Gefühle

Zwar gestalten in der Spätmoderne viele Menschen ihr Leben mehr denn je gemäß der Idee der Selbstverwirklichung, doch die Bedingungen, auf deren Grundlage sie ihr Leben in Übereinstimmung mit ihren Wünschen bringen möchten, entgleiten ihnen. Hinter dem Anspruch der Selbstwirksamkeit verbirgt sich eine schleichende Ahnung der Ohnmacht. Ob man die Potenziale, die man in sich wahrnimmt, in der Realität entfalten kann, ist ungewiss. Und selbst wenn man seine Lebensführung nach seinen innersten Neigungen modelliert, genügt man ihnen nie. Im Moment der Fülle erfahren sich viele als mangelhaft. Dies ist jedoch weder einer überzogenen Anspruchshaltung noch einer gesteigerten Sensibilität geschuldet.[1] Die spätmoderne Vergesellschaftung konfrontiert Individuen vielmehr mit unlösbaren Dilemmata: Milieuübergreifend verallgemeinern sich die Freiheitsgrade, gleichzeitig sind viele im Alltag mit Schranken konfrontiert. Die Institutionenabhängigkeit, die durch das Anwachsen der Risiken zugenommen hat, führt zu Frustrationen, die den Nährboden einer Kränkung des spätmodernen Selbst bilden.

Als klassische Figur der Kränkung gilt in der Kulturgeschichte der schöne Narziss, der alle Liebesbekundungen barsch abweist.[2] Ein beiläufiger Blick auf die Oberfläche einer Quelle, an der er seinen Durst löschen will, setzt ein unstillbares Begehren frei. Er verliebt sich in das Spiegelbild, das er gebrochen im Wasser erblickt. Das Verhängnis nimmt seinen Lauf und kumuliert in der plötzlichen Erkenntnis: »Iste ego sum!«, »Dieser da bin ich«, wie Ovid in den *Metamorphosen* schreibt.[3] Anders als die pathologische Deutung des Narzissmus im Anschluss an Freud suggeriert, führt die Entdeckung, dass er selbst der so sehr geliebte andere ist, beim mythologischen Narziss nicht zu einer grandiosen Selbstüberhöhung, sondern zum Tod.[4] Die Erkenntnis der spiegelbildhaften Selbstbezüglichkeit führt das Scheitern der Beziehung vor Augen. Die Liebe muss unerfüllt bleiben. Der Mythos transportiert also die tiefe Verletzlichkeit, die mit einer erhöhten Selbstaufmerksamkeit einhergeht.

Die Fort- und Umschreibungen, die der Narziss-Mythos erfahren hat, machen ihn zum Medium einer Selbsterfahrung, die tief in unserer *condition humaine* verborgen zu liegen scheint und die ab der Neuzeit bearbeitet wird.[5] Das unglückselige Dilemma, zugleich der eine *und* der andere zu sein, macht die Doppelstruktur von Begehren und Versagen erzählbar. Das Selbst bildet sich in einer unmöglichen Beziehung aus, die nach Identität strebt, sich aber gleichzeitig das begehrte Objekt nicht einverleiben kann. Gerade die Selbstbezüglichkeit, die jede Bindung leugnet, führt die Angewiesenheit auf ein Gegenüber vor Augen: »Es ist geradezu die Abhängigkeit vom Anderen, die im Narzißmus verborgen wird und sich gleichzeitig auf eigentümliche Weise enthüllt«, so der Psychoanalytiker Martin Altmeyer.[6] Das Selbstverhältnis verweist bereits im antiken Mythos auf eine anerkennende Instanz. Als Narziss' Tränen die Wasseroberfläche trüben und die Umrisse seines Spiegelbildes unscharf werden, steigert er sich in eine rasende Verzweiflung: »Wohin fliehst du? Bleib und laß mich, du Grausamer, in meiner Liebe nicht allein!«[7] Die Selbstbeziehung erweist sich als objektlos und wird schließlich zum Generator negativer, ja destruktiver Emotionen, die in der Selbstauslöschung münden. Kurzfristige Erfüllung erfährt Narziss nur in der flüchtigen Illusion des eigenen Spiegelbildes, also in dem Moment, den er später als Wahn entlarven wird.

Narziss ist zu einem Mythos der modernen Kultur geworden, die sich über ihn erklären will: »Er erschafft und verkörpert den Zeitgeist«, fasst die Altertumswissenschaftlerin Almut-Barbara Renger zusammen.[8] Als anschlussfähig an gesellschaftliche Befindlichkeiten erweist der Narzissmus sich meist dann, wenn er in pathologisierende Deutungen der Kultur des Selbst eingebettet wird: Selbstsucht, Beziehungsunfähigkeit, Isolation, Erfolgs- und Konkurrenzstreben, Konsumorientierung, mediale Selbstreferenz oder Angst und Scham vor dem Scheitern – der von der antiken Vorlage losgelöste selbstliebende Narzisst steht dann für die negativen Begleiterscheinungen der Individualisierung.[9] Während die Figur als diagnostisches Instrument auf die semantische Vereindeutigung disparater kultureller Phänomene drängt, möchten wir an die ambige Doppelstruktur des Narziss erinnern, der sowohl für die Verheißung wie für den Fluch der individuellen Freisetzung steht. Was der Mythos verständlich macht, ist das »narzißtische Interesse des Subjekts an der Freiheit«,[10] das in der Demonstration seiner Ungebundenheit schmerzliche Abhängigkeiten leugnen kann.

Konturen sozialer Kränkung

Auf die Frage, warum vielen Menschen der individuelle Verzicht so schwer falle, obwohl er in einem gesellschaftlichen Ernstfall wie einer Pandemie doch geboten sei, antwortete der Philosoph Peter Sloterdijk in einem Interview im Jahr 2021:

> Das Verlangen nach sofortigen Gratifikationen, am besten auch kostenfrei, ist so heftig geworden, dass man die Wiedereinführung einer vernünftigen Zurückhaltung schon fast als konterrevolutionäre Überforderung wahrnimmt. Jede Wiederbelastung löst zuerst Wut und Erbitterung aus.[11]

Die Tugend der Genügsamkeit, jene asketische Bereitschaft, den eigenen Genuss hinauszuzögern, die Max Weber noch als wesentliches Merkmal einer vom Geist des Protestantismus geprägten modernen Individualität deutete, scheint aus Sicht des Philosophen dem Gebot ostentativer Verausgabung gewichen zu sein. Man möchte alles, und zwar sofort. Diese kulturelle Entwicklung, die das Selbst deformiere, zeitige destruktive soziale Folgen: Der Hedonismus gehe mit einer gesteigerten Erregbarkeit einher, die bei Enttäuschung destruktive Energien freisetze. Das Begehren wird zu einer Selbstbeziehung, die anomisch wirkt: Ist die soziale Welt bloß ein Spiegel der eigenen Gefühlsregungen, richtet sich die Wut gegen sie, wenn sie diese Identifikation enttäuscht.

Bereits 1979 formulierte der Soziologe Christopher Lasch eine ähnliche Diagnose. »Die moderne Konsumgüterwerbung und der hohe Lebensstandard«, schreibt er in seinem Erfolgsbuch *The Culture of Narcissism* (deutsch: *Das Zeitalter des Narzißmus*),

> haben die sofortige Bedürfnisbefriedigung sanktioniert und entheben das Es der Notwendigkeit, sich für seine Wünsche zu entschuldigen oder ihr grandioses Ausmaß verschleiern zu müssen. Eben diese Konsumgüterwerbung aber hat auch Versagen und Verzicht unerträglich gemacht.[12]

Lasch schreibt dies kurz nach dem Zenit der industriellen Moderne, die mit ihren standardisierten Massenwaren und gesteigerten Wohlstandschancen neue Bedürfnisse weckte. Auch er diagnostiziert eine Fixierung auf die eigenen Wünsche, die sich nicht auf den Konsum beschränke. In Selbsterfahrungsseminaren, Yoga-Retreats oder Aerobic-Kursen versuchte damals eine ganze Generation, sich selbst zu finden. Autoritäre Härte oder starre Hierarchien verschwanden aus der Lebensrealität vieler – nicht aber die Herrschaft. Die trat nun subtiler auf, etwa in Gestalt von Pädagogen, Therapeuten oder einer abstrakten Bürokratie. Das Nebeneinander von Enthemmung und gesteigerter Sozialkontrolle mache Menschen, so die berühmt gewordene Diagnose Laschs, anfällig für narzisstische Pathologien.

Auch wenn Jahrzehnte zwischen den beiden Beschreibungen liegen, gehen sie von einem ähnlichen Bezugspunkt aus: Die soziale Welt wird zu einem Spiegel des Selbst, das keine Zurückweisung toleriert. Und sowohl Lasch als auch Sloterdijk kommen zu dem Schluss, dass dies Kränkungen hervorruft, die über den Zustand der Gesellschaft nichts Gutes sagen. Kehrt der Narzissmus heute als gesellschaftliches Phänomen ein weiteres Mal zurück? Oder war er nie weg, sondern ist nur wieder stärker sichtbar geworden? Ist er der Grund, weshalb so viele Menschen in einer globalen Pandemie mit unzähligen Todesopfern nicht bereit sind, sich in ihrem Handeln zurückzunehmen? Sind sie *bloße Egoisten*? Ist das die Erklärung für die Proteste und bisweilen frivolen Regelverstöße? Dies wäre ein einfacher Schluss, aber eben einer, der es sich zu einfach macht.

Untersuchungen, die Psychopathologien als Folgeprobleme gesellschaftlicher Strukturen betrachten, verschieben die Blickrichtung: Das seelische Leiden verrät uns aus dieser Perspektive etwas über soziale Konturen. Neu ist diese Form der Zeitdiagnose nicht, sie hat eine lange Tradition: Um 1900 beobachtete man etwa eine wachsende Zahl von Neurasthenie-Fällen, die man mit der Beschleunigung einer modernisierten Gesellschaft in Verbindung brachte. Die Menschen waren rastlos, gereizt und gleichzeitig permanent erschöpft. Solche Diagnosen sind womöglich deshalb bis heute ungebrochen populär, weil seelische Erkrankungen das Unbehagen an einer Kultur drastisch anschaulich machen. Wir leben dann in einer depressiven, einer erschöpften, ermüdeten, einer nervösen oder einer egoistischen Gesellschaft. Zugleich sind solche Diagnosen aber problematisch, da sie soziale Zustände in solche der Normalität und solche ihrer pathologischen Beschädigung separieren. Oft wohnt ihnen eine Nostalgie nach vermeintlich besseren Zeiten inne, in denen wir beispielsweise noch nicht Knechte unserer Smartphones waren. Viele pathologisierende Beschreibungen atmen daher den abgestandenen Geist kulturkonservativer Verfallserzählungen. Trotz der Mängel möchten wir an ihren Grundgedanken anknüpfen und in diesem Kapitel das Innenleben von Individuen, ihre Leiden und Affekte, im Zusammenhang mit gesellschaftlichem Wandel interpretieren.

Ab dem letzten Drittel des 20. Jahrhunderts macht gerade die gesellschaftliche Betonung des *individuellen* Leids seinen *sozialen* Charakter kenntlich. Die gesteigerte Aufmerksamkeit für das Individuum und seine Gefühle, die sich in den siebziger Jahren in einer Psychowelle sowie der Popularisierung von New Age und Esoterik entlud, haben wir bereits beschrieben.[13] Gesellschaften richten sich nun stärker an der Autonomie ihrer Mitglieder aus, traditionelle Bindungen verlieren an Bedeutung. Damit werden soziale Ungleichheiten jedoch nicht beseitigt, sie werden vielmehr in Individualrisiken »umdefiniert«, wie Ulrich Beck in *Risikogesellschaft* schreibt. Dies hat weitreichende Folgen:

> In der Konsequenz schlagen gesellschaftliche Probleme unmittelbar um in psychische Dispositionen: in persönliches Ungenügen, Schuldgefühle, Ängste, Konflikte und Neurosen. Es entsteht – paradox genug – eine *neue Unmittelbarkeit* von Individuum und Gesellschaft, die Unmittelbarkeit von Krise und Krankheit in dem Sinne, daß gesellschaftliche Krisen *als* individuelle erscheinen und nicht mehr oder nur noch sehr vermittelt in ihrer Gesellschaftlichkeit wahrgenommen werden.[14]

Aus dem Befund, dass mit der Individualisierung nicht die Distanz des Individuums zur Gesellschaft wächst, sondern ganz im Gegenteil die Gesellschaft in das Selbst verlagert wird, lässt sich das neue Bedürfnis nach seelischer Selbstbeobachtung erklären, in dem die gesellschaftlichen Wurzeln des eigenen Leids ausgeblendet werden. Dieser Wandel im Verhältnis von Individuum und Gesellschaft macht es indes erforderlich, dem individuellen Unbehagen bei der soziologischen Beobachtung von

Gesellschaft besondere Aufmerksamkeit zu schenken. Gerade in diesem Kontext wird das seelische Leiden, wie der französische Soziologe Alain Ehrenberg in *Das Unbehagen in der Gesellschaft* festhält, zu einer »Ausdrucksform [...] von Konflikten, von Spannungen oder von Dilemmata eines Soziallebens, das sich an der Autonomie orientiert«.[15]

Wenn wir im Folgenden die spätmoderne Subjektivität als *kränkungsanfällig* und *kränkungsaffin* beschreiben, dann erfolgt dies unter der Prämisse, dass im Individuum die sozialen Konflikte auf eine gebrochene Art und Weise aufgehoben sind. Es geht uns nicht um eine Verfallsgeschichte, sondern um die Übersetzung gesellschaftlicher Spannungen in innere Kampfplätze.[16]

Phänomenologie aversiver Gefühle

Was eine Kränkung konkret hervorruft, ist von Individuum zu Individuum verschieden, ebenso, in welchem Ausmaß man sich verletzt fühlt.[17] So unterschiedlich die Reaktionen auf entwertende Situationen sind, haben sie doch gemeinsam, dass ein externer Faktor eine negative emotionale Dynamik mit einem höchst eigenständigen und destruktiven Charakter auslöst. Was seine Ursache ursprünglich außerhalb des Selbst hatte, wird zu einem verselbstständigten System. Die Spuren des Sozialen werden gelöscht, das Individuum selbst erscheint als Generator unglücklicher innerer Zustände. Dies eint Kränkung und Narzissmus: Beide gründen auf einer gescheiterten Verknüpfung, die ausgelöscht werden muss, um eine tiefe Verzweiflung zu verdrängen. Stattdessen besiedeln aversive Affekte nun neue Objektwelten, in denen das durchlebt wird, was doch eigentlich verleugnet werden soll: das tiefe Gefühl der Abhängigkeit. Ein genauer Blick auf solche Gefühlskonstellationen der Ablehnung offenbart die verborgenen sozialen Strukturen, durch die sie in Gang gesetzt werden. Georg Simmel bezeichnete Gefühle als »sozial«, da sie in Beziehungen entstehen und Individuen (in unserem Fall negativ) aneinander binden.[18] Gerade in der demonstrativen Geste der Loslösung sind soziale Strukturen und Interaktionen anwesend.

Ein erstes und recht verworrenes Affektbündel, das mit demütigenden Erfahrungen in Verbindung steht, ist die *Scham*. Sie ist ein schwer zu ertragender Zustand der peinlichen Verlegenheit oder auch scheuen Befangenheit. Wir alle kennen sie. Bloßstellungen brennen sich tief in unser Gedächtnis ein. Erinnert man sich an ein peinliches Erlebnis, würde man am liebsten gleich noch einmal im Boden versinken. Ganz offensichtlich ist hier, dass man sich von einer übergeordneten Instanz beobachtet fühlt und ihr Blick Aspekte des Selbst enthüllt, die eigentlich verborgen werden sollen.[19] Simmel war einer der Ersten, die Scham als ein soziales Gefühl dachten, das aus einer »Repräsentation der *sozialen Gruppe* in uns selbst« resultiert.[20] Im Zentrum der schambehafteten Verlegenheit stehe zwar die eigene Subjektivität, die man als defizitär wahrnimmt, aber der Mangel werde erst im Abgleich mit einer verinnerlichten Instanz sichtbar. Das sich schämende Individuum erkennt sich im Gewahrwerden seiner Andersheit als mangelhaft, es fühlt sich in seiner Integrität verletzbar. Der mahnende Blick ist deshalb so wirkmächtig, weil man genau weiß, dass man sich nicht korrekt verhalten hat. Darin liegt die enorme Macht dieses Gefühlszustandes: Im Schämen ordnet man sich dem verurteilenden Blick der negativen Klassifizierung unter – und zwar indem man diesen auf sich selbst anwendet. Dadurch wird in der Scham die Trennung vom mächtigen Objekt aufgehoben.

Prozesse, die Individuen verstärkt in ihrer Eigenverantwortlichkeit adressieren, erweitern nun, wie Sighard Neckel in seiner aufschlussreichen Studie *Status und Scham* diagnostiziert, die Räume der sozialen Scham: »Mit der ›Individualisierung‹ der kulturell geprägten Persönlichkeitsmuster, der sozialen Lagen und der subjektiven Wahrnehmungsformen wachsen [...] potentiell auch die Möglichkeiten sozialer Scham.«[21] Statusdefizite werden als persönliches Versagen wahrnehmbar, indem sie auf individuelle Entscheidungen zurückgeführt werden: »Der einzelne ist gezwungen, ein persönliches Defizit sich selbst erklären zu müssen, da kollektive Deutungsmuster sozialer Ungleichheit an Aussagewert verlieren.«[22] Die individualistische Kultur hat zu einer Zunahme von Schuldgefühlen geführt. Eng verbunden mit der Scham ist also die Schuld, die im Akt des Schämens zwar abgewehrt werden soll, aber gerade dadurch präsent bleibt.[23] Je unerträglicher das Gefühl der Beschämung, desto größer die Tendenz, diesem Zustand durch »projektive Identifizierung« zu entkommen: Die Quelle der eigenen Bloßstellung wird nun auf Schwachstellen hin seziert und selbst gedemütigt.[24] Es handelt sich gewissermaßen um eine Vergeltungsmaßnahme des Individuums, eine destruktive Dynamik kommt in Gang. In einer unserer Studien haben wir mit Personen gesprochen, die lange Jahre progressiv eingestellt waren, nach Entwertungserfahrungen wie Altersarmut oder Arbeitsplatzverlust aber fremdenfeindliche Positionen entwickelt haben (siehe Kapitel 8). Ihre Scham – gegenüber der Familie, dem sozialen Umfeld, aber auch gegenüber sich selbst – wehren sie ab, indem sie andere entwerten.

Was der sich Schämende indes meist nicht auszusprechen wagt, wird im *Groll* ganz offen artikuliert. Auch dieses Gefühl des verärgerten Unmuts wird außerhalb des eigenen Selbst verortet. Der Grollende blickt, so der Psychoanalytiker Heinz Weiß, »in vorwurfsvoller Weise *von unten nach oben*«; er identifiziert ein Unrecht und verlangt nach Wiedergutmachung.[25] Die innere Verletzung wird auch im Grollen projektiv auf ein Gegenüber übertragen, dem die Schuld daran zugeschrieben wird. Darum wohnt dem Grollen eine Tendenz zur Spaltung zwischen Opfer und Täter inne. Während der anklagende Blick das Gegenüber mit der Handlungsmacht ausstattet, zu verletzen und Schaden zuzufügen, konstituiert man sich selbst als leidendes Objekt. Im Grollen entpuppt sich ein zutiefst unheilvoller Zustand der Welt, der nicht anders artikuliert werden kann – und nach Gerechtigkeit verlangt.[26] Bezeichnend für den Groll ist nämlich, dass man diesen unerträglichen Opferstatus nicht länger hinnehmen, sondern durch die Mobilisierung feindseliger Affekte umkehren möchte. Das erfahrene Leid soll die Dichotomie von Opfer und Täter durchbrechen. Die Verärgerung treibt dazu an, die Handlungs- und Deutungsmacht über das kränkende Szenario zurückzugewinnen: Nun sind es die Täter, die sich in Erklärungsnot befinden.

Als Erregungszustand unterzieht das Grollen Situationen einer moralischen Bewertung, um in ihnen bestehen zu können: Das murrende Artikulieren der eigenen Ohnmacht verurteilt den Verursacher und kehrt die asymmetrische Beziehung um. Die Opferrhetorik ist oft mit »Sinnbezügen« durchsetzt, die »das Geschehen in ein übergeordnetes Bedeutungssystem« einordnen, um das erfahrene Unrecht post festum mit Relevanz zu versehen.[27] Der emotionalen Struktur des Grollens wohnt oft etwas Selbstbezügliches inne: »Die Betroffenen demonstrieren ihre Einzigartigkeit nicht durch äußerliche Grandiosität, sondern durch die Ungeheuerlichkeit ihres Verwundetseins«, beobachtete der Psychotherapeut Reinhard Haller in Gesprächen mit seinen Patient:innen.[28] Der Groll wird hier als ein affektives Instrument der Selbstsetzung verständlich, das jedoch einen entscheidenden Makel aufweist: Es hat nur innerhalb der Beziehungsdynamik von Opfer und Täter Bestand. So liegt die Tragik des Grollens darin, dass ein Ausgleich zwar ersehnt, gleichzeitig aber am eigenen Leid festgehalten, eine Versöhnung also nur zum Schein angestrebt wird.[29] Aus diesem Umstand erklärt sich wohl auch der expansive Charakter des Gefühls, das die Betroffenen stets aufs Neue in die Bedrängnis bringt, sich grollend einer unrechtmäßigen Übermacht zu erwehren. So intervenieren vereinzelte Intellektuelle immer wieder mit streitbaren Äußerungen (gern gegen Gendersternchen, Transgender oder People of Colour) in öffentlichen Debatten, immer wieder ernten sie Kritik, immer wieder fühlen sie sich in ihrer Meinungsfreiheit eingeschränkt (siehe Kapitel 7). Das Streben nach Verallgemeinerung wird dabei oftmals von einer polarisierenden Zuspitzung begleitet, in der die moralischen Rollen klar verteilt sind.

Ein amorpher und zutiefst beunruhigender Gefühlszustand wird so klarer greifbar. Verarbeitet wird hier die wahrgenommene Ohnmacht, aus der sich der Grollende herauszuwinden versucht, indem er durch die Identifizierung eines Schuldigen diesen sogleich kontrolliert.[30] Deutlich wird an dieser Stelle, warum dem Grollen strukturell eine Skepsis gegenüber Ambiguitäten innewohnt, greifen diese doch die Eindeutigkeit der Schuldzuweisung und damit die eigene Selbstbehauptung an. In seiner Steigerungslogik kann das Grollen wahnhafte Züge annehmen, im Extremfall zu einer »Vorstufe des paranoiden Hasses« anwachsen.[31] Die Welt wird dann durch das polare Raster des Grolls gelesen, sie ist gespalten in Mächtige und Ohnmächtige. Gegen dieses Unrecht richtet sich die Wut, die Empörung kanalisiert sich im Protest. Solche Gefühle aktivieren zum politischen Handeln – allerdings auch aus einem autoritären Impuls heraus.[32]

Gerade der *Zorn* wurde in jüngster Zeit politisch gedeutet.[33] Der »Wutbürger«, der fälschlicherweise mit dem Zorn gleichgesetzt wird, wurde zum Sinnbild eines neuen Politikstils: Er »buht, schreit, hasst«.[34] Wo die Rhetorik des Populismus eine Spaltung zwischen moralisch integrem Volk und korrumpierter Elite unterstellt, entlädt sich der Zorn aus der Gewissheit heraus, auf der richtigen Seite zu stehen.[35] Anders als die Wut, die etwas Eruptives und Ungesteuertes hat, ist der Zorn auf ein Objekt gerichtet, das geschädigt werden soll (dies kann im Selbsthass auch das eigene Ich sein). Im Zürnenden wirkt der alttestamentarische Gotteszorn nach, der strafend in das irdische Geschehen eingreift. Während der Groll murrend nach oben blickt, kehrt sich im Zorn die Blickrichtung um.[36] Dies teilt er mit der Verachtung, bei der man sein Gegenüber herablassend verurteilt.[37] Aus diesem Grund wohnt dem Zorn strukturell Gewalt inne, und zwar im Sinne der von dem Soziologen Heinrich Popitz formulierten »Aktionsmacht«, die andere schädigen und verletzen möchte.[38]

Der Psychoanalytiker Heinz Kohut verortet den Zorn am äußeren Ende eines Spektrums narzisstischer Wut, über die ein fragmentiertes Selbst sich gegen erlittene Verletzungen zu behaupten sucht.[39] Mit seiner destruktiven Energie kann der Zorn als Reparationsversuch eines beschädigten Selbst gedeutet werden, dessen Souveränität umso stärker hervorgehoben werden muss, je tiefer die Kränkung sitzt. Wir haben mit Männern gesprochen, die einst ein privilegiertes Leben vor sich hatten, heute aber ein relativ trostloses Dasein fristen. Sie entwickeln Rachefantasien gegenüber den Eliten, schwadronieren von Amokläufen und Arbeitslagern.

Peter Sloterdijk hat in seinem Buch *Zorn und Zeit* (2006) den Versuch unternommen, diesen Affekt mit Verweis auf die antike *Thymos*-Idee zu einer positiven Lebenskraft aufzuwerten. Er sei ein kultureller Ausweis von »Siegerkulturen«, die ihr »Souveränitätsgefühl« über eine aggressive Abwehr ihrer Gegner konstituieren.[40] In der Engführung von Zorn, Stolz und Souveränität wird ein narzisstisches Überlegenheitspathos offen ausgesprochen und in einer universalen Zivilisationsgeschichte situiert: Ungezügelte Gefühle, die in der Moderne tabuisiert wurden, seien historisch Ausdruck starker Kulturen gewesen. Sloterdijks philosophische Verteidigung des Zorns wird unfreiwillig als zivilisatorische Kränkungsgeschichte lesbar, wenn er den politischen Islam »aus dem Vitalitätsüberschuß einer unaufhaltsamen anschwellenden Riesenwelle von arbeitslosen und sozial hoffnungslosen männlichen Jugendlichen« erklärt.[41] Hier liegt es nahe, Sloterdijks Abhandlung als kulturellen Ausdruck einer vor allem *männlichen* Kränkung zu deuten, die auf ein unterlegenes und als minderwertig konstruiertes Feindbild übertragen wird.

Ähnlich wie der Zorn und der Groll zeichnet sich schließlich das *Ressentiment* durch seinen grundlegend reaktiven Charakter aus. Es bedarf einer äußerlichen Verletzung, die ein brodelndes, von Neid und Rachsucht durchsetztes Gefühl der Ablehnung auslöst. Der Philosoph Friedrich Nietzsche bezeichnete das Ressentiment in der *Genealogie der Moral* (1887) als eine eigentümliche Handlungsform, er sah darin eine Aktion, die »von Grund auf Reaktion« sei.[42] Die schwelenden aggressiven Energien würden nicht ausagiert, der Impuls zum Gegenschlag sei gehemmt, die erlittene Kränkung wuchere im Emotionshaushalt fort. Das Ressentiment, so Nietzsche weiter, sei ein Gefühl derjenigen, »denen die eigentliche Reaktion [...] versagt ist, die sich nur durch eine imaginäre Rache schadlos halten«.[43] Gerade diese erzwungene Tatenlosigkeit beschreibt Nietzsche nun, darwinistisch gefärbt, als Eigenart der Schwachen im Gegensatz zu den Starken und Siegreichen.[44] Durch das mit ihm verbundene Ohnmachtsgefühl entwickle das Ressentiment eine Eigendynamik. Die Rache *kann* nicht ausgeführt werden, eine Triebabfuhr bleibt verwehrt. Daher wird dieser negative Gefühlszustand immer wieder aufs Neue aufgerufen.

Ähnlich wie beim Groll soll auch im Ressentiment die Identifizierung eines Auslösers von der eigenen Ohnmacht entlasten: Der Ursprung des Leidens liegt außerhalb des Selbst, es hat einen Anfang und kann – so die stillschweigende Hoffnung – dadurch auch ein Ende finden. Doch anders als der Groll, der gegen Ungerechtigkeiten rebelliert, ist das Ressentiment ein verallgemeinertes Gefühl der Missgunst, das keinen konkreten Gegner hat. Entscheidend ist weniger, wer oder was als Initiator ausgemacht wird, sondern dass eine Beziehung zu einem schädigenden Objekt hergestellt werden kann, um den uneingelösten Racheimpuls adressieren zu können. Der

Philosoph und Soziologe Max Scheler kommt in seiner Abhandlung *Das Ressentiment im Aufbau der Moralen* aus dem Jahr 1912 ähnlich wie Nietzsche zu dem Ergebnis, aus der Verdrängung des Gegenangriffs entstünden »unbestimmte Objektenkreise«, das Ressentiment bleibe in seiner unermüdlichen Suche nach Kausalität letztlich eigentümlich gegenstandslos.[45] Die Kränkung wird auf ein unbeteiligtes Gegenüber übertragen, das Ressentiment erzeugt die emotional wirkmächtige Täuschung, es gäbe eine Art Täter, der es bewusst verursacht hat. Diese Tendenz zur Projektion kann in eine unerschöpfliche Paranoia übergehen, in der die Welt durch eine Schablone der Kränkung wahrgenommen wird. Der Philosoph Thomas Bedorf hat das Ressentiment in der Gefühlswelt des Populismus genauer verortet. Er führt Horkheimer und Adorno an, die diesem Affekt eine Tendenz zu »stereotypen Schemata« attestieren, die im Antisemitismus offen ausgetragen würden: »Dem Ich, das im sinnleeren Abgrund seiner selbst versinkt, werden die Gegenstände zu Allegorien des Verderbens, in denen der Sinn seines eigenen Sturzes beschlossen liegt.«[46] Entscheidend ist, dass jene Allegorien des eigenen Unheils, von denen die beiden Autoren sprechen, zwar fluide sind, gleichzeitig aber dem »Imperativ der Konkretion« gehorchen, indem sie Schuld personalisieren.[47] Dies macht das Ressentiment anfällig für autoritäre Denkmuster. Auch wir sind in unseren Gesprächen langlebigen antisemitischen Vorurteilen begegnet, Verschwörungstheorien über »Bilderberger«, die Rothschilds oder George Soros (siehe Kapitel 7 und 8).

Anders als Nietzsche dachte Scheler das Ressentiment aber vorwiegend als modernes Zeitgefühl. In der vormodernen Ständegesellschaft herrschte starre Statushierarchie, was Fragen nach der sozialen Wertigkeit des Einzelnen obsolet machte: Ein Untergebener, so Scheler, empfände keine Rachegefühle, wenn er von seinem Herrn gescholten werde. Voraussetzung des Ressentiments sei die »*Gleichstellung* des Verletzten mit dem Verletzer«.[48] Anfällig für Ressentiment sind demnach Gesellschaften, die Gleichberechtigung zwar öffentlich und rechtlich anerkennen, faktisch jedoch eine große Ungleichheitsverteilung von Macht, Bildung und Besitz aufweisen: In denen »jeder das ›Recht‹ hat, sich mit jedem zu vergleichen und sich doch ›faktisch nicht vergleichen kann‹«.[49]

Aus Schelers Pointe, die uns im folgenden Abschnitt noch beschäftigen wird, lassen sich zwei Erkenntnisse zur emotionalen Struktur des Ressentiments ableiten: *Erstens* hebt der relationale Vergleich die Asymmetrie des Blickes auf, er kann von unten nach oben wie von oben nach unten gerichtet sein oder auf Augenhöhe erfolgen. *Zweitens* dechiffriert Scheler aversive Gefühlslagen als eine Qualität des Sozialen. Das Ressentiment ist in seiner Ausdrucksform zwar singulär, verarbeitet aber soziale Dilemmata und Spannungen.

Wir haben uns hier nur mit einem Ausschnitt aus dem Spektrum der Gefühle beschäftigt, die mit erlittenen Verletzungen in Verbindung gebracht werden. Wir haben in Kapitel 2 bereits gesehen, dass Autor:innen, die sich der neueren Kritischen Theorie zurechnen lassen (wie etwa Axel Honneth, Alain Ehrenberg, Thomas Fuchs, Sighard Neckel, Hartmut Rosa oder Greta Wagner), den Zwang zur individuellen Selbstverwirklichung hervorheben, der die Einzelnen strukturell überfordert. Statt sich frei entfalten zu können, erfahren sie sich in den allgegenwärtigen Wettbewerbsbeziehungen als ohnmächtig. Sie werden depressiv, erschöpft, passiv, erleiden Burnouts oder trimmen sich mit pharmakologischen Substanzen. Unter bestimmten Bedingungen kann die Ohnmacht jedoch zu einem aggressiven Aufbegehren führen. In den letzten Jahren standen dabei vermehrt aversive Gefühle im Fokus, die eines gemeinsam haben: Sie sind konfrontativ gegen ein Objekt gerichtet. Emotionen wie Zorn, Groll und Ressentiment werden sozial eher missbilligt, wirken destruktiv, aktivieren Menschen aber zum Handeln. Wir deuten diese Gefühle als Reaktionen auf andauernde Enttäuschungen, die das Individuum nicht mehr verarbeiten kann, da die ihm kulturell an die Hand gegebenen Werkzeuge genau jene Frustrationen erzeugen, die sie verhindern sollen.

Ausweitung der Kränkungszone

Wir begeben uns nun auf die Suche nach den sozialen Dilemmata, die in Individuen aversive Emotionen auslösen *können*, aber keinesfalls *müssen*.[50] Es sind Symptome einer regressiven Modernisierung, im Zuge derer der gesellschaftliche Fortschritt nichtintendierte negative Folgen für die Individuen zeitigt. Die von uns skizzierte widersprüchliche Dynamik der Individualisierung kann aversive Affekte und deviante Reaktionsformen hervorrufen, wenn sie das Individuum vor unlösbare Widersprüche stellt. In spätmodernen Gesellschaften gewinnen drei Aspekte wieder an Aktualität, die bereits während sozialer Umbrüche in modernen Gesellschaften zu beobachten waren: *erstens* die Paradoxie egalitärer Normen, *zweitens* Aspirationsdefizite und *drittens* anomische Normgefüge. Diese bilden auch den sozialen Nährboden für den libertären Autoritarismus.

Eine *erste* Triebkraft für Frustrationen und Enttäuschungen lässt sich in den Paradoxien der Gleichheit in modernen Gesellschaften ausmachen. Tocqueville registrierte auf seiner Amerika-Reise »gegenläufige Tendenzen«.[51] Er verfolgte das soziale Miteinander in der jungen Demokratie, in der er fast ein Jahr lebte, mit leidenschaftlichem Interesse, stellte dabei jedoch fest, dass es gerade die von allen Gesellschaftsmitgliedern anerkannte Norm der politischen Gleichheit war, die das demokratische Ideal gefährdete. Die partielle Nivellierung von Statuspositionen tilgte keineswegs die realen Ungleichheiten. Diese bestanden beharrlich fort, wenn auch mit einem Unterschied: Soziale

Differenzen gelten in modernen Gesellschaften als legitim, da »gemäß dem Paradigma der Gleichheit [...] im Prinzip jedem Menschen alle gesellschaftlichen Lebensbereiche und Positionen« offenstehen, so der Soziologe Hans-Peter Müller.[52]

Eine verzwickte Situation. Allerdings weniger für die demokratische Gesellschaft an sich als vielmehr für ihre Mitglieder, denen das Ideal der Gleichheit wie ein unerfülltes Versprechen vorkommen musste: »So wie Gleichheit ubiquitär zu werden scheint, so geht es auch dem Arsenal der Enttäuschung.«[53] Je allgemeingültiger die egalitäre Norm, desto weiter schweift auch der vergleichende Blick, der nun nicht mehr an enge soziale Kreise gebunden ist. Dass der Blick dabei Verschiedenheiten feststellen muss, liegt auf der Hand. »Es gibt in der Tat eine männliche und berechtigte Leidenschaft für die Gleichheit; alle wollen gleich stark und geachtet sein«, beobachtet Tocqueville:

> Diese Leidenschaft erhebt wohl die Niedrigen zum Range der Höheren; aber wir finden im menschlichen Herzen auch einen verderbten Gleichheitstrieb, der bewirkt, daß die Schwachen die Starken zu sich herunterziehen wollen und daß die Menschen die Gleichheit in der Knechtschaft der Ungleichheit in der Freiheit vorziehen.[54]

In egalitären Gesellschaften wird ein Vergleichsmodus implementiert, der alle mit allen vergleicht. Gerade das Ideal der Chancengleichheit ist es folglich, das angesichts der wahrgenommenen Differenzen negative Emotionen freisetzt. Der Grollende möchte affektiv das normative Versprechen der Gleichheit realisieren, das in der sozialen Realität ein Verwirklichungsdefizit aufweist.[55] Offen ausbrechen können die aversiven Gefühle indes nicht, da das egalitäre Ideal unterstellt, die beobachteten Differenzen seien auf der Grundlage gleicher Ressourcenausstattung und Zugangschancen entstanden. So schwelt das Gefühl im Inneren weiter, solange die Norm unendliche Frustrationsimpulse kreiert.

Tocqueville analysiert weitere Effekte, die durch das Ideal

der Gleichheit ausgelöst werden und es auszuhöhlen drohen. Er registriert, dass gerade die wachsende Gleichheit nicht nur zum Vergleichen anregt, sondern auch für Minimalunterschiede sensibilisiert:

> Der Haß der Menschen gegen das Privileg wird umso größer, je seltener und unbedeutender die Privilegien werden, so daß man zu sagen versucht ist: die demokratischen Leidenschaften entbrennen in den Zeiten besonders heftig, in denen sie am wenigsten Nahrung finden.[56]

Verschwinden die großen Differenzen, treten die kleinen umso deutlicher hervor: »Mehr Gleichheit schärft das Ungleichheitsbewußtsein.«[57] Dieser sensible Wahrnehmungsmodus führt zu einer Verletzung des eigenen Normempfindens. Das Resultat sind auch hier ständige Enttäuschungen, die nicht etwa die Geltungskraft der Norm abschwächen, sondern im Gegenteil den Drang nach Angleichung, die egalitäre Leidenschaft, wie Tocqueville schreibt, befeuern. Dass in der Gegenwart vermeintliche Nebensächlichkeiten wie gendersensible Sprachkonventionen eingefordert werden, hat sicher auch mit einer gesteigerten gesellschaftlichen Wahrnehmung von Ungleichheiten zu tun.

Doch der Unmut, den soziale Angleichungen nach sich ziehen können, muss nicht zwangsläufig aus einer gesteigerten Sensibilität für Differenzen resultieren, sondern kann durchaus auf einem realen Machtverlust gründen. Die Herausbildung neuer Normen führt dazu, dass ehemals akzeptierte Handlungen sanktioniert werden. Dem Sklavenhalter ist es nicht länger gestattet, Menschen als sein Eigentum zu behandeln, Eltern dürfen ihre Kinder nicht mehr körperlich züchtigen, Männer Frauen nicht mehr sexuell belästigen. Die fortschreitende Egalisierung begrenzt privilegierte Statusgruppen in ihrem Handeln und schränkt die gesellschaftliche Macht ein, die sie einst monopolisiert hatten. Norbert Elias definierte Macht als einen Ausdruck »für die besondere Reichweite des individuellen Entscheidungsspielraums, die sich mit bestimmten gesellschaftlichen Positionen verbindet«.[58] Dieser Spielraum, andere Menschen zu beeinflussen, sie gar zu kontrollieren oder Gewalt gegen sie auszuüben, verkleinert sich nicht nur, das Handeln statushöherer Personen ist außerdem auf die Akzeptanz anderer angewiesen. Die Gesellschaft als solche ist nun mächtiger als sie. Der Mächtige muss sein Handeln hinsichtlich möglicher Normverletzungen neu justieren. Dies erlebt er als einen schmerzlichen Einschnitt. Sein Zorn richtet sich gegen jene Gruppen, die jetzt an der zuvor von ihm monopolisierten Macht partizipieren, also gegen all jene, über deren Schicksal er nicht länger ohne Weiteres (mit) entscheiden kann. Machtkonflikte resultieren aus einem Normenwandel, der für die Akzeptanz der Sozialordnung weitreichende Folgen hat, da er die Figuration von Etablierten und Außenseitern verändert, so Elias (siehe Kapitel 3 und 6).[59] Denn gerade die Machtverluste »im Verhältnis zu aufsteigenden Außenseitergruppen« lösen »nicht nur aus wirtschaftlichen Gründen einen erbitterten Widerstand, ein oft kaum mehr realitätsgerechtes Verlangen nach Restauration der alten Ordnung aus«, die betroffenen Gruppen fühlen sich auch »in ihrem eigenen Selbstwert erniedrigt«.[60] Also stigmatisieren die Etablierten die vormaligen Außenseiter. Vor diesem Hintergrund hatte Nietzsche nicht ganz recht mit der Annahme, das Ressentiment stelle allein einen Affekt der Schwachen dar. Auch den Starken wird in modernen Gesellschaften die Möglichkeit vorenthalten, auf die erlittene Einschränkung ihrer sozialen Macht zu reagieren. Sie müssen nun ebenfalls ihre Entrüstung klein halten, denn nicht nur ihre Handlungen drohen sanktioniert zu werden, sondern auch die emotionale Reaktion auf die Sanktionierung. Aus diesem Grund bezeichnete Scheler das Ressentiment als eine Erscheinung des »absteigenden Lebens«.[61]

Scheler hat uns oben bereits den Hinweis auf einen *zweiten* Auslöser gegeben, der in modernen Gesellschaften für Frustrationen sorgt. Es ist die ungelöste Spannung zwischen einem sittlich verankerten *Soll*zustand und seiner faktischen *Realisierung*, die schon dem Ideal der Gleichheit innewohnt und zu einem konstitutiven Merkmal modern-kapitalistischer Vergesellschaftung wird. Während Tocqueville den Ursprung dieser zerstörerischen Kraft noch in der allgemeinen Durchsetzung der Norm der Gleichheit verortete, ist sie bei Scheler in der modernen »*Struktur der Sozietät*« angelegt. Diese sei geprägt durch eine »*Differenz* [...] zwischen der politisch-verfassungsmäßigen oder der ›Sitte‹ entsprechenden Rechtsstellung und öffentlichen Geltung der Gruppen – und ihren *faktischen* Machtverhältnissen«.[62] Die negative Freisetzung macht zwar alle formal zu gleichen und freien Bürger:innen, allerdings nur, um einen kapitalistischen Warentausch zu verallgemeinern, der auf der realen Ungleichheit der Eigentumsstrukturen gründet. Was Marx noch als rechtliche Bedingung einer ökonomischen Struktur beschrieb, nimmt Scheler zum Ausgangspunkt seiner Analyse der Affektdynamik, die diese Konstellation hervorbringt und stützt. Seine Überlegungen setzen zwar bei inneren Zuständen an, sein eigentliches Vorhaben zielt jedoch darauf ab, das »*Konkurrenzsystem*« als »Seele einer solchen Gesellschaft« zu beschreiben.[63] Das moderne Ressentiment habe seinen Ursprung schließlich in der allgemeinen Durchsetzung des Wertevergleichs, einem relationalen Urteil also, in dem der Eigenwert im Abgleich mit anderen ausgebildet wird. Der Ackerbauer einer ständischen Gesellschaftsordnung wird sich nicht, so Scheler, mit einem Feudalherrn oder Ritter vergleichen, sondern mit reicheren Ackerbauern »innerhalb *seiner* Standessphäre«.[64] Die sittlich-normative Gleichstellung der Lebensverhältnisse führt jedoch zu einem veränderten Vergleichsmodus: Alle vergleichen sich mit allen. Scheler führt dies anders als Tocqueville auf die ökonomische Konkurrenzsituation zurück. Die »innere *Grenzenlosigkeit* des Strebens«, die sich von sozialen Kreisen und Eigenwerten losgelöst hat, entlädt sich in einer ökonomischen

Fortschrittsdynamik, die ihr Motiv in der ungebrochenen Anhäufung von Kapital hat. Das innere Streben nach Wertakkumulation wird eine funktionale Bedingung der ökonomischen Kapitalakkumulation. Damit hat Scheler eine Entwicklung vorweggenommen, die in der Gegenwart durch Rankings und Bewertungen Statusgefälle produziert. Erinnern wir uns etwa an den von Marion Fourcade beobachteten Unmut, den ordinale Klassifikationssysteme hervorrufen, die zwar formal inklusiv wirken, aber indirekt traditionelle Grenzen und Ungleichheiten verstärken (siehe Kapitel 2).

Die beschleunigte Ökonomie des Vergleichs erzeugt eine Sozialordnung, die aversive Affekte begünstigt – gegen sich wie gegen andere. Émile Durkheim beobachtet in seiner Studie *Der Selbstmord* (1897), dass es in Phasen beschleunigter wirtschaftlicher Dynamik zu einer negativen »Entfesselung der Begierden« kommt, die mit einer Zunahme (auto)aggressiver Verhaltensweisen einhergeht.[65] Die Menschen werden nicht nur depressiv, lethargisch oder selbstmordgefährdet, sondern sich überdies untereinander Feind. Aus der Sicht Durkheims sind sie »Opfer ihrer überzogenen Aspirationen«,[66] ihres rastlosen und unerfüllbaren Begehrens: »Je mehr man also hat und je mehr man haben möchte, desto eher wird das, was man erreicht, die Bedürfnisse anstacheln und nicht befriedigen.«[67] Befriedigung ist nicht möglich, wenn man nicht etwas, sondern vor allem *mehr* haben möchte. In der ökonomischen Sphäre, in der die Akkumulation Gesetz ist, verhärten sich Anomie, Gewalt und Regellosigkeit zu einem »Dauerzustand«.[68] Ist die Welt, in der sich die Menschen bewegen, zutiefst unmoralisch, müssen sie sich diesen widrigen Umständen anpassen, um nicht unterzugehen. Die Wirtschaft bringt darum, so Durkheim, einen »exzessive[n] Individualismus«[69] hervor, der eine rein negative Freiheit affirmiert.[70] Egoistische und rücksichtslose Verhaltensweisen erwachsen auf dem Boden normativ ungeregelter Konkurrenzbeziehungen: »Egozentrisches Nutzenkalkül und der endlose narzißtische Wunsch nach psychischer Befriedigung«, erklärt Neckel dazu, »vereinigen sich in dem gemeinsamen Affekt, in moralischen Ansprüchen nur noch Hindernisse einer privaten Interessenverfolgung zu sehen – ein Monotheismus des eigenen Ich zwischen Geld und Gefühlen.«[71]

Kann die enorme Energie, die dem Aspirationsstreben innewohnt, nicht sinnvoll investiert werden, erzeugt sie zwangsläufig Frustrationen. Die Wut ist dabei nur eine emotionale Reaktionsweise, um nach einer kränkenden Situation die eigene Souveränität zu behaupten; die nicht aktiv ausgelebten negativen Gefühlsregungen sind eine andere. Die Scham, nicht den Ansprüchen zu genügen, führt zu tiefen Selbstzweifeln.

Insbesondere in einer sozialen Atmosphäre der Ungewissheit, in der Aufstiegshoffnungen von Statusblockaden konterkariert werden, ist das Streben des Einzelnen mit der eigenen Ohnmacht konfrontiert – und verwandelt sich in bittere Benachteiligungsgefühle. Wenn die eigene »Mehrwertigkeit«, wie Scheler das seelische Pendant zum ökonomischen Mehrwert nennt, nicht im Handeln realisiert werden kann, erreicht der Ohnmächtige sie durch die »illusionäre *Herunterdrückung*« seines Vergleichsobjekts.[72] Statt sich zu schämen, wird mit dem Finger auf andere gezeigt. Das Machtgefälle, das Individuen mit ungleichen Chancen ausstattet, etabliert im Benachteiligten oder vom Abstieg Bedrohten eine illusionäre Werteordnung, in der das Versprechen eingelöst werden kann, dessen Erfüllung ihm die soziale Wirklichkeit vorenthält. Ganz nach dem Motto: Ich bin zwar der soziale Verlierer, aber der moralische Gewinner. Das Ressentiment bietet eine imaginäre Möglichkeit, soziale Dilemmata und Spannungen auszublenden. In der feindseligen Abwertung werden positive Eigenschaften des Vergleichsobjekts in negative umgedeutet: Die Erfolgreichen haben sich mit unersättlicher Gier bereichert, sich beim sozialen Aufstieg fragwürdiger Mittel bedient etc. Der Vergleichende stellt also sein eigenes, aus seiner Sicht wahres Rankingsystem auf. Es ist erstaunlich, mit welcher Präzision Scheler hier eine normative Sezession beschreibt. Ähnliches werden wir auch im libertär-autoritären Unbehagen beobachten (siehe Kapitel 8). Scheler schrieb diese Gedanken aber auf dem Boden eines stabilen Normenhaushaltes nieder, der selbst noch in der Illusion des Ressentiments das »dunkle Bewußtsein« weckte, damit »in einer unechten *Scheinwelt* zu leben«.[73] Der sich selbst Täuschende ist sich im Verborgenen seiner Täuschung bewusst, weshalb sie auch nur in sehr begrenztem Umfang Abhilfe schafft. Geraten die Normen, die als unumstößliche Realität selbst noch zum bittersten Grimm vordringen, jedoch selbst ins Rutschen, fehlt der Selbsterkenntnis die reflexive Grundlage. Die Scheinwelt der eigenmächtig gesetzten Normen verselbstständigt sich.

Wut, Ressentiment, Neid oder Groll sind also keinesfalls subjektive Seelenzustände, sondern ein soziales »Beziehungsgefüge«, das durch den »Vergleichs- und Relationszwang« der kapitalistischen Gesellschaft entzündet wird.[74] Entfalten sich die Bewertungsmechanismen in einer Atmosphäre der Ungewissheit, in der Gleichheitsansprüche an ungleiche Bedingungen ihrer Realisation gekoppelt sind, entstehen »Affektgesellschaften« der Ablehnung.[75] Diese kreieren neben vertikalen Hierarchien eine verhärtete Affektordnung, in der die Individuen sich negativ zueinander verhalten. Es ist darum nicht verwunderlich, dass aversive Emotionen in den letzten Jahren zum Ausgangspunkt kritischer Gesellschaftsdiagnosen wurden. Der indische Autor Pankaj Mishra beobachtet etwa »ein *Ressentiment* [...], das die Zivilgesellschaft vergiftet und [...] das gegenwärtig weltweit eine Wende hin zu Autoritarismus und gefährlichen Formen von Chauvinismus herbeiführt«.[76] Die Zunahme der negativen Emotionen begründet Mishra ganz im Geiste Schelers mit zwei parallelen Entwicklungen: Einerseits nehmen die Ungleichzeitigkeiten in einer globalen Welt zu, in der Menschen mit ganz unterschiedlichen Vergangenheiten in ein und dieselbe Gegenwart versetzt werden und in der die ungleiche Verteilung von Macht und Reichtum neue, ungerechte Hierarchien hervorbringt; andererseits multiplizieren sich Vergleichsprozeduren in digitalen Kommunikationsnetzwerken, die so zu Generatoren von Neid und Missgunst werden.[77] Nun ist für alle sichtbar, wer viel und wer wenig hat. Und zumindest Ersteres wird mitunter gern ostentativ zur Schau gestellt. Die *real* vorhandenen materiellen Differenzen, die trotz des weltweiten Versprechens wachsender Prosperität fortbestehen, und die *subjektive* Sensibilisierung für Unterschiede sind es, die für Mishra zu wiederkehrenden Erregungszyklen von Neid, Ressentiment und Zorn führen – eine gesellschaftliche Situation, die auch eine Voraussetzung für einen libertären Autoritarismus ist, der das Versprechen einer autonomen Lebensführung angesichts wahrgenommener Schranken affirmativ einklagt.

Doch nicht etwa die sozioökonomische Ungleichheit an sich führt zu einer Kultur der Enttäuschung, sondern das bereits erwähnte moderne Spiel sozialer Selektion und Angleichung, in der sich zwei widerstreitende Ideale – Egalitarismus und Meritokratie – miteinander verbinden. Erfolg soll sich nun an der erbrachten Leistung orientieren, und dies hat verheerende Folgen für die Affektdynamik, wenn sich der individuelle Berufserfolg trotz erbrachter Leistung nicht einstellt oder aber die Menschen in ihrem Handeln gehemmt werden. Wir haben in Kapitel 2 gesehen, wie die Leistungsgerechtigkeit in der ökonomischen Realität ihre Geltung verliert und an ihre Stelle andere Verteilungsprinzipien – »Risiko, Erfolg und Vererbung«[78] – treten. Diesen Gedanken greift der US-amerikanische Philosoph Michael J. Sandel auf, wenn er in seiner Studie *Vom Ende des Gemeinwohls* nicht etwa die »Explosion von Ungleichheit« in der Gesellschaft als »Quelle der populistischen Wut« interpretiert, sondern den kollektiven »Glaube[n] an die Möglichkeit eines Aufstiegs«.[79] Der amerikanische Traum hat nicht nur eine ungebrochen suggestive Kraft, er produziert auch Frustrationen, wenn der Tellerwäscher eben nicht ohne Weiteres Millionär werden kann. Das Missverhältnis zwischen kollektiver Imagination und individueller Realität schlägt um in eine »Tyrannei der Leistung«, die bei den Gewinnern Hochmut und Überheblichkeit, bei den Verlierern Scham und Enttäuschung auslöst.[80] Die einen blicken abwertend nach unten, die anderen neidend und grimmend nach oben. Um Missverständnissen vorzubeugen: Sandel beklagt hier keinesfalls eine überzogene Anspruchshaltung, sondern dass die Gesellschaft nicht hält, was sie verspricht. Ist aber die Sozialordnung über interdependente Gefühle der Abwertung gespalten, kann dies neue Formen des sozialen Aufbegehrens hervorrufen. Sandel beobachtet, dass populistische Proteste nicht vorrangig entlang sozialer Ungerechtigkeiten aufbrechen, sondern dass es sich um »Proteste gegen Demütigung« handelt,[81] die den Selbstwert der Person betrifft. Diese tragen ein nervöses Moment der Radikalisierung in sich, das sich nicht zwangsläufig nach oben entladen muss – im Gegenteil. Es ist vielmehr zu beobachten, dass sich die Wut der Benachteiligten auf Vergleichsobjekte richtet, die in der sozialen Rangordnung unter ihnen stehen, auf Minderheiten, Außenseiter und Fremde.[82] Die regressiven Rebellen beispielsweise mussten in ihrem Leben nicht selten Abstiegserfahrungen hinnehmen – obwohl sie alles richtig gemacht hatten (siehe Kapitel 8). Sie verfügten über gute Schulabschlüsse usw. Doch der Erfolg trat nicht ein. Statt das ungerechte System infrage zu stellen, richten sie ihren Blick nun auf Geflüchtete, die sie als Eindringlinge in die deutschen Sozialsysteme betrachten. Die als fremd Wahrgenommenen sind in ihren Augen faul, während sie sich alles hart erarbeiten mussten. Die Wut einer Minderheit gegen eine andere sucht Unterlegenheitsgefühle zu verdrängen, indem man selbst abwertet, anstatt abgewertet zu werden. Auch der libertäre Autoritarismus ist kein Protest gegen die Normen der Leistungsgesellschaft, sondern eine verdinglichte Identifikation mit ihnen, was zu einer projektiven Abwehr derjenigen führt, die diese Normen in den Augen der libertären Autoritären nicht einhalten. In einer Gesellschaft der Gewinner ist das Scheitern nicht erzählbar.

Als in Europa noch der Faschismus wütete, hat der Soziologe Robert K. Merton ganz ähnliche Phänomene untersucht. Er beschäftigte sich ab Ende der dreißiger Jahre mit sozialen Gruppen, die in die US-Gesellschaft nur mangelhaft integriert und im Extremfall kriminell waren. Er sah darin keinesfalls individuelle pathologische Entgleisungen, vielmehr stünden die Menschen unter einem derartigen sozialen Druck, dass ihnen kaum eine andere Wahl blieb, als sich unangepasst zu verhalten. Wir haben bereits gesehen, dass Merton eine übermäßige Fixierung auf den finanziellen Erfolg gerade bei denjenigen beobachtete, die im sozialen Wettbewerb benachteiligt waren. Sie griffen zu illegitimen Mitteln, um als erstrebenswert geltende Ziele zu erreichen. Auch für Merton war es in diesem Sinne nicht die Ungleichverteilung des Vermögens, die bei den Benachteiligten Devianz und Kriminalität förderte, sondern eine höchst widersprüchliche Konstellation, die durch einen »Konflikt zwischen den kulturellen Zielen und den verfügbaren institutionellen Mitteln« gekennzeichnet ist.[83] Er bezeichnete diesen »Zusammenbruch« der kulturellen Struktur als Anomie, da die Werte selbst Verhaltensweisen fördern, die ihnen zuwiderlaufen.[84] Man sieht in der »Superstarökonomie«[85] etwa nur den Erfolg, nicht die Leistung. Gerade der Star mit seiner Ambivalenz aus Nähe (er ist einer von uns) und Unerreichbarkeit (er ist ganz anders als wir) kann negative Emotionen oder nonkonforme Verhaltensweisen in Gang setzen. So mirakulös der Erfolg des Stars, so dunkel sind die Wege zum eigenen Erfolg. Die Anomie im gesellschaftlichen Normbestand ist der *dritte* Auslöser von Frustrationen, die Reaktionsweisen hervorbringen, um dieser stressauslösenden Situation zu entkommen.

Doch warum kann ein intelligibles, also nicht unmittelbar sichtbares Regelsystem derart zwingende Macht über Individuen ausüben? Einen Hinweis liefert hier Heinrich Popitz, der soziale Verhaltensnormierungen als eine Einschränkung der Möglichkeiten betrachtet, wie man handeln kann oder sollte. Er definiert eine soziale Norm anhand von vier Eigenschaften: »Ein Verhalten, das wir als zukünftiges Verhalten erwarten können; ein Verhalten, das bestimmten Verhaltensregelmäßigkeiten entspricht; ein gesolltes [...] Verhalten, ein Verhalten, das mit Sanktionsrisiko bei Abweichungen verbunden ist.«[86] Soziale Normen garantieren zunächst ganz einfach, dass Menschen in wiederkehrenden Situationen auf eine bestimmte Art und Weise handeln. Die soziale Ordnung beruht letztlich auf einer »Abstraktionsleistung«, die Situationen vergleicht und typisiert.[87] Beispielsweise erleichtert es den Umgang mit anderen ungemein, wenn man weiß, dass man sich zur Begrüßung in vielen westlichen Ländern die Hände reicht – obwohl, mittlerweile ja nicht mehr so unbedingt. Eine Abweichung von der Verhaltenserwartung löst nicht nur Irritationen aus, die den Beteiligten die Fragilität des Sozialen vor Augen führt, sondern führt auch dazu, dass deviante Handlungen nicht gebilligt oder gar bestraft werden. In der Pandemie kam es zu dem verstörenden Phänomen, dass das ehemals gesollte Verhalten nun auf einmal missbilligt wurde. Die ausgestreckte Hand erntete meist skeptische Blicke (siehe Kapitel 7).

Merton hat aber vor allem deviante Handlungen beobachtet, die ihren Ursprung in der *Befolgung* sozialer Erwartungen haben. Die von ihm analysierten »Gangster« zum Beispiel stammten oftmals aus Einwandererfamilien, denen die legalen Mittel zum sozialen Aufstieg verwehrt waren. Sie konnten weder in qualifizierten Berufen arbeiten noch ihre Kinder ohne Weiteres auf angesehene Schulen schicken. Auch das Dasein als Tagelöhner führte nicht zu Reichtum und Erfolg. In ihren Augen war die Kriminalität der einzige Weg, sich einen herausgehobenen sozialen Platz zu erobern.[88] Normen können somit paradoxerweise auch zur Erosion der Ordnung beitragen, wenn Teile der Gesellschaft strukturell von Ressourcen abgeschnitten sind, so dass ihnen ein konformes Verhalten verunmöglicht wird.

Eine anomische Konstellation kann entweder dann entstehen, wenn soziale Strukturen mit sozialen Normen kollidieren oder aber wenn sich Normen erneuern oder einander widersprechen. Im ersten Fall ist eine Person, wie von Merton beschrieben, Spannungen ausgesetzt, die aus der Differenz zwischen einer Norm und ihren subjektiven Realisationschancen erwachsen. Kinder aus Hartz-IV-Haushalten könnten hier wohl sehr viele niederschmetternde Erlebnisse schildern.[89] Der Druck lastet nicht auf der Gesellschaft insgesamt, sondern auf sozialen Gruppen, die über keine oder nur begrenzte Mittel zur Erfüllung normierter Erwartungen und Ansprüche verfügen. Erich Fromm ging sogar so weit zu behaupten, die »Selbstachtung« der Person hänge vom Erfolg ab (was zwangsläufig zu Spannungen führe).[90] Daneben kann aber auch die Pluralität der Normen Spannungen hervorrufen. Personen bewegen sich in verschiedenen sozialen Kreisen mit unterschiedlichen Werten, Verpflichtungen und Ansprüchen: Der »Einzelne ist stets [...] Mitglied *mehrerer* Gesellschaften«, so Popitz.[91] Eine komplexe, ausdifferenzierte Gesellschaft, in der eine Person mehrere Rollen innehat, birgt darum immer die Anlage zum *Normenkonflikt*.[92] Zwar wird der Punker im Businessanzug die Ausnahme bleiben, aber wir alle kennen Situationen, in denen wir nicht nur die Kleidung wechseln, sondern auch die Verhaltensweisen, das Sprechen, das Auftreten ändern. Wenn verschiedene Verpflichtungen oder Ansprüche kollidieren, muss das nicht zwangsläufig in einen anomischen Zustand münden. Widersprüchliche Adressierungen können Individuen jedoch in Situationen bringen, in denen die Erfüllung einer Norm mit der Verletzung einer anderen einhergeht. In der Spätmoderne, in der konträre Erwartungshaltungen zunehmen, in der tradierte neben progressiven Normen fortbestehen, wird die widersprüchliche Anrufung zu einem Kernbestandteil der Subjekterzeugung, deren dilemmatische Grundstruktur nicht aufgelöst werden *kann*, sondern fortwährend bearbeitet werden muss (siehe Kapitel 2). Wir müssen zwar vierzig Stunden die Woche arbeiten, um irgendwie über die Runden zu kommen, gleichzeitig sollen wir unser Leben aber nach unseren Träumen gestalten – ansonsten machen wir wohl etwas falsch. Wir werden gleich sehen, dass nicht nur eine rebellische Devianz, sondern auch übertriebener Perfektionismus oder apathischer Rückzug mögliche Reaktionsweisen auf diese frustrierende Situation sein können.

Im Normenkonflikt wird das Individuum seiner Abhängigkeit gewahr, nicht nur Teil einer, sondern gleich mehrerer sozialer Einheiten zu sein. Solche Situationen nehmen zu, wenn sich Gesellschaften modernisieren, denn mit dem sozioökonomischen Wandel verändern sich auch die kollektiv geteilten Normen. Die auf Rationalisierung und Standardisierung beruhende Moderne war eine Gesellschaft der Disziplin, die ganz andere Verhaltenserwartungen an ihre Mitglieder richtete als die Spätmoderne, die sich selektiv allzu enger normativer Korsette entledigte. In Generationenkonflikten schlagen sich darum durchaus Auseinandersetzungen um Normen nieder, da ganz unterschiedliche Verhaltensstandards als verpflichtend wahrgenommen werden. Neben der Pluralisierung können *Ungleichzeitigkeiten* und *Veränderungen* von Normen zu Irritationen und Blockaden im sozialen Gefüge führen. Der soziale Wandel enthält immer ein Moment der Verunsicherung, da das Verhalten der anderen an Erwartbarkeit verliert. Bis sich neue Regelmäßigkeiten durchgesetzt haben, wird es zu einem (bisweilen nichtintendierten) Nonkonformismus derjenigen kommen, die an den nun veralteten Normen festhalten. Eingeübte Verhaltensweisen sind träge, da es sich um verinnerlichte Strukturen handelt. Ihre sukzessive Ablösung geht darum nicht selten mit einem rigiden Konservatismus in einzelnen Personenkreisen einher. Je mehr die Norm an Geltung einbüßt, desto stärker hält man an ihr fest. Die Abwehr gendersensibler Sprachkonventionen beispielsweise stellt einerseits eine Reaktion auf eine Verunsicherung der Handlungsroutinen dar (man weiß nicht, was noch sagbar ist und was nicht), anderseits eine Weigerung, die neuen Erwartungen zu akzeptieren. Der gegenwärtige Konflikt um gendergerechte Sprache kann in diesem Sinne als ein Konflikt zwischen Fortschritt und Freiheit interpretiert werden. Gendersensible Konventionen zielen auf Inklusivität, sie werden aber von vormals Etablierten als Einschränkung ihrer Freiheit wahrgenommen. Teilweise ist die Praxis der gleichberechtigten Sprache tatsächlich exkludierend; diejenigen, die die neuen Normen noch nicht verinnerlicht haben, werden gerügt und moralisch abgewertet. Als Reaktion darauf dominiert neben einer sachlichen Kritik eine ressentimentgeladene Abwehr gegen das Gendern, die Politikerin Sahra Wagenknecht wettert etwa gegen Ansprüche »immer kleinere[r] und immer skurrilere[r] Minderheiten« (siehe Kapitel 6).[93]

Auf anomische Spannungen und Dilemmata reagieren Individuen unterschiedlich. Zwar nehmen Gefühle des Unmuts, der Enttäuschung oder Frustration bei allen zu, doch die entlastenden Verhaltensweisen variieren. Merton unterscheidet fünf Reaktionsformen, die hinsichtlich der Akzeptanz von Normen sowie der Mittel zu ihrer Erreichung variieren: Konformität, Innovation, Ritualismus, Rückzug und Rebellion. Während Personen, die sich konform verhalten, über ausreichende Ressourcen verfügen, um ein anerkanntes Ziel zu erreichen, müssen die übrigen eine Anpassungsleistung vollbringen. Im *Ritualismus* geben sie Ansprüche auf, weil sie wiederholt enttäuscht wurden, halten aber zwanghaft an den institutionellen Normen fest.[94] Personen reagieren hier auf demütigende Situationen mit schematischen Erklärungen, übertriebenem Perfektionismus oder rigiden Verhaltensmustern.[95] Der Druck einer beschleunigten, auf Fortschritt und Innovation beruhenden Gesellschaft produziert in Individuen das Gefühl, der unaufhaltsamen Steigerungslogik hinterherzuhinken.[96] Ihre Position ist nie gesichert, sie müssen ihre Leistungen permanent optimieren, da sie sich gleichsam auf »rutschenden Abhängen« bewegen:[97] Man muss fortwährend Makel beseitigen, ein neues Fitnessprogramm ausprobieren, sich noch in der Freizeit fortbilden usw. »Sich nicht verbessern zu wollen«, schreiben Edgar Cabanas und Eva Illouz, käme einem »Zeichen für einen psychischen Defekt« gleich.[98] Gerade die perfektionistische Modifikation des eigenen Selbst, die wir oben beschrieben haben, ist Ausdruck einer »Überkonformität«, die das drohende Scheitern durch Anpassung verhindern soll.[99]

Im *Rückzug* indes reagieren Individuen auf persönliche Brüche, indem sie einst hoch bewertete Ansprüche *und* die mit ihnen verbundenen institutionalisierten Verhaltensweisen aufgeben.[100] In persönlichen Krisen ziehen sich Menschen häufig in ihre »innere Zitadelle« (Isaiah Berlin) zurück.[101] Einige unserer Gesprächspartner:innen sind derart verbittert, dass sie ihre Wohnung nur noch in Ausnahmefällen verlassen (siehe Kapitel 8). Andere brechen mit ihrer Familie, ihrem Freundeskreis (siehe Kapitel 6 und 7). Depression, Zynismus oder Indifferenz müssen aber nicht zwangsläufig ein Symptom des sozialen Abstiegs sein, in ihnen kann sich auch eine »Wohlstandsanomie« zeigen, wie Merton mit Verweis auf Durkheim hervorhebt.[102] Je stärker die Individuen selbst für ihre Statusarbeit verantwortlich sind, desto mehr werden sie an sich Unzulänglichkeiten wahrnehmen, selbst wenn sie aufsteigen. Die Depression macht »Schwierigkeiten sichtbar«, schreibt Ehrenberg, »die für die Einzelnen bei dem Versuch auftreten müssen, sich in einer Gesellschaft, die alles auf Eigeninitiative und Selbstverwirklichung setzt, selbst eine Struktur zu geben«.[103] Der Übergang zur Spätmoderne modernisiert zwar ein auf Disziplin und Pflichterfüllung ausgerichtetes Normensystem, hinterlässt aber auch ein soziales Vakuum, das die Individuen in ihrer Handlungsfähigkeit blockiert.

Zu *Innovation* kommt es laut Merton hingegen, »wenn sich der Einzelne die kulturelle Betonung des Ziels zu eigen macht, ohne die institutionellen Normen, die die Mittel und Wege zur Erreichung dieses Ziels bestimmen, gleichermaßen zu verinnerlichen«.[104] Der Leidensdruck, der durch das Missverhältnis zwischen Ansprüchen und Realisationschancen ausgelöst wird, kann im Extremfall in die nihilistische Einstellung münden, sich überhaupt keiner bindenden Norm mehr verpflichtet zu fühlen. In Mertons Untersuchungen waren es vor allem kriminelle Personengruppen, die illegitime Instrumente anwendeten, um die ihnen vorenthaltenen kulturellen Ziele zu verwirklichen. Schon der von ihm gewählte Begriff der Innovation verweist gleichwohl auf das Moment der Neuschöpfung, das der destruktiven Subversion institutioneller Normen innewohnt. Innovator:innen kreieren neue Aktionsformen, die Routinen und Institutionen unterlaufen, da sie diesen ohnehin kaum noch vertrauen. Zweifel wird man hier vergebens suchen, Blockierungen und Hemmungen werden über eine selbstheroische Geste der Abweichung kompensiert. Dies gilt keineswegs nur für delinquente Milieus. Der Soziologe Richard Sennett beobachtet in *Der flexible Mensch*, dass die Ungewissheiten entstandardisierter Lebenswege und Karrieren eine innovative Bearbeitung der eigenen Unsicherheit honorieren: »Die wahren Sieger leiden nicht unter der Fragmentierung, sie regt sie vielmehr an, an vielen Fronten gleichzeitig zu arbeiten; das ist Teil der Energie, die den irreversiblen Wandel antreibt.«[105] Erfolgsorientierte Charaktere, die sich flexibel an neue Situationen anpassen können, empfinden dabei bisweilen eine »rebellische Innovationsfreude«.[106] Es sind die Bluffer und Hochstapler, die das Ideal der Authentizität über Bord werfen und ihre Identität über das Als-ob inszenieren.[107] Wir lassen uns gern in die künstliche Instagram-Welt der Influencer entführen, mit ihren einfachen Erfolgstipps und dem ausgestellten Reichtum, von dem wir insgeheim wissen, dass er nicht selten nur für den Moment dieser einen Aufnahme arrangiert wurde.[108] Das dicke Auto ist nur geliehen, das pompöse Anwesen gehört einem Bekannten.

Der Konflikt zwischen kulturellen Werten und sozialstrukturellen Bedingungen kann schließlich aber auch Reaktionen provozieren, die auf die Entwicklung neuer Normen ausgerichtet sind. In der *Rebellion* werden weder die kulturellen Werte der Gesellschaft geteilt noch die anerkannten Verhaltensweisen, um diese zu realisieren.[109] Im Unterschied zum Ressentiment, das verdammt, was es doch eigentlich begehrt, ist die Rebellion radikal und verdammt das Begehren selbst.[110] Die Gesellschaft wird nun als Hemmnis für die Befriedigung der eigenen Ansprüche wahrgenommen. Rebellen tendieren zur Sezession, sie schließen sich in eigenen Organisationsformen zusammen, denen sie über einen »neuen Mythos« Sinn verleihen.[111] Setzt die Gesellschaft Individuen unlösbaren Spannungen aus, umgehen sie diese, indem sie in neue Gemeinschaften fliehen. Wo Merton wohl noch die sozialistische Bewegung vor Augen hatte, begegnet uns die Rebellion heute in einer radikal rechten Ausprägung. In Kapitel 8 werden wir genauer auf autoritäre Reaktionsweisen eingehen, die durch innovative und rebellische Praktiken geprägt sind.[112] Die entsprechenden Personen möchten das System stürzen, verfügen dabei jedoch über keine Utopie einer anderen Gesellschaft. Vielmehr sehnen sie sich nach der Retrotopie einer Welt, in der alles wieder so ist, wie es vermeintlich einmal war.

Imaginäre Anwesenheit des Narzissmus

In den siebziger Jahren wurden soziologische Zeitdiagnosen populär, die den Fokus auf die emotionale Vergesellschaftung der Individuen legten. Eine starke Beschäftigung mit dem Ich und der eigenen Gefühlswelt galt als Indiz für regressive kulturelle Trends. 1976 erschien im *New York*-Magazin Tom Wolfes Essay »The ›me‹ decade«, 1977 veröffentlichte Richard Sennett seine Schrift *The Fall of Public Man* (deutsch 1986 als *Verfall und Ende des öffentlichen Lebens*), 1979 folgte Christopher Laschs erwähntes Buch *The Culture of Narcissism*. Sie alle eint eine Ausgangsbeobachtung: Die gesellschaftliche Emanzipation, die in den Alternativmilieus um 1968 in Gang kam und die engen Zwänge traditioneller Institutionen sprengte, brachte keine aufgeklärteren Menschen hervor, sondern selbstzentrierte Individuen, die ohne geschichtliches Bewusstsein nur noch für den Augenblick leben, dabei dem Phantasma grenzenloser Befriedigung folgen, sich affektgesteuert verhalten, keine Rückschläge verkraften und gleichzeitig große Angst haben vor Krankheit und Tod. Kurzum: Der pathologische Narzissmus wurde zu einer sozialen Chiffre verallgemeinert, die angeblich eine Epochenschwelle markierte. Ihren enormen Erfolg verdankten diese zunächst im angelsächsischen Raum zirkulierenden Diagnosen wohl dem Umstand, dass sie eine kulturkonservative Position in der Sprache einer radikalen und psychoanalytisch inspirierten Gesellschaftskritik formulierten – und so an ein milieuübergreifendes Unbehagen anknüpfen konnten.

Es sei nicht die moderne Industriegesellschaft an sich, schreibt Lasch in seinem Vorwort, die pathologische Charakterstrukturen begünstige, sondern mehr eine

> Kultur des vom Konkurrenzdenken geprägten Individualismus, die in ihrem Niedergang die Logik des Individualismus ins Extrem eines Krieges aller gegen alle getrieben und das Streben nach Glück in die Sackgasse einer narzißtischen Selbstbeschäftigung abgedrängt hat.[113]

Lasch hat hier Menschen vor Augen, die eine liberale Sexualmoral verteidigen, traditionelle Loyalitäten mit Skepsis betrachten, ein großes Bedürfnis nach der Anerkennung ihrer Einzigartigkeit haben und ihre Mitmenschen als Rivalen betrachten, die dem Wettbewerb in betrieblichen Zusammenhängen jedoch mit Misstrauen begegnen und sich stattdessen für Teamarbeit einsetzen.[114] Moderne, aufgeklärte Menschen also, die nach Selbstverwirklichung streben, aber eine innere Leere, Einsamkeit oder mangelnde Authentizität verspüren. Den Grund für das seelische Leiden sieht Lasch in einer Verschiebung der gesellschaftlichen Kontrolle, die »kriegsähnliche Bedingungen« hervorgebracht habe.[115] Die Erosion vertikaler Autoritäten wie Staat, Kirche und insbesondere der bürgerlichen Familie als unmittelbarer Sozialisationsinstanz bringe neue Kontrollformen hervor, die nun der abstrakten Autorität von Erfolg und Bewunderung gehorchten.[116] Der Kampf gegen Hierarchien und paternalistische Vaterfiguren sei also letztlich verfehlt gewesen. Indem sie die moralischen Barrieren der traditionellen Institutionen entfernt habe, habe die Emanzipationsbewegung die Schleusen geöffnet für eine Verallgemeinerung der Konkurrenz.[117] Der unerbittliche Wettbewerb wirke nun bis in das Individuum hinein – eine These, die uns oben bereits bei Beck begegnet ist – und produziere in ihm Gefühle der Leere und Abhängigkeit.[118]

Den Blick nach innen zu wenden sei eine äußerst wirkmächtige Strategie der Abhängigkeitsleugnung, hatte Sennett bereits einige Jahre vor Lasch erkannt. Er kritisierte den Antiautoritarismus der Achtundsechziger und das Bedürfnis nach emotionaler Selbstbeschäftigung; nicht ohne Grund trägt sein Buch den Untertitel *Tyrannei der Intimität*.[119] Für Sennett strukturiert ein verändertes Verhältnis des Ichs zur Welt, das nun beim eigenen Gefühls- und Erfahrungshaushalt ansetzt, die menschlichen Beziehungen grundlegend neu. In der Öffentlichkeit sei es bis ins 19. Jahrhundert gerade die Abwesenheit der Gefühle gewesen, die die Erfahrung von Fremdheit ermöglicht habe. In modernen Zivilisationen würden soziale Beziehungen unter der Prämisse der Distanz geknüpft. Im Theater, im Kaffeehaus oder beim Sonntagsspaziergang im Park begegnete man Menschen, deren Familie man nicht kannte und deren sozialen Stand man nur erahnen konnte. Es waren Fremde, mit denen man gerade deshalb ins Gespräch kam, weil eine Etikette existierte, wie man dies anstellte, worüber man redete etc. Mit dem Einbruch der Intimität in den öffentlichen Raum würden solche Orte der Begegnung beschnitten. »Die Auslöschung der Grenze zwischen dem Selbst und dem Anderen bedeutet«, so Sennett, »daß dem Selbst nie etwas Neues, ›Anderes‹ begegnen kann.«[120] Das Ende der Zurückhaltung, das in den siebziger Jahren als progressive Forderung gegen starre Konventionen erhoben wurde, entfalte entgegengesetzte Folgen. Sennetts Schlussfolgerung: »Je näher die Menschen einander kommen, desto ungeselliger, schmerzhafter, destruktiver werden ihre Beziehungen zueinander.«[121] Eine Kultur, die Realität nach dem Maßstab der Intimität strukturiere, mobilisiere den Narzißmus.[122]

Wir haben bereits gesehen, dass diese Umwälzung von einer *normativen* Liberalisierung gekennzeichnet war. Diese Umwertung der Werte geschah jedoch noch auf dem Boden stabiler Institutionen, klassenübergreifender sozioökonomischer Sicherheit und gesteigerter Partizipationschancen für die unteren Klassen. Gerade dadurch konnten die neuen Werte ihr emanzipatorisches Potenzial entfalten. Die Alternativbewegungen rebellierten gegen ein erstarrtes moralisches Gehäuse, das von der Wirklichkeit überholt war (siehe Kapitel 2).[123] Doch die bald folgende *ökonomische* Liberalisierung verlieh der individuellen Freisetzung einen negativen Beiklang. Wohlfahrtsstaatliche Institutionen wurden brüchig, Ungleichheiten sichtbarer, Menschen waren stärker für sich selbst verantwortlich und einer größeren Konkurrenz ausgesetzt (siehe Kapitel 3). Damit zog sich die Gesellschaft aber, wie gesagt, nicht zurück, sondern sie weitete sich in den Innenraum der Individuen aus. Selbstverwirklichung wurde an sozioökonomische Eigenverantwortung gekoppelt und produzierte dadurch systematische Enttäuschungen. Auf der Grundlage dieser doppelten Liberalisierung formulierten Lasch und Sennett ihre aus heutiger Sicht konservative Gesellschaftskritik. Konservativ ist sie im Rückblick, weil die beiden US-Soziologen die dialektische Spannung der Liberalisierung nicht sahen: Gesellschaftliche Rückschritte gingen einher mit realen Fortschritten. Sie sahen nur die Regression, nicht den »emanzipatorischen Gehalt«. Doch gerade das Nebeneinander dieser beiden Momente führt zu einer Ausweitung der Kränkungszone.

Der Narzisst ist als Sozialfigur auch in der unmittelbaren Gegenwart anwesend, und dies, obwohl sich seine Präsenz in der breiten Bevölkerung nicht ohne Weiteres empirisch nachweisen lässt.[124] 2009 veröffentlichten die US-amerikanischen Psycholog:innen Jean M. Twenge und W. Keith Campbell ihr Buch *The Narcissism Epidemic*, das mit seinem alarmierenden Titel ähnlich wie Lasch knapp dreißig Jahre zuvor auch jenseits des Fachpublikums große Resonanz erfuhr.[125] Mit dem Unterschied, dass sie das überaus viel diskutierte Phänomen in der amerikanischen Alltagskultur empirisch nachweisen wollten. In ihren Studien ermittelten sie anhand des Narcissistic Personality Inventory (NPI) – eines Messinstruments, das die nichtpathologischen und vorrangig grandiosen Ausprägungen des Narzissmus (wie Großspurigkeit, Dominanzstreben oder Bewunderungssucht) erfasst –, dass selbstbezügliche Persönlichkeitsdispositionen unter Studierenden zwischen 1979 und 2006 signifikant zugenommen hätten: Narzisstische Eigenschaften waren in der jüngsten Kohorte nun um 30 Prozent stärker verbreitet.[126]

Interessant sind die Gründe, die von den Psycholog:innen mit dem Anstieg narzisstischer Persönlichkeitsdispositionen in Verbindung gebracht werden, denn sie wiederum unterscheiden sich nur wenig von der Diagnose Laschs. Ein entscheidender Faktor ist für Twenge und Campbell eine neue Erziehungskultur, die statt Leistung Selbstwert fördere: Kinder würden zu viel gelobt und zu wenig gefordert.[127] Anerkennung und Bestätigung lasse sie zu kleinen Tyrannen werden – eine konservative Kritik, die auch heute noch auf große Resonanz stößt, und zwar gerade bei jenen Generationen, die ihre Kinder mit Härte und Disziplin großzogen. Das Starsystem der Massenmedien, das eine Veralltäglichung des Außeralltäglichen, eine Verallgemeinerung von Berühmtheit und Erfolg verspricht, wird als zweiter Grund angeführt, der zu einer Zunahme exponierter Selbstdarstellungen führe.[128] Studien nennen etwa populäre Casting-Shows als Ursache einer selbstbezogenen Individuation; in anderen Sendungen für ein junges Publikum wurde eine Verschiebung von gemeinschaftsorientierten hin zu individualistischen, an individuellem Ruhm orientierten Werten festgestellt.[129] Auch eine Zunahme ichbezogener und antisozialer Wörter in Songtexten wurde beobachtet, so kämen etwa das englische Pronomen »I« (ich) und Ausdrücke für aggressive Gefühlszustände (»kill, hate, annoyed, damn, fuck«) häufiger vor.[130] Daran schließt sich der dritte Faktor an, den Twenge und Campbell für den Anstieg narzisstischer Eigenschaften nennen: die sozialen Netzwerke.[131] Ob soziale Netzwerke wirklich narzisstische Eigenschaften verursachen, ist freilich umstritten; denkbar ist auch, dass Personen mit einer Tendenz zur grandiosen Selbstüberhöhung häufiger im Netz aktiv sind, was dann wiederum die entsprechenden Eigenschaften verstärkt.[132] Als letzten Auslöser nennen die beiden die leichte Verfügbarkeit von Kreditkarten in den USA, was Statusimaginationen und einen prätentiösen Konsum befördere, in dem Selbsterhöhung und Realitätsleugnung ineinandergriffen.[133] Twenge und Campbell zeichnen ein stereotypes Bild einer ganzen Generation, man sieht die Karikatur regelrecht vor sich: Ein verwöhnter junger Mensch, der nur mit sich und seinen Selfies beschäftigt ist und seine Markenartikel auf Kredit finanziert, statt sie mit seinem hart erarbeiteten Lohn zu bezahlen.

Aber zeichnet das wirklich die Lebensrealität der Gegenwart

aus? Ist der Narzissmus ein kulturelles Phänomen individualistischer Gesellschaften? Dem widersprechen andere Studien, die sogar eine leichte Abnahme des Narzissmus feststellen konnten.[134] Entscheidend ist nicht nur, wie man Narzissmus definiert, sondern ob man ihn als eine konstante Eigenschaft einer Person oder als dynamisches Reaktionsmuster auf äußere Umstände betrachtet, das im Lebensverlauf variieren und in sozialen Schichten und kulturellen Milieus ungleich verteilt sein kann. Ein Blick auf andere Untersuchungen zeigt, dass die Gesellschaft gespalten ist in Kränkungszonen, die sich entlang der soziokulturellen Sozialisation, der politischen Einstellungen oder sozialen Klasse unterscheiden lassen.[135]

In der Sozialfigur des Narzissten artikuliert sich mehr der Imaginationshaushalt einer verunsicherten Gesellschaft denn eine manifeste Zivilisationskrankheit; er macht schwer zu versprachlichende innere Zustände und damit eine schwelende Zeiterfahrung anschaulich.[136] Entsprechende Erklärungsversuche gewinnen an Plausibilität, wenn Normen an Geltungskraft einbüßen oder Ansprüche und subjektive Realisationsmöglichkeiten in Widerspruch geraten. Im Bild des Narzissten verdichten sich regressive Modernisierungen, die ihre normativen Versprechen nicht halten und Verletzungen produzieren. Es ist wohl gerade die ambivalente Gefühlswelt des Narzissmus zwischen Selbstüberhöhung, Kränkung und Ablehnung, die der normativen Unordnung eine fassbare Gestalt gibt.

5. Libertärer Autoritarismus: Eine Bewegung der verdinglichten Freiheit

In einer Studie haben wir 2017 autoritäre Schattenseiten zivilgesellschaftlichen Engagements untersucht. Damals sind wir Personen begegnet, die sich lange für eine emanzipatorische Umgestaltung der Gesellschaft einsetzten, die in progressiven Bürgerbewegungen, in Gewerkschaften, Sozialverbänden oder Vereinen aktiv waren und die nun in rechtspopulistischen Parteien eine wirkmächtigere Form der politischen Partizipation erblicken (siehe Kapitel 8). Während einer Untersuchung zu den Querdenken-Protesten im ersten Pandemiejahr 2020 beobachteten wir Menschen, die sich einst in der Friedensbewegung engagierten, die ihr Leben ökologisch bewusst gestalten und die nun gegen eine »Gesundheitsdiktatur« und ein manipulatives »Elitenkartell« auf die Straße gehen (siehe Kapitel 7). In der öffentlichen Debatte haben wir Stimmen kritischer Intellektueller vernommen, die früher für eine gerechtere Gesellschaft eintraten und sich nun von den Anliegen kultureller Minderheiten bedrängt fühlen (siehe Kapitel 6). Diese Personengruppen, mit denen wir uns in den anschließenden Kapiteln ausführlicher beschäftigen werden, machen bislang nur einen Bruchteil der Bevölkerung aus. Allerdings können mittlerweile vermutlich viele von ähnlichen Begegnungen berichten: einem Onkel, der die Aufnahme von Geflüchteten als Bedrohung seiner deutschen Identität wahrnimmt, einer Freundin, die hinter der Impfkampagne eine Verschwörung globaler Pharmakonzerne vermutet, oder einem Professor, der AfD-Politiker einlädt und durch den studentischen Protest seine Meinungsfreiheit verletzt sieht.

Mit ihrer fundamentalen Skepsis gegenüber äußeren Einschränkungen und dem Pochen auf freie Selbstentfaltung erinnern diese Menschen dabei auf den ersten Blick an die mündigen Bürger:innen, welche die Individualisierung hervorgebracht hat. Sie wollen ihr Leben autonom gestalten und die Welt, die sie umgibt, sinnhaft verstehen. Doch in der Artikulation ihres Unbehagens entfaltet das Insistieren auf einem individuellen Anrecht auf negative Freiheit ein destruktives Potenzial, das sich in einer frivolen bis aggressiven Dissidenz entlädt. Wie ist diese normative Unordnung, in der als unvereinbar geltende politische Ideen eine verhängnisvolle Liaison eingehen, zu erklären? Wie konnte das normative Ideal der Freiheit sich mit zutiefst illiberalen Ansichten verbinden?

Die Politologin Wendy Brown betrachtet die rechtspopulistischen Wahlerfolge in den USA als Folge einer neoliberalen Ausweitung des Privaten zulasten einer öffentliche Güter wie wirtschaftliche und soziale Sicherheit bereitstellenden Demokratie.[1] Freiheit und Autoritarismus sind in dieser Lesart keine Gegensätze, sondern komplementäre Aspekte eines autoritären Neoliberalismus. »Die Ausweitung des ›persönlichen, geschützten Bereichs‹ und die Einschränkung der Reichweite der Demokratie im Namen der Freiheit bringen«, wie Brown schreibt, »einen neuen Ethos der Nation hervor«.[2] Damit die Idee der negativen Freiheit jedoch in einen aggressiven Nationalismus umschlägt, bedarf es laut Brown weiterer emotionaler Bindemittel, die aus einer »Entsublimierung des Willens zur Macht« resultieren.[3] Die neoliberale Zurückdrängung des Sozialen gehe, wie Brown unter Rückgriff auf Nietzsche und Marcuse ausführt, mit normativem Nihilismus, ja einem Verlust des Gewissens einher und produziere eine enthemmte Freiheit. Eine destruktive Freiheit, die »freudig provoziert und die angetrieben wird von gekränkten, rachsüchtigen Reaktionen gegen jene, die für das eigene Leiden und die eigene Herabsetzung verantwortlich gemacht werden«.[4]

Browns plausible Erklärung trifft gleichwohl nicht ganz den Kern des libertären Autoritarismus, wie wir ihn beobachtet haben, da dieser sich nicht primär positiv mit einer Nation oder einer autoritären Führerfigur identifiziert. An die Stelle der übermächtigen externen Instanz tritt hier das Selbst als autonomes Subjekt. Wir verstehen den *libertären Autoritarismus* als Symptom einer verdinglichten Freiheitsidee, mit der die Einsicht in soziale Abhängigkeiten abgewehrt werden soll. Freiheit ist in dieser Sichtweise kein geteilter gesellschaftlicher Zustand, sondern ein individueller Besitzstand (siehe Kapitel 2). Auch der Soziologe Wilhelm Heitmeyer beobachtet einen neuen Typus des Autoritarismus, den er als »anomisch« bezeichnet. Er resultiere weniger aus unterdrückenden, sondern aus freisetzenden Sozialisationsprozessen.[5] Wir gehen in unserer Diagnose einen Schritt weiter. Zwar gewinnen in der Spätmoderne Normen der Autonomie und Selbstverwirklichung immer größere Bedeutung, zwar erweitern sich auch realiter die Freiheitsräume der Individuen, doch damit nimmt die gesellschaftliche Abhängigkeit und Kontrolle nicht ab. Die Kritische Theorie hat schon früh auf diesen antagonistischen Charakter hingewiesen: »[D]ie Gesellschaft hat nicht die individuelle Freiheit erweitert, sondern ihre Kontrolle über das Individuum.«[6] Wir haben gesehen, dass sich die Dialektik von Autonomie und Anpassung in der Spätmoderne verschärft: Die Ausrichtung des individuellen Lebens an Selbstbestimmung und Selbsterfahrung verbindet sich nicht länger mit Forderungen nach einer anderen sozialen Ordnung, sondern läuft auf eine Anpassung an die Normen der individualistischen Wettbewerbsgesellschaft hinaus.[7]

Zusammengefasst sind es vor allem zwei unauflösbare Widersprüche spätmoderner Subjektivität, die Personen unter gewissen Umständen für libertär-autoritäre Einstellungen anfällig machen: Zum einen werden Individuen mehr denn je als *selbstbestimmte* Subjekte adressiert, während sie gleichzeitig keine souveräne Kontrolle über die sozialen Bedingungen haben, auf deren Grundlage sie ihre kompetitive Autonomie entfalten sollen. Zum anderen verstehen sich spätmoderne Individuen als *kritische* Subjekte, die sich Kenntnisse selbst aneignen wollen und das Wissen anderer hinterfragen. Doch auch hier stoßen sie an äußere Grenzen: Die Realität wird komplexer und für die Einzelnen immer schwieriger zu durchschauen. Das kritische Subjekt muss anonymen Expert:innen vertrauen, obwohl es gleichzeitig immer misstrauischer wird (siehe Kapitel 3).[8] Die libertär-autoritären Proteste rebellieren also *gegen* die spätmoderne Gesellschaft, aber *im Namen* ihrer zentralen Normen: Selbstbestimmung und Selbstverwirklichung. Aus dieser widersprüchlichen Einheit aus Identifikation und Subversion speist sich der libertäre Autoritarismus.

Libertär-autoritäre Charakterstruktur

Die Autoritarismustheorie der Frankfurter Schule entstand vor dem Hintergrund des organisierten Kapitalismus und der faschistischen Diktaturen des 20. Jahrhunderts. Um eine Erklärung für die libidinös aufgeladene Bindung an autoritäre Führerfiguren sowie die aggressive Feindseligkeit gegenüber Schwächeren und Außenseiter:innen zu finden, studierte man die Strukturen und Affekthaushalte der Moderne. Die standardisierte Produktion von Massenwaren entsprach einem Persönlichkeitsideal, das auf Disziplin, Ordnung und Fleiß beruhte (siehe Kapitel 2). Reproduziert wurde es durch strenge Erziehungsmethoden. In der kindlichen Sozialisation war Gewalt durch Eltern wie Lehrer keine Seltenheit. Der Einzelne wurde in die vertikale Hierarchie bürokratischer Institutionen eingegliedert, die ihm ein hohes Maß an Affektkontrolle abverlangten. Gefühlsregungen betrachtete er mit Skepsis, galten sie doch als ein Zeichen der Schwäche. Effizienz und bürokratische Kontrolle verbanden sich mit einer individuellen Leistungs- und Aufstiegsorientierung. Es gab erste Massenwaren, die den Konsum ankurbelten. Persil versprach, die Kleidung sauber zu waschen, und die Hausfrau griff in der Küche auf Produkte von Dr. Oetker zurück. Auch die Demokratisierung nach 1918 weckte individuelle Aspirationen. Dann kam das Chaos der Inflations- und der Wirtschaftskrisenjahre.[9] Die Kritische Theorie betrachtete den bürokratischen Apparat, der die Freiheitsspielräume einschränkte, mit großer Skepsis – bestand der individuelle Preis der »verwalteten Welt«[10] doch in quälenden Gefühlen der Machtlosigkeit und Abhängigkeit (siehe Kapitel 1).

Der Autoritarismus bot den Individuen aus Sicht der Kritischen Theorie einen verhängnisvollen Ausweg. In der blinden Unterwerfung unter eine personale Autorität, die als überwältigend stark empfunden wurde, wolle der moderne Mensch sich seiner Fesseln entledigen. Um die eigene Abhängigkeit von der Gesellschaft zu leugnen, begebe er sich in eine neue Unmündigkeit. Das »Geheimnis der faschistischen Propaganda« liege möglicherweise darin, mutmaßte Adorno, »daß sie einfach die Menschen als das nimmt, was sie sind: echte, ihrer Selbstständigkeit und Spontaneität weitgehend beraubte Kinder der [...] standardisierten Massenkultur«.[11] Der Faschismus profitiere von dieser libidinösen Struktur.

Um diese Mechanismen besser zu verstehen, studierten die Frankfurter Soziologen wie oben erwähnt die Massenpsychologie Sigmund Freuds. In seiner späten Schrift *Das Unbehagen in der Kultur* beschreibt der Psychoanalytiker, wie das Individuum in einen Konflikt mit den Anforderungen einer komplexer werdenden Gesellschaft gerät, den es nur auflösen kann, indem es soziale Normen durch Ausbildung eines Über-Ichs verinnerlicht. Zivilisierung und Triebverzicht sind letztlich miteinander identisch. Das individuelle Freiheitsstreben ist für

Freud darum kein modernes Kulturgut, sondern ein archaisches Residuum, das sich als Rebellion gegen eine hemmende Kultur entladen kann: »Der Freiheitsdrang richtet sich also gegen bestimmte Formen und Ansprüche der Kultur oder gegen Kultur überhaupt.«[12] Der Gedanke, dass es gerade die Rationalität der kulturellen Vergesellschaftung ist, die irrationale Impulse erzeugt, kehrt nun bei der Kritischen Theorie wieder: »Der Faschismus ist als Rebellion gegen die Zivilisation nicht einfach eine Wiederholung des Archaischen, sondern dessen Wiedererzeugung in der Zivilisation durch die Zivilisation selbst.«[13]

In der Bindung der Masse an einen Führer kommt für Freud eine modernisierte Sehnsucht nach dem Urvater zum Ausdruck, der mit uneingeschränkter Gewalt über die Urhorde herrscht.[14] Freud schrieb dies vor dem Hintergrund einer patriarchalen Gesellschaft, in der die Vaterfigur noch entscheidende »sozialisatorische Gewalt« ausübte.[15] Ihren Regeln musste man sich unterordnen, wenn man der Prügelstrafe entgehen wollte. Für die Söhne (weniger für die Töchter) barg die Unterwerfung aber auch ein Versprechen, wurden sie dadurch doch Teil dieser Macht. Die aggressive Allmacht einer Führerfigur, mit der sich das autoritätsgebundene Kollektiv identifiziert, löst nun wie die Identifizierung mit dem Vater die Ambivalenz moderner Subjektivität auf: Der Wunsch nach Souveränität im Angesicht der Abhängigkeit wird auf eine äußere Gestalt projiziert, ebenso wie tabuisierte Aggressionen gegen die Führerfigur auf Schwächere übertragen werden. Für Freud kam diese Figur dabei wesentlich durch eine narzisstische Idealisierung zustande: Den Führer liebt man wie das narzisstische Objekt »wegen der Vollkommenheit, die man fürs eigene Ich angestrebt hat und die man sich nun auf diesem Umweg [...] verschaffen möchte«.[16] Auch Erich Fromm, der die Freud-Rezeption seiner Frankfurter Kollegen äußerst skeptisch betrachtete, führt den autoritären Charakter als sadomasochistisch ein: »Er bewundert die Autorität und neigt dazu, sich ihr zu unterwerfen, möchte aber gleichzeitig selbst eine Autorität sein, der sich die anderen zu unterwerfen haben.«[17]

Unter einer ganz ähnlichen Prämisse stand die empirische Forschung der Berkeley-Gruppe, deren Ergebnisse schließlich in den *Studien zum autoritären Charakter* veröffentlicht wurden. Wir erinnern uns: Die F-Skala sollte Einstellungen und Charaktereigenschaften der autoritären Persönlichkeit erfassen (siehe Einleitung und Kapitel 1). Bei ihrer Entwicklung orientierte man sich an der beschriebenen Ambivalenz von devoter Unterwerfung und projektiver Aggression. Während die Items der Subskalen Wert-Konventionalismus oder autoritäre Unterwürfigkeit einen vorreflexiven Gehorsam gegenüber unhinterfragten Autoritäten und sozialen Normen messen sollten, zielten die der Subskalen autoritäre Aggression, Machtdenken oder Destruktivität auf Allmachtfantasien, die mit einer aggressiven Feindseligkeit einhergingen.[18]

Die entscheidende Frage ist gleichwohl, ob uns die Autoritarismustheorie des 20. Jahrhunderts heute noch helfen kann, Phänomene zu verstehen, die ohne eine bindende Autoritätsfigur auskommen. Ist mit dem »Veralten der Psychoanalyse«,[19] das Herbert Marcuse bereits in den sechziger Jahren beobachtete, auch die Kritische Theorie des Autoritarismus überholt? Die Flucht ins Autoritäre dachte die Kritische Theorie noch als eine regressive *Aufgabe* der Freiheit durch die Etablierung neuer Bindungen, ob an personale Autoritäten oder starre Wertesysteme.[20] Neben diesem traditionellen autoritären Charakter, der auch heute noch anzutreffen ist, tritt nun ein anderer Typus stärker in den Vordergrund.[21] Dieser orientiert sich an der individuellen Freiheit, die hier nicht als eine Beziehung zur sozialen Umwelt, sondern als ein Selbstverhältnis gedacht wird: als verdinglichte Freiheit zu konsumieren, zu erleben, zu investieren, letztlich also als eine rohe, negative (Wirtschafts-)Freiheit, die gegen hemmende staatliche oder gesellschaftliche Autoritäten in Stellung gebracht wird. Marx hatte über einen solch dünnen liberalen Freiheitsbegriff noch gespottet: »Was allein hier herrscht, ist Freiheit, Gleichheit, Eigentum und Bentham. Freiheit!«[22] Eine ähnliche Idee kehrt heute wieder (oder besteht, je nach Perspektive, ungebrochen weiter fort). Im Typus des libertären Autoritarismus identifizieren sich die Menschen nicht mit einer externen Instanz, sondern mit dem eigenen Ich.[23] Zwar können auch sie punktuell Gemeinschaften bilden (etwa im kollektiven Protest gegen Freiheitseinschränkungen), doch gehen sie nicht dauerhaft in einer sozialen Gruppe auf. Sie bleiben eine lose Ansammlung von Individuen. Aus diesem Grund sprechen wir von einem *libertären* Nebentypus des Autoritären. Doch inwiefern sind diese Menschen autoritär, immerhin lehnen sie ja jede Einmischung von oben ausdrücklich ab? Was unterscheidet sie von profanen Egoisten?

Aus unserer Sicht ist es zum einen die feindselige Abwertung all jener, die das individuelle Freiheitsrecht in ihren Augen missachten. Doch nicht nur diese aggressive Abwehr anderer Positionen macht ihren *autoritären* Charakter aus. Sie richten sich zudem grollend gegen übergeordnete Instanzen und projizieren ihren Zorn auf unterlegene Gruppen (Frauen, Transgender, Migrant:innen, Jüd:innen etc.). *Libertär-autoritär* sind sie demzufolge, weil sie sich an keine sozial verpflichtenden Normen mehr gebunden sehen, verinnerlichte Rücksichtnahmen abgestreift haben und obsessiv auf eine äußere Gefahr fokussiert sind. Lebte der klassische Autoritarismus noch von der Gleichzeitigkeit von »Aggression und Anpassung«,[24] scheint sich diese in dem von uns untersuchten Subtypus zugunsten der Demonstration der eigenen Souveränität aufgelöst zu haben. Libertäre Autoritäre trotzen rebellisch jeder externen Autorität.[25] Angepasst sind sie nur insofern, als sie die Normen der Konkurrenzgesellschaft internalisiert haben.

Interessant ist nun, ob und gegebenenfalls wie sich die Psychodynamik der Charakterstruktur verändert hat. In Bezug auf den Autoritarismus des 20. Jahrhunderts nahm die Kritische Theorie an, dass das Nebeneinander von Unterwerfung und Ermächtigung auf eine Ich-Schwäche zurückgeht. Das Ich der autoritären Persönlichkeit, das eigentlich zwischen dem internalisierten Normhaushalt des Über-Ich und dem triebhaften Begehren des Es ebenso vermittelt wie zwischen dem Selbst und der Außenwelt, kann diese Synthese nicht leisten.[26] Dies erklärt den übertriebenen Konventionalismus sowie die aggressive Ablehnung von Abweichungen und Abweichler:innen. Gerade in der organisierten Moderne, die auf emotionaler Selbstkontrolle beruhte, geriet das Gleichgewicht der Psychodynamik aus dem Ruder. Als Grund der innerpsychischen Veränderungen nach dem Zweiten Weltkrieg führen spätere Studien (am prominentesten hier die von Herbert Marcuse) die Entwertung der Familie als Sozialisationsinstanz an. So autoritär und gewaltvoll es in der Kleinfamilie bis weit ins 20. Jahrhundert zuging, war sie doch gleichzeitig ein privater Schutzraum. In der wohlfahrtsstaatlichen Massengesellschaft nimmt der Zugriff sozialer Institutionen zu, oft werden hier die Massenmedien, die Schule und *peer groups* genannt. Die Kinder schauen am Nachtmittag *Tom und Jerry* oder streifen mit den Freunden um die Häuserblocks und sitzen nur noch beim gemeinsamen Abendessen mit den Eltern an einem Tisch. Die »vaterlose Gesellschaft« (Alexander Mitscherlich)[27] verhindert die konflikthafte Reibung, in der das Ich ausgebildet wird: »Das Ichideal wird dazu gebracht«, schreibt Marcuse, »auf das Ich direkt und ›von außen‹ einzuwirken, *ehe noch* das Ich tatsächlich sich als das persönliche und (relativ) autonome Subjekt der Vermittlung zwischen dem eigenen *Selbst* und den anderen herausgebildet hat«.[28] Damit will Marcuse die Entstehung einer angepassten Masse erklären, die sich einem erweiterten Realitätsprinzip unterwirft. Galt das Realitätsprinzip für Freud noch als zivilisierende Funktion des Ich, entwickelt es sich für Marcuse im fortgeschrittenen Kapitalismus zu einem Kontrollinstrument, das eine »*zusätzliche Unterdrückung*« zeitigt:

> [W]ährend jede Form des Realitätsprinzips ein beträchtliches Maß an unterdrückender Triebkontrolle erfordert, führen [...] die spezifischen Interessen der Herrschaft zusätzliche Kontrollausübungen ein, die über jene hinausgehen, die für eine zivilisierte menschliche Gemeinschaft unerläßlich sind.[29]

Freud leitete das Realitätsprinzip aus einem Mangel ab, es gab in vorindustriellen Gesellschaften schlicht nicht genug Ressourcen, um alle individuellen Bedürfnisse zu befriedigen. Das Individuum musste seine Wünsche zurückstellen, es lernte dadurch aber auch abzuwägen, entwickelte ein Gewissen. In kapitalistischen Wohlstandsgesellschaften ist dies laut Marcuse anders. Hier herrscht ein Überfluss an Waren, aber gleichzeitig dominiert das Leistungsprinzip. Individuen müssen sich permanent bewähren. Starre Verhaltensnormen werden liberalisiert, gleichzeitig verengt sich die Lust auf den Bereich des Konsums und der Sexualität. Das Begehren wird gleichzeitig enthemmt *und* unterdrückt, und eben diese von Marcuse sogenannte »repressive Entsublimierung« führt zu einem Verlust des Gewissens (siehe Kapitel 1). Die Individuen der westlichen Industriegesellschaften neigten zu autoritären, antidemokratischen Einstellungen, da sie das vermittelnde und abwägende Selbst, das auf kritische Distanz gehen kann, verloren hatten.

Heute begegnet uns der autoritäre Charakter in einer anderen Form. Statt Wohlfahrtsstaat, Massenkonsum und Selbstkontrolle basiert die spätmoderne Individualität auf deregulierter Eigenverantwortung, auf dem Konsum singulärer Waren und Erlebnisse sowie auf einem gesteigerten Selbstverwirklichungsanspruch. Es ist nicht mehr das Ausmaß der repressiven Entsublimierung allein, das zu aggressiven Impulsen führt. Stattdessen werden konträre gesellschaftliche Anforderungen verinnerlicht. Gunnar Hindrichs verweist darauf, dass der »Rationalismus der bürgerlichen Gesellschaft den Hedonismus in sich aufgenommen« hat.[30] Dadurch ist das Ich vor unlösbare Dilemmata gestellt: Es muss der rationalen Steigerungslogik der Leistungsgesellschaft folgen und soll gleichzeitig einen authentischen Selbstentwurf verkörpern. Doch nicht nur das. Sosehr sich die Einzelnen auch anstrengen mögen (und dies wollen und müssen sie als eigenverantwortliche Individuen), sie können die verinnerlichten Erwartungen nicht erfüllen. Dies liegt zum Teil an der Steigerungslogik der sozialen Normen selbst (Erfolg ist unersättlich, die Konkurrenz lauert überall, die Suche nach dem eigenen Selbst ist potenziell unendlich usw.), gleichzeitig hat es aber auch mit dem Umstand zu tun, dass sie auf strukturelle Hürden stoßen, die sie an der Erfüllung dieser Normen hindern (siehe Kapitel 2). Obwohl man alles richtig macht – Abitur, Studium –, hat man keinen Erfolg. Die zahlreichen Bewerbungen führen nicht zur ersehnten Anstellung. Oder man sieht sich mit einem paternalistischen Staat konfrontiert, der einem Schranken auferlegt, denen man nicht zugestimmt hat, die man aber aus innerer Einsicht befolgen soll (siehe Kapitel 3). Das wohl entscheidende Moment für die Metamorphose des autoritären Charakters ist jedoch, dass die Vergesellschaftung in das Individuum verlegt wird, was zu inneren Spannungen und Kränkungen führt (siehe Kapitel 4). Die aggressive Demonstration der eigenen Unabhängigkeit ist gleichzeitig *Symptom* spätmoderner Individualisierung wie *Protest* gegen sie.

Was heißt das nun genau? Immer mehr Menschen wurden zwar Rechte und in begrenztem Maß auch Ressourcen an die Hand gegeben, um gesellschaftliche Erwartungen zu erfüllen. Gleichzeitig entzieht sich die Erreichung dieser Ziele ihrer Kontrolle. Widersprüchliche oder auch anomische Konstellationen nehmen zu und mit ihnen aversive Emotionen und abweichende Verhaltensweisen (siehe Kapitel 4). Der emphatische Bezug auf das Grundgesetz etwa, der bei den Coronaprotesten zu beobachten war, verweist nicht auf starren Wertkonventionalismus, sondern reklamiert das individuelle Anrecht auf Realisierung der gesellschaftlichen Ziele: Ich als autonomes Subjekt habe ein Anrecht auf die freie Gestaltung meines Lebens. Denn genau darum sehen sich die Einzelnen, die dies so lautstark bekunden, betrogen. Das Versprechen uneingeschränkter Selbstentfaltung wird zur Kränkung, wenn es von der Gesellschaft nicht im erwünschten Sinne erfüllt wird. Es ist folglich weniger die mangelnde Integration der sozialen Normen in die Charakterstruktur, die die Psychodynamik des libertären Autoritarismus ausmacht. Das auf sich selbst gestellte Ich ist vielmehr überfordert mit der Auflösung potenziell unlösbarer Konflikte. Zwar werden dem Ich immer mehr Vermittlungsaufgaben auferlegt, gleichzeitig kann es diese Vermittlung nicht leisten, da die Spannungen jenseits der eigenen Bearbeitbarkeit liegen. Das Ich der traditionellen Psychoanalyse synthetisierte triebhaftes Begehren und internalisierten Verzicht. Das geschwächte Ich der Kritischen Theorie ließ den Instanzen des Es und des Über-Ich ungezügelt freien Lauf. Dies ist auch heute nicht grundsätzlich anders. In der Gegenwart wird allerdings klarer ersichtlich, dass diese Ich-Schwäche ihren Grund außerhalb der Triebdynamik hat, nämlich in einer Gesellschaft, die gleichermaßen auf Enthemmung *und* Entsagung, Freiheit *und* Abhängigkeit aufgebaut ist. Der libertär-autoritäre Charakter, der daraus entspringt, verknüpft zwei gegenläufige Bewegungen, »so dass gesellschaftsübersteigende Fliehkräfte zumal des Hedonismus, aber auch einer sich an ihrem Gegenteil reibenden Autorität beruhigt werden«.[31] Man möchte sich selbst entfalten, seine Ansprüche verwirklichen, seine Bedürfnisse befriedigen – und trotzt darum gegen gesellschaftliche Instanzen, die diese Versprechen nicht einlösen.

Libertär-autoritäre Charaktere binden sich nicht länger an eine Figur, die Entlastung und Ermächtigung verspricht. Die Identifizierung mit externen Instanzen wird aufgekündigt, da die Außenwelt frustriert. Stattdessen setzen die libertären Autoritären sich selbst als souveränes Subjekt. In der narzisstischen

Selbstüberhöhung wird die erfahrene Abhängigkeit geleugnet. Sie kultivieren ein verdinglichtes Freiheitsverständnis, dass die sozialen Bindungen abwehrt. Insofern lässt sich die libertäre Ausprägung des autoritären Charakters auch als eine Beziehung der demonstrativen Beziehungslosigkeit verstehen. Die blockierte Selbstentfaltung führt weniger zu Konflikten *in* der Realität als vielmehr zu einer Rebellion *gegen* die Realität. Entsprechende Menschen bauen im Extremfall eine imaginäre Scheinwelt auf, innerhalb der abstrakte Prozesse eine klar umrissene Gestalt erhalten. Sie sehen in der Flüchtlingspolitik Angela Merkels einen »Großen Austausch« oder in der Impfkampagne den Versuch von Bill Gates, sie durch heimlich implantierte Mikrochips zu kontrollieren (siehe Kapitel 7 und 8). Auf diese personalisierten Ersatzobjekte können sie ihre Aggressionen projizieren. In der paranoiden Aktivität, die Kontingenz und Ambiguität nur schwer dulden kann, wird die Welt nach einem einheitlichen Muster decodiert. Dadurch wird die Realität kontrollierbar – und zwar durch das eigene Selbst.

Figuren des libertären Autoritarismus

Ist die Kritische Theorie des Autoritarismus nun veraltet? Seit den *Studien zum autoritären Charakter* sind über siebzig Jahre vergangen. Die Gesellschaft hat sich verändert und mit ihr die sozialen Voraussetzungen, warum einige Menschen antidemokratische, autoritäre Einstellungen entwickeln. Der grundlegende Ansatz ist indes auch heute noch von Bedeutung. Er geht davon aus, dass der Art und Weise, wie kapitalistische Gesellschaften ihre Mitglieder integrieren, selbst eine autoritäre Tendenz innewohnt. Sie kontrollieren, disziplinieren oder steuern die Individuen. In solchen Gesellschaften entwickeln manche Menschen antidemokratische Charakterzüge, die sich untereinander ähneln, die wiederkehrend auftreten und sich zu einem

Syndrom verdichten. Neben diesem allgemeinen Syndrom, das in der Studie als »potentiell faschistischer Charakter« bezeichnet wurde, identifizierte das Team sechs »Sub-Syndrome« oder Subtypen, in denen einzelne Symptome besonders ausgeprägt sind oder sich auf typische Weise kombinieren.[32] Diese waren das »*Oberflächenressentiment*«, in dem Vorurteile formelhaft von außen übernommen werden (und das im engeren Sinne keinen Typus darstellt); der »*Konventionelle*«, dem Anerkennung von außen wichtig ist und bei dem die Angst vor Abweichung dominiert, der »*Autoritäre*«, der zwischen Unterwerfung und Aggression oszilliert und Angst vor Schwäche hat; der »*Rowdy*«, bei dem verdrängte Triebimpulse in destruktiver Form die Oberhand gewinnen; der »*Spinner*« und der »*Manipulative*«, die sich zurückgezogen haben in verschwörungstheoretische Scheinwelten oder einen formelhaften Schematismus, der von jeglichen Emotionen befreit scheint.[33] Am häufigsten waren damals der »Autoritäre« und der »Konventionelle« anzutreffen.[34] Diese sind heute keineswegs verschwunden, doch andere, damals eher periphere und absonderlich wirkende Figuren werden sichtbarer. Der Rowdy, auch »Rebell« genannt, der seine Es-Tendenzen destruktiv nach außen wendet, und der »Spinner«, der die Realität durch ein imaginäres Surrogat ersetzt. In der Rezeption und Weiterentwicklung der Autoritarismustheorie haben diese beiden Figuren keine allzu bedeutsame Rolle gespielt, als Vorläufertypen des libertären Autoritarismus sind sie aus unserer Sicht aber zentral.

Horkheimer wies in seiner Schrift *Zur Kritik der instrumentellen Vernunft* schon 1947 darauf hin, dass die geforderte libidinöse Entsagung im Zivilisationsprozess im Individuum Widerstand hervorrufen könne. Der »Zivilisationshaß« entzündete sich zu jener Zeit jedoch weniger an der Beschränkung individueller Bedürfnisse als vielmehr an dem gebrochenen Versprechen der Gesellschaft, im Gegenzug materielle Sicherheit zu garantieren.[35] In den Jahren der Weltwirtschaftskrise arbeiteten die Menschen hart, sie übten Verzicht und sie nahmen sich zurück – doch auch dies schützte sie nicht vor Armut. Im Auseinanderklaffen zentraler Versprechen und der frustrierenden Wirklichkeit erkannte Horkheimer, ganz ähnlich wie Robert K. Merton, ein rebellisches Potenzial. Der deutsche Sozialphilosoph hielt den Rebellen aber noch für eine fortschrittliche Figur, immerhin schrecke dieser »nicht davor zurück, die Wirklichkeit fortwährend mit der Wahrheit zu konfrontieren, den Antagonismus zwischen Idealen und Realitäten aufzudecken«.[36] Doch der Rebell kann auch eine regressive Seite haben. Im autoritären Aufbegehren Mitte des 20. Jahrhunderts kam es zu einer Abwehr der übermächtigen Instanz statt zu einer Identifikation mit ihr. Der Widerstand wurde in den Fällen, die Adorno beobachtete, zu einer konstanten Reaktion gegen eine hemmende Umwelt: Diese Menschen trotzten *jeder* Autoritätsfigur, auch wenn diese den eigenen Interessen förderlich war. Um die Ohnmacht angesichts einer übermächtigen Instanz zu überwinden, setzten sie sich selbst an die Stelle der Autorität. Die Rebellion war ein »Trotz«[37] gegenüber Mächten, die der Unabhängigkeit im Weg standen, wie Fromm es formulierte. Adorno hatte hier Nationalsozialisten wie Ernst Röhm vor Augen. Der langjährige Chef der Sturmabteilung (SA) bezeichnete sich selbst als Rebell und wollte eine faschistische Volksmiliz gründen, bevor Hitler ihn 1934 wegen angeblicher Putschpläne ermorden ließ.[38] Gegenüber schwachen Autoritäten, die ihre Macht nur mangelhaft durchsetzten, entwickelten die Rebellen eine projektive Feindseligkeit. Diese »negative Übertragung der Abhängigkeit«[39] war umso hartnäckiger ausgeprägt, je stärker das tabuisierte Gefühl der eigenen Ohnmacht bekämpft werden musste. Als kennzeichnend betrachtete Adorno eine destruktive Enthemmung im eigenen Handeln, einen Hang zu Exzessen oder eine Bereitschaft zu Gewalttaten. Begleitet wurde dies von einem gewissenlosen Nihilismus, der sich in Gleichgültigkeit gegenüber dem Leben Einzelner äußerte.[40] Die Bindung an Normen schien jede Bedeutung zu verlieren. Der Rebell zeichnete sich für die Berkeley-Gruppe um Adorno vielmehr gerade durch die pauschale Ablehnung einer kollektiv geteilten Werteordnung aus, eine Haltung, die mit einem tiefen Misstrauen gegen jene Institutionen und Amtsträger einherging, die diese verkörperten. Ein ostentativ vorgetragenes Nein wurde stattdessen bindender Handlungsimperativ. Adorno leitete diese rebellische Grundhaltung aus einer misslungenen Ausbildung von regulierendem Ich und einschränkendem Über-Ich ab, die zu einer Entfesselung ambivalenter, zwischen Lust und Aggression oszillierender Triebenergien führe.[41] In bestimmten Fällen kann die »triebgesteuerte Feindschaft« aber auch aus dem internalisierten Normensystem selbst resultieren, wie Marcuse etwas mehr als ein Jahrzehnt später betonte: Die Identifikation mit dem »Ichideal« des Konkurrenzsystems rufe unter Umständen ein aggressives Machtstreben hervor, das keine hemmende Instanz dulde.[42] Angesichts solcher Souveränitätsdemonstrationen darf man aber nicht vergessen, dass die Rebellen der damaligen Zeit die autoritäre Bindung nicht vollständig aufkündigten. Sie unterwarfen sich – zumindest vorübergehend – jenen, die ihnen individuelle Machtentfaltung garantierten: Die Feindschaft gegen Autoritäten ging also bisweilen mit einer Koalition mit dem gehassten Objekt einher.[43] In unseren Studien treten die Rebellen indes meist in zivilisierterer Form auf. Sie weigern sich beispielsweise, GEZ-Gebühren zu zahlen, besitzen einen Reichsbürgerausweis, lagern für einen kommenden Aufstand Lebensmittelvorräte ein. Allerdings sind wir durchaus auch Personen begegnet, die Kontakte zu bewaffneten Reichsbürgern pflegen oder sich zeitweilig der NPD angeschlossen haben, da militärischer Drill und nihilistische Radikalität eine große Faszination auf sie ausübt (mehr dazu in Kapitel 8).

Damit kommen wir zum zweiten ehemaligen Nebendarsteller, der heute eine größere Rolle spielt: der damals sogenannte *Spinner*. Heute würde man selbstredend nicht mehr vom »Spinner« sprechen, den damit gemeinten Verschwörungstheoretiker kennen wir indes nur zu gut. Diese Personen reagierten auf Frustrationen, indem sie das Realitätsprinzip aufkündigten. Ein Verzicht, der ihnen auferlegt wurde, trieb sie in die vollständige Isolation: »Sie müssen sich«, so Adorno, »eine innere, häufig an Wahn grenzende Scheinwelt aufbauen, die sie emphatisch der Realität entgegensetzen.«[44] Sie hatten den Bezug zur Wirklichkeit verloren, weil ihnen diese nicht länger zumutbar erschien. Adorno berichtet hier von einer Frau in ihren Fünfzigern, die im Interview erzählte, sie gehöre einem geheimen Orden an, Genaueres könne sie aber nicht sagen. Sie machte sich nicht viel aus ihren Kollegen, fühlte sich ihnen überlegen. Die Kollegen wüssten es zwar nicht, aber sie habe besondere Talente. Sie las viel, nach dem Tod ihres Mannes begann sie, selbst zu schreiben. Ihre Geschichten zeigte sie aber kaum jemandem. Wenn sie über »Rassenfragen« sprach, über Afroamerikaner:innen oder Migrant:innen, ließ sie ihrem Fremdenhass und Antisemitismus freien Lauf: »Japsen, Juden und N[*] sollten dahin verschwinden, woher sie gekommen sind.« Sie verlor sich in antisemitische Verschwörungstheorien. Seit einem Erweckungserlebnis glaubte sie an ihre eigene »individuelle Religion«, an ihre »innere Stimme«.[45]

Die epistemische Sezession war dieser Frau ein Mittel der Selbstermächtigung. Zwar waren die von der Forschungsgruppe identifizierten »Spinner« Getriebene ihrer Paranoia, die keinen Ausstieg und keine Reflexion duldete, gleichzeitig fühlten sie sich durch diese aber als souveränes Subjekt. Obwohl sie sich in einem Zustand totaler Abhängigkeit gegenüber der selbst erschaffenen Imagination befanden, fühlten sie sich paradoxerweise frei. Die erlittenen Kränkungen führten zur Ausbildung eines binären Wahrnehmungsmodus, der nur noch Gut und Böse kannte und den Aggressionen so ein Objekt gab. Der »Spinner« war »projektiv« und »mißtrauisch«, für ihn war das Vorurteil lebenswichtig.[46] Seine fragile Integrität wurde über ein äußeres Feindbild zusammengehalten, in dem langlebige, meist antisemitische oder rassistische Stereotype durchschimmerten. Ein »magischer Glaube an die Naturwissenschaften«[47] kombinierte Versatzstücke wissenschaftlicher Erkenntnisse zu einer geschlossenen Weltsicht. Ausgerechnet eine Wissenschaft also, die methodengeleitet und empirisch arbeitet, diente dem damaligen »Spinner« als Mittel zur Erschaffung einer imaginären Realität. Verschwörungstheoretiker:innen operieren bis heute mit »Halbwahrheiten«, sie wählen das Material selektiv aus und lassen dabei Entscheidendes ungesagt.[48] Worauf es ankommt, ist die Produktion semantischer Eindeutigkeit, die eine Erklärung für die undurchsichtige und frustrierende äußere Welt stiftet. Adorno beobachtete eine Sehnsucht nach Rache gegen die erlittene Versagung, die imaginativ produktiv wurde, aber gleichzeitig jede echte Aussöhnung verhinderte. Hier kehrt der Wiederholungszwang wieder, der viele aversive Emotionen prägt (siehe Kapitel 4). Denn nur in der Scheinrealität kann das Subjekt souverän bleiben. Im zürnenden Blick gegen Schwache und Minderheiten konstituierte sich der »Spinner« als mächtige Instanz. Nun war er derjenige, der verurteilte, statt selbst Objekt sozialer Ächtung zu werden. Bei den damaligen »Spinnern« handelte es sich um Menschen, die nur defizitär sozial integriert waren und deren »Isolation durch Ausschluß vom wirtschaftlichen Produktionsprozeß noch verstärkt« wurde.[49] Menschen also, die den anomischen Druck, der auf ihnen lastete, durch eine imaginative Realitätsumkehr auflösten. In unseren Gesprächen mit Querdenker:innen und regressiven Rebellen haben wir ähnliche Narrative gefunden (siehe Kapitel 7 und 8). Immer wieder begegneten uns Erzählungen von Erweckungserlebnissen, die nichts mit Religion zu tun hatten, aber eine Konversion des Blicks bewirkten: Man sieht nun alles anders, durchschaut die Zusammenhänge, weiß, dass sich hinter allem ein großer Plan verbirgt.

Zwar kommen diese beiden Typen, die wir in modernisierter Gestalt in den folgenden Kapiteln noch genauer kennenlernen werden, weitestgehend ohne eine Führerfigur aus, jedoch nicht gänzlich ohne »sekundäre Bindungen«.[50] In diesem Fall wird die personalisierte Autorität durch »eine Idee, ein Abstraktum« mit einer ähnlichen Funktion ersetzt.[51] Marcuse wies darauf hin, dass solche Ideen »das nationale ›Anliegen‹ oder der Kapitalismus oder der Kommunismus oder einfach die Freiheit« sein konnten – mit der Einschränkung allerdings, dass sie sich wegen ihrer abstrakten Allgemeinheit nur bedingt für eine libidinöse, narzisstische Identifikation eigneten. Doch genau dies ist im libertären Autoritarismus zu beobachten: Die verdinglichte Imago der Freiheit ist eine Projektionsfläche unerfüllter Sehnsüchte und Bedürfnisse, die, einmal entfesselt, eine regressive, aggressive Energie entfalten können. Auch der Sozialpsychologe Oliver Decker, der mit seinem Team die Leipziger Autoritarismus-Studien durchführt, geht unter Rückgriff auf Marcuse davon aus, dass sich die autoritäre Identifikation im Nachkriegsdeutschland an ein abstraktes Objekt gebunden habe: Die Wirtschaft sei zu einer »narzisstischen Plombe« geworden. Das bundesrepublikanische Wirtschaftswunder diente der Abwehr einer narzisstischen Kränkung, also des verlorenen Kriegs und der Niederlage des Faschismus. Nun waren es die kapitalistischen Normen und Ideale, die den Selbstwert stabilisierten und eine positive Identifikation mit der Nation ermöglichten.[52] Die Philosophin Eva von Redecker aktualisiert diesen Gedanken in ihrer Analyse des Neoautoritarismus indirekt: Für sie ist es die Struktur neoliberaler Vergesellschaftung, die zwar formal rechtliche Gleichheit garantiert, aber Menschen materiell enteignet und so einen neuen Autoritarismus hervorbringt. Die Neoautoritären identifizieren sich auf eine regressive Weise mit der Logik des Eigentums, gerade weil es ihnen genommen wird. In ihrer Wut gegen kulturelle Minderheiten entlade sich eine untergegangene »Freiheit des verletzten Eigentümers, der seinen Besitz verteidigt und jeden Gesellschaftsvertrag ablehnt, der ihn ihm nicht zurückgibt«.[53] Die autoritäre Akkumulation verschiebt sich vom Bereich der Ökonomie in den der kulturellen Identität: Weißsein oder Männlichkeit. Eine ähnliche Beobachtung machen wir beim libertären Autoritarismus, auch wenn sich dieser nicht zwingend mit essentialistischen Identitäten identifiziert, wie dies im Neoautoritarismus des Rechtspopulismus der Fall ist (siehe Kapitel 6).

Aus unserer Sicht lässt sich die aggressive Enthemmung des libertären Autoritarismus über eine Identifikation mit den Normen einer Konkurrenzgesellschaft verstehen, die ein destruktives, aggressives und exzessives Potenzial in sich bergen. Wir haben gesehen, dass die kompetitive Weltsicht mit narzisstischen Überlegenheitsfantasien und autoritären Denkschemata einhergehen kann. Der Rebell negiert in seiner libertären Ausprägung nicht die gesellschaftliche Autorität, gegen die er sich auflehnt. Sein Protest beruht gerade auf der Affirmation *und* Destruktion gesellschaftlicher Normen. Sein destruktives Verhalten hat ganz im Sinne Mertons seinen Ursprung in der Identifikation mit allgemein anerkannten Zielen (Autonomie und Selbstverwirklichung, Leistung und Erfolg), die mit der sozialen Realität derjenigen, die sich auf einer nach unten fahrenden Rolltreppe wiederfinden, in Widerspruch geraten. Die subjektiven Erfahrungen äußerer Blockaden bei gleichzeitiger Handlungsunfähigkeit bergen nicht nur eine Radikalisierungsgefahr, weil sie individuelle Ansprüche verletzen, sondern weil sie damit die Integrität des fragilen Selbst kränken, das in diesen Normen Halt sucht. Die libertären Autoritären haben uns zwar ganz unterschiedliche Kränkungsgeschichten erzählt. Sie alle eint jedoch, dass sie ihre Selbstbestimmung und Souveränität durch staatliche Interventionen, Eliten oder kulturelle Minderheiten beeinträchtigt sehen. Sie stellen also mithin nicht die Gesellschaft infrage, die sie in ihrem individuellen Lebensverlauf in Sackgassen geführt hat, sondern sie projizieren die Demütigungen aggressiv auf Ersatzobjekte. Dabei verschafft sich – ganz ähnlich wie im Rechtspopulismus – eine marginalisierte Männlichkeit Raum, die angesichts der Feminisierung der Erwerbsarbeit und des progressiven Normenwandels verunsichert wird.[54] Ehemalige Alternative sehen sich durch die Aufnahme von Flüchtlingen im Jahr 2015 bedroht, absteigende Intellektuelle durch eine »Cancel Culture« bedrängt, und die Querdenker:innen gehen gegen globale Eliten auf die Straße. In der feindseligen Projektion kommen dabei auch heute noch rassistische, misogyne und antisemitische Stereotype zum Ausdruck.

Neben dem Rebellen kehrt in der Gegenwart auch die von Adorno als »Spinner« bezeichnete Subfigur mit ihrer Affinität zum Verschwörungsdenken und Vorurteil wieder.[55] Konspirationisten, wie wir sie beobachtet haben, kündigen das Realitätsprinzip auf, um sozialem Druck zu entkommen. Ihr Ich gleicht Spannungen aus, indem es die Realität entsprechend dem Begehren modelliert. Verschwörungstheorien oder paranoide Welterklärungen kompensieren die Realität der Schranken und Entbehrungen, indem sie über exklusive Wissensbestände ein Phantasma der Souveränität herstellen: Das Weltgeschehen wird intentional von dunklen Mächten gesteuert, von deren Existenz einzig privilegierte Individuen – »Sehende« oder »Erwachte« – wissen. Coronaskeptiker:innen stellen nicht nur die Gefährlichkeit des Virus infrage, sondern mit ihr zugleich die staatlichen Machtbefugnisse, die das individuelle Handeln einschränken (siehe Kapitel 7). Der Konspirationist kann in diesem Sinne als Symptom epistemischer Konflikte verstanden werden, über entsprechende Narrative werden gebrochene Versprechen und Kränkungen kanalisiert. In der Spätmoderne multiplizieren sich, wie wir gesehen haben, Risiko- und Gefährdungslagen, Erfahrungen von Kontingenz und Nichtwissen nehmen zu. An die Stelle einer omnipotenten Führerfigur tritt nun das exklusive Wissen, das ungeachtet seiner objektiven Belegbarkeit subjektiv Handlungsmacht generiert. Die Bindung an alternatives Wissen verstärkt nach außen die soziale Isolation, kann aber nach innen gemeinschaftsbildend wirken. Dadurch leistet die paranoide Weltsicht eine dysfunktionale Sozialintegration, indem sie Individuen nicht an die Gesellschaft, sondern temporär an eine Gemeinschaft Gleichdenkender bindet. Wissen beziehungsweise Gegenwissen hat hier die Funktion, eine Gemeinschaft herzustellen, die ein kollektives Bedeutungsuniversum kreiert und die narzisstische Illusion der Souveränität bedient. Die Anhänger:innen partizipieren an einem vermeintlich »besseren« Wissen, mit dessen Hilfe die Realität decodiert werden kann.

Eine entscheidende Frage lautet, warum manche Menschen in imaginäre Scheinwelten abdriften oder zu einem aggressiven Aufbegehren gegen übergeordnete Instanzen neigen – und andere nicht. Auch wir werden darauf keine eindeutigen Antworten geben können, aber einzelne sozialkulturelle Milieus scheinen in unterschiedlichem Ausmaß für eine regressive Verarbeitung gesellschaftlicher Spannungen anfällig zu sein.

Soziale Räume verletzter Selbstbehauptung

Möchte man verstehen, warum Menschen, die sich selbst als kritisch und selbstbestimmt wahrnehmen, destruktiv gegen jede Form der sozialen Beschränkung protestieren, kann ein Blick auf die internen Differenzierungen in der soziokulturellen Lebensführung hilfreich sein. Gegenwartsgesellschaften entwickeln sich nicht nur sozialstrukturell, sondern auch hinsichtlich der bindenden Werte und Verhaltensnormen relativ ungleichzeitig. In sozialen Milieus bilden sich distinkte Lebensweisen mit eigenen Alltagsnormen und Beziehungsgeflechten aus, mit denen sich die Mitglieder identifizieren und von anderen Gruppen abgrenzen.[56] Der Historiker Sven Reichardt versteht soziale Milieus darum als »gelebte ›Deutungsgemeinschaften‹«.[57] Ihre expressiven Lebensstile transportieren aber nicht nur konkurrierende Normvorstellungen, sondern korrespondieren auch mit unterschiedlichen sozialstrukturellen Lagen. Exponierte Exklusivitäts- und Statusansprüche gelten beispielsweise als typisch für das konservative Milieu der oberen Klassen, Gefühle des Abgehängtseins eher für das prekäre Milieu der unteren Klassen. Intern sind diese Milieus freilich keineswegs vollkommen homogen. Sie sind gekennzeichnet durch eine »innere Vielfalt und Verschiedenheit der Lebensstile«[58] – und der Werte, könnte man ergänzend hinzufügen.

Die meisten der von uns untersuchten Personen stammen aus Milieus, für die ein »Streben nach Autonomie und Selbstverwirklichung gegenüber gesellschaftlicher Bevormundung, Einschränkung und Entfremdung« maßgeblich ist.[59] Aus progressiven Sozialmilieus also, in denen man für gewöhnlich autoritäre Einstellungen eher nicht vermuten würde. Zwar können wir keine Aussagen darüber treffen, ob der libertäre Autoritarismus in diesen Milieus besonders häufig auftritt, aber seine Existenz in diesen Milieus gibt möglicherweise Aufschluss über die Veränderungen im sozialen Raum. Wir möchten also nicht die sozialen Milieus hinsichtlich autoritärer Denkschemata neu bestimmen; das wäre ein eigenes und umfangreiches Forschungsprojekt.[60] Anhand der Metamorphosen insbesondere progressiver Sozialmilieus können wir uns aber den soziokulturellen Quellen heuristisch annähern, aus denen sich der libertäre Autoritarismus speist. Auf diese Weise lassen sich *Sphären verletzter Selbstbehauptung* identifizieren.

Bestehende Milieustudien betonen die Differenziertheit expressiver Lebensstile in Abhängigkeit von der ökonomischen Ressourcenausstattung und bieten in dieser Hinsicht eine gute Ausgangsbasis für unser Unterfangen. Die umfangreichsten, wenn auch nicht unumstrittenen Untersuchungen sind dabei die seit Ende der siebziger Jahre durchgeführten Milieustudien des Sinus-Instituts. Sie wurden für die kommerzielle Zielgruppenforschung entwickelt und berücksichtigen Geschmackspräferenzen, Lebensführung und Konsumstile.[61] Der Soziologe Michael Vester und seine Kolleg:innen knüpften in den neunziger Jahren an die Ergebnisse der Sinus-Studien an, entwickelten aber eine andere, an der Theorie des französischen Soziologen Pierre Bourdieu angelehnte Landkarte sozialer Milieus. Sie wollten über quantitative Erhebungen und »Zwei-Generationen-Interviews« (in denen Elternteile und deren Kinder befragt wurden) herausfinden, auf welche Weise sich Lebensweisen individualisieren und inwiefern dies von der sozialstrukturellen Lage beeinflusst wird.[62] Dabei interessierten sie sich vor allem für »das *soziale Ab- und Ausgrenzungsverhalten*, die *Stellung zur sozialen Ungleichheit* und die *Formen sozialer Kohäsion oder auch Anomie*«.[63] Die wahlverwandtschaftliche Passung dieser Milieucharakterisierungen und der normativen Dilemmata, die aus unserer Sicht eine Drift zum libertären Autoritarismus wahrscheinlicher machen, sind erstaunlich.

Die von uns befragten Personen stammen mehrheitlich (aber nicht ausschließlich) aus der Mittelschicht, haben oft einen mittleren bis hohen Bildungsgrad und ein alternatives, individualistisches Selbstbild. Sie sind geprägt von einer über mehrere Jahrzehnte stattfindenden Milieumetamorphose, die ihren Ausgangspunkt im mittlerweile modernisierten und in seiner Kohärenz nicht länger existierenden Alternativmilieu hat, dessen Mitglieder nach 1968 durch »Ansprüche der Selbstverwirklichung und Persönlichkeitsentfaltung, der Individualität und Authentizität« geeint waren.[64] Gekennzeichnet war dieses Milieu ursprünglich durch eine autonom organisierte Infrastruktur sowie durch eigene Lebensstile und Rituale auf der Basis emanzipatorischer Wertorientierungen.[65] Zu seinen Angehörigen zählten vor allem Akademiker:innen in Berufen mit hohem

Sozialprestige, aber auch Schüler:innen und Studierende, die später in höhere Einkommensklassen aufrückten. Nach 1980 nahmen der politische Anspruch und der Rigorismus in der alternativen Lebensführung beständig ab. An die Stelle des Alternativmilieus trat ein, wie Vester es nennt, »postmodernes Milieu«, in dem sich die ästhetische Avantgarde mit Aufsteiger:innen aus den Kultur-, Medien-, Technologie- und Dienstleistungsbranchen mischte.[66] Statt der utopischen Erprobung alternativer Lebensstile dominierte nun ein avantgardistisch aufgeladener Individualismus. Mitglieder des postmodernen Milieus inszenierten ihr »Selbstverständnis als ästhetische Avantgarde« und verstanden ihr »Bedürfnis nach Erlebnis, Konsum und Abwechslung als ichbezogenes Privileg ohne einschränkende Verpflichtungen«.[67] Normen wie Autonomie oder Authentizität waren anders aufgeladen: Aus der autonomen Subjektivität erwuchs nicht länger ein emanzipatorischer Horizont, sondern ein Streben nach Spontanität und Einzigartigkeit, das in der Immanenz des Daseins verwirklicht werden sollte.[68] Der libertäre Autoritarismus ist aus unserer Sicht nicht ausschließlich, aber auch eine Bewegung politisch heimatlos gewordener Avantgarden.

Sieht man sich nämlich die sozialen Milieus der Gegenwartsgesellschaft genauer an, so sind die von uns untersuchten Personen in ihrem normativen Selbstverständnis weder traditionell-konservativ noch auf normative Neuorientierung ausgerichtet. Es handelt sich *erstens* vor allem um *ehemalige* Modernisierer, die ihr Alltagshandeln an individualistischen oder hedonistischen Werten orientieren, dabei aber durchaus ein exklusives Statusbewusstsein verinnerlicht haben. Verortet man diese Gruppe in der Landkarte der Sinus-Studien, die vertikal die soziale Lage und horizontal die kulturelle Orientierung und den Lebensstil abbilden, so lohnt sich zunächst ein Blick in jene Milieus, die vertikal in den mittleren bis oberen Schichten und in der horizontalen Ausgestaltung des Lebensstils eher mittig bis rechts zu verorten sind (siehe Abbildung). Es sind die gehobenen Sozialmilieus, die Andreas Reckwitz mit der Lebensführung des »*expressiven Individualismus*« identifiziert.[69] Menschen, die sich verwirklichen wollen und gleichzeitig ein ausgeprägtes Status- und Besitzdenken aufweisen. Wir haben jedoch *zweitens* ebenfalls ein sehr heterogenes Spektrum von Personen beobachtet, die sich in mittleren bis prekären Positionen befinden, aber ebenfalls einem Milieu zuzuordnen sind, das weniger konservativ, angepasst und leistungsorientiert als vielmehr an Werten wie Individualismus und Genuss ausgerichtet ist. Selbstverwirklichung wird trotz begrenzter materieller Ressourcen durch eine erlebnisorientierte Lebensführung angestrebt. Angehörige dieses Milieus grenzen sich von der Pflichtethik des traditionellen Kleinbürgertums und des Arbeiter:innenmilieus ostentativ ab.

In den oberen Sozialpositionen befindet sich das »liberal-intellektuelle Milieu«, dem rund 7 Prozent der deutschen Bevölkerung angehören.[70] Dort konzentriert sich die kritisch-aufgeklärte Bildungselite, die überwiegend über hohe Abschlüsse und mittlere bis hohe Einkommen verfügt. Das Milieu umfasst überdurchschnittlich viele Freiberufler:innen, aber auch hoch qualifizierte Angestellte oder Beamt:innen im gehobenen Dienst. Seine Angehörigen vertreten liberale und kosmopolitische Werte und pflegen eine postmaterielle Lebensweise: »Sie möchten Freiräume für sich selbst schaffen (auch gegen Sachzwänge), streben nach Zeitsouveränität und Entschleunigung.« Das Bedürfnis nach individueller Souveränität spiegelt sich unter anderem in der Aneignung von neuem Wissen. Man pflegt »eine kritische, reflektierte Haltung gegenüber Medien & Inhalten« und sucht »am liebsten selbst aktiv nach Informationen und Hintergrundwissen«. Ihre Sozialposition führen die Angehörigen des liberal-intellektuellen Milieus auf erbrachte Leistungen zurück und betonen – trotz der Orientierung an sozialer Gerechtigkeit – das Prinzip der Eigenverantwortung.[71] »Ihr hohes Ar-

Sinus-Milieus in Deutschland
2021

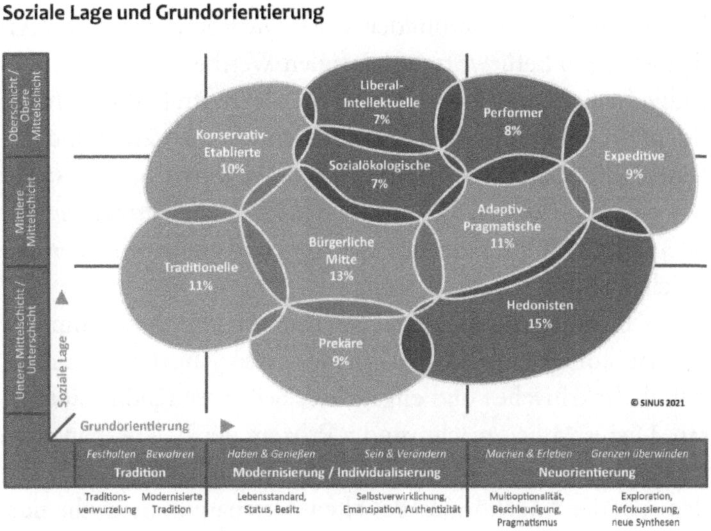

Quelle: Sinus-Institut, *Die Sinus-Milieus in Deutschland*, Heidelberg 2021.

beits- und Leistungsethos«, schrieben Vester und seine Kolleg:innen vor über zwanzig Jahren über die »progressive Bildungselite«, »ist mit dem Sinn für Selbstverwirklichung und Selbstdarstellung verbunden, aber auch mit dem progressiv-elitären Bedürfnis, neue und ungewöhnliche Wege zu gehen und moderne Trends zu setzen.«[72]

Die zuletzt genannte elitär-avantgardistische Selbstorientierung wird gegenwärtig stärker vom »Milieu der Performer« verkörpert, das rund 8 Prozent der Bevölkerung ausmacht.[73] Diese Menschen verfügen ebenfalls über einen hohen Bildungsgrad und mittlere bis hohe Einkommen. Sie sind meist mittlere bis leitende Angestellte und verstehen sich als »moderne Elite«, die aber weniger ein klassisches Bildungsideal verfolgt, sondern sich über »Konsum, Designpräferenzen und Lebensart« definiert. Der ausgeprägte prätentiöse Konsum geht mit einer »starken Effizienz-, Wettbewerbs- und Karriereorientierung« einher, die mit einem »Streben nach Selbstverwirklichung und intensivem Leben« verbunden wird. Die kompetitiven Individualist:innen befürworten den freien Wettbewerb; Werte wie Individualität und Freiheit sind für sie zentral. Ihre Grundorientierung wird in den Sinus-Studien wie folgt zusammengefasst: »Jeder ist für sein Glück selbst verantwortlich, muss selbst wissen, was er leisten und erreichen kann.« Die Performer sind überzeugt von ihrer eigenen Leistung und stellen sie über materielle Statussymbole zur Schau.

Als Residuum des ehemaligen Alternativmilieus kann das »sozialökologische Milieu« gelten, dessen Angehörige ein gesellschaftskritisches und engagiertes Selbstverständnis aufweisen. Dieses Milieu macht rund 7 Prozent der Bevölkerung aus. Das Durchschnittsalter ist mit 51 Jahren relativ hoch, hier befinden sich die Angehörigen des alten Alternativmilieus, die nun in qualifizierten Anstellungen ohne Leitungsfunktion sind. Daneben prägen weitere Personen mit emanzipatorischen Werten diesen sozialen Raum. Sie verbinden ihre postmateriellen Ansprüche oft mit zivilgesellschaftlichem Engagement und gegenkulturellen Gemeinschaften: »[V]iele haben genaue Vorstellungen von dem, was richtig und gut ist, versuchen nachhaltige Alternativen vorzuleben (Ernährung, Wohnen, Energie, Mobilität) und – mit teilweise ausgeprägtem Sendungsbewusstsein – andere davon zu überzeugen.« Sie sind ihrem Selbstbild nach tolerant, multikulturell, ökologisch und solidarisch und grenzen sich von materiellen und kompetitiven Werten ab. Dem Leistungsprinzip setzen sie eine entschleunigte Lebensführung entgegen, die durch ein »Streben nach Authentizität, Ganzheitlichkeit und Balance« gekennzeichnet ist. Leitwerte sind »Freiheit, Verantwortung, Selbstverwirklichung, Achtsamkeit [...] und Sinnlichkeit«, oft mit esoterischen und spirituellen Einsprengseln. Mit einem exklusiven und prätentiösen Statusbewusstsein wollen sie genauso wenig etwas zu tun haben wie mit dem Massengeschmack; stattdessen sehnen sie sich – durchaus mit einem Hang zu Nostalgie und Idyllisierung – nach Echtheit und Natürlichkeit. Seine gesellschaftliche Leitfunktion als dominante Gegenkultur hat dieses Überbleibsel der Alternativkultur freilich längst eingebüßt.

In mittleren bis unteren Sozialpositionen befinden sich die »Hedonisten«, die einen Anteil von rund 16 Prozent der Bevölkerung ausmachen. Sie sind relativ jung und haben einfache bis mittlere Bildungsabschlüsse. Es ist ein heterogenes Milieu der Fach- und Vorarbeiter:innen, der einfachen oder mittleren Angestellten.[74] Vester und Kolleg:innen identifizierten dieses Milieu mit einem juvenilen Abgrenzungsstreben, das durch »radikalen Antikonformismus und Individualismus« geprägt ist.[75] Die Haltung des individualistischen Eigensinns beschränkt sich dabei in der Gegenwartsgesellschaft nicht zwingend auf eine Übergangsphase im Lebensverlauf, sie kann durchaus eine konstante Grundorientierung sein. Solche Menschen möchten ihr Leben »spontan und uneingeschränkt« führen. Sie streben nach einer Intensivierung von Erfahrungen und Erlebnissen, die einer inhärenten Steigerungslogik gehorcht: Nicht *was* erfahren wird, ist entscheidend, sondern dass *neue* Erfahrungen generiert werden. Hinter der rastlosen Suche verbirgt sich allerdings eine Sehnsucht nach »sozialer Akzeptanz«, das unterscheidet sie von den selbstgewissen Grundorientierungen, die wir in Milieus in höheren Sozialpositionen beobachten konnten. Ort der Selbstverwirklichung ist nicht die reglementierte, teils kraftraubende und sinnentleerte Erwerbsarbeit, sondern die Freizeit als »Refugium für unprogrammiertes Leben«. Hier wird ausgelebt, was die auf Pflichterfüllung basierende Arbeitswelt nicht bieten kann: »möglichst keine einschränkenden Verpflichtungen, kein Stress; Anpassung wo nötig, Freiheit wo möglich«.[76] Der Normenhaushalt wird entsprechend dieser Maximen angepasst. Aufstiegsorientierung sowie kurzfristiger Verzicht zugunsten längerfristiger Ziele sind eher selten zu beobachten.

Die Metamorphosen im sozialen Raum sensibilisieren für eine differenzierte Problemgeschichte der Individualisierung. Der Individualismus war im 19. und 20. Jahrhundert eine progressive Forderung des sozialen Liberalismus, der kollektive Rahmenbedingungen schaffen wollte, um die Lebenschancen der Einzelnen zu erhöhen. In bestimmten Milieus wird heute jedoch ein verdinglichter Freiheitsbegriff virulent, der damit nicht mehr viel am Hut hat. Freiheit bedeutet hier nicht länger, ein autonomes Leben führen zu können, frei von staatlicher Willkür zu sein und sich in einem Kontext der kollektiv gesetzten Regeln und Normen zu bewegen. Es ist eine Überhöhung der eigenen Autonomie, die ihre Gesellschaftsabhängigkeit leugnet – und dadurch autoritär werden kann.

Anstöße zum Driften

Uns hat die Frage beschäftigt, warum einige Personen aus diesen Milieus in bestimmten Konstellationen eine Neigung zu libertär-autoritären Positionen entwickeln. Eine Frage, die kaum eindeutig zu beantworten ist. Denn der libertäre Autoritarismus ist weder eine Reaktion, die bei *allen* Mitgliedern dieser Milieus zu beobachten wäre, noch die *einzige* Möglichkeit, auf frustrierende oder immanent widersprüchliche Situationen zu reagieren. Die Disposition, aversive Affekte auszubilden, variiert individuell und ist nur schwer objektivierbar. Hinzu kommt, dass negative Reaktionsformen keineswegs in der Weise regressiv und destruktiv sein müssen, wie sie uns im libertären Autoritarismus begegnen. Dilemmata der Modernisierung mobilisieren seit je ein breites Affekt- und Handlungsspektrum, zwischen den Polen Apathie und Aggression gibt es eine große Bandbreite an Möglichkeiten. Will man autoritäre Einstellungen und Verhaltensweisen mit sozialen Räumen in Verbindung bringen, ist man also, kurz gesagt, mit einer Reihe von Fallstricken konfrontiert. Nicht die Zugehörigkeit zu einem bestimmten Milieu führt zu libertärem Autoritarismus, in unserer Empirie stammen aber viele libertäre Autoritäre aus den genannten Sozialmilieus.

Dennoch wollten wir verstehen, warum die von uns untersuchten Personen vulnerabler auf dilemmatische Konstellationen spätmoderner Vergesellschaftung reagieren und unter bestimmten Voraussetzungen libertär-autoritäre Neigungen ausbilden. Denn während die vertikalen Soziallagen differieren, scheint der libertäre Autoritarismus vorrangig ein Phänomen zu sein, das sich entlang jener Grundorientierungen ausbildet, die auf Selbstbestimmung, Selbstverwirklichung oder Hedonismus basieren. Eine mögliche Erklärung liegt darin, dass diese Sozialmilieus stärker von der regressiven Liberalisierung betroffen sind (siehe Kapitel 3). Zwar weisen nicht alle skizzierten Milieus eine intrinsische Leistungs- oder Erfolgsorientierung auf (denken wir etwa an das sozialökologische oder das hedonistische Milieu), doch auch hier möchten die Angehörigen ihr Leben selbstverantwortlich gestalten (ob in alternativen Nischen oder in der Freizeit). Erfahrungen von Anomie nehmen in der Lebenswirklichkeit ganz unterschiedliche Formen an. Uns sind insbesondere folgende Voraussetzungen begegnet, die in anomischen Konstellationen zu libertär-autoritären Einstellungen führen können (aber eben keineswegs zwingend müssen):

Disruptive Einbrüche: Nicht selten erzählten unsere Gesprächspartner:innen von einem einschneidenden Erlebnis, das sie zu einer radikalen inneren Umkehr bewegt hat. Dies können biografische Brüche wie beispielsweise Arbeitsplatzverlust oder Krankheit sein oder aber staatliche Interventionen wie die Bewegungseinschränkungen in der Coronapandemie. Das selbstbestimmte Leben wird mit einer plötzlichen Begrenzung konfrontiert. Man kann nicht mehr reisen, wohin man will, nicht mehr unbesorgt konsumieren etc. Um das Selbstbild zu retten, wird es aktiv gegen die äußere Bedrohung verteidigt. Man denke hier beispielsweise an die Bilder aus dem zweiten Pandemie-Winter, als Menschen, denen wegen fehlender Zertifikate der Zutritt verwehrt wurde, Weihnachtsmärkte stürmten. Im Extremfall radikalisiert sich dieses Wahrnehmungsmuster, es emanzipiert sich von seinem Auslöser und verallgemeinert sich zu einer affektiven Welterfahrung. In diesem Fall ist der Groll mit einem Generalverdacht gegenüber übergeordneten Instanzen verbunden.

Narzisstische Resilienz: Erfahrungen der Dissonanz können auch Veränderungen des Selbstbilds nach sich ziehen. Einige Personen, insbesondere aus dem sozialökologischen Milieu, nehmen sich selbst als widerstandsfähige Individuen wahr, die aus erlittenen Schicksalsschlägen gestärkt hervorgehen. Für gewöhnlich wird Resilienz als psychische Anpassungsfähigkeit betrachtet, Krisen zu ertragen und zu bewältigen.[77] In den von uns beobachteten Fällen führt eine resiliente Selbstwahrnehmung dagegen zu einer subjektiven Abspaltung von der sozialen Welt. Das kann auch Personen betreffen, die sich eine große Widerstandskraft zuschreiben, an die Selbstheilungskräfte des eigenen Körpers glauben, selbst am besten wissen, was gut für sie ist, ein großes Bedürfnis nach Selbstreflexion aufweisen und Techniken der Selbstsorge kultivieren (wie etwa Yoga oder gesunde Ernährung). Oft geht dieses Selbstbild mit einem Streben nach Natürlichkeit einher, die vor schädlichen Einflüssen bewahrt werden soll. Solche Personen beziehen ihren lebensweltlichen Kompetenzglauben, der ohne vermittelnde Instanzen und fremdes Wissen auskommt, aus einer vorrationalen Intuition, die erklärt, ohne selbst erklärungsbedürftig sein zu müssen. Resilienz transformiert sich hier in eine narzisstische Selbstermächtigung, Gefühle der Machtlosigkeit oder Abhängigkeit können ausgeblendet werden.

Grenzen des kritischen Verstandes: Eine komplementäre Variante der Selbstermächtigung speist sich aus einer Verabsolutierung des aufgeklärten Verstandes, dem Wunsch, die Welt vollends zu verstehen und vorhandene Wissensbestände kritisch zu beurteilen. Personen aus dem liberal-intellektuellen Milieu beziehen daraus ihr Statusbewusstsein (»etwas zu sagen zu haben«, »eine kritische Meinung zu haben« etc.). Sie generieren ihr Wissen aus sorgfältig kuratierten Quellen und stellen auf dieser Basis die Kenntnisse anderer infrage. Weniger die Revision von Wissen als das eigene Nicht-wissen-*Können* löst hier unter bestimmten Umständen eine Identitätskrise aus. Spürbare Grenzen des kritischen Urteilsvermögens werden als schmerzhafte Kränkung wahrgenommen, die über ein antiwissenschaftliches Ressentiment kompensiert wird. Der Steigerungslogik dieses aversiven Gefühls gehorchend, droht die Kritik, sich zu verselbstständigen. Die entsprechenden Personen werden zu Renegat:innen, die gegenüber den Objekten der Kritik ein eher instrumentelles Verhältnis pflegen. Entscheidend ist weniger, *was* kritisiert wird als *dass* kritisiert wird. Das kritische Räsonnement löst sich von seinem konkreten Inhalt und wird zum Selbstzweck. Ihnen gemeinsam ist ein hervorstechender Hang zur Provokation und zum Verdacht, der sich im Extremfall gegen alles und jeden richten kann. Die leere Demonstration des eigenen Urteilsvermögens dient der Rettung des souveränen Wissenssubjekts.

Unvermögen: Während das Gefühl der Abhängigkeit in prekären Milieus eine allgemeine Welterfahrung ist, nutzen leistungsstarke Individuen soziale Institutionen für die Verwirklichung ihrer Wertorientierungen; der volatile und kompetitive Markt birgt für sie ein Selbstverwirklichungspotenzial. Sie passen sich erfolgreich einer Welt an, der sie machtlos gegenüberstehen. Läuft die Anpassung jedoch ins Leere, bleibt der Erfolg trotz all der Anstrengungen aus, schlägt die Identifikation mit den Normen der Wettbewerbsgesellschaft um in ein Gefühl des Unvermögens. Personen in gesicherten Positionen erfahren sich plötzlich als vulnerabel, sie können ihre Kompetenzen nicht realisieren. In diesem Fall kann es zu einer regressiven Abwehr der Abhängigkeit kommen, die nicht die Norm infrage stellt, sondern diejenigen, die aus ihrer Sicht illegitim Gratifikationen erhalten. Der Zorn gegen sie stattet mit Sinn und Handlungsmacht aus. Wir haben beispielsweise mit weltoffenen und sozial engagierten Menschen gesprochen, die nach Abstiegserfahrungen xenophobe Positionen entwickelten. Diese augenscheinliche Abkehr von ihren früheren Einstellungen kann man besser verstehen, wenn man die Werthaltungen reflektiert, auf denen ihr Selbst- und Weltverhältnis aufbaut. Es sind relationale Normbestände, die einen kompetitiven Vergleichsmodus in Gang setzen und negative Affekte wie Neid und Ressentiment begünstigen. Gleichzeitig wohnt ihnen eine Potenzierungsdynamik inne, der selbst leistungsstarke Personen nicht genügen können. Die Normerfüllung hinterlässt ein Gefühl der Machtlosigkeit.

Paradoxien der Liberalisierung: Unmut, so Alexis de Tocqueville, kann nicht nur aus Normbrüchen resultieren. Der französische Historiker kam zu dem gänzlich konträren Schluss, dass es gerade die fortschreitende Realisierung egalitärer Ideale war, die zu einer größeren Sensibilität für Ungleichheiten führte (siehe Kapitel 4). Dies gilt auch für individualistische Normbestände in Gegenwartsgesellschaften. Noch nie waren Angehörige der oberen bis mittleren Soziallagen so frei – und gerade darum wächst die Wahrnehmung individueller Freiheitsdefizite. Zygmunt Bauman sah hier die Gefahr, dass die Freiheit zu einer entpolitisierten Forderung eines privatisierten Individuums wird.[78] Wir haben dieses Phänomen verdinglichte Freiheit genannt. Statt mit den großen Fragen politischer Freiheit beschäftigt man sich mit der Maximierung individueller Freiheitsgrade im Alltag. Man möchte ein Häuschen im Grünen, im Homeoffice arbeiten, noch spät einkaufen können oder den Einkauf am besten gleich geliefert bekommen.

Betrachtet man vor diesem Hintergrund die Metamorphosen der Milieus, lässt sich dies auch sozialräumlich verorten. An die Stelle des Alternativmilieus, das an individualistische Wertbestände eine emanzipatorische Idee band, traten die sogenannten »Postmodernen«, die zwar an den Normen der Autonomie und Selbstverwirklichung und Selbstbestimmung festhielten, diese aber als eine hochgradig individuelle Angelegenheit betrachteten:[79] Ein Selbstbild, das durchaus kompatibel ist mit dem »unternehmerischen Selbst«.[80] Ingolfur Blühdorn weist darauf hin, dass zwar der transzendente Gehalt verloren geht, aber nicht die darin eingeschriebene Logik der Enthemmung (siehe Kapitel 3): Man möchte mehr Freiheiten im Hier und Jetzt (gerade, weil sie sich nur gebrochen verwirklichen lassen).[81] Die Liberalisierung kann damit eine gegenläufige Entwicklung hervorbringen: affektgeladene Kämpfe um private Freiheit, insbesondere in Zeiten, in denen individuelle Spielräume durch den Staat beschnitten werden.

Normative Verhärtungen: Ein anderer Aspekt betrifft den Wandel und die Kontinuität gesellschaftlicher Normen. Öffnet sich der soziale Raum, wenn auch nur partiell, ändern sich auch dominante Werthaltungen – und dies schlägt sich in generationellen Ungleichzeitigkeiten nieder. Die US-amerikanischen Politolog:innen Ronald Inglehart und Pippa Norris nehmen den Wertewandel als Ausgangspunkt, um den Aufstieg rechtspopulistischer Parteien in postindustriellen Gesellschaften zu erklären.[82] Die disruptive Liberalisierung gefährde die Identität jener Generationen, die sich an traditionellen Werten orientierten, also an Familie, Religion oder Nation. Dominieren liberale Werte im öffentlichen Diskurs und bei politischen Entscheidungen, kann das gesamtgesellschaftliche Normgefüge kippen und bei älteren Generationen ohne Hochschulbildung autoritäre Werte aktivieren – ein kultureller Backlash setzt ein (siehe Kapitel 3). Obwohl die von uns beobachteten Personen eher wenig mit der traditionalistischen und konservativen Wählerschaft rechtspopulistischer Parteien gemein haben, können Ungleichzeitigkeiten zwischen den Generationen hier zu normativen Verhärtungen führen.

Die Menschen, die wir beobachtet haben, fühlen sich nämlich in Teilen auf ganz ähnliche Weise durch einen Wertewandel in ihrer personalen Integrität und alltäglichen Lebensführung beschnitten. Eine mittelalte Generation in gehobenen Sozialpositionen, die noch stark an Individualisierung und Konsum orientiert ist, wird nun mit einer jungen Generation konfrontiert, die ein ausgeprägtes Bewusstsein für den Klimawandel verinnerlicht hat und den exzessiven und hedonistischen Lebensstil der Älteren stark kritisiert. Und Teile der älteren Vertreter:innen des liberal-intellektuellen Milieus, die sich mit einer exklusiven Sprecherrolle für – durchaus progressive – Werte identifizieren, werden genau wegen ihres Anspruchs auf Meinungsführerschaft infrage gestellt. Eine mögliche Antwort darauf ist die Radikalisierung der eigenen Grundorientierungen, die ins Autoritäre kippen kann. Um ihren exzessiven Konsum zu rechtfertigen, werden einige zu Klimawandelleugner:innen.[83] Andere lassen ihrem Frust gegenüber Regeln und Regulierungen freien Lauf, indem sie Trigger-Warnungen oder sensible Sprachregelungen als eine Politik des Ausschlusses interpretieren. Es entwickelt sich eine Steigerungslogik, in der sich ehemals Etablierte in eine randständige Position manövrieren können: Die exklusive Position wird durch Schließung und Radikalisierung verteidigt, so dass der Selbstbehauptung eine Selbstexklusion folgt (siehe Kapitel 6).

6. Sturz der Wahrheitssuchenden: Gefallene Intellektuelle

»Es hätte unsere hohe Zeit werden können«, bemerkt Hans Ulrich Gumbrecht in der *Neuen Zürcher Zeitung*, um gleich desillusioniert hinzuzufügen: »Doch noch nie in den zweieinhalb Jahrhunderten, seit die Öffentlichkeit als ein Forum für alle Menschen entstanden ist, haben wir Intellektuellen so erbärmlich ausgesehen wie im Sommer 2020.«[1] Als der Literaturwissenschaftler und Publizist diese Zeilen schreibt, atmet die Welt nach dem ersten Corona-Frühjahr gerade ein erstes Mal durch. Die Pandemie hatte »wachsende Ungewissheiten« mit sich gebracht, Wissenschaftler:innen standen vor einem neuen, äußerst dynamischen Phänomen. Eine unübersichtliche Zeit bedarf der Klärung, der Einordnung, könnte man denken. Und tatsächlich florierten intellektuelle Deutungsangebote: Philosophisches Vokabular sickerte in öffentliche Auseinandersetzungen, man sprach von »Biopolitik«, »Nekropolitik«, »Ausnahmezustand« oder einem »Einbruch des Realen«. Was hatte Gumbrecht also zu beanstanden? Zwei Beobachtungen führt er ins Feld: Während europäische Intellektuelle sich in der Pandemie »folgsam auf die ethisch-moralische Unterstützung von sozialer Distanz und Maskenpflicht« zurückzögen, statt das Regierungshandeln kritisch zu begleiten, würden »akademische Intellektuelle an den amerikanischen Universitäten ein Regime des Meinungsterrors« etablieren, das in jakobinischem Überschwang Denkmäler stürze, Gebäude umbenenne und Kolleg:innen ächte, die in manchen Fällen gar entlassen würden.

Diese beiden Phänomene lassen Gumbrecht zu dem Schluss kommen, die intellektuellen Diskurse seien »tautologisch« geworden: »Mit unbeweglichem Ernst wiederholen sie bloss, was als harmonische Mehrheitsmeinung ohnehin feststeht.« Was er, der sich selbst in die Reihe der Intellektuellen stellt (er spricht von »wir Intellektuellen«), für ein Novum hält. Laut Gumbrecht hatte der Intellektuelle in der Geschichte drei Rollen inne: vom progressiven Aufklärer an den Universitäten über den revolutionären Aufwiegler der Massen bis hin zum intellektuellen Anwalt für Schwache und Unterprivilegierte. Alle drei Rollen seien nun vom gesellschaftlichen Wandel überholt. An den Hochschulen werde eher berufspragmatisch ausgebildet denn nach Wahrheit und neuen Erkenntnissen gesucht, der Wohlfahrtsstaat lasse die Arbeiterklasse ihren Frieden mit dem Kapitalismus schließen, und die unterdrückten Minderheiten erhöben ihre Stimme längst selbst. Allein dem Philosophen Peter Sloterdijk gelinge es noch, so etwa 2009 mit seiner scharfen Kritik an der sozialdemokratischen Steuerpolitik, »Horizonte« im Denken zu öffnen, statt dem »ethischen Ernst« der Mehrheitsmeinung zu gehorchen. Ein solches »riskantes Denken«, das »libertär« oder »contrarian« sei, vermisst Gumbrecht ansonsten bei seinen Mitstreiter:innen. Was er übersieht: Seine Argumentation ist selbst ein Symptom für eine spätmoderne Metamorphose der Intellektuellen, allerdings für eine andere als jene, die er kritisiert.

»Der« Intellektuelle gilt üblicherweise als ein universell gebildeter (und historisch meist männlich gedachter) Mensch, der seinen privilegierten Zugang zum Wissen nutzt, um sich in der Öffentlichkeit Gehör zu verschaffen. Man hat die »Manifestes des intellectuels« während der Dreyfus-Affäre vor Augen, das pathetische »Ich klage an!« (»J'accuse!«), das der Schriftsteller Émile Zola 1898 an den Präsidenten der Französischen Republik richtete, um gegen die Verurteilung des jüdischen Offiziers

Alfred Dreyfus wegen Landesverrats zu protestieren.[2] In jener Zeit wurde die moderne »Öffentlichkeit als Instanz der Kritik« gegenüber dem Staat in Stellung gebracht.[3] Denkt man an Intellektuelle, sind dies meist Schriftsteller:innen, Gelehrte, Künstler:innen oder Journalist:innen, die sich für universale Normen einsetzen, die im Namen einer übergeordneten Moral, unterdrückter Minderheiten oder gleich der ganzen Menschheit sprechen. Man verortet Intellektuelle, die selbst machtlos sind, gemeinhin auf der Seite der Gegenmacht.[4] Da sie häufig keiner sozialen Schicht mit parteiischen politischen und materiellen Interessen angehörten, wurden sie als »freischwebende Intelligenz« bezeichnet, die einen klaren Blick auf die Realität habe.[5] Intellektuelle werden, kurz gesagt, meist als Außenseiter gezeichnet, die über ein gesellschaftliches »Insiderwissen« verfügen.[6] Wie Schiedsrichter beobachten sie das Spiel und wissen ganz genau, wann sie die rote Karte zücken müssen.

Diese »universelle« oder »allgemeine«[7] Idee der Intellektuellen – der aufklärenden Zweifler oder kritisch intervenierenden Einmischer – hat ihre öffentliche Wahrnehmung bis weit ins 20. Jahrhundert hinein geprägt.[8] Intellektuelle verkörpern Veränderung und Fortschritt. Unser Blick auf Intellektuelle ist dabei in gewisser Weise von einem progressiven Bias geprägt: Gelehrte Statthalter des Konservatismus, die statt von Fortschritt von Beharrung, statt von Veränderung von Ordnung sprechen, werden seltener mit diesem Typus identifiziert.[9] Dabei hatten konservative Stimmen einen nicht unerheblichen Anteil an der intellektuellen Gründung der Bundesrepublik nach dem Zweiten Weltkrieg – und eben darum wurden sie gelegentlich zu Kontrahenten der Intellektuellen stilisiert, zu obrigkeitsgläubigen »Mandarinen« oder gleich zu »Gegenintellektuellen«.[10]

In hoch ausdifferenzierten Risikogesellschaften schien die Idee des allgemeinen Intellektuellen, der eine »inkompetente, aber legitime Kritik« übt,[11] ab dem letzten Drittel des 20. Jahrhunderts obsolet zu werden.[12] Auf einmal waren bereichsspezifische Fachleute gefragt, die Gefährdungen prognostizieren und kalkulieren konnten. Naturwissenschaftler:innen warnten vor Umweltschäden durch sauren Regen oder Fluorchlorkohlenwasserstoffe. Ihre Expertise wurde politisch, betraf die gesamte Menschheit. Schriftsteller wie Günther Grass oder Martin Walser, die einst als »Gewissen der Nation« aufgetreten waren, verstummten zwar nicht, aber sie bekamen Konkurrenz. Statt Generalisten waren nun Spezialisten gefragt. In Teilen des liberal-intellektuellen Milieus war in den letzten Jahren jedoch eher wieder das Gegenteil zu beobachten: Der allgemeine Intellektuelle ist zurückgekehrt, allerdings bisweilen als *regressiver Gegner* des sozialen Wandels.

Wir streifen in diesem Kapitel durch intellektuelle Diskurse, welche die modernen Gleichungen Universalismus gleich Fortschritt und Partikularismus gleich Rückschritt durchkreuzen, so dass es zu unscharfen politischen Interferenzen kommt. In einer ersten Annäherung könnte man diese Unordnungen mit Diedrich Diederichsen als »postideologische Querfronten« beschreiben,[13] in denen sich die Semantik politischer Normen verändert und bestimmte Konzepte ihre Vorzeichen wechseln. Die Intellektuellen, die uns im Folgenden begegnen, berufen sich beispielsweise eindringlich auf ihre Unabhängigkeit oder auf universalistische Werte – verteidigen jedoch partikulare Positionen. Sie fühlen sich von ihren Antagonisten bevormundet und sehen sich in ihrer Freiheit, das Wort zu ergreifen, bedroht. Die Invektive ist für sie häufig das Mittel der Wahl.

Wir können Gumbrechts Beobachtungen insofern als exemplarisch für diese veränderte Form der Kritik lesen, als sie sich in ihren diversen Spielarten stets in Abgrenzung von gemeinsamen Gegnern ausbildet: der Identitätspolitik zuvor ausgeschlossener Gruppen und kultureller Minderheiten, der wissenschaftlichen Expertise oder angeblich gleichgeschalteten Eliten in Staat und Medien. Was in öffentlichen Diskursgefechten oft als »Raunen« abgewertet wird, deuten wir als reaktive Selbstverhärtung gegen progressiven Wandel. Die entsprechenden Intellektuellen gehen ideologische Koalitionen ein, um ihren Machtverlust auszugleichen. Bevor wir uns dies näher ansehen, betrachten wir zunächst gesellschaftliche Umbrüche, die den Wirkungskreis des intellektuellen Engagements verändern und teilweise einschränken.

Bröckelnde Fundamente

Die »Klage vom Niedergang ›des‹ Intellektuellen«,[14] in die Gumbrecht einstimmt, ist alles andere als neu. Spätestens seit den achtziger Jahren wurde der intellektuelle Zweifel von einem grundlegenden Selbstzweifel im Hinblick auf seine Interventionsmöglichkeiten und seine Wirkung begleitet.[15] Hans-Peter Müller hat mehrere Gründe für diese Identitätskrise ausgemacht: *Erstens* ging ab den siebziger Jahren der utopische Glaube an eine andere Gesellschaft verloren; zugleich erodierten *zweitens* moderne Gewissheiten und Letztbegründungen; parallel kam es *drittens* zum bereits angesprochenen Aufstieg der Expert:innen, und schließlich veränderten sich *viertens* mit dem Medienwandel (zuerst durch das Fernsehen, später durch das Internet) und *fünftens* mit dem Umbau der Hochschulen die typischen Foren der Intellektuellen.[16]

Im 20. Jahrhundert bildeten die Überwindung des Kapitalismus und der Aufbau einer anderen, sozialistischen Gesellschaft lange Zeit den Horizont linker Kritik. Als 1974 das Buch *Archipel Gulag* des russischen Dissidenten Alexander Solschenizyn erschien, standen große Teile der Intellektuellen unter Schock. Statt einer freien Assoziation der Gleichen hatten die Baupläne für eine neue Welt in der Sowjetunion ein repressives System von Umerziehungs- und Arbeitslagern hervorgebracht.[17] Mit den *nouveaux philosophes* um André Glucksmann und Bernard-Henri Lévy entstand nun eine neue Generation Intellektueller, die den Zweifel gegenüber potenziell totalitären Weltanschauungen popularisierten. In diesem Klima stellte Jean-François Lyotard 1983 in einem Beitrag für die linksliberale *Le Monde* das »Grabmal der Intellektuellen« auf.[18] Zumindest das der »aktivistischen« Intellektuellen, müsste man ergänzen, die für die Interessen der revolutionären Klassen kämpfen wollten.[19] Die *nouveaux philosophes* setzten sich zwar auch für unterdrückte Gruppen und insbesondere für Menschenrechte ein, sie wollten die bessere Welt aber in der bestehenden realisieren, anstatt eine neue Welt zu schaffen.

Als der sozialistische Ostblock ab 1989 zusammenbrach, verengte sich der utopische Raum vollends. Am Ende des 20. Jahrhunderts herrschte das »weitverbreitete Gefühl, dass der Kapitalismus nicht nur das einzig gültige politische und ökonomische System darstellt, sondern dass es mittlerweile fast unmöglich geworden ist, sich eine kohärente Alternative dazu überhaupt *vorzustellen*«, konstatierte Mark Fisher im Jahr 2009.[20] Die entsprechende Haltung bezeichnete der britische Kulturtheoretiker als »kapitalistischen Realismus«. Mit den sozialistischen Utopien verlor ein Teil des intellektuellen Protests seine normativen Maßstäbe. Ideale wie Freiheit, Gleichheit, Gerechtigkeit büßten zwar nicht an Geltungskraft ein, sie haben sich aber von ihrer »Zukunftsorientierung« entkoppelt.[21] Sie sind nun nicht länger mit der konkreten Hoffnung auf eine andere Gesellschaft verbunden, sondern zielen auf eine immanente Verbesserung der kapitalistischen Lebensform (siehe Kapitel 3). Das heißt nicht, dass der progressive Zweifel verschwindet; doch er entzündet sich nicht mehr vorrangig an den sozioökonomischen Bedingungen des sozialen Miteinanders.

Neben der utopischen Desillusionierung hat seit Ende der siebziger Jahre ein aufkommender epistemischer Zweifel die Fundamente der intellektuellen Tätigkeit erschüttert. In den achtziger Jahren tobten heftige Auseinandersetzungen um die

Postmoderne, laut Müller ein »Indiz« dafür, dass mit ihr auch das Selbstverständnis der Intellektuellen durcheinandergeriet.[22] Sprachliche Zeichen hatten nun keine feste Bedeutung mehr, Ursprungserzählungen, stabile Identitäten oder der systemische Blick auf die Gesellschaft wurden radikal in Zweifel gezogen.[23] Stattdessen forcierte die Postmoderne einen Pluralismus der Lebensweisen, Wissensformen und Werte. Den Intellektuellen entglitten auch dadurch die normativen Maßstäbe, hatten sie ihre Einschätzungen zuvor doch auf dem Boden fester normativer Bezugspunkte (wie Vernunft, Fortschritt, Wahrheit) vorgetragen.[24] Die soziale Funktion der Intellektuellen schrumpfe in der Postmoderne, so Zygmunt Bauman, auf die Rolle von »Interpreten« zusammen. Sie könnten nicht länger ohne Weiteres an geteilte Letztbegründungen appellieren. Was ihnen bleibe, sei das Übersetzen unterschiedlicher Wissensformen und normativer Diskurse, um eine geteilte Basis für die öffentliche Kommunikation zwischen »autonomen (souveränen) Teilnehmern« zu schaffen.[25]

Außerdem bekamen die Intellektuellen nun plötzlich Konkurrenz, was ihr vermeintlich »besseres Wissen« anbelangte.[26] In hoch ausdifferenzierten Risikogesellschaften mit ihren oft schwer zu entwirrenden Problemlagen verloren sie ihr Wissensprivileg zugunsten der Expert:innen.[27] Foucault sprach bereits Ende der Siebziger vom »spezifischen Intellektuellen«, der an seiner Arbeitsstätte – den Universitäten, Laboren, Krankenhäusern oder Psychiatrien – gegen jene wissensbasierte Macht kämpfe, deren Instrument er zugleich sei.[28] Statt universelle Stellungnahmen abzugeben, die durch ein abstraktes Soll-Wissen abgesichert sind, weist der spezifische Intellektuelle aufgrund seines Spezialwissens auf das »›Herrschaftssystem‹ der Wahrheit« hin.[29] Zwar stellen Expert:innen in der Gegenwart nicht unbedingt Herrschaftssysteme infrage, wegen ihrer speziellen Kenntnisse wird ihnen aber eine politische Verantwortung zugeschrieben, wie sie einst die Intellektuellen innehatten.[30] Als eine Übergangsfigur betrachtete Foucault beispielsweise den Physiker Robert Oppenheimer, der wegen seines »spezifischen Wissens« über Atomphysik verfolgt wurde, jedoch zugleich »das Schicksal der Welt« und mithin das Allgemeine verkörpert habe.[31]

Sucht man nach den Orten, an denen sich Intellektuelle üblicherweise aufhalten, so ist die Universität unzweifelhaft eine ihrer zentralen Wirkungsstätten. Auch wenn die Hochschulen heute nicht mehr zwingend das Versprechen kultureller Exzellenz einlösen, lebt in ihnen doch der Geist einer Bildungselite fort, die ihr Wissenschaftsethos mit einem Interesse an öffentlichen Angelegenheiten verbindet.[32] Schon das Entstehen der demokratischen, dabei aber zugleich hoch spezialisierten und bürokratisch organisierten Massenuniversitäten in der zweiten Hälfte des 20. Jahrhunderts stellte dieses elitäre Selbstverständnis des gelehrten Intellektuellen infrage.[33] Statt in einem kleinen Kreis von Schülern zu debattieren, musste der Professor nun eine wachsende Schar von Bildungsaufsteiger:innen verwalten. Ab den achtziger Jahren wurden die Möglichkeiten weiter eingeschränkt, neben reproduzierbarem Fachwissen eine Denkhaltung politisch-öffentlicher Reflexivität zu vermitteln.[34] Die zu Beginn des 21. Jahrhunderts initiierten Hochschulreformen unterwerfen Forschung und Lehre zudem »einer ökonomisch inspirierten Steuerung (Governance)«.[35] Das akademische Denken ist gegenwärtig herausgefordert durch unternehmerische, auf instrumentellen Nutzen zielende Herangehensweisen, durch die Abhängigkeit der Forschung von Drittmitteln und ein auf standardisierten Rankings basierendes Selektionssystem für wissenschaftliche Publikationen.[36] Dieser Umbruch kann Statusängste freisetzen, die durch eine übersteigerte Identifikation mit verlorenen Wissensprivilegien kompensiert werden.

Einem ähnlichen, wenn auch widersprüchlicheren Wandel unterliegt das Feld der Medien. »Wer für intellektuell angesehen werden will«, so der Kulturwissenschaftler Thomas Macho noch 1992, »muß sich als schreibendes Wesen – *homo scriptor* – bekennen.«[37] Dass audiovisuelle Medien wie das Fernsehen ab den sechziger Jahren dieses Selbstbild ankratzten, ist nur allzu verständlich.[38] In Fernsehsendungen und Talkshows debattieren nun auch geschmeidige »Medienintellektuelle«, die vieles verkörpern, was mit klassischen intellektuellen Tugenden als unvereinbar gilt: Statt für universale Werte zu kämpfen, inszenieren sie sich selbst, statt fundierte Gesellschaftskritik zu üben, möchten sie Tabus brechen, statt alternativer Deutungsangebote bieten sie eher Unterhaltung.[39] Jürgen Habermas merkt dazu kritisch an: »Idealtypisch geht es um den Austausch von Gründen, nicht um die inszenierte Bündelung von Blicken.«[40] Die mediale Logik ersetzt das Argument durch Eloquenz. Diese Vorbehalte wirken bis heute fort. Philosophen wie Richard David Precht oder Markus Gabriel werden von ihren Kolleg:innen nicht nur wegen ihrer medialen Dauerpräsenz skeptisch beäugt, sondern auch, weil sie zu alles und jedem etwas zu sagen haben.

Tastete das Fernsehen das klassische Terrain der Intellektuellen an, gräbt das Internet es ab den neunziger Jahren komplett um. In der gewachsenen Medienkonkurrenz verlieren die bis dahin dominanten Foren, Printmedien und Rundfunk, ihre Leitfunktion. Die Feuilletons schrumpfen, der Kampf um die begrenzten Plätze wird härter.[41] Parallel entsteht mit Twitter und Facebook eine dezentrale Öffentlichkeit, in der die Asymmetrie zwischen Sprechen und Empfangen getilgt wird. Dies allein führt bereits zu »Kränkungen der Kritikerautorität«, auch unter Intellektuellen, die »zuvor ihre Urteile souverän sprachen und eine eher vage vorgestellte Leserschaft adressierten«.[42] Plötzlich antworten die Leser:innen nicht nur, nein, sie präsentieren auch selbst ihre Standpunkte in langen Threads. Dieser *Demokratisierung* steht die Gefahr einer *Refeudalisierung* der digitalen Öffentlichkeit durch private Technologie-Konzerne gegenüber.[43]

Menschen können sich nun niedrigschwellig und ohne räumliche Begrenzung vernetzen – sie können dies allerdings auch jenseits demokratischer Normen. Gerade die Universalisierung digitaler Kommunikationskanäle hat paradoxerweise der »Herstellung partikularer Gemeinschaftsformen« Vorschub geleistet.[44] Habermas erkennt hier ein regressives Potenzial: Das einstmals »große emanzipatorische Versprechen« werde »von den wüsten Geräuschen in fragmentierten, in sich selbst kreisenden Echoräumen übertönt«.[45] Zwar ist eine Polarisierung durch solche Echokammern empirisch nicht eindeutig belegt, die digitalen Monopole gehen jedoch mit neuen Problemen für die freie Meinungsäußerung einher:[46] Seit der Epidemie von Fake News und Hassreden sind die Abteilungen für »Content Moderation«, also wohlmeinende Zensur, massiv gewachsen. Die Tech-Konzerne werden zu privaten Gesetzgebern.

Verdrehte Freiheitskämpfe

»Man wird ja wohl noch sagen dürfen ...« Mit dieser Phrase beginnen viele Gespräche über Meinungsfreiheit. Laut einer Studie des Instituts für Demoskopie Allensbach hatten 2021 nur noch 45 Prozent der Befragten das Gefühl, in Deutschland könne man frei seine Meinung sagen – ein historischer Tiefstand seit den ersten Erhebungen im Jahr 1953.[47] Zwar nehmen die Freiheitsgrade für immer mehr Gruppen zu, gleichzeitig verspürt die Mehrheit jedoch wachsenden Konformitätsdruck.[48]

Dieses Gefühl der Bevormundung wird gegenwärtig oft im Zusammenhang mit dem diffusen, aber mit allerhand negativen Assoziationen aufgeladenen Phänomen der Cancel Culture artikuliert. So inflationär sie in öffentlichen Debatten an die Wand gemalt wird, so schwer fällt es, genauer zu bestimmen, was mit diesem aus dem angelsächsischen Raum importierten Begriff eigentlich gemeint ist.[49] Betrachtet man Fälle, in denen das Wort typischerweise zum Einsatz kommt, geht es meist um Situationen, in denen Äußerungen bekannter Persönlichkeiten Protest hervorrufen, im Zuge dessen auch ein Ausschluss (der Person) oder das Entfernen (der Äußerung) gefordert wird, was dann in manchen Fällen auch tatsächlich geschieht. So wurde beispielsweise ein Video der Deutschen Forschungsgemeinschaft mit dem Kabarettisten Dieter Nuhr zeitweilig gelöscht, weil dieser wissenschaftsskeptische und als rassistisch wahrgenommene Witze gemacht hatte. Bei einem Literaturfestival in Hamburg wurde eine Veranstaltung mit seiner Kollegin Lisa Eckhart wegen ihrer, so der Vorwurf, antisemitischen, trans- und homophoben Satire abgesagt. Diesen Entscheidungen gingen jeweils kontroverse Diskussionen insbesondere in den sozialen Medien voraus. Über Hashtags mit den Namen der Kritisierten (wie #Nuhr oder #Eckhart) organisierten sich digitale Protestkollektive.

Bis zu diesem Punkt entspricht das Geschehen weitgehend der schon länger bekannten Strategie der politischen Skandalisierung, bei der Normverletzungen enthüllt und kollektive Affekte freigesetzt werden, um den gesellschaftlichen Zusammenhalt zu festigen oder wiederherzustellen.[50] Nun kommt es regelmäßig zu einer Art Skandalisierung zweiter Ordnung. Der ursprüngliche Protest wird von anderen Beobachter:innen als Symptom der angesprochenen Cancel Culture problematisiert: Man könne nichts mehr äußern, ohne von linksliberalen oder »woken« Diskurswächter:innen moralisch kritisiert, diffamiert, ausgelöscht oder in seiner beruflichen Existenz bedroht, kurz, gecancelt zu werden. Aus dieser Perspektive sind dann also weniger die Witze des Komikers oder der Kabarettistin das Skandalon, sondern deren öffentliche Anprangerung. Interessanterweise war diese Form der »Skandalisierung des Skandals«[51] historisch ein probates Instrument der Intellektuellen, um die staatliche Macht zu hinterfragen.

Die Historikern Ingrid Gilcher-Holtey hat nachgezeichnet,

wie es in der Spiegel-Affäre 1962 zu einer Verkehrung der Rollen von Angeklagtem und Ankläger kam. Die Bundesanwaltschaft hatte ein Ermittlungsverfahren gegen das Nachrichtenmagazin *Der Spiegel* eingeleitet; ein dort erschienener Bericht über die Bundeswehr erfüllte vermeintlich den Tatbestand des Landesverrats. *Spiegel*-Herausgeber Rudolf Augstein und weitere Redakteure wurden festgenommen. Ein Proteststurm brach los, rasch weitete sich die Affäre zu einer Regierungskrise aus, der damalige Verteidigungsminister Franz Josef Strauß (CSU) musste zurücktreten.[52] In der entsprechenden Debatte wurden kollektive Normen und Regeln öffentlich verhandelt: Was wiegt schwerer? Pressefreiheit oder militärische Geheimhaltung?

Trotz dieser strukturellen Gemeinsamkeiten stechen zwei Punkte ins Auge: Erstens wirken die diversen Cancel-Culture-Skandale häufig merkwürdig inszeniert und aufgebauscht. Einzelne Anekdoten werden zu einer Kultur hochgerechnet. Plötzlich geht es um das gesellschaftliche Klima insgesamt. Und diese Dramatisierung – ob die Fälle wirklich gleich eine Kultur begründen, ist mehr als fraglich – legt zweitens nahe, dass eine Neuaushandlung gesellschaftlicher Werte gerade verhindert werden soll.

Aus unserer Sicht ist das Gefühl der Bevormundung, der Beschneidung der Meinungsfreiheit vor allem eine Begleiterscheinung des progressiven Normwandels (siehe Kapitel 4). Die Evolution von Normen ist nie konfliktfrei. In der Gegenwart erleben wir einen Konflikt zwischen vormaligen Etablierten und Außenseitern, ähnlich wie ihn Norbert Elias und John L. Scotson in den sechziger Jahren beobachteten.[53] Auf der einen Seite befinden sich aufstrebende Außenseiter, die eine weitere Anpassung von Verhaltensnormen fordern. Zwar hatte theoretisch jede und jeder Anspruch darauf, nicht beleidigt oder diskriminiert zu werden, praktisch galt das jedoch lange nur für eine kleine Gruppe: weiße, heterosexuelle Männer. Indem sie auf gendersensible Sprechweisen, die Inklusion nichtbinärer

Geschlechteridentitäten oder die Sanktionierung rassistischer Diskriminierungen pochen, reklamieren zuvor ausgeschlossene Gruppen dieses Recht nun auch für sich.

Auf der anderen Seite befinden sich die Etablierten, die bislang die kulturelle Deutungshoheit beansprucht haben. Ihre Routinen und Konventionen entsprachen den sozialen Erwartungen, man bestellte im Restaurant ein »Zigeunerschnitzel« und aß zum Nachtisch vielleicht noch einen »Mohrenkopf«. Solche Bezeichnungen wurden nicht zwingend in diskriminierender Absicht verwendet. Aufgrund einer »epistemischen Begrenzung«[54] konnten privilegierte Statusgruppen vielmehr bestimmte moralische Probleme nicht wahrnehmen: Sie hatten schlicht noch nie benachteiligende Erfahrungen wegen ihrer Herkunft, ihres Geschlechts oder ihrer Hautfarbe gemacht. Die wachsende Deutungsmacht der Außenseiter dringt nun in die Alltagswelt der Etablierten vor, plötzlich wird auf der Speisekarte das »Paprikaschnitzel« angeführt, und im Supermarktregal steht der »Schokokuss«. Es verwundert darum nicht, dass mehr als die Hälfte der Befragten (55 Prozent) in der zitierten Studie angaben, sie würden sich *absichtlich* nicht politisch korrekt ausdrücken, da es sie nerve, wenn andere ihnen Sprachregelungen aufdrängten.[55] Mit dem subjektiven Recht auf freie Meinungsäußerung wird hier also eine allgemeine Norm aufgerufen, damit die besonderen Machtansprüche der Etablierten unangetastet bleiben.[56] Verteidigt wird weniger *die* Freiheit, sondern die eigene Freiheit, auch weiterhin den Raum des Sagbaren festzulegen.

Auseinandersetzungen um neue Normen können regressive Effekte haben – und zwar auf beiden Seiten. Auf die »Einbuße von Mehrheits- Statusvorteilen« mitsamt den damit verbundenen »Orientierungsverlusten«[57] reagieren Teile des liberal-intellektuellen Milieus mit einem bisweilen autoritären Ressentiment. Der hartnäckigste Kampf gegen das Gendersternchen wird nicht unbedingt an den Stammtischen geführt, sondern in den Feuilletons. Zwei Beispiele: Der Autor Harald Martenstein wehrte sich in einer Kolumne für das *Zeit-Magazin* vehement gegen das Gendern (»ich werde niemals Gendersternchen verwenden, außer man droht mir Folter an, Knast reicht als Drohung nicht«[58]), und die Journalistin Anna Schneider attestiert dem Genderstern in der *Welt* große soziale Sprengkraft (»Wer von Gendern spricht, kann von Polarisierung nicht schweigen.«[59]). Wir stoßen immer wieder auf das gleiche Narrativ, das sich gegenüber äußeren Anlässen verselbstständigt zu haben scheint: Eine inklusive Neuregelung der Sprache oder der Umgangsformen bedroht entweder die individuelle Selbstbestimmung, die gesellschaftliche Kohäsion oder die Kultur ganz allgemein.[60]

Interessanterweise begegnen uns in der Abwehr der Cancel Culture einige Aspekte, die die Berkeley-Gruppe beim klassischen und die wir auch beim libertären Autoritarismus beobachtet haben. Gegen Regulierungen oder Verbote wird ein verdinglichtes Freiheitsrecht gesetzt, das sich gegen eine gesellschaftliche Aushandlung von Interessen, Neigungen oder Verhaltensweisen sperrt. Diejenigen, die das Recht auf Selbstbestimmung missachten, werden aggressiv verurteilt, eigene Impulse werden auf die Gegenseite projiziert (wie etwa der Vorwurf der Illiberalität), das Sensible wird abgewehrt (und mit partikularen Sonderrechten identifiziert), der Diskurs fixiert sich auf sexuelle Themen (wie etwa die Abwehr nichtbinärer Geschlechteridentitäten). Vordergründig wird ein universales Recht auf Meinungsfreiheit eingefordert, doch dahinter verbirgt sich das (nicht zwingend bewusste) Ansinnen, die Meinungsfreiheit vor ihrer praktischen Verallgemeinerung zu schützen, damit partikulare Sonderrechte unangetastet bleiben.

Der Aktivismus der aufstrebenden Minderheiten ist allerdings seinerseits nicht ganz frei von regressiven Elementen. In heterogenen Milieus bilden sich »kämpferische Gruppenidentitäten« aus, welche die Macht über die Definition einer Situation an Emotionen wie insbesondere Verletzungen binden.[61] Zudem schlägt die Gegen-Epistemologie, die die Ausschlussmechanismen hinter universalistischen Wahrheitsbehauptungen kritisiert, im Extremfall in eine neue Exklusionspolitik um. Nun werden all jene ausgeschlossen, die zuvor eine kulturelle Deutungshoheit innehatten, die andere ausschloss. Gerade bei etablierten männlichen Intellektuellen, den »alten weißen Männern«, die sich in der Vergangenheit als Fürsprecher emanzipatorischer Minderheiten verstanden, führen Ausladungen und vermeintliche »Sprechverbote« zu Kränkungen. Dass nun die marginalisierten Gruppen selbst das Wort ergreifen – und dann auch noch gegen sie –, kann einen grollenden Aktivismus freisetzen, der sie nicht selten die politischen Fronten wechseln lässt. Die von Teilen der aufstrebenden kulturellen Milieus pauschal vorgenommene Gleichsetzung einer individuellen »Person« mit einer politischen »Position« kreiert den Gegner erst, den sie doch bekämpfen wollen (siehe Kapitel 3).[62]

Die gesteigerte Empfindlichkeit gegenüber subtilen Diskriminierungsformen im alltäglichen Miteinander, das sogenannte »woke« Bewusstsein, ist aus unserer Sicht eine paradoxe Nebenfolge der inklusiven Egalisierung, die bereits Tocqueville beobachtete. Frauen, Transpersonen oder kulturelle Minderheiten haben heute nicht nur mehr Rechte denn je, sondern deren Missachtung hat gleichzeitig »institutionelle Konsequenzen«[63] – ein Umstand, der für Verwirklichungsdefizite und vorhandene Ungleichheiten zusätzlich sensibilisiert. Der kulturelle Positionierungskampf, der in den Debatten um die Cancel Culture ausgetragen wird, ist, kurz gesagt, ein gegenläufiger Effekt des normativen Fortschritts.

In modernen Massendemokratien hatte der Intellektuelle noch eine epistemische und normative Sonderstellung inne. Er war derjenige, der die sozialen Strukturen durchschauen und sie kritisieren konnte. Er gab den Ausgegrenzten und Ungehörten eine Stimme. Genau dieses Modell gerät nun in die Krise. Die Unterdrückten, die ausgeschlossenen Minderheiten, erheben selbst das Wort. Sie führen das Besserwissen des Intellektuellen mitsamt seinem universellen Vernunftanspruch als Teil einer Machtordnung vor. Dadurch büßen gerade jene Milieus ihre symbolische Macht ein, die sich über ihr Besser-wissen-Können positioniert haben – und halten darum umso verbissener an diesem Anspruch fest. Zwar besitzen die Ausgeschlossenen und Diskriminierten keinen privilegierten Zugang zu einer abstrakten Moral oder Wahrheit, sie verfügen aber über moralische Legitimation durch ihre subjektive Erfahrung, aus der heraus sie ein Unrecht anklagen und Gerechtigkeit einfordern.

Exkurs: Sloterdijks Meditationen

Ein wichtiger Vorläufer für einen intellektuellen Diskurs, der unscharfe Interferenzen zwischen ideologischen Lagern ausbildet, ist das Werk Peter Sloterdijks, den Hans Ulrich Gumbrecht in seinem eingangs zitierten Essay für sein »riskantes Denken« lobt. In den akademischen Institutionen ist Sloterdijk zwar immer eher apokryph geblieben,[64] doch die *Bild*-Zeitung nennt ihn den »wichtigsten Denker Deutschlands«[65] – und dies nicht ohne Grund. Als brillanter Stilist hat er sich ein breites Publikum von den Villen in Blankenese bis zur Pommesbude im Ruhrgebiet erschrieben. Der junge Sloterdijk, der eine Zeit lang die orangefarbenen Gewänder der Bhagwan-Bewegung trug, hätte sich dies wohl kaum vorstellen können.

Bis heute ist in seinem Werk die Atmosphäre der »meditativen Provinz« präsent,[66] die Sloterdijk bei seinem spirituellen Lehrer Bhagwan Shree Rajneesh kennenlernte, der sich später Osho nannte. Oshos Ashram im indischen Pune, in dem sich Sloterdijk Ende der siebziger Jahre aufhielt, war sowohl ein

Ort der Spiritualität als auch des antimetaphysischen Hedonismus. Man wollte eingeübte Zwänge abstreifen, in therapeutischen Meditationen wurde hemmungslos geweint, bis zur Besinnungslosigkeit getanzt oder um sich geschlagen. Die Kommune erregte öffentliches Aufsehen wegen sexueller Exzesse, bei denen es auch zu Gewalt und Missbrauch kam. So zivilisationsfern sich Osho gab, stand seine Lehre doch gleichzeitig mit einer kapitalistischen Konsumorientierung im Einklang. Das Ashram entwickelte ein florierendes Geschäftsmodell, so betrieb es beispielsweise zahlreiche Diskotheken in deutschen Großstädten. Osho selbst schmückte sich mit teuren Uhren und besaß eine große Flotte von Rolls-Royce-Limousinen. Diese irritierende Mischung aus Nonkonformismus, meditativer Selbstaufmerksamkeit und hedonistischem Konsum entsprach gleichwohl durchaus den neuen Bedürfnissen spätmoderner Subjektivität, die Sloterdijk in eine einflussreiche Gegen-Epistemologie übersetzte. Er selbst sagt rückblickend, dass er sich für die »doppelte Staatsbürgerschaft« entschieden und seinen »Paß zur zweiten Welt« des indischen Ashram bis heute behalten habe.[67]

Diese autobiografische Randbemerkung ist von nicht unerheblicher Bedeutung. In Sloterdijks Werken bleibt das Erbe von Oshos Denkkosmos – wenn auch verdeckt – präsent. In seiner populären Schrift *Du mußt dein Leben ändern* aus dem Jahr 2009 versucht er, den Menschen von einem »transzendenten Pol« aus zu verstehen. Zwar ist der Glaube an Gott in der Gegenwart erschüttert, dennoch können wir eine uns innewohnende »Vertikalspannung« nicht leugnen: Wir richten unseren Blick nach wie vor nach oben.[68] In der Rastlosigkeit, die unser Leben bestimmt, orientieren wir uns an Zielen, die wir nicht erreichen können. Wir optimieren uns permanent, genügen uns nie. Für Sloterdijk ist dies ein Hinweis, dass das Streben nach Transzendenz auch in säkularisierten Gesellschaften fortbesteht. Er versucht, das profane Leben mit einem spirituellen Sinn zu verknüpfen. In unserer Analyse der Querdenken-Bewegung wird diese Erkenntnis später noch wichtig werden (siehe Kapitel 7).

Die Verteidigung des enthemmten, ungezügelten Lebens, der unverfrorenen »Frechheit« einer »essentiell plebejischen Reflexion«, die er bereits unmittelbar nach seiner Rückkehr aus Pune in der *Kritik der zynischen Vernunft* (1983) formulierte, prägt Sloterdijks Denken bis heute.[69] Sein Stil ist evokativ, metaphorisch, bisweilen provokant.[70] In den letzten zwanzig Jahren hat sich seine mitunter frivol formulierte Skepsis gegenüber Regelsystemen allerdings von ihrem plebejischen Kern gelöst, sie richtet sich nun nach unten und nicht länger nach oben. Mit seinem zugespitzten Einwurf »Die Revolution der gebenden Hand« löste er 2009 im Zeitungsfeuilleton eine aufgeregte Debatte über die Steuerpolitik aus.[71] Problematisch sei in der Gegenwart weniger die Persistenz von Vermögensungleichheiten als vielmehr das Ressentiment der »Verlierer«, das sich gegen die »Großzügigkeit der Geber« richte, wie er bereits in seinem 2006 erschienenen Buch *Zorn und Zeit* ausgeführt hatte.[72] Eine Gesellschaft der Gleichen bringe eine »Eifersucht aller gegen alle«[73] hervor – eine eigenwillige, nihilistische Lesart der von Tocqueville beobachteten Paradoxie der Gleichheit.

Die ironische Übertreibung dient Sloterdijk als Methode, um die Fehlentwicklungen moderner Gesellschaften sichtbar zu machen. Zwar bleibt Sloterdijk bis heute der rebellische, provozierende Kyniker, zuletzt war in seinen zuvor stets fluiden und reflexiven Positionierungen eine gewisse Tendenz zu Verhärtungen zu beobachten. 2016 kritisierte er die Migrationspolitik der von Angela Merkel geführten Bundesregierung. In einem Gespräch mit dem Magazin *Cicero* stellte er fest, Deutschland habe sich »in einem Akt des Souveränitätsverzichts der Überrollung preisgegeben«.[74] Sloterdijk war zwar noch nie um eine rüde Sprache verlegen, hier knüpfte er allerdings relativ direkt an Parolen rechtspopulistischer Bewegungen an, die damals großen Zulauf hatten. Dennoch ist Sloterdijk kein rechter

Intellektueller, er revidiert seine Standpunkte immer wieder, ist mit seinem Tausende Seiten umfassenden Werk kaum festlegbar. Mit seinem Prinzip, im Gestus der Übertreibung Unsagbares sagbar zu machen, wird er jedoch zum Repräsentanten einer Gegen-Epistemologie, die ins Extreme kippen kann – aber dort nicht verharren muss.[75]

Intellektuelle Querfronten

Angesichts der kulturellen Konflikte der Gegenwart kommt man sich nicht selten wie der hilflose Zuschauer bei einem drohenden Verkehrsunfall vor. Erst sind es nur kleine Anzeichen, die auf ein allmähliches Abdriften hindeuten. Doch hat das Fahrzeug erst einmal Fahrt aufgenommen, gibt es kein Zurück mehr, es wird aus der Kurve getragen, und irgendwann kracht es. So sah man zu, wie der ehemals renommierte Journalist Matthias Matussek schwankende Bierkästen bestieg, um auf einer rechtspopulistischen Kundgebung zum Widerstand aufzurufen; wie der Sänger Xavier Naidoo immer tiefer in obskure Verschwörungstheorien abglitt (von denen er sich mittlerweile distanziert); oder wie der italienische Philosoph Giorgio Agamben in der Pandemie einen Thinktank der Impfgegnerbewegung gründete, um den Ausnahmezustand zu beenden.

Doch wie kommt es, das sozial integrierte, ja erfolgreiche Menschen sich derart in imaginäre Scheinwelten verlieren, dass sie lieber in Kauf nehmen, alles zu verlieren – den beruflichen Erfolg, die Freunde, die Familie –, als den eigenen Verschwörungsglauben zu hinterfragen? Wir möchten im Folgenden keine Psychogramme erstellen, sondern uns den Mechanismen nähern, durch die eine Kritik an sozialen Missständen aus dem Ruder laufen und in ein generalisiertes Misstrauen umschlagen kann.

Unsere drei Fallbeispiele durchkreuzen traditionelle politische Grenzziehungen. Linke Libertinage verbindet sich mit Ressentiment gegen kulturelle Diversität, Staatskritik trifft auf Verschwörungsdenken – und das sorgt bisweilen für politische Orientierungslosigkeit. In dieser unübersichtlichen Lage bilden sich intellektuelle Querfronten, die neue Assoziationsketten knüpfen und die Unterscheidung zwischen links und rechts unterwandern.[76] Historisch bezeichnete der Begriff Querfront ein »politisches Zweckbündnis rechter und linker Gruppen« in den dreißiger Jahren.[77] Nach der Gründung der Weimarer Republik propagierten Teile der sogenannten »Konservativen Revolution«, Oswald Spengler etwa oder Arthur Moeller van den Bruck, einen nationalistischen Sozialismus.[78] Reichskanzler Kurt von Schleicher versuchte Anfang der Dreißiger, seine Machtposition zu festigen, indem er rechtsgerichtete Sozialdemokraten und antikapitalistische Kräfte in der NSDAP für eine Zusammenarbeit gewinnen wollte.[79] Eine Querfrontregierung scheiterte, aber die Idee eines völkischen Sozialismus lebte mit Figuren wie Ernst Röhm oder den Brüdern Strasser im Nationalsozialismus fort, bis Hitler seine führenden Vertreter 1934 ermorden ließ.

Mit diesen angestrebten historischen Zweckbündnissen hat die heutige Situation allerdings nichts mehr gemeinsam. Durch den politischen Raum geistern zwar durchaus Gestalten, die den Querfront-Gedanken beleben wollen; ob als Politikmodell, wie einige Publizist:innen aus dem Umfeld der neurechten Zeitschrift *Sezession* und des linken Online-Magazins *Rubikon*, oder in ihren eigenen politischen Biografien, man denke etwa an auf Abwege geratene Figuren wie den Publizisten Jürgen Elsässer oder den ehemaligen Radiomoderator Ken Jebsen. Hier werden aber lediglich alte Gegnerschaften entlang neuer Fronten zementiert, von einflussreichen politischen Allianzen kann nicht die Rede sein. Wenig überzeugend finden wir dabei Einschätzungen, die aus entsprechenden Querfronten auf eine Wahlverwandtschaft linker und rechter Positionen schließen.[80]

Unser Verständnis der intellektuellen Querfronten zielt auf die noch nicht festgelegten Grenzzonen der Kritik, in denen Ideentransfer ungesteuert und in verschiedene Richtungen stattfindet. Der russische Semiotiker Jurij M. Lotman, der sich mit literarischen Zeichensystemen beschäftigte, definiert die Grenze als eine durchlässige Zone, die nicht nur trennt, sondern auch verbindet, ohne dabei die Gegensätze selbst abzuschaffen. Unterschiedliche Zeichensysteme, die in einer Kultur kursieren, stehen für Lotman immer schon in Beziehung zueinander, ein Zeichen setzt sich aus vielen Bedeutungen zusammen. Analog zur Biosphäre nennt er dieses kulturelle Netz der Bedeutungen »Semiosphäre«. Die Grenze ist die Kontaktzone, in der unterschiedliche Bedeutungen zusammenkommen und übersetzt werden: »Da die Grenze ein notwendiger Teil der Semiosphäre ist und kein ›wir‹ ohne ›die anderen‹ auskommt, schaffen Kulturen nicht nur ihre jeweils eigene Form von innerer Organisation, sondern auch ihren je eigenen Typ äußerer ›Desorganisation‹.«[81]

Lotmans Konzept lässt sich auf die ideologische Sphäre übertragen.[82] Auch hier bilden sich Positionen in Abgrenzung zu anderen aus, auch hier kommt es zu ideologischen Austauschprozessen, die Ordnungen durcheinanderbringen, desorganisieren. Genau für solche intellektuellen Grenzzonen, in denen das politische Zeichenmaterial in Bewegung gerät und neue ideologische Mischungsverhältnisse eingeht, interessieren wir uns in den Fallstudien in diesem Kapitel, lassen sich hier doch die Übertragungsmechanismen beobachten, die zu neuen Koalitionen führen und nicht zuletzt zu einem Libertarismus, der eine Neigung zum Autoritären in sich trägt.

Bevor wir nun endgültig zu den drei Fallstudien kommen, möchten wir noch kurz einige Muster ansprechen, die sich bei besagten Umwertungen, Allianzen und Ideentransfers regelmäßig beobachten lassen. Zunächst werden neue Koalitionen über die uns bereits bekannte Taktik der *Skandalisierung* geschaffen. Diese stiftet eine Verbindung über die moralische Empörung: Zwar stimme man den Positionen einer Kopftuchkritikerin, eines rechtspopulistischen AfD-Politikers, einer mit antisemitischen Stereotypen provozierenden Satirikerin etc. nicht zu, aber das raue Klima der Ablehnung, das ihnen entgegenschlage, sei moralisch unhaltbar. Indem der Einzelfall zu einem gesellschaftlichen Missstand generalisiert wird, redefinieren sich Muster der Gesellschaftskritik. Liberale Intellektuelle verteidigen das Recht auf öffentliches Wortergreifen, allerdings nun zu illiberalen Positionen. Solche Koalitionen werden außerdem meist über einen *geteilten Gegner* hergestellt: Man ärgert sich über einen negativen Bedeutungsträger, über Gendertheorien, Identitätspolitik, Eliten oder die Wissenschaft. Damit ordnet sich der politische Raum tatsächlich neu, weil zuvor getrennte Gruppen nun über die gemeinsame Gegnerschaft zusammengehalten werden: ein Sexismus, der sich libertär gibt; eine Xenophobie, die hedonistisch auftritt; und eine Staatskritik, die dezisionistisch abdriftet.[83] Schließlich wird bisweilen die *Inszenierung eines Bruchs* genutzt, um einen Seitenwechsel glaubhaft zu machen. Ähnlich wie in religiösen Konversionserzählungen bewirkt eine krisenhafte Erfahrung eine Umkehr, sie trennt die falschen Ansichten vor dem Erwachen von den richtigen danach.[84] Alte Verbindungen werden eingerissen, und es kommt zu einer ideologischen Neupositionierung.

Überschießender Zweifel

Eine erste intellektuelle Querfront formierte sich in den langen Coronajahren, in einer auf Dauer gestellten Krisenzeit, als sich langsam abzeichnete, dass selbst die massiven Einschränkungen des Alltagslebens kein schnelles Ende der Pandemie bedeuten würden, sondern dass sie ihrerseits soziale Gefährdungen produzierten: Isolation, Vereinsamung, Erschöpfung, Depressionen oder Arbeitslosigkeit. Nun ergriffen Intellektuelle das Wort und wiesen auf die gesellschaftliche Misere hin – im Namen all jener, die isoliert in ihren Wohnungen festsaßen. Ihrer Skandalisierung wohnte zwar ein moralischer Überschuss inne, aber der »Einspruch der Künstler«[85] machte durchaus auch mit plausiblen Einwänden auf die Pathologien einer szientistischen Politik aufmerksam, welche die Krise über wissenschaftliche Modelle zu lösen versuchte.

Der moralische Überschuss wird indes etwa bei den Videos der Social-Media-Intervention #allesdichtmachen aus dem April 2021 sichtbar, an der sich 53 Schauspieler:innen beteiligten, darunter Ulrike Folkerts, Wotan Wilke Möhring und Ulrich Tukur – kurz: die versammelte Prominenz des öffentlich-rechtlichen Abendprogramms. Jan Josef Liefers, für seine Rolle als blasierter Professor Boerne im Münsteraner *Tatort* vom Publikum geliebt, wirft »den« Medien Gleichschaltung vor und richtet sich sarkastisch an sein Publikum: »Verzweifeln Sie ruhig. Aber zweifeln Sie nicht.«[86] Volker Bruch, der als Hauptdarsteller der Serie *Babylon Berlin* bekannt wurde, bittet hingegen die Regierung ironisch um mehr Panikmache: »Macht uns mehr Angst. Die Menschen im Land brauchen diese Angst jetzt.«[87] Die künstlerische Aktion überführte die Kritik an den Pandemiemaßnahmen in einen diffusen Grenzraum, in dem Fakten und Fiktion verschwammen. In einigen Videos scheinen die Schauspieler:innen Insassen einer totalitären Diktatur zu sein, in der Regierungskritik verboten, einzig im überschwänglichen Lob versteckt geduldet ist – obwohl sie doch als reale Personen die ebenfalls reale Bundesregierung adressieren. In anderen Videos ist es ein übersteigerter Regelkonformismus, über den der Widerstand gegen das System formuliert wird.[88] Die Intervention verfehlte ihr Ziel, den Zweifel zu popularisieren, und rief stattdessen heftige Gegenreaktionen hervor, infolge der einige Schauspieler:innen ihre Beiträge löschten. Sie zog zudem ungewollte Bündnispartner:innen wie den rechtskonservativen ehemaligen Verfassungsschutzpräsidenten Hans-Georg Maaßen oder die AfD-Politikerin Alice Weidel an, die den Künstler:innen in den sozialen Medien zu der Aktion gratulierten. #allesdichtmachen leitete das Unbehagen der Künstler:innen, die wie kaum eine andere Berufsgruppe unter den Lockdowns litten, in eine »diffuse Wut« um;[89] in den entsprechenden Narrativen bevormunden und gängeln dunkle Zentren der Macht das Leben und die Kunst. Die Freiheit der Kunst wird so zu einem Text mit mehreren Bedeutungen, der sich nicht nur, aber doch auch in eine konspirative Erzählung übersetzen lässt.

Am 26. Februar, kurz nachdem die ersten europäischen Corona-Todesfälle aus Italien gemeldet wurden, schrieb Giorgio Agamben in der linken Tageszeitung *Il manifesto* über die »Erfindung einer Epidemie«.[90] Agambens Theorie des Ausnahmezustands, die er in der *Homo-sacer*-Reihe entfaltet, hat enormen Einfluss auf die Geisteswissenschaften. Sie geht davon aus, dass die Logik der Souveränität ein zentrales Steuerungsprinzip moderner Staatlichkeit darstellt. Dadurch würden immer wieder rechtsfreie Räume geschaffen, über die Menschen ausgeschlossen werden. Die nationalsozialistischen Konzentrationslager seien letztlich, so seine Annahme, in der abendländischen Politik von jeher angelegt.[91] Dass er in seinem stark umstrittenen Zeitungsartikel eine »Tendenz« beobachtet, »den Ausnahmezustand als probates Regierungsparadigma zu verwenden«,[92] ist also keineswegs, wie Benjamin Bratton im *Merkur* klarstellte, einem »plötzlichen Sinneswandel« geschuldet.[93] Agambens Beiträge zur Politik der Pandemie führen anschaulich vor, wie eine Kritik der Macht, die sich auf dunkle Machenschaften der Regierenden beruft, in Verschwörungsdenken umschlagen kann. In dem im Juni 2020 verfassten Vorwort zu dem Band *An welchem Punkt stehen wir?* spricht Agamben davon, die »vorherrschenden Kräfte dieser Welt« hätten »die Pandemie – ob sie tatsächlich oder nur scheinbar eine solche ist – bewusst zum Vorwand genommen [...], ein völlig neues Paradigma zu schaffen, wie Menschen und Dinge zu regieren« seien.[94] Die intellektuelle Skepsis verselbstständigt sich zu einem Decodierungssystem, das ungesteuerte Geschehnisse nach einem einheitlichen Schema entziffert, um die wahre Intention der Macht offenzulegen.[95] Sorgen über eine neue Staatlichkeit generalisieren sich zu einem Misstrauen gegenüber einer bevorstehenden »Großen Transformation« (mit großem G).[96] Wie in zahlreichen Verschwörungstheorien rund um die Pandemie, auf die wir im nächsten Kapitel näher eingehen, werden die faschistische Diktatur und der »Gesundheitsterror« der Gegenwart als zwei despotische Modi des Regierens interpretiert. Der Philosoph selbst wird »Zeuge« umwälzender Ereignisse, er ist ein Sehender mit exklusivem Deutungsanspruch: Angesichts einer diffusen Situation vermag *er* es, die Ordnung der Macht zu entlarven. Hier mischt sich der intellektuelle Zweifel mit einer eschatologischen Idee des Politischen: »Eines ist klar: Es werden neue Widerstandsformen erforderlich sein. Ihnen sollen sich all jene vorbehaltlos anschließen, die an der Idee einer zukünftigen Politik festhalten.«[97]

Wer schweigt, stimmt zu heißt ein 2022 erschienener Essay der durch ihr Europa-Engagement bekannt gewordenen Politikwissenschaftlerin und intellektuellen Aktivistin Ulrike Guérot. Laut der Autorin ist er all jenen gewidmet, »die nicht so leben können, wie wir jetzt leben«.[98] Guérot hat einen epistemischen Bruch vollzogen, sie ist nicht in den »Zug der Coronamaßnahmen« eingestiegen und darum »heute von der Gesellschaft entfremdet«. Der Preis des Zweifelns ist hoch, sie spricht in ihrer Danksagung von einer »sozialen Rekonstruktion«, im Zuge derer sich ihr Freundeskreis fast komplett ausgetauscht habe. Allein: Sie konnte nicht anders, hätte sie sonst doch einen Verrat an der Wahrheit begangen, wie sie unter Verweis auf Julien Bendas 1927 erschienenen Essay *Der Verrat der Intellek-*

tuellen kommentiert.[99] Der französische Philosoph warnte damals vor der gefährlichen Dynamik eines polarisierten Debattenraums.[100] Die Autorin will hingegen an der intellektuellen Tugend des Wahr-Sagens festhalten, auch wenn sie dadurch in eine – kontrafaktische – Inferiorität gedrängt werde. Kontrafaktisch ist diese insofern, als gerade die Klage über den Ausschluss Aufmerksamkeitsgewinne nach sich zieht. Nicht trotz, sondern wegen ihrer provokanten Thesen wurde Guérots Buch zu einem viel diskutierten Bestseller.

Sieht man sich die Metaphorik ihrer Gegenwartsdiagnose genauer an, wird der Profit deutlicher, den sie aus ihrem Bruch mit dem Common Sense schlägt. Laut Guérot sei die gesamte Gesellschaft wie Gregor Samsa in Franz Kafkas Erzählung »Die Verwandlung« eines Morgens als Käfer aufgewacht und wisse nicht so recht, wie ihr geschehe – wolle dies aber auch gar nicht wissen: »Vieles spricht dafür, dass die meisten im ›Bann der Gegenwart‹ einer Hypnose verfallen sind und deswegen gerade nicht wissen oder darüber nachdenken *wollten*, was gerade geschieht.«[101] Letztlich unterliege die Mehrheit der Bevölkerung gern einer trügerischen Täuschung. Guérot spricht von »Konditionierung«, von »sprachlichen Umdeutungen«, die eine Identifikation mit dem Status quo begünstigen: Solidarität werde zum Staatsgehorsam, Abhängigkeit zur Freiheit und die Gesellschaftskritik zur Verschwörungstheorie.[102] Mit dieser semantischen Umkehr greift sie nicht nur zentrale Begriffe und Bilder der Querdenken-Bewegung auf (»Diktatur«, »Zensur«, »Säuberung« etc.), sondern sie erhebt das »Querdenken« zum Modus eines souveränen Denkens, das anders verfährt als die szientistische Ratio.[103] Für sie besteht die »große Regression«[104] der Gegenwart darin, dass einzig das messbare Wissen als Erkenntnisquelle diene und alternative Erkenntnisformen wie etwa die Spiritualität marginalisiert würden: »Wo die Mathematik weiß, dass 2 + 2 = 4 ist, lehrt die Weisheit uns, dass man auch mal drei gerade lassen soll.«[105] Man ist sich der faktischen Falschheit einer Behauptung bewusst, aber genau das wird zu einer höheren Erkenntnis des Alltagsverstandes aufgewertet.[106]

Was Guérot und Agamben eint, ist ihre *bestimmte* Negation der Gegenwart. Sie formulieren keine rein negative Kritik an der bestehenden Sozialordnung, sondern überführen die Skepsis in eine Hoffnung auf den »Anbruch einer neuen Zeit«.[107] Es sind kritische Stimmen aus dem liberal-intellektuellen Milieu, die einen Generalverdacht popularisieren. Sie übersetzen das diffuse Unbehagen in eine absolute Skepsis, in der das eigenmächtige Denken zum Souverän über die Fakten wird. Guérots Essay mündet in der Imagination einer schrankenlosen Souveränität, die sogar politische Säuberungs- und Reinheitsfantasien enthält.[108] Das libertäre Denken, das nur die eigene Autorität anerkennt, tendiert hier ins Autoritäre, ohne es selbst schon zu sein.

Nostalgischer Aktivismus

Eine zweite Querfront hat sich in Debatten rund um Emanzipationskämpfe herausgebildet, die oft mit dem aufgeladenen wie letztendlich schwammigen Begriff der »Identitätspolitik« operieren. In einer ersten Annäherung könnte man sagen, dass damit in der Regel das Engagement von Gruppen gemeint ist, die über bestimmte Merkmale definiert werden bzw. sich selbst darüber definieren: Geschlecht, Hautfarbe, Geschlechteridentität, sexuelle Orientierung. Wo Marx und Engels im *Kommunistischen Manifest* noch mit revolutionärer Emphase bekundeten, alle »bisherigen Bewegungen« seien »Bewegungen von Minoritäten oder im Interesse von Minoritäten« gewesen, die »proletarische Bewegung« sei jedoch »die selbständige Bewegung der ungeheuren Mehrzahl im Interesse der ungeheuren Mehrzahl«,[109] stehen aus Sicht der Kritiker:innen nun also wieder Minderheiten oder zumindest partikulare Gruppen im Mittelpunkt. Man definiert sich nicht über ein Merkmal, das alle Menschen teilen, sondern über Eigenschaften, die einen von den anderen trennen,[110] und kämpft für die Anerkennung dieser Einzigartigkeit sowie gegen den Ausschluss oder die Diskriminierung durch die vormals privilegierte Mehrheit.

Zumindest in bestimmten Teilen des traditionellen linken Milieus stößt diese neue Grammatik politischer Konflikte auf Ablehnung. Die Grundargumentation lautet in der Regel: Der Fokus auf die partikularen Ansprüche von Minoritäten habe die allgemeinen Interessen der Mehrheit entwertet und verdrängt.[111] Von einer Linken, die gegen kulturelle Diskriminierung und nicht gegen ökonomische Ausbeutung kämpfe, fühlten sich die Arbeitenden und Deklassierten nicht länger gesehen. Stattdessen würden sie sich nun rechtspopulistischen Parteien zuwenden.[112] Das Reaktionsmuster, das diese enttäuschten Intellektuellen der traditionellen Arbeiterklasse zuschreiben, findet sich dabei allerdings mindestens ebenso sehr bei ihnen selbst.

In modernen Massendemokratien hatten linke Intellektuelle einerseits eine herausgehobene Stellung inne: Sie sprachen im Namen universeller Normen für benachteiligte Gruppen oder gar für die Menschheit insgesamt, stellten mithin sozusagen das Allgemeine her. Dieses Geschäftsmodell gerät in der dezentralen Öffentlichkeit spätmoderner Gesellschaften unter Druck: Die Benachteiligten sprechen plötzlich für sich selbst und kritisieren dabei auch jene etablierten Intellektuellen, die sie zuvor repräsentierten. Außerdem rekurrieren sie dabei nicht unbedingt auf ein Allgemeines, sondern sie artikulieren partikulare Standpunkte und Interessen. In dieser Situation reagieren einzelne Vertreter einer vormaligen Avantgarde mit Gegenangriffen und einer Sehnsucht nach aufgeräumteren Zeiten – was ihre Äußerungen auch nach rechts anschlussfähig macht.[113] Diese restaurative Kehrseite eines nostalgischen Klassenkampfs wird bei einigen prominenten Repräsentant:innen der 2018 gegründeten Sammlungsbewegung Aufstehen besonders anschaulich. Der Dramaturg Bernd Stegemann, der neben der Linken-Politikerin Sahra Wagenknecht das politische Profil der Bewegung prägte, attestiert der Identitätspolitik egoistische Motive, die zu ihrer Vereinnahmung durch den Kapitalismus beigetragen habe: »Wenn jeder sein eigenes Ich zum Zentrum der eigenen Aufmerksamkeit macht, gibt es keinen sinnvollen Widerspruch gegen andere partikulare Ansprüche.«[114] Dagegen möchte Stegemann die positive Allgemeinheit des Klassenbewusstseins revitalisieren, das mithilfe der »Brechstange des Populismus«[115] wieder im politischen Raum verankert werden soll: Der ökonomische Grundwiderspruch zwischen Kapital und Arbeit soll mit der populistischen Differenz von Volk und Elite verknüpft werden: »[E]ine positive Wirkung hat jede populistische Bewegung in der aktuellen Lage, egal ob sie rechts- oder linkspopulistisch ist: Sie schreckt die Eliten auf und zwingt sie das erste Mal seit Jahrzehnten, ihre feudalen Strukturen öffentlich zuzugeben.«[116]

Zu diesem nostalgischen Impuls gehört auch, dass Stegemann an einem Bild der Öffentlichkeit als einer Sphäre festhält, in der nicht Empfindungen zählen, sondern Argumente. Hier lauert ein gewisser Affekt gegen Emotionen, das Differente und das vermeintlich übersensible »woke« Bewusstsein. So sieht Stegemann die entscheidende Errungenschaft von Öffentlichkeit darin, eine »komplexitätstaugliche öffentliche Kommunikation« möglich zu machen.[117] Das Chaos der Stimmen könne dort in ein gemeinsames Gespräch überführt werden, was jedoch die universelle Gleichheit aller Mitglieder voraussetze. In eine ähnliche Kerbe schlägt der Wiener Philosoph Robert Pfaller, der in seiner Schrift *Erwachsenensprache* (2018) eindringlich die *»mündige Bürgerlichkeit* (citoyenneté)« verteidigt.[118] Öffentlichkeit, mithin zivilisatorische Umgangsformen beruhten auf der »Fähigkeit, Distanz zu dulden«.[119] Diese Argumentation kommt uns nicht ohne Grund bekannt vor, sie stammt von Richard Sennett und wird bei Pfaller herangezogen, um die Pathologien der »Postmoderne« an einem untergegangenen Ideal zu messen.[120] Diese bürgerliche Öffentlichkeit ist jedoch eine »Retrotopie«,[121] ein untergegangener Sehnsuchtsort, der inneren Zusammenhalt durch Homogenität garantierte. Geprägt war er von einer normalisierenden Idee, die Allgemeinheit als Gleichheit dachte und damit das Persönliche, Besondere, Differente als destabilisierende Gefahren ausschloss.

Ähnlich wie für Stegemann sind die »postmodernen Identitäts- und Sprachpolitiken« für Pfaller »Propaganda« für eine neoliberale Umverteilung von unten nach oben, die eine »Politik der Gleichheit« unmöglich mache. Wir begegnen hier also einer radikalen Kritik am »progressiven Neoliberalismus«, wie sie von Nancy Fraser popularisiert wurde, allerdings derart ins Drastische übersteigert, dass sie in ein restauratives Fahrwasser gerät.[122] Bei Stegemanns Mitstreiterin Sahra Wagenknecht kippt diese Kritik endgültig in einen »Normalismus«[123] der kleinen Leute. In ihrem 2021 erschienenen Buch *Die Selbstgerechten* ergeht sie sich in endlosen Invektiven gegen eine vermeintlich dominierende »Lifestyle-Linke«, die sich vor allem mit »Fragen des Lebensstils« »und moralische[n] Haltungsnoten« beschäftige, »Autonomie und Selbstverwirklichung mehr« schätze »als Tradition und Gemeinschaft«, und die nun – hier zeigt sich, dass es auch um Kränkungen durch einen infrage gestellten Alleinvertretungsanspruch geht – fälschlicherweise mit dem progressiven Projekt der Gesellschaftsveränderung identifiziert werde.[124] Konformistisch sei letztlich aber nicht die Sehnsucht nach Stabilität und Sicherheit, sondern das singuläre Streben nach Besonderung. Das semantische Bündnis mit konservativen Milieus mit traditionalistischen Wertvorstellungen wird spätestens hier offenkundig.

In dieser Frontstellung erscheinen die Protestformen der

Identitätspolitik als Symptom einer paternalistischen Gouvernementalität, die im Zuge einer Kaperung des Staates durch die »Lifestyle-Linke« entstanden sei und die den Menschen die letzten Freuden des Alltags rauben möchte: Auf den Zigarettenpäckchen werden Warnhinweise angebracht, Frauen wird von Stöckelschuhen und Röcken abgeraten, vor bösen Witzen wird gewarnt, verächtliche hingegen werden gleich verboten.[125] Dieses heterogene Potpourri von Verhaltensnormierungen deutet Pfaller als einen »Kulturpuritanismus«, der Erwachsenen ihr eigenes Erwachsensein nicht mehr zumute.[126] Dieses »Zartgefühl von oben nach unten« sei insofern eine neoliberale Herrschaftsform, als es von der »Brutalisierung gesellschaftlicher Verhältnisse« ablenke: Statt sich gegen Arbeitslosigkeit und Armut zur Wehr zu setzen, empöre man sich lieber über die fehlende dritte Toilettentür.[127]

Diese Parteinahme für den Hedonismus der kleinen Leute wie auch für den vertikalen Klassenkampf ist nicht per se problematisch. Aber dadurch, dass sie binär und antagonistisch zu Ansprüchen auf identitätspolitische Anerkennung gesetzt werden, schaffen sie ein Ressentiment, das Idiosynkrasien und Sensibilitäten entweder als Überempfindlichkeit entwertet oder als Machtinstrument aggressiv abwehrt. Ebenso lässt sich der libertäre Impuls beobachten, Rücksichtnahmen von sich zu weisen. Indem Verbot und Verzicht als eine kulturelle Herrschaftsform der Identitätspolitik gedeutet werden, können eigene Stereotype und aggressive Impulse auf ein relativ machtloses Vergleichsobjekt projiziert werden: Der politische Kampf wird nicht gegen die Mächtigen geführt, sondern gegen das Aufbegehren kultureller Minderheiten, das Stegemann auch als »Seuche« für die öffentliche Meinungsäußerung bezeichnet.[128] Der nostalgische Klassenkampf radikalisiert sich zu einem populistisch aufgeladenen Kulturkampf.

Partisanen der Zeichen

Eine dritte Grenzzone, in der Ideen neue Verbindungen eingehen, ist auf einem ganz anderen Terrain zu beobachten: auf dem Streitplatz um die sogenannte »Postmoderne«. Der ursprünglich subversive Impuls postmodernen Denkens, die Grundpfeiler der Moderne (Vernunft, Fortschritt und Aufklärung) radikal zu dekonstruieren, schlägt bei vereinzelten Intellektuellen in Letztbegründungen um, die die destabilisierte Gegenwart auf neue, bisweilen rechte Fundamente stellt.[129] Wie die Postmoderne zu beurteilen sei, was man überhaupt unter ihr zu verstehen habe, ist selbst ein umkämpftes Konfliktfeld, auf dem vehement über die Grenzziehung zwischen linken und rechten Ideen gestritten wurde. Jürgen Habermas etwa bezeichnete die französischen Autoren Georges Bataille, Michel Foucault und Jacques Derrida 1980 als »Jungkonservative«, da sie in modernistischem Gewand antimoderne Positionen formulieren würden.[130] Dass gegenwärtig Zeichenmaterial wie Differenz oder Identität in den begrifflichen Werkzeugkasten der Rechten wandert, ist aber weniger ein untrüglicher Beweis für einen rechten Ursprung der Postmoderne, sondern ein Indiz für eine Metamorphose der Gegen-Epistemologie (siehe Kapitel 3).[131]

Die Wanderbewegung der Begriffe, die sie zu einem diametral entgegengesetzten politischen Ort führen sollte, lässt sich beispielhaft am wechselhaften Werdegang der Zeitschrift *Tumult* veranschaulichen. In erster Nummer erschien sie 1979 mit dem Untertitel *Zeitschrift für Verkehrswissenschaften* als kollektives Projekt des am französischen Poststrukturalismus orientierten Merve-Verlags. Das Motiv der Zeitschrift war, so der damalige Redakteur Dietmar Kamper, die »Erprobung neuer Schreib- und Darstellungstechniken«.[132] Statt einer Großerzählung mit absoluten Erklärungsprinzipien sollte gerade das Medium der Zeitschrift die unhinterfragte Macht von Autor und Sprache depotenzieren, um künstlerisch-subversiven Formen der Gesellschaftskritik ein Forum zu geben. In der Ankündigung des 1978 erschienenen Merve-Bands *Das Schillern der Revolte*, dessen Autor:innen-Kreis weitestgehend deckungsgleich mit der *Tumult*-Redaktion war, heißt es:

> Schlüssige Theorien und eindeutige Strategien bzw. Gegenstrategien sind unbrauchbar, wo das Ganze zu einem Wahn-System sich entwickelt und die von der Macht besetzten Felder immer labyrinthischer werden. Was Wunder, daß es nun höchste Zeit ist, neue inkommensurable Formen der Unterbrechung des Systems der Macht auszuprobieren, z.B. querdenken, Spielregeln umkehren, sich unkenntlich machen, Gelächter anstimmen ...[133]

Eine veränderte Herangehensweise, die das weitverzweigte Gewebe gesellschaftlicher Macht erkunden wollte, erforderte neue Formen intellektueller Intervention, die mit der marxistischen Orthodoxie brachen. So verschlungen die Wege der Macht, so vielfältig seien auch die Mittel der Subversion. Der Titel *Tumult* drücke darum »im Unterschied zu ›Aufruhr‹, ›Revolte‹, ›Rebellion‹ ein unabsichtliches, unwillkürliches Zusammen- und Auseinanderströmen« aus, so Mitbegründer Frank Böckelmann.[134] Indem man politische Letztbegründungen ablehnte, öffnete man sich für marginalisierte Blickrichtungen. Und das schloss eben auch rechte Denktraditionen ein.[135] Man beschwor nicht nur eine heraufkommende Zeitenwende, sondern wollte auch das Heroische neu beleben. Man las Carl Schmitts *Theorie des Partisanen* oder streifte mit Ernst Jüngers *Der Waldgang* im Rucksack durchs deutsche Unterholz.[136] Doch man versuchte damals noch, den raunenden Ton in den Dienst einer antihegemonialen, dekonstruktiven Gesellschaftskritik zu stellen.

Mit der Änderung des Untertitels in *Vierteljahresschrift für Konsensstörung* im Jahr 2013 wurde eine politische Neuausrichtung eingeläutet. Der tatsächliche Bruch in der Redaktion erfolgte im Winter 2015/16 über die Standortbestimmung zur

Flüchtlingsfrage. Unter dem Herausgeber Böckelmann, einst Gründungsmitglied der linksalternativen Subversiven Aktion, erfuhr die poststrukturalistische Zeitschrift einen rechten Zuschnitt. Dem Titel *Tumult* ist laut Böckelmann nun eine »Abkehr vom Machbarkeitswahn eingeschrieben: von der Hybris, dass man die Welt erfinden und die eigene Identität nach Belieben konstruieren könne«.[137] Betonte der Titel ursprünglich, dass soziale Stabilisierungsversuche stets prekär, brüchig und von Irritationen durchzogen bleiben, wird genau dieser radikale Zweifel an modernen Ordnungsstrukturen nun ein wirkungsvoller Hebel, um die politischen Institutionen von rechts zu kritisieren. Szenarien, mit denen in den Anfangsjahren der Zeitschrift noch die »Auflösung der gebundenen Sicherheit«[138] bejubelt wurde (der Strom, die Auflösung, das Chaos, die Katastrophe oder der Krieg), bedrohen nun die eigene Identität, ja die kulturelle Substanz einer Gesellschaft. Die Zeitschrift erprobt einen rechten »Aufstand der Zeichen«[139] gegen ihre Sinnentleerung und -verkehrung in der Spätmoderne, der hier nur schlaglichtartig vorgeführt werden kann.

Als ein Motiv der Neugründung wird ein hermetischer Konsens genannt, der sich gegen politische Alternativen verschlossen habe:

> Die Gründung der Vierteljahresschrift reagiert auf einen wachsenden Konsensdruck, erzeugt durch global vernetzte, machtvolle Sinnproduzenten alter und neuester Medien, die im Zusammenschluss mit der vom Finanzkapital beherrschten Weltwirtschaft und den ihnen servil zuarbeitenden Wissenschafts- und Forschungsbetrieben die neokonforme öffentliche Meinung inszenieren.[140]

Kritisches Denken ist in dieser düsteren Diagnose aus der öffentlichen Kommunikation verbannt. Global operierende Konzerne bestimmen, was gesagt werden soll und überhaupt gesagt werden kann. Und akademische Intellektuelle sekundieren ihnen unterwürfig. So verbirgt sich, wie die beiden Herausgeber ein Jahr später präzisieren, hinter der demokratischen Idee des Konsenses ein Mechanismus der politische Schließung: »Man schwärmt von Vielfalt und Offenheit; doch hat man dabei wohl ein Stelldichein verträglicher Passagiere im Sinn.«[141] Zugelassen würden lediglich jene Alternativen, welche die politische Ordnung nicht transzendieren.

»Refugees welcome. Die Beifall klatschenden und fürsorglichen Helfer interessieren sich kein bisschen für syrische, pakistanische und somalische Lebensart, Gesichter, gar Geschichte«, schreibt Böckelmann im Winter 2015/16 angesichts des großen zivilgesellschaftlichen Engagements und fährt fort: »Jeder Eintreffende ist gleich gut geeignet als Objekt humanitärer Hingabe. In der Demonstration puren Gutseins gipfelt vollendete Gleichgültigkeit – auch sich selbst gegenüber. Keine Unterschiede zu machen, ist angewandter Nihilismus.«[142] An den subversiven Geist erinnernd, kultiviert die Zeitschrift eine polemische Moralkritik, wie sie ähnlich der Philosoph Arnold Gehlen in seiner Schrift *Moral und Hypermoral* aus dem Jahr 1969 formulierte. Den Helfenden werden letztlich egoistische Motive der Selbstaufwertung unterstellt, die Geflüchtete zu gestaltlosen »Objekten« der Fürsorge degradiere. In der Polemik gegen die breite Hilfsbereitschaft in der Bevölkerung wird aber auch dem nicht ausgesprochenen Anderen ein Platz eingeräumt: der ordnungsstiftenden Differenz unterschiedlicher »Lebensarten«, die in der ethnopluralistischen Idee mündet, dass ein Volk seine kulturelle Identität in seinem zugewiesenen territorialen Raum bewahren müsse.

Obwohl (oder wohl eher weil) mittlerweile vor allem rechtskonservative bis rechte Autor:innen wie Matthias Matussek oder Uwe Tellkamp zum Autor:innenkreis gehören, hat die Zeitschrift ihre subversive Ursprungsidee nicht aufgegeben. Sie möchte feste Gewissheiten und Moralvorstellungen zertrümmern – allerdings vor allem jene der liberalen Gesellschaft. Es sind inklusive Wertvorstellungen (Gemeinsinn, Gleichheit oder

Solidarität), die als Machtordnung identifiziert und mit aufrührerischem Gestus bekämpft werden. Dabei kultiviert die Zeitschrift ein intellektuelles Selbstverständnis, das an Jüngers libertären »Waldgänger« erinnert, der qua seiner autarken Position selbst in einer katastrophalen Wirklichkeit noch Widerstand zu leisten vermag: »Der Name dieser Zeitschrift, *TUMULT*, war und ist auch ein Synonym für den *Aufstand der Singularitäten* [...]. Wir geben Gestalten und Gestaltungen Raum, die sich der Universalisierung und Globalisierung verweigern oder im Zuge solcher Verweigerung entstehen«, heißt es im Herbst 2015 unter Berufung auf den postmodernen Medientheoretiker Jean Baudrillard.[143] Der Intellektuelle wird ein Partisan der Zeichen, der die politische Ordnung aus einer unterlegenen Position heraus mit den Mitteln der semantischen Kriegsführung unterwandert. Er ist Opfer einer übermächtigen Ordnung und zugleich ein tragischer Held, der auf »verlorenem Posten« ausharrt.[144] Das singuläre Individuum wird hier zu einem Pionier des autoritären Protests. Die aufständische Pose der Gesellschaftskritik, die subversive Regelüberschreitung ist geblieben, geht nun aber von einer restaurativen Warte aus.

Register der Kritik

In gesellschaftlichen Umbruchphasen destabilisiert sich nicht nur die soziale Ordnung, sondern auch die Ordnung der Kritik, das heißt die Art und Weise, soziale Realität wahrzunehmen, sie zu problematisieren und über sie zu urteilen. Im Zuge der Ungleichzeitigkeiten regressiver Modernisierungen verrücken, verschieben oder durchkreuzen sich die *Register der Kritik*.[145] Sie können politisch anders aufgeladen oder neu miteinander verknüpft werden. Der libertäre Autoritarismus ist eine dieser neuen Spielarten der Kritik.

Da ist zunächst die normative Dimension mit dem Gegensatzpaar *universalistisch/partikularistisch*, die eine Umwertung erfährt. Während partikularistische Normen in der klassischen Gesellschaftskritik meist den herrschenden Klassen mit ihren Eigentums- und Besitzrechten zugeschrieben wurden, standen die universalistischen Normen der Aufklärung für emanzipatorische Klassen und soziale Bewegungen. Diese Unterscheidung begann bereits in den siebziger Jahren unscharf zu werden, heute scheint sie indes in ihr Gegenteil gekippt zu sein: Das Recht auf Besonderheiten und Idiosynkrasien ist eine zentrale Forderung progressiver Identitätspolitiken, die sich gegen die Allgemeinheit richtet. Das Pochen auf den Universalismus wird stattdessen, wie wir gesehen haben, ein Instrument des Machterhalts. Statt Pluralismus und Vielfalt gilt libertären Autoritären nur ein Prinzip – das ihre.

Auch der Gegensatz *Wissen/Anschauung*, der die epistemische Dimension der Kritik betrifft, wird nun anders beurteilt. Gegen die distanzierte Beobachtung der Gesellschaftskritik, die gesichertes Wissen über soziale Ungleichheiten generiert, wird der subjektive Erfahrungs- und Empfindungsraum aufgewertet, der das soziale Leiden konkret erfahrbar werden lässt. Die Geste der Kritik, *über* die Leute zu sprechen, wird durch die Leute selbst problematisiert. An die Stelle der rationalen Erkenntnis tritt die affizierende Empfindung als Grundlage, von der aus gesellschaftliche Missstände beschrieben werden. Dies ist sowohl bei der »woken« Identitätspolitik wie der ebenfalls »erwachten« Querdenken-Bewegung zu beobachten.

Kritik orientiert sich ferner üblicherweise entlang der Inklusion sozialer Gruppen mit dem Gegensatzpaar *Öffnung/Schließung*. Dass grundsätzlich niemand der Zugang zu Ressourcen, Handlungs- und Erwerbschancen verweigert werden sollte, gilt als eine progressive Forderung, während elitäre Gemeinschaften soziale Teilhabemöglichkeiten beschränken wollen. Derzeit ist zu beobachten, dass soziale Partizipation über die Exklusion von Personen oder Positionen sichergestellt werden soll: Personen werden ausgeladen, wenn sie sich herabsetzend geäußert haben, bestimmte Wörter werden aus dem alltäglichen Sprachgebrauch verbannt etc. Durch solche Schließungen soll der öffentliche Raum auch für jene geöffnet werden, die zuvor diskriminiert waren und keinen Zugang hatten.

Damit zusammen hängt eine weitere Dimension der Kritik, die über den Gegensatz *Minderheit/Mehrheit* den Raum der sozialen Interessen in den Blick nimmt. In der Gegenwart scheinen insbesondere kulturelle Minderheiten den sozialen Fortschritt voranzutreiben, auch gegen das Interesse der Etablierten. Sie formulieren besondere Ansprüche und reklamieren Sonderrechte, ob dies nun Sprachregelungen oder Quoten sind, orientieren sich dabei aber an Normen wie universeller Gleichheit und Inklusion. Der vorgebliche Kampf für die allgemeinen Interessen der Mehrheit wird hingegen nicht selten dazu genutzt, exklusive Privilegien und Machtansprüche zu verteidigen. Im Namen der Mehrheit wird der Kampf gegen das Gendersternchen und die dritte Toilettentür geführt.

Auch das Gegensatzpaar *Staat/Individuum* erfährt eine Umwertung: Progressive Bewegungen waren in der Regel skeptisch gegenüber staatlichen Institutionen und verteidigten individuelle Freiräume, wohingegen Konservative für einen starken Staat und konforme Lebensweisen eintraten. Heute indes finden emanzipatorische Kämpfe in den staatlichen Institutionen statt und mit Instrumenten, die auf eine Reglementierung individuellen Verhaltens zielen.[146] Konservative bis Rechte verteidigen hingegen die individuelle Selbstbestimmung gegen staatliche Regulierung.

Eng damit verwandt ist schließlich eine Dimension, die entlang dem Gegensatz *Freiheit/Unfreiheit* auf die gesellschaftliche Regulierung von Macht zielt. Während eine progressive Kritik in unterschiedlichen Schattierungen für eine freie Gesellschaft plädiert, die durch einen gebändigten Markt gewährleistet werden soll, zielen konservative oder rechte Positionen meist auf eine traditionalistische, also unfreie Gesellschaft und einen liberalen, deregulierten Markt.[147] In diesem Koordinatensystem entstehen nun auch anders gelagerte Positionierungen: Progressive fordern eine Normierung des Alltagslebens und sehen in der ökonomischen Flexibilisierung neue Emanzipationschancen, wohingegen sich Konservative auf ihr Recht auf freie Selbstbestimmung berufen.

Die Freiheitskonflikte der Gegenwart bergen also Protestformen in sich, in denen sich regressive und emanzipatorische Elemente kreuzen. Diese Verschiebungen in den Registern der Kritik werden uns in den beiden folgenden Kapiteln begleiten.

7. Wiederverzauberung der Welt: Coronaproteste

Frau Weber studiert Erziehungswissenschaften. Sie beschreibt sich als spirituelle und intuitive Person, sie glaubt an Gott und an die Kraft des Universums. Frieden und eine harmonische Gesellschaft bedeuten ihr viel. Sie sei Kosmopolitin und gegenüber Menschen anderer Religion oder Hautfarbe sehr offen. Während des Interviews entschuldigt sie sich, wenn sie nicht konsequent gendert. Zu Beginn der Pandemie ist sie aus Indien zurückgekehrt, weil sie Angst hatte, dort alleine zu sterben. Sie absolvierte Meditationskurse für den Weltfrieden und schloss sich dann schnell der Querdenken-Szene an. Ihr Lebensgefährte organisierte sogar einige Veranstaltungen. Bevor sie eine Demonstration besucht, fühlt sie in sich hinein, ob es sie auch wirklich dorthin zieht. Ihre erste Rede auf einer Kundgebung bereitete sie nicht vor, diese sei ihr »eingegeben« worden. Menschliche Kontakte sind ihr genauso wichtig wie körperliche Berührungen. All dies werde Kindern nun vorenthalten, diese könnten weder etwas mit anderen erleben noch Nähe erfahren. Für Frau Weber ist dies mehr als nur Kindeswohlgefährdung, es handele sich um ein »Verbrechen«. Die Medien und die Regierung hält sie für »gleichgeschaltet«. Dass der Staat, wie sie sagt, Unterdrückung ausübe, deutet sie als Zeichen der Angst, als Indiz dafür, dass etwas nicht stimmt. Schon als sie sich für Umweltschutz und Veganismus engagierte, habe sie bei allem, was nicht regierungskonform gewesen sei, Repressalien erlebt. Den demokratischen Institutionen misstraut sie fundamental. Und auch wenn sie viel Wert auf Empathie legt, hat sie kein Problem damit, dass die Demonstrationen, die sie besucht, nach rechts offen sind.

In diesem Kapitel versuchen wir zu erklären, warum Menschen wie Frau Weber sich der Querdenken-Bewegung angeschlossen haben, warum ihre besondere Empfindsamkeit gegenüber sich selbst und ihrer Umwelt in negative Affekte umschlagen kann – und was dies mit libertärem Autoritarismus zu tun hat.

Pandemische Freiheitskonflikte und die Geburt einer Bewegung

Zunächst dachten viele, es werde schon nicht so schlimm werden. Doch bekanntermaßen kam es anders: Im März 2020 wurden zum ersten, aber nicht zum letzten Mal umfassende Kontaktbeschränkungen erlassen. Ab April kam die Maskenpflicht dazu. Als das Coronavirus endgültig den Alltag bestimmte, herrschte das Gefühl eines »kollektiven Kontrollverlustes«.[1] Viele empfanden dies als eine Kränkung ihres Selbstverständnisses – und das galt auch für die liberale Gesellschaft insgesamt, die geglaubt hatte, es werde ein Virus *der Anderen* bleiben.[2] Die Kränkung ging jedoch noch weiter: Der Staat, dessen Hand in den letzten Jahrzehnten vor allem für die Unterklassen spürbar war, griff plötzlich sehr direkt in das Leben aller Bürger:innen ein.

Im Vergleich zu früheren Pandemien stellten die flächendeckenden Ausgangs- und Kontaktbeschränkungen einen massiven Eingriff dar.[3] Nicht nur Schulen, Kindergärten und andere öffentliche Einrichtungen wurden geschlossen, auch Restaurants, Sportklubs und Kulturinstitutionen mussten dicht machen. Die Pandemie traf zudem auf ein gestiegenes Risikobewusstsein: Noch Ende der sechziger Jahre hatte die sogenannte »Hongkong-Grippe« Zehntausende Menschen das Leben gekostet. Allerdings waren Infektionskrankheiten in den Nachkriegsdekaden noch ein selbstverständlicher Teil des Alltags. In dem halben Jahrhundert seither hat sich der Umgang mit Krankheit, Tod und Alter verändert. Der frühere Fatalismus wich einer ausgeprägteren Rücksichtnahme auf Alte und Kranke[4] – allerdings nicht bei allen. In unserem Zusammenhang ist wichtig, dass in den Maßnahmen ein normativer Fortschritt im Verhältnis von Wirtschaft und Gesundheit zum Ausdruck kam. Hatte man im 19. und 20. Jahrhundert in der Regel ökonomische Gesichtspunkte priorisiert, richtete man die Coronapolitik nun zunächst am Schutz besonders gefährdeter Gruppen aus.

Da in der Risikogesellschaft stets zukünftige Katastrophen antizipiert werden müssten, so Ulrich Beck, überschnitten sich in ihr Normal- und Ausnahmezustand.[5] In der Pandemie gab es dann freilich keinen Normalzustand mehr. Krisensituationen, zumal solche, in denen unter Zeitdruck auf eine dynamische Lage reagiert werden muss, geben der Exekutive die Gelegenheit, sich neue Machtbefugnisse anzueignen. In der Schweiz, wo die demokratische Legitimation durch föderale und direktdemokratische Elemente eigentlich zu den höchsten Gütern zählt, rief der Bundesrat, also die Regierung, am 16. März eine »außerordentliche Lage« nach dem Epidemiengesetz aus. Nun konnte die Exekutive per Notrecht an den Kantonen vorbei Maßnahmen einführen. Der Deutsche Bundestag stellte am 25. März 2020 eine »epidemische Lage von nationaler Tragweite« fest, womit der Regierung erweiterte Kompetenzen eingeräumt wurden. Während es im deutschen Parlament anfänglich noch einen relativ breiten Konsens der Parteien der linken und der rechten Mitte gab (die Fraktionen der AfD und der Linken enthielten sich), beschlossen in der Schweiz der National- und der Ständerat, das Parlament kurzfristig auszusetzen. Die Kontakt- und Ausgangsbeschränkungen waren also nicht nur ein dramatischer Eingriff in den Alltag, sondern auch in demokratische

Verfahren, zumindest zu Beginn der Pandemie. In den folgenden Monaten kamen Deliberation sowie parlamentarische und föderale Aushandlungsprozesse wieder stärker zum Zug. In Deutschland wurden viele Entscheidungen in Abstimmung mit den Ministerpräsident:innen getroffen; im Bundestag gab es leidenschaftliche Debatten über die Rolle des Parlaments.[6]

Die Pandemie traf den Staat unvorbereitet. Dieser musste seine Maßnahmen permanent anpassen. Empfehlungen und Vorgaben wurden immer wieder geändert, oft wurden diese Kurswechsel nur unzureichend erklärt. So wurde etwa in den ersten Wochen vom Tragen einer Maske abgeraten. Das hatte medizinische Gründe, das knappe Angebot spielte wohl auch eine Rolle.[7] Später kam dann die Maskenpflicht – ohne dass eine umfassende öffentliche Reflexion stattgefunden hätte.

Es gab also durchaus Anlass zur Kritik. Diese wurde auch geäußert, allerdings nur in bestimmten Grenzen. Besonders in der Frühphase herrschte eine »Politik der Alternativlosigkeit vor«.[8] Der Staat agierte im Sinne eines »benevolenten Paternalismus« (siehe Kapitel 3).[9] Die Debatte war zwar durchaus kontrovers, aber es bestand doch weitgehend Konsens darüber, weder die Gefährlichkeit des Virus zu bestreiten noch die Notwendigkeit von Maßnahmen infrage zu stellen. Konflikte gab es lediglich über das Ausmaß der Freiheitsbeschränkungen (»Team Vorsicht« vs. »Team Augenmaß«). Vielen Kritiker:innen hingegen kam die tastende, auf Sicht fahrende, sich korrigierende Politik jedoch nicht nur erratisch, sondern wie reine Willkür vor. Nun nutzte auch die AfD die Chance, sich nach einer anfänglichen Phase der Zurückhaltung als einzige Opposition gegen eine »smarte Gesundheitsdiktatur« zu profilieren.[10] In der Schweiz sprach die SVP, obwohl sie zwei Mitglieder des Bundesrats stellte, ebenfalls von »Diktatur«.

Während der Pandemie fand eine beschleunigte Politisierung statt.[11] Was zuvor als mehr oder weniger unpolitisch gegolten hatte (etwa die Versorgung mit Lebensmitteln und anderen Gütern des alltäglichen Bedarfs) oder ignoriert worden war (zum Beispiel der prekäre Status vieler systemrelevanter Beschäftigter), wurde problematisiert und zum Gegenstand öffentlicher Debatten. Dass viele Orte der Selbstverwirklichung (Fitnesscenter, Bars, Klubs und Kulturorte) vorübergehend schließen mussten, erschien einigen wie ein Putsch gegen das leistungsorientierte Individuum. Das Misstrauen wuchs. Insofern war es wenig verwunderlich, dass in der Szene der Querdenker:innen bald die Theorie kursierte, Persönlichkeiten wie Klaus Schwab wollten die Pandemie nutzen, um einen geheimen Plan umzusetzen. Schwab, Direktor des Weltwirtschaftsforums und in den neunziger Jahren einer der Köpfe des Neoliberalismus, forderte im Frühjahr 2020 einen »Great Reset«.[12] Im Zuge dieses Umbruchs sollten von jetzt an nicht mehr die Interessen der Aktionär:innen im Mittelpunkt des ökonomischen Handelns stehen, sondern Prinzipien wie Gerechtigkeit und Nachhaltigkeit. Nun kann man natürlich bezweifeln, dass es sich dabei um mehr handelte als blumige Rhetorik. In der Querdenker:innen-Szene lösten Schwabs Äußerungen jedoch heftige Diskussionen aus, man witterte darin eine Verschwörung des Kapitals gegen die Freiheit.

Ein weiterer wichtiger Faktor der Politisierung waren die Nebenfolgen der Risikopolitik, die in einer funktional differenzierten Gesellschaft zwangsläufig auftreten. Ein Lockdown verringert nicht nur die sozialen Kontakte, sondern hat Folgewirkungen in allen möglichen Bereichen, von unterbrochenen Lieferketten über Unterrichtsausfall bis zu psychischen Problemen und sozialer Isolation – Nebenfolgen, die weitere Eingriffe oder Korrekturen vorheriger Maßnahmen notwendig machen. Die Regierung galt nun trotz ihrer gewachsenen Macht nicht mehr als steuernde Instanz, sondern als volatiles Gremium. Natürlich ist Politik zu einem gewissen Grad immer auch Experimentalismus. Für viele Bürger:innen verstärkte sich jedoch der Eindruck, langfristige Strategien oder gar gesellschaftlicher

Fortschritt seien ganz aus dem Horizont der Entscheidungsträger:innen verschwunden. Der lange als ökonomischer »Sachzwang« dargestellte Sparkurs wurde über Nacht aufgegeben. Der deutsche Finanzminister Olaf Scholz, der sich zuvor als stolzer Anhänger der Austerität positioniert hatte, vollzog eine Kehrtwende hin zu einer expansiven Finanzpolitik (Stichwort: »Bazooka«). Gleichzeitig boomte der Klientelismus: Abgeordnete der CDU/CSU bereicherten sich bei der Maskenbeschaffung. Das warf Fragen nach der Integrität der Politiker:innen auf. Überraschenderweise polarisierten diese aber weit weniger als Wissenskonflikte.

In der Pandemie wuchs der ohnehin bestehende Bedarf an wissenschaftlicher Expertise noch einmal exponentiell an. Virolog:innen erreichten eine ungeheure mediale Präsenz, Melanie Brinkmann oder Christian Drosten wurden zu regelrechten Stars und hatten großen Einfluss auf die sich als »evidenzbasiert« verstehende Politik. Einige Beteiligte vermittelten den Eindruck, dass »alles gesagt sei, wenn der Wissenschaftler gesprochen« habe.[13] Dabei herrschte unter den Forscher:innen keineswegs immer Konsens. Ihre Deutungen und Risiko-Einschätzungen wichen durchaus voneinander ab und waren bald heftig umkämpft. Wissen und Werte gerieten in Konflikt.[14] Die Politik wurde im Zeitraffer noch stärker epistemisiert, die Wissenschaft politisiert (siehe Kapitel 3).

Mit den Freiheitsbeschränkungen begannen auch die Proteste.[15] Los ging es in Berlin, wo aus dem Umfeld der eher linken Volksbühne sogenannte »Hygiene-Demos« organisiert wurden. Schon bald verschob sich der Hotspot der Maßnahmenkritiker:innen jedoch in die baden-württembergische Landeshauptstadt Stuttgart. Die Initiative »Querdenken 711« wurde zu einem Ausgangs- und Knotenpunkt der Protestbewegung, die in Deutschland unter dem Label »Querdenker« bekannt wurde. In der Schweiz nannten die Kritiker:innen sich zunächst

»Coronarebellen« und waren vor allem in der Innerschweiz und in der Hauptstadt Bern aktiv. Allerdings differenzierte sich die Szene dort recht schnell in eine Reihe von Initiativen aus. Wir verwenden im Folgenden die Bezeichnung Querdenker:innen, da sie sich in der wissenschaftlichen Debatte (auch international, auf Englisch spricht man von »lateral« beziehungsweise »diagonal thinkers«[16]) etabliert hat.

In dieser Bewegung kamen viele disparate Ideologien und Strömungen zusammen, diese fanden aber einen geteilten Bedeutungsrahmen als kleinsten gemeinsamen Nenner: Man bestritt die Gefährlichkeit des Virus und damit die Verhältnismäßigkeit der Maßnahmen. Dieser »Frame« erwies sich als effektive Mobilisierungsstrategie.[17] Die gemeinsamen Ideale, auf die man sich berief, waren Freiheit, Demokratie und Selbstbestimmung. Man verstand sich als kritischen Teil des *demos*, der den Staatsapparat an seine Gemeinwohlorientierung erinnerte, und stellte sich somit in die Tradition des »J'accuse«. In zahlreichen Städten fanden seit dem Frühjahr 2020 Demonstrationen statt. Das Protestgeschehen verlief nicht kontinuierlich, die Schwerpunkte verschoben sich. Anfang 2022 hatten sich die Hotspots – im Zuge der Debatte um die Impfpflicht – nach Sachsen und Bayern verlagert, sie waren immer radikaler geworden.[18] Wir konzentrieren uns hier aber vor allem auf die Frühphase, weil in dieser Zeit die grundsätzliche Anatomie und die unterschiedlichen Quellen der Bewegung besonders gut zu erkennen waren.

Die Querdenker:innen stellten von Anfang an eine höchst ambivalente Bewegung dar. Einer der meistgerufenen Slogans lautete: »Friede, Freiheit, keine Diktatur«. Die Teilnehmer:innen waren – zumindest in den ersten Monaten – sehr heterogen: wohlsituierte Familien mit Kindern, altgewordene Hippies, Atomkraftgegner:innen, Esoteriker:innen und eben auch Rechte unterschiedlicher Couleur.[19] Die selbstgemalten Plakate, auf denen sie ihrem Unmut Luft machten, changierten zwischen nüchterner Kritik (»Nein zur Maskenpflicht«), rhetorischer Eskalation (»Hände weg von unseren Kindern«, »Nein zur Corona-Diktatur«) und Enthemmung (»Sperrt sie [die Politiker:innen und Virolog:innen] endlich weg«, »Nagelt Christian Drosten ans Bundesverdienstkreuz«). Gleichzeitig war dort immer wieder »Liebe« zu lesen – als Gegensatz zur kalten Vernunft der Regierung. Auf den Demonstrationen wurden oft Regenbogenfahnen mit dem Pace-Schriftzug getragen, daneben aber auch Reichsflaggen. Viele der Protestierenden wähnten sich auf dem Weg in eine Diktatur, zogen den Vergleich zum Nationalsozialismus. Einige trugen sogar Judensterne. Dies erschien vielen Kritiker:innen als deplatziert und antisemitisch, wurde damit doch der NS-Terror relativiert. Zahlreiche Kundgebungen waren emotional enorm aufgeladen, auch am Rande friedlicher Versammlungen kam es zu Gewalt oder zumindest zu aufgeheizten Situationen.[20]

Häufig waren die Demonstrationen wie regelrechte Happenings organisiert: Mit Trommeln, Tanz und Performances simulierte man ein spätmodernes Hippietum. Imaginationen der Verschmelzung mit der Menge und mit der Natur begleiteten das bisweilen karnevaleske Treiben.[21] Immer wieder wurde der Protest mit einer immensen Lust an der Provokation, ja mit geradezu frivoler Hemmungslosigkeit dargeboten. Bei den Berliner Hygiene-Demonstrationen und dem sich selbst so bezeichnenden »demokratischen Widerstand« überwogen vor allem zu Beginn liberale und linke Formen der Kritik an biopolitischer Kontrolle, ein »verschwörungstheoretische[s] Raunen« ließ sich jedoch bereits hier deutlich vernehmen.[22] Außerdem war schon früh erkennbar, dass die Bewegung sich nicht nach rechts abgrenzte, entsprechenden Gruppen vielmehr indifferent, ja zuweilen offen gegenüberstand. War es zunächst nur die geteilte Kritik an den Maßnahmen, welche die verschiedenen Teilströmungen einte, entstand durch interne Prozesse der kognitiven Angleichung, durch Abgrenzung von anderen Kritikformen und durch äußeren Druck schon bald eine kollektive Identität als *wahrer* demokratischer Widerstand.[23]

Die Hamburger Kriminologin Christine Hentschel beobachtete relativ früh, wie sich die Bedeutung des Grundgesetzes als Bezugsrahmen der Bewegung verschob. Ging es zunächst darum, die von der Verfassung geschützten Grundrechte zu verteidigen, wurde das Grundgesetz bald zu einem »Symbol mangelnder Souveränität« – eine Einschätzung, die so auch von der Reichbürger-Bewegung vertreten wird.[24] Am 29. August 2020 versuchten Demonstrierende in Berlin den Reichstag zu stürmen. Im Frühjahr 2022 wurden die Querdenker:innen im Zuge der sogenannten »Montagsspaziergänge« von einer nach rechts offenen zu einer – zumindest in Teilen – offen rechten Bewegung, in der vielerorts Rechtsextreme eine tragende Rolle spielten. Die Gewalt nahm zu, Politiker:innen wurden vor ihren Haustüren bedroht.

Die Gestalt der Querdenken-Bewegung

Frau Schönle ist 52 Jahre alt und arbeitet freiberuflich als Psychologin, Coach und Familienberaterin. Sie fühlt sich naturnah und ist Flexitarierin. »Querdenken« – das ist für sie eine Grundvoraussetzung ihres Berufes, ja ihres Lebens. Als sie drei Jahre alt war, trennten sich ihre Eltern. Bereits damals stellte sie fest, dass beide Seiten ihre eigene Wahrheit hatten. Diese Einsicht nimmt sie sich bis heute zu Herzen. Zu ihren Grundsätzen gehört, sich nach ihrem Inneren zu richten. Früher hat Frau Schönle dem Staat vertraut, sie betrachtet sich als »extrem demokratischen Menschen«. Schon als Jugendliche hat sie sich für Ungleichheit, Diskriminierung und Antirassismus interessiert. Bisher hat sie meistens die Grünen und manchmal die SPD gewählt. In der Pandemie war sie von den Grünen dann jedoch zutiefst enttäuscht, da diese der von ihr diagnostizierten

Aushöhlung der Demokratie nicht entgegentraten. Ihr endgültiges Erweckungserlebnis sei schließlich ein Papier aus dem Innenministerium gewesen. Die darin geschilderten Maßnahmen, vor allem die Maskenpflicht, empfand sie als »Missbrauch«, die Angstmache als »Psychoterror«, besonders für Kinder. Nach der Lektüre beschloss sie, ein System, das Angst instrumentalisiere, nicht länger zu unterstützen. Einige Menschen aus ihrem Bekanntenkreis, berichtet Frau Schönle, seien wenige Wochen nach der zweiten Impfung gestorben. Sie wisse zwar die Todesursache nicht, kenne aber niemanden, der an Corona gestorben sei. Sie glaubt, die Pandemie werde genutzt, um eine politische Agenda durchzusetzen. Wissenschaftler:innen, die anderer Meinung seien, würden diffamiert. Dabei sei es doch wichtig, verschiedene Positionen zu hören – und außerdem müsse man auch ein »bisschen auf seine Intuition vertrauen«.

Frau Schönle ist eine der Querdenker:innen, mit denen wir ausführliche Interviews geführt haben. Seit Herbst 2020 haben wir in unserer Basler Forschungsgruppe die Bewegung in Deutschland und in der Schweiz untersucht. Im Zuge einer Online-Umfrage haben mehr als 1150 Personen einen umfangreichen Fragebogen ausgefüllt.[25] Trotz der großen Anzahl von Teilnehmer:innen müssen wir jedoch davon ausgehen, dass wir mit unserer Studie nicht das gesamte Spektrum der Querdenker:innen erfassen konnten. Dezidiert rechte Verschwörungstheoretiker:innen haben wahrscheinlich nicht teilgenommen, weil sie eine derartige Studie von vornherein als korrumpiert ansehen. Ferner können wir nicht ausschließen, dass der »progressivere« Teil sich überproportional stark beteiligt hat, um die Bewegung in ein besseres Licht zu rücken. Die empirischen Ergebnisse, die wir im Folgenden analysieren, lassen sich deshalb nicht ohne Weiteres auf die Querdenken-Bewegung insgesamt übertragen, hier bedarf es vielmehr noch weiterer vertiefender Forschung.

Wir verfolgten einen breiten empirischen Ansatz: Neben der Online-Umfrage wurden ethnografische Beobachtungen, digitale Kommunikationen und mehr als vierzig qualitative Interviews durchgeführt und ausgewertet.[26] Mithilfe dieses Methoden-Mix können wir die Einstellungen und Kritikformen der Querdenker:innen und Coronarebellen auf vielfältige Weise rekonstruieren und zusammenführen.[27]

Die Teilnehmer:innen unseres Surveys kamen aus fast allen sozialen Schichten, gehören aber mehrheitlich der Mittelschicht an. 31 Prozent verfügen über Abitur, 34 Prozent haben ein Studium abgeschlossen – deutlich mehr als in der deutschen Gesamtbevölkerung (dort haben 18,5 Prozent einen Hochschulabschluss, in der Schweiz 29,6). Fast jeder Vierte ist selbstständig, auch hier ist der Anteil deutlich höher als in der deutschen (9,8 Prozent) bzw. in der Schweizer Bevölkerung (12,8 Prozent). In der Schweiz hatten bei der letzten Nationalratswahl mehr als 40 Prozent der Befragten die Sozialdemokratische Partei (SP) oder eine der beiden grünen Parteien gewählt; 33 Prozent hatten der rechtskonservativen SVP ihre Stimme gegeben. Bei der nächsten Wahl wollten nun 43 Prozent für die SVP votieren, 34 Prozent wollten keiner Partei, sondern nur noch Personen ihre Stimme geben oder bei einer künftigen Protestpartei ihr Kreuz machen. Der gemeinsame Anteil der SP und der grünen Parteien würde sich hingegen auf knapp 18 Prozent mehr als halbieren. In Deutschland war die politische Drift noch ausgeprägter: Bei der Bundestagswahl 2017 hatten 15 Prozent der Teilnehmer:innen die AfD gewählt, 2021 wollten dies 27 Prozent tun. 61 Prozent planten, alternativen Parteien wie »Die Basis« ihre Stimme zu geben. Die Linke oder die Grünen, bei denen 2017 40 Prozent ihr Kreuz gemacht hatten, wollten insgesamt nur noch 6 Prozent wählen. Vor allem in Baden-Württemberg war der Absturz der Grünen dramatisch, der Partei ging ein prägender Teil ihres Gründungsmilieus verloren.[28]

Die Querdenker:innen sind von den Institutionen der liberalen Demokratie tief entfremdet: Der Regierung, supranationalen Institutionen wie der EU oder der Uno und den Parteien trauen sie so gut wie überhaupt nicht über den Weg. Insbesondere den sogenannten »Mainstream«-Medien stehen sie ablehnend gegenüber.[29] Dort würden kritische Stimmen nicht zu Wort kommen oder abgewertet, allein in sozialen Medien werde »die« Wahrheit verbreitet. Justiz, Bürgerinitiativen, Unternehmen, Umweltgruppen und der Polizei wird noch eher Vertrauen entgegengebracht, dies allerdings auf einem relativ niedrigen Niveau.

Die große Mehrheit der Befragten glaubt an Verschwörungstheorien, Personen mit einem niedrigen Bildungsabschluss stärker als solche mit einem höheren. Sie sind überzeugt von der Existenz geheimer Organisationen, die die Politik entscheidend beeinflussen, und glauben, dass die Regierung die Wahrheit verschweigt. Politiker:innen sind aus ihrer Sicht nur »Marionetten« dieser Organisationen (dieser Aussage stimmen nur 8,5 Prozent *nicht* zu). Für die befragten Querdenker:innen besteht kein Zweifel daran, dass Politik und Medien unter einer Decke stecken. Der Aussage, Bill Gates wolle eine weltweite Zwangsimpfung einführen, widersprechen weniger als 10 Prozent. Zweifel bestehen lediglich hinsichtlich der Verschwörungstheorie, laut der die Bundesregierung im Zuge der Impfung Mikrochips implantieren wolle. Aussagen dazu, dass Studien über den Klimawandel gefälscht seien, fanden jedoch interessanterweise nur eine sehr geringe Zustimmung – was damit zu tun hat, dass viele Befragte aus ökologisch informierten, grünen und alternativen Milieus stammen und nicht in allen Belangen Verschwörungstheorien folgen.[30]

Außerdem sind die Befragten in der Mehrheit weder ausgesprochen fremden- noch islamfeindlich, sie weisen auch keine auffällig chauvinistischen oder sozialdarwinistischen Einstellungen auf. Stattdessen vertreten sie häufig explizit antiautoritäre Positionen: Sie sehnen sich – wohlgemerkt im Jahr 2020 –

nicht nach dezisionistischen Entscheidungen und auch nicht nach einem starken Führer wie dem russischen Präsidenten Wladimir Putin (einen solchen wollen nur 4 Prozent). 64 Prozent sagen, man solle Kindern nicht beibringen, Autoritäten zu gehorchen. Knapp 94 Prozent stimmen der Aussage zu, der Staat bevormunde zunehmend die Bevölkerung, 80 Prozent sehen die Meinungsfreiheit gefährdet. Die Mehrheit hält die AfD für eine normale Partei. Schließlich konnten wir eine latente Neigung zum Antisemitismus feststellen: Der Aussage, der Einfluss von Juden auf die Politik sei zu groß, stimmen nur 55 Prozent explizit *nicht* zu.[31] Dies ist freilich insofern nicht überraschend, als viele Verschwörungstheorien antisemitisch konnotiert sind.

Gleichzeitig zeigte sich bei der Mehrheit der Studienteilnehmer:innen ein ausgeprägt spirituelles, esoterisches und anthroposophisches Denken, für das Ganzheitlichkeit, Natürlichkeit oder Vertrauen in den eigenen Körper elementar sind. Zu diesem Denkstil, der die natürlichen Abwehrkräfte in den Vordergrund stellt und die Komplementärmedizin stärken will, gehört auch die Impfskepsis. Schon vor der Entwicklung und Genehmigung der Coronaimpfstoffe zeichnete sich hier eine wesentliche Konfliktlinie ab: 85 Prozent wollten sich selbst dann nicht impfen lassen, wenn vollständig sichere Impfstoffe gefunden würden. Entsprechend sorgten sich 90 Prozent, die Regierung könne eine Impfpflicht und einen Impfausweis einführen.[32]

Die Erkenntnisse aus dem Survey haben wir in mehr als vierzig qualitativen Interviews vertieft.[33] Die ersten Gesprächspartner:innen haben wir auf unseren Demonstrationsethnografien kennengelernt. Die überwiegende Mehrheit waren jedoch Teilnehmer:innen der Umfrage, die sich außerdem zu einem qualitativen Interview bereiterklärt hatten. Da es sich auch hier um eine Selbstselektion handelt, gehen wir erneut von einem progressiven Bias aus, da Rechtsextreme oder hoch paranoide Verschwörungstheoretiker:innen uns als Universitätsangestellte wohl als Teil eines korrupten »Establishments« betrachten.[34] Wir nehmen außerdem an, dass wir mit Angehörigen aus dem (ökonomisch eher am unteren Rand situierten) hedonistischen Milieu weniger Interviews führen konnten, da hier nicht nur die Skepsis gegenüber öffentlichen Institutionen groß, sondern auch die freie Zeit knapp ist. Einige wollten nicht mit uns sprechen, da unsere Universität zu enge Kontakte zu den beiden in Basel ansässigen Pharmakonzernen pflege. Bei jenen Personen, die sich schließlich zu einem Gespräch bereiterklärten, hatten wir hingegen häufig den Eindruck, dass sie die Interviewer:innen als eine Art Publikum betrachteten und uns an ihrem Erwachtsein teilhaben lassen wollten. Der überwiegende Teil unserer Gesprächspartner:innen stammt aus dem alten Alternativmilieu, es handelt sich um Naturheilkundler:innen, Radikalliberale, Sympathisant:innen der Grünen und der Linken oder Anthroposoph:innen. Sie üben Herrschaftskritik, wurden aber nicht selten von einer Drift erfasst: Sie kommen mehr oder weniger von links, entwickelten sich aber innerhalb der Querdenken-Bewegung nach rechts, zu libertären Autoritären.

Der Redebedarf war durchweg hoch, in den Gesprächen stießen wir regelmäßig auf eine Mischung aus Rechtfertigungsbedürfnis und einem ausgeprägten Sendungsbewusstsein.[35] Die Interviewten stellten sich mit Nachdruck als progressive, aufgeklärte und kritische Menschen dar, die sich nichts vormachen lassen. Sie hinterfragen die von der Regierung präsentierten Tatsachen, weil sie sich für Wahrheit, Selbstbestimmung, Demokratie und den Rechtsstaat einsetzen.[36] Mehrheitlich sehen sie sich als mutige Bürger:innen, die sich den staatlichen Anmaßungen widersetzen und einer totalitären Gefahr entgegentreten, wie Herr Hoffmann betont:

> Für mich gehen diese Richtungen, diese ganzen Maßnahmen eigentlich nur dahin, die Bürger des Landes mehr und mehr einzuschränken. Auf im Grunde genommen unbelegten Behauptungen. So. Und ja, puh, wenn ich das so hö-

> re und sehe, ja dann bin ich natürlich auf Krawall gebürstet. Also nicht jetzt Krawall im Sinne von Gewalt, sondern dann sehe ich mich genötigt, doch dagegen aufzustehen.

Viele Gespräche begannen mit einer Form der Selbstlegitimation: Mit Bezug auf *alternative* Studien und Statistiken kritisieren die Befragten zunächst die Maßnahmen zur Eindämmung der Pandemie als nicht verhältnismäßig. Die Kritik nimmt dabei oft einen Umweg über die *Realität* der Pandemie. Die folgende Interview-Aussage zeigt, wie sehr die Kritiker:innen für sich beanspruchen, rationalistisch zu sein und keine Werturteile zu treffen: »Und ich sage einfach, das ist nicht verhältnismäßig, also ich argumentiere faktenbasiert, also ich kenne ja die Statistik.« (Herr Vuković) Als selbst recherchierende Autoexpert:innen beziehen sie sich auf ein Gegenwissen gegenüber den »Mainstream«-Expert:innen und -Medien: »Ich bin aber schon immer mit allem so, dass ich immer zuerst mal etwas hinterfrage, also ich bin nicht die, die etwas sieht und dann sagt: ›Woaaah, boaaah, das muss alles wahr sein.‹« (Frau Egli) Dabei fällt auf, dass die Kritik häufig zwischen abstrakten Aussagen zu Freiheit oder Demokratie und äußerster Konkretheit changiert. Argumente werden schematisch aneinandergereiht; die autodidaktischen Laienexpert:innen erläutern, warum bestimmte Studienergebnisse so nicht stimmen können. Aus ihrer eigenen Anschauung und aus Schilderungen aus dem Freundes- oder Familienkreis verfügen sie über ein anderes, ein besseres Wissen, was sie extrem misstrauisch macht. Misstrauen ist jedoch nicht das Gegenteil von Vertrauen, sondern nur das negativ codierte Pendant. Es reduziert ebenfalls Komplexität.[37]

Vor allem die Einschränkungen ihrer subjektiven Freiheit haben viele Querdenker:innen aufgebracht. Frau Schuster erläutert ihr Unbehagen:

> Ich kann mich jetzt so direkt an nichts konkret erinnern, das in mir einen ähnlichen Widerstand ausgelöst hat wie

> jetzt bei diesen Maßnahmen. [...] Ich bin jetzt natürlich viel kritischer geworden. Aber ich bin da noch nicht in so viele, in andere Themen vorgestoßen, weil ich mich da bisher nie groß eingeschränkt gefühlt habe. Ich konnte meine Eigenverantwortung und meine Freiräume in meinem Leben bisher gut nutzen und ausleben. Also ich habe sonst jetzt nicht die Erfahrung gemacht, dass ich mich gefühlt habe wie ein kleines Kind, das so von oben herab Dinge vorgeschrieben bekommt, die einfach eigentlich niemand anderen was angehen.

Für die meisten Befragten war gerade der Zwang zum Abstandhalten und Masketragen ein ungeheuerlicher paternalistischer Eingriff, der ihrem Verständnis von sozialer Interaktion widersprach. In den allermeisten Interviews zeigen sich wiederkehrende Muster der Kritik, die zwar je nach Erzählung variieren, die aber stets eine ähnliche Logik aufweisen. Offizielle Darstellungen zum Coronavirus werden angezweifelt und als verzerrt kritisiert. Hier wird das uns bereits bekannte Register der Kritik aufgerufen, das sich über den Gegensatz Wissen/Anschauung ausbildet. Gegen das offizielle Wissen, die Macht der Expert:innen, setzen sie das *eigene Recherchieren*, das *Den-Dingen-auf-den-Grund-Gehen*. Frau Fischer bringt es so auf den Punkt: »Mein Hobby ist selber denken.« Insbesondere Personen mit technischen Berufen verweisen immer wieder auf ihre Fähigkeit, Zahlen zu interpretieren. Gleichzeitig betonen sie, dass die kalte Welt der Statistiken nicht ausreiche, um die Realität adäquat wahrzunehmen. Sie *fühlen*, dass etwas nicht stimmt. Ihre persönliche Intuition wird gegen die abstrakten, individuell nicht verifizierbaren Wissenschaften in Stellung gebracht. Herr Krugmann hebt hervor: »Von Anfang an, mit meinem medizinischen Wissen und meinen Statistikkenntnissen [hatte ich] Skepsis, ob das Ganze so stimmt, wie es uns präsentiert wird [...]. Ich habe von Anfang an gespürt, hey, da stimmt etwas nicht.«

Eine andere immer wieder vorgebrachte Kritik wendet sich gegen eine vermeintliche staatliche Angstmache, mit der angeblich eine kollektive Hysterie erzeugt und neue Formen der Kontrolle, ja der totalen Überwachung durchgesetzt werden sollen: »Wenn es wirklich eine Pandemie oder irgendeine schlimme Situation gibt – ein Krieg bricht aus, was weiß ich, keine Ahnung –«, betont Frau Berger, »dann ist die Aufgabe einer Regierung, die Leute zu beruhigen und sie nicht noch verrückt zu machen.« Oft werden hier die Kritikregister Staat/Individuum und Sicherheit/Freiheit miteinander kombiniert: Der Staat dürfe nicht ungerechtfertigt die individuelle Freiheit für ein scheinheiliges Sicherheitsversprechen einschränken. Auch die Unterscheidung Öffnung/Schließung kommt zum Einsatz: Die staatlichen Maßnahmen gelten nicht nur lebensweltlich als fundamentale Schließungen, mit ihnen werde überdies auch die Meinungsfreiheit eingeschränkt. Frau Weber, die angehende Pädagogin, erklärt etwa, dass ein »offener Diskurs [...] einfach nicht zustande [kommt]. Menschen, die eine andere Meinung haben, werden sofort mit schlimmen Schimpfwörtern betitelt. [...] Also dieses Verschwörungstheoretiker oder Verschwörungstheoretikerin.«

Nicht alle, aber viele sind empört und fühlen sich diffamiert, wenn sie wegen ihrer Kritik in der breiten Öffentlichkeit als Verschwörungstheoretiker:innen bezeichnet werden. Die meisten Querdenker:innen sehen sich als Minderheit, die von der Mehrheit nicht respektiert wird. In der überwiegenden Mehrheit rekurrieren sie auf ursprünglich progressive Register: Öffnung statt Schließung, Verteidigung individueller Freiräume, Schutz von Minderheiten. Allerdings verbinden sie diese Register mit der Anschauung, dass es eine intentionale Verschwörung des Staates gibt. Durch diese Annahme werden die progressiven Register zu einem Generalverdacht, zu einem Ressentiment.

Es gibt in nahezu allen von uns ausgewerteten Interviews Passagen konspirativen Denkens, in denen behauptet wird, es gehe bei den Maßnahmen weniger um die Gesundheit der Bevölkerung als vielmehr um etwas anderes, Größeres. Im Laufe der Gespräche werden auch durchaus konkrete Verschwörungstheorien genannt, wobei dies meist mit einer vagen Formulierung eingeleitet wird – als wolle man testen, wie das Gegenüber darauf reagiert. Bei Herrn Gerber klingt das so: »Also die Maßnahmen und dieses ganze Coronaphänomen ist ja eben wie gesagt nur ein Phänomen, das ist ja nicht die Ursache.« Hinter der offiziellen Vorderbühne der Realität befindet sich eine Hinterbühne, die im Alltag verborgen bleibt: *Nichts ist, wie es scheint*.[38] Für Herrn Zurbriggen ist dieser Zugang zur Realität eine produktive Form der Weltaneignung, ja er gehört sogar zu seiner positiven Identität: »Ich bezeichne mich als Verschwörungspraktiker, weil ich mich eigentlich schon lange Zeit mit Strukturen auseinandersetze. Systemische Strukturen. Wie funktioniert da eigentlich die Welt oder wie funktioniert die Regierung?« Herr Zurbriggen ist die einzige Person unter den von uns Befragten, die sich derart offen als Verschwörungstheoretiker bekennt. Verschwörungsmentalitäten weisen hingegen alle auf.

Häufig begreifen die Querdenker:innen sich als erwacht oder als »eben erst wirklich aufgewacht« (Herr Flückiger). Bei Frau Schönle war es die Lektüre des Papiers aus dem deutschen Innenministerium, auch bei Herrn Scholtes hat es irgendwann »klick gemacht«. Dass sie nun in der Lage sind, hinter die Vorderbühne zu schauen, verschafft ihnen ein Gefühl der Erhabenheit. Ganz ähnlich wie ein Teil der Intellektuellen sehen sie sich als Avantgarde, die bereits erwacht ist, während alle anderen noch »Schlafschafe« sind, die sich »treudoof« in ihren Wohnungen einsperren und überwachen lassen (Herr Gerber). Sie hingegen sprechen wahr und nennen die Dinge rückhaltlos beim Namen. Verschwörungstheorien lassen sich in diesem Sinne auch als ein Mittel der Singularisierung interpretieren: In der Pandemie konnte niemand mehr seine Tattoos zeigen, den Körper im Fitnessstudio stählen, Bilder aus der hippen Cocktailbar auf Instagram posten, aber die Erwachten hoben sich von den Schlafschafen ab – ein Mittel also, sich wieder zu besondern.

Ein weiteres wiederkehrendes Muster stellen die sozialen Gruppen dar, in deren Namen die Regierung angeklagt wird. Während in den Interviews der Schutz vulnerabler Personen weitgehend ignoriert wird, berufen sich die Querdenker:innen auf die Vertretung schwacher Minderheiten, die nicht in der Lage seien, für sich selbst zu sprechen. Vor allem alte Menschen, die ihre Familien nicht mehr sehen können, und immer wieder: Kinder. Den Kindern solle keine Angst gemacht werden, die Masken hemmten die Kinder in ihrer Entwicklung, die Kinder wollten keine Masken tragen usw. Frau Peters: »Es kann das doch jetzt nicht sein, dass wir hier irgendwie so Sachen zusammenbasteln und die unseren Kindern da irgendwie vor den Mund hängen.« Auffälligerweise handelt es sich dabei oft um eine Art *instrumenteller Solidarität*: Man führt die Interessen anderer Gruppen ins Feld, um Maßnahmen abzuwehren, die einem selbst nicht passen. Das Problematische dieser Form der Abwehr liegt dabei nicht unbedingt in dem Anliegen, das Kindeswohl schützen zu wollen – denn die Sinnhaftigkeit einiger Maßnahmen ist hier bis heute umstritten. Es liegt vielmehr im projektiven Charakter dieser Abwehr: Die entsprechenden Befragten übertragen ihre aversiven Gefühle auf die Lebensrealität der Kinder. Der Bezug auf sie ist immer auch eine »moralische Waffe«, die den vorgetragenen Einwänden Glaubwürdigkeit und Gewicht verleiht.[39] Kinder symbolisieren Unschuld und Natürlichkeit – sie müssen vor staatlichen Eingriffen wie Impfungen geschützt werden. Die Sorge um das Kindeswohl wird oft in drastischen Worten formuliert (so war von »Kindesmissbrauch« oder gar von »Vergewaltigung« die Rede) und mit anekdotischer Evidenz über Einsamkeit, Depressionen oder Suizide untermauert. Die Belastungen waren in der Pandemie in der Tat gerade für die Kinder enorm.[40] Doch nun wurden diejenigen, die vorgaben, den Kindern die Angst nehmen zu wollen, zu den größten Angstbeschleunigern: Masken-Gegner:innen und Impfskeptiker:innen malten Horrorszenarien an die Wand, versuchten in Schulgebäude einzudringen und bedrängten Schüler:innen.

Man wiegt unterschiedliche Übel rein instrumentell gegeneinander ab, der Bezug auf schwache Gruppen dient als moralischer Hebel, um die eigenen Interessen durchzusetzen. So etwa wenn Frau Fischer die Bereitstellung von Intensivbettkapazitäten kritisiert:

> Und wenn sie Pech haben und alle Intensivbetten belegt sind, und sie selbst mit einem Unfall ins Krankenhaus kommen, ein Intensivbett brauchen, wenn es ganz dumm läuft, kriegen sie keins und stehen vor den leeren Betten. So was ist schon vorgekommen. Das finde ich absurd, eine Krankheit herauszupicken und zu sagen »Die ist jetzt ganz besonders wichtig und muss bevorzugt behandelt werden«, und andere Leiden, Krankheiten, Unfälle haben nicht dieses Vorrecht. Das ist Gott spielen in meinen Augen, das ist eine entmenschlichte Gesellschaft, die so etwas duldet.

Immer wieder wird zudem bemängelt, die Maßnahmen würden etwas künstlich aufhalten, was zum Leben schlicht dazugehöre: den Tod. Einige entscheiden sich in der individuellen Risikoabwägung zwischen Einschränkung und Gefährdung für Letztere, so etwa Frau Bächle: »Ich würde dann auch irgendwann sagen: ›Hey, scheiß drauf.‹ Ich habe keine Lust, immer mit einer Maske herumzulaufen und mich einzusperren. Ich will jetzt einfach mein Leben genießen, und wenn ich die Krankheit kriege und sterbe, ist's halt so.« Übrigens reflektiert Frau Bächle an keiner anderen Stelle unseres Gesprächs über die Verschränkung von Selbst- und Fremdschutz, also den Schutz *der anderen*. Gleichwohl handelt es sich bei ihr nicht um eine profane Egoistin, aus ihrer Sicht überwiegen die schädlichen Nebenfolgen der Pandemiepolitik für Junge, Arme oder

Alte schlicht die Gefahren einer Infektion. Hinter dieser Risikokalkulation, die uns in den Gesprächen immer wieder begegnete, verbirgt sich weniger Sozialdarwinismus als vielmehr ein gewissermaßen natürlicher Darwinismus, der das vitale Leben der Gemeinschaft in den Vordergrund stellt, wie Frau Hubacher erläutert:

> Wir werden alle sterben an irgendetwas, so traurig das ist, das gehört leider dazu. Und ältere Menschen haben halt irgendwann einfach nicht mehr so das Immunsystem, wo ihnen hilft, dass sie Infektionen durchmachen können […]. Will denn die Person noch zwanzig Jahre weiter leben in totaler Isolation und nur noch mit Handschuhen und Maske und Schutzanzug besucht werden, oder will sie nicht für sich selber entscheiden? Nein, ich will eigentlich dann lieber vielleicht nur noch drei Jahre leben, aber dafür so richtig mit Besuch und Festen – und das genießen.

Die Gefährdung durch menschengemachte Zivilisationsrisiken, wie in diesem Fall eine globale Pandemie, verkehrt sich in eine unausweichliche Naturgewalt. Werden die Zivilisationsfolgen als natürliches Schicksal begriffen, stellt jede Form der Risikopolitik einen artifiziellen Eingriff dar. Diese Gesellschaftsvergessenheit als reine Leugnung zu interpretieren, griffe allerdings zu kurz – steigen doch mit den zivilisatorischen Abhängigkeiten tatsächlich auch die Naturabhängigkeiten. Was hingegen verdrängt wird, ist der Umstand, dass auch die Naturverhältnisse gesellschaftlich erzeugt sind.[41]

Ein weiterer Aspekt, auf den wir in vielen Gesprächen stießen, war eine Rhetorik der Dringlichkeit, der drohenden Gefahr. Befragte sahen sich als Opfer, als Ausgegrenzte und Verfolgte einer Diktatur, gegen die sie Widerstand leisten müssten. An dieser Stelle kam dann oft die bereits angesprochene Vergleichsfolie des Nationalsozialismus ins Spiel, mit der man die eigene Haltung heroisch aufwerten und die Machteliten dämonisieren konnte. In diesem Sinne interpretiert Herr Hoffmann das Tragen einer Maske als eine »Unterwerfungsgeste«, was er rhetorisch noch weiter zuspitzt: »Es kann aber auch sozusagen der neue Hitlergruß sein.« In einer eskalierenden Kritik, die kein normatives oder historisches Maß kennt, vergleichen sich die Protestierenden mit den Opfern des »Dritten Reiches«: »Im Grunde genommen sind wir die Juden von damals, oder?«, fragt Frau Jost rhetorisch. Mit der AfD und erst recht mit der Schweizer SVP haben sie hingegen kein Problem, da auch diese aus ihrer Sicht zu den Ausgegrenzten gehören.

Die politische Vorstellungswelt und die Protestformen der von uns befragten Coronakritiker:innen sprechen dafür, dass viele aus dem ehemaligen Alternativmilieu oder dessen modernisierten Ausläufern stammen: Ihr ostentativ zur Schau gestellter Nonkonformismus, der in Ansätzen noch vorhandene Antiautoritarismus und Kosmopolitismus, der immer wieder geäußerte Anspruch auf Selbstverwirklichung, Authentizität und Ganzheitlichkeit deuten in diese Richtung. Nicht wenige der Interviewten wuchsen in einem ökologisch und/oder friedenspolitisch geprägten Haushalt auf, manche besuchten alternative Schulen. Auch das Zurückdrängen von Institutionen und Autoritäten, die Informalisierung alltäglicher Umgangsformen, meditative Selbstsorge und spirituelle Techniken sind den Befragten wichtig und werden synkretistisch mit New Age und Anthroposophie kombiniert.[42] Immer wieder ist von Meditation, Yoga sowie seelischer und körperlicher Heilung die Rede, von Praktiken also, die auf die Einheit und ein Gleichgewicht mit der Natur zielen. Es mag an dieser Stelle der Analyse noch paradox erscheinen, aber gerade solche Elemente werden sich im Verlauf unserer Argumentation in diesem Kapitel als Kernbestandteile des *libertären* Autoritarismus herausstellen.

Es bedarf zwar noch vertiefter Forschung zur Bewegung insgesamt, aber die von uns befragten Querdenker:innen gehören zu großen Teilen den oben vorgestellten Gruppen der Performer, Hedonisten sowie dem sozialökologischen Milieu an, die aus unserer Sicht für Kränkungen ihrer Freiheiten besonders anfällig sind. Neben Personen mit Berufen, die von menschlicher Interaktion geprägt sind, begegneten wir Führungskräften und zahlreichen Menschen mit einem hohen Leistungsanspruch. In unserem Survey gibt es Ingenieur:innen, Techniker:innen, Pädagog:innen, ITler, Softwareentwickler:innen, Künstler:innen, Selbstständige in der Gastronomie oder in kreativen Berufen, vor allem aber auch viele Life-Coaches, Sozialarbeiter:innen, Masseur:innen, Heilpraktiker:innen. Produktionsarbeiter:innen oder geringqualifizierte Beschäftigte waren jedoch interessanterweise ebenso kaum vertreten wie Personen aus der bürgerlichen Oberklasse[43] – ein Befund, den ähnlich auch andere Studien erbracht haben. In einer Untersuchung, die auf einer reduzierten Milieukonzeption (Bildung, Schicht, Werte) basiert, zeigte sich, dass das »Alternative Milieu« eher sozial, weltoffen und ökologisch eingestellt ist, dass es der Bekämpfung der Pandemie jedoch im Vergleich zu anderen Milieus den geringsten Stellenwert einräumt.[44] In einer Studie der Bertelsmann-Stiftung zu »Wertemilieus« während Corona waren es die hedonistischen »individualistischen Materialist:innen«, die risikoaffinen »unbeschwerten Beziehungsmenschen«, die »leistungsorientierten Macher:innen« sowie die »unkonventionellen Selbsverwirklicher:innen«, die die Freiheitseinschränkungen am stärksten kritisierten, Selbstverantwortung hervorhoben und die geringste Impfbereitschaft aufwiesen.[45]

Epistemischer Widerstand

Herr Baumgartner ist bei einem Automobilunternehmen im wissenschaftlich-technischen Bereich tätig und muss sich dort regelmäßig mit Studien auseinandersetzen. Analytisches Denken ist dem 55-Jährigen also nicht fremd. Seine Frau arbeitet als Psychologin, sein Vater, zu dem er lange nur wenig Kontakt hatte, ist Mediziner, genauso wie eine seiner (Halb-)Schwestern, die andere ist Juristin. Sein Faible für medizinische und juristische Fragen erklärt er sich aus dem familiären Umfeld. Seine Frau engagierte sich während des Studiums in der Antifa, später waren beide kommunalpolitisch aktiv und haben sich bei den Kreistagswahlen auf den Listen der Grünen aufstellen lassen. Herr Baumgartner begreift sich als progressiven Menschen. Seine Kinder, die auf eine Waldorfschule gehen, hat er motiviert, sich Fridays For Future anzuschließen.

Schon zu Beginn der Pandemie erscheinen ihm die staatlichen Maßnahmen seltsam, ja etwas verdächtig. Er nimmt daher an den ersten Demonstrationen teil. Aus ihrem Umfeld bekommen die Baumgartners den Vorwurf zu hören, sie würden mit Verschwörungstheoretiker:innen auf die Straße gehen. Bei den Kundgebungen wollen Herr Baumgartner und seine Familie jedoch vorwiegend »Normalos« begegnet sein, »Nazis« seien keine dabei gewesen. Reichsbürger schon, aber die hätten bald selbst gemerkt, dass sie dort nicht hingehörten. Nach und nach verstärkt sich sein Eindruck, die Medien würden über die Demonstrationen falsch berichten – und er beginnt nachzuzählen. Die »falschen« Angaben über die Teilnehmer:innen-Zahl sind für ihn ein Schlüsselerlebnis:

> Und da muss ich sagen, für mich war es ein Schock. Wie im öffentlich-rechtlichen Fernsehen […] so berichtet wurde. […] Und ab dem Zeitpunkt habe ich gesagt, man muss immer an die Quellen gehen. […] Niemals irgendetwas glau-

> ben, egal von welcher Seite des gesagt wird [...]. Und so habe ich dann, haben wir dann auch noch die eine oder andere Demo besucht. Aber das war so die Initialzündung, als wir [das] gemerkt haben, da ist mehr kaputtgegangen als nur durch den Virus.

Seitdem liest Herr Baumgartner obsessiv Studien und sucht darin nach Fehlern. Staat, Wissenschaft, Wirtschaft, Medien – argwöhnisch schaut er ihnen allen auf die Finger. Die Durchsetzung der Maßnahmen in der Waldorfschule kritisiert er als eine Politik der Spaltung statt des Dialogs und der Harmonie. Die Grünen sind für ihn nicht mehr wählbar: »Ich kann nicht sagen, ich bin für den Umweltschutz, aber die Grundrechte, die gelten jetzt aber nur für bestimmte Leute oder so, das ist nicht möglich.« Heute engagiert er sich bei der Partei »Wir2020«, die von dem Querdenken-Aktivisten Bodo Schiffmann mitbegründet wurde. Er interessiert sich auch für Alternativmedizin und pflanzt Wermut im Garten an, mit dem er sich und seine Familie während ihrer Coronaerkrankung »problemlos« selbst behandelt habe. Zu diesem Zweck lagern die Baumgartners auch das Pferdeentwurmungsmittel Ivermectin. Dass solche Behandlungen nicht breit eingesetzt würden, koste viele Menschenleben.

Die Spätmoderne ist von einer Zunahme des Wissens, damit aber auch des Nichtwissens geprägt. Das Coronavirus entsprach nicht dem bisherigen Muster der Realität, sein Eindringen stellte das Wissen vieler Menschen infrage.[46] Nicht zuletzt deshalb war seine Realität gerade zu Anfang der Pandemie umstritten. Zum wissenschaftlichen Prozess der Wissenserzeugung, insbesondere in einer pandemischen Ausnahmesituation, gehört allerdings auch, dass Analysen notwendigerweise stets vorläufig sind. Ulrich Beck wies zudem darauf hin, bestimmte Daten und Interpretationen zu sinnlich nicht erfahrbaren Risiken müssten mehr oder weniger geglaubt, ja »geradezu gegen immer mögliche Gegeneinwände immunisiert werden«.[47] Dies galt auch im Zuge der Coronapandemie, etwa für die vom Robert Koch Institut (RKI) veröffentlichte Basisreproduktionszahl (den sogenannten R-Wert). Doch gerade weil sich das Risiko einer Ansteckung der unmittelbaren Wahrnehmung entzog, schien das Virus zugleich allgegenwärtig – genau wie die Aerosole, über die es übertragen wird. Das virale Risiko wurde zu einer Art »moderner Geisterbeschwörung«.[48]

In unseren Interviews zeichnen sich die Befragten, wie erwähnt, zunächst als *rationalistisch* argumentierende Autoexpert:innen, die nicht grundsätzlich wissenschaftsfeindlich sind, sondern lediglich eine bestimmte Spielart der modernen Wissenschaft skeptisch betrachten.[49] Sie rezipieren Fachpublikationen und verwenden den Jargon der entsprechenden Disziplinen. Dabei handelt es sich allerdings eher um einen Protorationalismus, der durch den auftrumpfenden Gebrauch statistischer Fachbegriffe inszeniert wird. Evidenzen werden nie im Zusammenhang mit einer methodisch informierten Analyse vorgebracht, sondern dienen in Form einer subversiven Falsifikation der Abwehr »offizieller« Erkenntnisse. Man stellt Studien infrage, die die Notwendigkeit des Maskentragens oder von Kontaktbeschränkungen belegen, sucht aber nicht selbst nach neuen Erkenntnissen.

Mit der zunehmenden Abstraktion der Wissenschaft wird Erfahrungswissen nachhaltig entwertet. Das bekamen im Zuge der Pandemie auch die Querdenker:innen zu spüren. Aus den empirischen Tatsachen wurde aus ihrer Sicht ein »Zwangscharakter« für das politische Handeln erzeugt. Einige fürchteten die Heraufkunft einer Epistokratie.[50] Der Kampf gegen die Wissenschaft ist für sie daher auch ein Kampf um Werte – und um Freiheit. So üben die Querdenker:innen *epistemischen Widerstand* aus.[51] Wie es bei Fußballturnieren stets Millionen Bundestrainer gibt, stellen bei Twitter oder in Telegram-Gruppen nun Laienvirolog:innen eigene Expertisen über Expertisen ins Netz. Diese werden häufig in kollaborativer Detektivarbeit erarbeitet und immer weiter verteilt.[52] Dabei nehmen die Querdenker:innen einen Standpunkt der Beobachtung der Beobachter ein:[53] Sie beobachten nicht direkt die Realität der Pandemie, sondern ihre Beobachtung durch Wissenschaft und Medien, und kommen dabei zu dem Schluss, dass diese »gleichgeschaltet« sind und »Angstpropaganda« verbreiten. Sie selbst hingegen haben dies durchschaut und vermögen hinter den Schleier dieser Täuschung zu blicken.

In Bezug auf die Kohärenz und Konsistenz ihrer eigenen Kritik waren unsere Gesprächspartner:innen hingegen auffällig indifferent. Alles hängt mit allem zusammen, im Verborgenen werde die Welt von sinistren Eliten gelenkt. Während sie die Widersprüche in der Realität für einen Riss in der Verschwörungsmatrix halten, verspüren sie kein Verlangen, die Widersprüchlichkeiten in der eigenen Argumentation zu beheben. Die einzelnen Verschwörungstheorien können bisweilen eine innere Kohärenz aufweisen, doch sie werden in geradezu beliebiger, strukturell inkongruenter Weise verwendet.[54] So zirkulieren in der Szene sich widersprechende Theorien: Entweder ist das Virus harmlos oder es wird von Bill Gates genutzt, um der Menschheit Mikrochips zu implementieren, oder es handelt sich um eine Biowaffe aus dem Labor etc. Damit bleiben sie anschlussfähig für alle möglichen – auch für extrem rechte – Weltanschauungen, die parallel existieren, ohne dass es zu inhaltlichen Kontroversen kommt. Einzelne Elemente fungieren als Knotenpunkte, die eine narrative Einheit stiften. Eine Selbstpositionierung auf der Links/rechts-Achse würden viele Teilnehmer:innen wohl verweigern, ihre Identität beziehen sie aus der Ablehnung des »Mainstreams«.[55] Den Querdenker:innen geht es um die Kritik *an sich*, um den Akt des Dagegen-Seins.

Diese Form der selbstzweckhaften Kritik beschränkt sich nicht auf konkrete Missstände, sondern zielt stets auch auf das große Ganze, auf das epistemische Gefüge sozialer Herrschaft.

Um besser zu verstehen, warum Teile der Bewegung den Glauben an eine geteilte Lesart der Realität aufkündigen, lohnt es, einen kleinen Umweg zu machen und soziologische Perspektiven auf gesellschaftliche Herrschaft zu konsultieren.

Die französischen Soziologen Pierre Bourdieu und Luc Boltanski haben sich aus zwei unterschiedlichen Perspektiven mit Herrschaftskritik beschäftigt. In seinen zwischen 1989 und 1992 gehaltenen Vorlesungen *Über den Staat* befasst Pierre Bourdieu sich unter anderem mit der Frage, warum »die soziale Ordnung so leicht aufrechtzuerhalten« sei. Den Ausgangspunkt seiner Erklärung bildet die »Paradoxie der symbolischen Kraft«, einer »Macht, die so unmerklich wirkt, daß man [...] ihre Existenz vergißt«.[56] Der Staat kommt dabei vor allem als Produzent symbolischer Formen in den Blick. Über Institutionen wie das Schulsystem setze er »Denk- und Wertungsstrukturen« durch, die »einen Konsens über den Sinn der Welt« schaffen. Die entsprechenden Erkenntnisakte und kognitiven Strukturen bezeichnet Bourdieu als *doxa*. Dabei handele es sich um eine »Art von Glauben, die sich selbst nicht als Glauben wahrnimmt«. Der Staat habe dadurch die »magische« Fähigkeit, Gehorsam zu erzeugen. Das gilt zumindest so lange, bis Störungen auftreten, die diese Deutungsmuster durcheinanderbringen. Dann entstehen *Heterodoxien*, also abweichende Lesarten, und die zuvor als selbstverständlich geltende *doxa* erscheint plötzlich als *Orthodoxie*, als bloße Mehrheitsmeinung, die explizit begründet werden muss.[57] So findet in der politischen Öffentlichkeit nun beispielswiese ein Selektionsprozess statt, der Kritik auf den »endlichen Raum« legitimer Diskurse beschränkt. Über die Besetzung von Talkshows oder Expertenkommissionen werde dabei – angesichts der inflationären Verwendung des Begriffs würde Bourdieu das heute vielleicht vorsichtiger formulieren – eine »Art Zensur« ausgeübt.[58] Am Ende ist die *doxa* wiederhergestellt.

Bourdieu war indessen mitnichten ein Ahnherr der Querdenker:innen. Der Soziologe kritisierte die Mechanismen fortgeschrittener Klassengesellschaften, indem er ihre innere Ratio offenlegte. Bei den Querdenker:innen haben wir es hingegen mit einer Kritik zu tun, bei der nicht sachlich Mechanismen und funktionale Notwendigkeiten analysiert werden. Vielmehr ist ihre Kritik von einem Ressentiment unterfüttert, in dem vor allem der Verdacht zum Ausdruck kommt, hinter beobachteten Phänomenen steckten dunkle Absichten. Damit ist auch der Weg zum Verschwörungsdenken eröffnet.

Nüchtern betrachtet, stellen Verschwörungstheorien eine Form heterodoxen, gesellschaftlich stigmatisierten Wissens dar.[59] Darin kommt auch eine schief gestellte herrschaftskritische Perspektive zum Ausdruck. Diese Theorien sind zwar nie im engeren Sinne wahr, ihre Vertreter:innen nehmen für sich aber eine Haltung der *Wahrhaftigkeit* in Anspruch, aus der heraus sie die gesellschaftlich durchgesetzte *Wahrheit* anzweifeln. Ihre Kritik ist ein performativer Akt der Zweifels an dieser Wahrheit.

Hier kommen Überlegungen des Bourdieu-Schülers Luc Boltanski ins Spiel. Boltanski übt anders als sein Lehrer nicht in erster Linie Herrschaftskritik, sondern er interessiert sich für die Formen der Kritik selbst – er betreibt eine *Soziologie der Kritik*. Er möchte rekonstruieren, wie Kritik funktioniert, wie Menschen dabei argumentieren, welche normativen Grundlagen usw. sie dabei heranziehen. Mit seiner Perspektive können wir den performativen Charakter der Querdenken-Bewegung besser verstehen. Während der Pandemie kreiste der politische Konflikt vor allem um die Frage, wie gefährlich das Virus tatsächlich sei. Der zentrale Zugriff war epistemisch, man kritisierte das Wissen, das als Grundlage des Handelns diente. Boltanski geht ganz allgemein davon aus, dass »der Aufbau des sozialen Lebens einer radikalen Ungewißheit hinsichtlich der Frage zu trotzen hat, *wie es um das, was ist, bestellt ist*«.[60] Der Soziologe unterscheidet hier zwischen »Realität« und »Welt«:

Bei der »Realität« handelt es sich um eine sozial anerkannte und institutionell abgesicherte Konstruktion. Unter »Welt« versteht er mit Ludwig Wittgenstein »alles, was der Fall ist«, aber nicht direkt erfasst werden kann. Die »Welt« kann immer wieder in die »Realität« einbrechen, zum Beispiel durch ein Virus, das es längst gab, das bislang aber noch nicht auf Menschen übergesprungen und insofern unbekannt war. In solchen Situationen zeigt sich, dass die »Realität« brüchig ist und die »Welt« in Wirklichkeit ganz anders, als sie scheint. Solange die »Realität« nicht infrage gestellt wird, entzieht sie sich in der Regel dem Bewusstsein der Akteure. Herrschaft beruht insofern auch für Boltanski auf ihrer »*Verkennung*« im Alltag.[61] Doch gerade wenn sich Routinen ändern (oder wenn sie abrupt geändert werden), werden Herrschaftsmechanismen sichtbar. Querdenker:innen vermuten hinter der sichtbaren »Realität« eine andere Wirklichkeit. Frau Egli etwa spricht von einem Vorhang: »Ich ziehe den Vorhang und schaue dahinter.« Während der Pandemie fragte sie sich: »Wer hat da ein Interesse, das sind wieder die Fragen, die hinter dem Vorhang, aber dieser Vorhang ist noch zu dick für mich.«

Frau Egli und viele andere Querdenker:innen wollen hinter diesen Schleier der Herrschaft blicken, die sie ansonsten nur in ihren konkreten Auswirkungen zu spüren bekommen. Und gerade Letztere haben möglicherweise dazu beigetragen, dass die Querdenken-Bewegung insbesondere in der Mittelschicht mobilisierte. Anders als in den unteren Klassen, wo der Staat ohnehin in die Freiheit eingreift (zum Beispiel bei der Beantragung von Transferleistungen), trafen die Maßnahmen nun auch jene Teile der Mittel- und Oberschicht, für die der Staat zuvor lediglich die Infrastruktur ihrer Freiheitsgrade bereitstellte.[62] Die Übereinkünfte über das, was als Realität gilt, können sich in Krisenmomenten als äußerst fragil herausstellen und in eine fundamentale Unsicherheit übergehen. An dieser Stelle lesen sich Boltanskis Überlegungen, die er bereits 2008 im Rahmen der Frankfurter Adorno-Vorlesungen präsentierte, wie eine vorweggenommene Analyse der Querdenken-Bewegung. Sobald sich einmal grundsätzliche epistemische Zweifel regten, so Boltanski, würden »existenzielle Prüfungen« aufgerufen, die aus dem »Lebensstrom Beispiele« schöpfen, welche die »Fundamente der Realität zum Wanken bringen«.[63] Mit der rhetorischen Frage »Kennst du jemanden, der Corona hatte und einen schweren Verlauf?« formulieren viele Skeptiker:innen eine solche Prüfung. Dafür wissen sie aber wie Frau Jost gleich von mehreren Leuten, die sich wegen der Pandemie das Leben genommen haben. Für sie ist die Pandemiepolitik einfach »nicht logisch«, und das habe schlicht damit zu tun, dass man etwas »vertuschen« wolle.

Wird das Leiden an der Realität – in unserem Fall an den Freiheitseinschränkungen – nicht gelindert und entsteht der Eindruck, Kritik laufe systematisch ins Leere, kann dies, so Boltanski, zu einer Art »Enthüllungssucht« führen, die sich als »*Generalverdacht*« äußert. Nun genügt es bereits, dass »eine Wahrheit anerkannt ist, um sie unter Verdacht zu stellen«. Diese »vom Verdachtstrieb« motivierte Kritik könne »als *entfremdet* in dem Sinne bezeichnet werden, als sie sich durch nichts anderes bestimmen lässt als durch die Kräfte, die ihr zu widerstehen scheinen«.[64]

Wer einen Generalverdacht hegt, dem erscheint die Realität als hermetisch abgesicherte, durch Medien und Polizei stabilisierte Verschwörung. Die daran ansetzende entfremdete Kritik neigt zur »Elaboration von Fiktionen«, die sie braucht, um sich weiter entwickeln zu können. Die Kritik finde ihre Befriedigung nun in der »Geste selbst«.[65] Genau diese Attitude ist uns in unseren Interviews immer wieder begegnet: Der geäußerte Zweifel an der Existenz des Virus, die Kritik am Mainstream, die immer wieder vorgebrachten Topoi des »Selbst-Denkens« – die Kritik der Querdenker:innen, wir haben bereits darauf hingewiesen, ist nicht zuletzt ein performativer Akt. Wenn die Kritik aber eine Aufführung ist, dann braucht sie kein Realitätsprinzip mehr. So entsteht die Versuchung, die »Realität« selbst zu leugnen, und das verleiht den Querdenker:innen die Freiheit, die mit ihr verbundenen Normen zu übertreten. Die »Fake-Pandemie« oder »Plandemie«, von der auf den Demonstrationen so häufig die Rede war, ist für sie nur eine Konstruktion. Sie kämpfen, in Boltanskis Worten, gegen die Realität dieser »Realität«.

Die Querdenker:innen betrachten sich selbst als heroische Figuren in einem Wahrheitskonflikt, als wahrhaft kritische Aufklärer:innen, die unbeirrt für das Gute eintreten und dafür auch Opfer in Kauf nehmen. Im Grunde imaginieren sie sich gemäß der *parrhesia*, der antiken Tugend des Wahrsprechens, die auch die persönlichen Risiken des Nicht-Verheimlichens auf sich nimmt.[66] Viele neigten schon zuvor zum Verschwörungsdenken, das unsichtbare Risiko verstärkte dann aber die generelle Unsicherheit über das, was der Fall ist. Angesichts der Entfremdung vom politischen System, einer rasanten Komplexitätszunahme, unklarer Zukunftsperspektiven und sozialer Kränkungen stabilisieren die Querdenker:innen ihr Ich durch Selbstheroisierung.

Verschwörungsspiritualität

Was Herr Leimgruber uns erzählt, klingt wie der Plot eines Agententhrillers. In Tansania habe sich Präsident John Magufuli dem internationalen Covid-Regime widersetzt. Magufuli sei der Ansicht gewesen, man könne das Virus durch Beten besiegen. Dann starb er, wobei die Todesursache umstritten sei. Corona? Oder doch ein Herzinfarkt? Jedenfalls sei er nun tot – wie »alle anderen Afrikaner«, so Leimgruber,

> die nicht mitspielen wollten. Zufälligerweise. Wir hatten Herzinfarkt. Aber bei uns sagt man, bei uns in der Zeitung

> war gestanden, wahrscheinlich an Covid gestorben [...]. Es war nicht natürlich. In den gleichen eineinhalb Monaten sind vier afrikanische größere Politiker gestorben. Er war der größte davon. Alles waren Coronagegner.

Herr Leimgruber weiß nicht, wer dafür verantwortlich ist, aber er zeigt sich überzeugt, dass ein großer Konzern oder die Nato dahintersteckt. Darauf komme es aber auch gar nicht an. Wenn jemand Widerstand leiste oder sich nicht einverstanden erkläre, »dann schaut das System selbst«. Leimgruber hat sich schon vor einiger Zeit vom System verabschiedet, das Gespräch führt er aus Südamerika. Früher sei er selbst ein extrem materialistischer Mensch gewesen, er habe eine gute Stelle bei einem Finanzdienstleister gehabt und sich vor allem für Geld interessiert. Dann habe ihn das jedoch nicht mehr erfüllt. Er habe hingeschmissen und sei mit seiner damaligen Freundin nach Indien gegangen. Ein inzwischen verstorbener Freund hat ihm das erste spirituelle Buch gegeben. Das tödliche Unglück des damals 29-jährigen Freundes kommentiert er nüchtern mit den Worten: »Es war Zeit.« Seit seinem spirituellen Erwachen ist er ein esoterischer Omnivor, er arbeitet daran, ein »Heiler« zu werden. Mehrfach erwähnt er, dass andere ihn oft für »sehr intelligent« hielten. Dank dieser Fähigkeit sei es ihm möglich, zum wahren Kern der Dinge vorzustoßen. Herr Leimgruber wirkt sehr freundlich, er bemüht sich, einen glücklichen Eindruck zu machen, redet viel von »Liebe«. Mit dieser scheint es aber nicht immer ganz so weit her zu sein. Während des Interviews berichtet er nebenbei, er sei gerade erst aus dem Gefängnis entlassen worden. Er hatte sich mit der Polizei wegen einer Bagatelle derart angelegt, dass sie ihn für ein paar Tage dabehalten haben.

Die Entfremdung von der Rationalität hoch differenzierter Gesellschaften, die bei den Querdenker:innen zum Ausdruck kommt, ist historisch kein gänzlich neues Phänomen. Motive wie gesunde Lebensführung, östliche Weisheit oder kosmische

Liebe, auf die wir bei Querdenker:innen immer wieder stoßen, haben einen Vorläufer: die Lebensreformbewegung oder kurz Lebensreform, die vor allem im ersten Viertel des 20. Jahrhunderts in Deutschland und in Teilen der Schweiz großen Zulauf hatte.[67] Die lebensreformerischen Ansätze beriefen sich in ihrem Natürlichkeitskult auf ursprünglich romantische Ideale. Die Romantik entstand in Europa um 1800 als Antidot zur Aufklärung, wiederum vor allem im deutschen Sprachraum.[68] Der romantische Denkstil will die Gefühle dem Rationalismus nicht unterordnen, er wertet sie als genuine Erkenntnisform auf. Ideale wie Authentizität, Autonomie und Originalität, die sich in der Spätmoderne zu gesellschaftlichen Erwartungen und Anforderungen verallgemeinert haben, stehen hoch im Kurs. Daneben ist, anders als beim expressiven Individualismus der Spätmoderne, auch die Sehnsucht nach Gemeinschaft, Innerlichkeit und einer »ursprünglichen Lebenshaltung« ein zentraler Antrieb.[69] Wir sind zwar nicht der Ansicht, dass mit der Querdenken-Bewegung, wie zwischenzeitlich diskutiert, die direkten Erben der Romantik auf die Straße gehen. Die romantisch inspirierte Lebensreformbewegung gehört im deutschen Sprachraum sicher zum kulturellen Gedächtnis, dürfte aber allenfalls in den Tiefenstrukturen bestimmter Mentalitäten abrufbar sein. Doch auch wenn es keine direkte Kontinuität gibt, finden wir bei den Querdenker:innen eine ähnlich gelagerte, gleichsam modernisierte Kritik an einer hoch rationalisierten Gesellschaft, der die Sinnressourcen abhandengekommen sind.[70] Dies war auch schon bei den historischen Bewegungen der Impfkritik der Fall, die für das Verständnis der heutigen Impfskepsis noch immer erhellend sind.

Impfungen gehören zu den großen Errungenschaften moderner Gesellschaften. Ab dem späten 18. Jahrhundert machte die medizinische Forschung dramatische Fortschritte. Die Möglichkeit, Menschen gegen bestimmte Krankheiten zu immunisieren, half der Medizin, sich als eigenständige Disziplin zu etablieren. Zugleich wurde sie jedoch von Ärzten und vom Staat autoritativ durchgesetzt. Impfungen stellten staatlich verordnete Eingriffe in den Körper der Einzelnen dar, die im 19. Jahrhundert noch wesentlich invasiver und gerade für die unteren Klassen mit Risiken behaftet waren, da sie in Arbeitervierteln oft unter unhygienischen Bedingungen vorgenommen wurden. In der Impfung kamen Fortschritt *und* biopolitischer Paternalismus zusammen. Anhand des Impfens verständigte sich die Gesellschaft über Natur und Souveränität, in ihm kristallisierten sich Konflikte zwischen Staat und Individuum, gesellschaftliche Risikoabwägungen und individuelle Ängste.[71] Die ersten Impfgegnerbewegungen im späten 19. Jahrhundert waren klassenübergreifend, sie speisten sich aus unterschiedlichen Strömungen, Lebensreformer:innen engagierten sich ebenso wie Sozialdemokrat:innen und Liberale, die die individuelle Selbstbestimmung betonten.[72] Sie fanden gleichwohl gerade in den unteren Klassen besonders viele Anhänger:innen, da diese in der Impfung sowohl eine weitere Form der Missachtung ihrer Körper als auch eine Ausweitung des Paternalismus eines Staates erkannten, der sie auch in anderen Lebensbereichen gängelte.[73] Zweifellos wies bereits die frühe Impfgegnerschaft einige antirationalistische Züge auf, aber sie war auch eine plebejische Form der Herrschaftskritik an einer Obrigkeit, die biopolitische Eingriffe mit Zwang durchsetzte.[74] Die Pocken waren überaus gefährlich, aber auch die Nebenwirkungen der Impfungen waren enorm. Erst in der zweiten Hälfte des 19. Jahrhunderts konnten die Impfschäden stark reduziert werden. Weil das Risiko zurückging, bekam die Impfung für den Einzelnen im 21. Jahrhundert eine umso größere Bedeutung. In der Impfbereitschaft offenbarte sich das Vertrauen in die staatliche Gesundheitspolitik.[75]

Ob die Lebensreform eine progressive oder aber eine reaktionäre Bewegung darstellte, wird bis heute kontrovers diskutiert. In jedem Fall handelte es sich um eine Reaktion auf die organisierte Moderne, die industriegesellschaftliche Rationalisierung des Lebens, auf das, was Max Weber »Entzauberung der Welt« genannt hat. Die Lebensreform war eine Art spirituelles Gegenstück zur kapitalistischen Lebensführung: Vegetarismus, Alkoholabstinenz und Naturheilkunde bildeten die Grundlagen für eine *naturgemäße* Lebensweise.[76] Auch die neuen sozialen Bewegungen seit den sechziger Jahren entstanden als zuweilen mit romantischen Motiven durchsetzte Antwort auf die Modernisierung der Gesellschaft.[77] Prägend für das Alternativmilieu der Siebziger war eine Kritik an Entfremdung, traditionellen Autoritäten und der fehlenden Authentizität von Objekten, Menschen oder Gefühlen.[78] Auch der empathielose Ernst der theoriegesättigten Studentenbewegung habe in der späteren Alternativszene, so Sven Reichardt, ein Bedürfnis nach warmen und einfühlsamen Umgangsstilen geweckt.[79] Mit der Rationalisierung der spätmodernen Welt gewann schließlich auch der Wunsch nach ihrer *Wiederverzauberung* an Bedeutung. Man betonte Intuition, spontane Sinnlichkeit und lebendige Erfahrung. Das Ganze wurde, wir erinnern uns, von einem »Psychoboom« begleitet.[80] Spirituelle, kosmologische, mystische und psychotherapeutische Versatzstücke wurden wild kombiniert. Wer nach Sinn suchte, geriet rasch auf die Pfade spiritueller Religiosität: Buddhismus, Hinduismus, Neuheidentum, Naturreligionen und Schamanismus wurden (wieder)entdeckt.[81] Lebensreformerische Motive und ein negatives Freiheitsverständnis sind in dieser Perspektive keine Gegensätze, sondern ergänzen sich.

Entsprechende Einflüsse finden sich in der Gegenwart vor allem bei einer Weltanschauung wieder, deren Praktiken und Denkstil wir in unserer Forschung regelmäßig begegnet sind: der Anthroposophie. Unter den alternativen Strömungen der Querdenken-Bewegung nimmt sie einen besonderen Platz ein. Die Anthroposophie begreift sich mit Bezug auf ihren Gründer Rudolf Steiner explizit als wissenschaftliche Weltanschauung und spielt auch in anderen gesellschaftlichen Feldern eine wichtige Rolle, mit den Waldorfschulen etwa im Bildungssystem.[82] Das Denken Steiners ist eine eklektische Mischung aus Pantheismus, Antimaterialismus, Übersinnlichkeit, Reinkarnationsvorstellungen und einer Rassengeschichte der Menschheit.[83] Seine Perspektive ist die der Vertikalität, der Verbindung des Menschen mit dem Übersinnlichen. Vielleicht gilt er Peter Sloterdijk auch aus diesem Grund als »ganz normales Genie«.[84] Mit Blick auf die Querdenker:innen ist insbesondere interessant, dass Steiner dem Wissen der Anthroposophie einen höheren, ja absoluten Stellenwert zuschreibt: Nur »Eingeweihte« verfügten über die übersinnlichen und nicht demokratisierbaren Erkenntnisse.[85] Zudem sind die Anthroposophie sowie die Pädagogik Steiners von einem starken, vom einzelnen Individuum her gedachten »antietatistischen Selbstverständnis« geprägt.[86] Die Anthroposophie ist insofern weniger antiautoritär als vor allem antistaatlich. Während der Pandemie waren es dann nicht so sehr die anthroposophisch beeinflussten Institutionen und Verbände selbst, die als Petrischalen der Querdenken-Bewegung in Erscheinung traten. Eher zeigte sich eine Wahlverwandtschaft: Personen mit einer generell staatskritischen Haltung schicken ihre Kinder häufiger auf Waldorfschulen und engagierten sich dort dann gegen Impfungen und das Tragen von Masken.[87] Gerade in anthroposophischen Einrichtungen ist die Impfbereitschaft allgemein niedrig.[88] Eltern, die ihre Kinder nicht impfen lassen wollen, verstehen sich gegenüber Fachpersonen als privilegierte Expert:innen. Als Grund für die Verweigerung nennen sie häufig, dass es sich um einen *künstlichen* Eingriff in die natürliche Entwicklung des Kindes handele, der die Ausbildung eines funktionierenden Immunsystems behindere. Ein anderer Grund ist ihr großes Misstrauen gegenüber Pharmakonzernen, denen sie unterstellen, den Nutzen von Impfungen aus Profitgier zu übertreiben.[89]

Die Popularität der Anthroposophie hängt in Deutschland

mit der Etablierung des Alternativmilieus und seiner Weiterentwicklung in das sozialökologische Milieu zusammen. Die Anthroposophie »erscheint [...] als integrative Alternative gegenüber einer Gesellschaft, in der funktional differenzierte Bereiche dominieren«, erklärt der Theologe und Historiker Helmut Zander, »in der etwa Ärzte sich nur um den Körper und nicht mehr um die Seele kümmern. Demgegenüber sehen und erleben Anthroposophen eine ›ganzheitliche‹ Welt.«[90] Das Bedürfnis nach solchen Komplementärperspektiven ist immens. In den Bahnhofsbuchhandlungen findet sich nicht nur allerlei Coaching- und Ratgeberliteratur; Spiritualität und Esoterik machen ca. 10 Prozent des Gesamtumsatzes aus.[91] Auch die Alternativmedizin ist weitverbreitet. In Deutschland waren im Jahr 2021 etwa 47000 Heilpraktiker:innen mit jährlich 46 Millionen Patienten:innenkontakten aktiv. Mit homöopathischen »Heilmitteln« – jenseits des Placebo-Effekts gibt es keinerlei wissenschaftliche Belege für ihre Wirksamkeit – werden jährlich mehr als eine halbe Milliarde Euro umgesetzt, vor allem Frauen und Akademiker:innen gehören zur Kundschaft.[92]

Die Anthroposophie ist zudem eine Quelle und ein historischer Bestandteil jener amorphen esoterischen und quasireligiösen Bewegung, die man als New Age bezeichnet. Dazu gehören nicht nur Meditation, Yoga und verschiedene Okkultismen, sondern auch esoterisch beeinflusste Formen der Psychotherapie. Varianten solcher Praktiken kamen in fast allen unseren Interviews zur Sprache, allerdings muss man einschränkend hinzufügen, dass beispielsweise Yoga mittlerweile von einer esoterischen zu einer allgemein verbreiteten Praxis geworden ist. Historisch hatte die New-Age-Bewegung – ähnlich wie die Lebensreform – durchaus progressive Wurzeln, in der zweiten Hälfte des 20. Jahrhunderts verdrängte jedoch das okkulte Element die fortschrittlichen Anteile weitgehend. Gleichwohl verstehen sich die Anhänger:innen häufig als hoch individualistisch, tolerant, inklusiv und offen. Der britische Soziologe Paul

Heelas betrachtet die Bewegung als romantisch beeinflusste Kritik an der kapitalistischen Moderne, die jedoch ihrerseits auf einen spirituell aufgeladenen Selbstverwirklichungskonsum setze, wie er auch die Lehren Oshos kennzeichnet. Ein paradoxes Arrangement:[93] Esoterik wird in der Spätmoderne kommodifiziert, die romantische Kritik wird als Konsum verdinglicht.[94] Der eklektische Bezug zu höheren Mächten, zur Einheit mit der Natur oder mit dem Jenseits wird zu einer, wie Adorno spöttisch schrieb, »Parodie von Transzendenz«.[95] Kein Wunder, dass Sloterdijk, der Antipode der Kritischen Theorie, diese kommodifizierte Transzendenz in seinen viel gelesenen Büchern popularisierte.

Die Ausläufer der New-Age-Bewegung werden heute auch als *holistisches Milieu* bezeichnet.[96] Holismus meint dabei die Vorstellung, dass im Universum alles Materielle und Immaterielle »miteinander in Verbindung« steht.[97] Es gibt viele Gemeinsamkeiten zwischen dem holistischen Milieu und den Querdenker:innen: Holistische Akteur:innen sind weniger ausländerfeindlich und in Bezug auf Drogen oder Schwangerschaftsabbrüche liberaler als der Rest der Bevölkerung, allerdings werden Steuerbetrug und Kindesmissbrauch stärker verurteilt. Das Milieu verfügt zwar über eigene Stars und Autoritäten, aber die Struktur ist nicht hierarchisch, sondern eher netzwerkartig. Im Querdenkertum entsteht jedoch eine neue Legierung: Esoterik und Spiritualität des holistischen Milieus werden mit Verschwörungstheorien zu einer *Verschwörungsspiritualität* kombiniert.[98] Die Personen, mit denen wir gesprochen haben, gehen mehrheitlich davon aus, dass eine kleine Gruppe die Kontrolle über die Geschicke der Menschheit erlangen will, gleichzeitig *erwache* jedoch die Menschheit. Während die New-Age-Bewegung stärker weiblich geprägt ist, sind verschwörungstheoretische Szenen eher männlich dominiert.[99]

In einer Studie aus Österreich unterschieden die Autoren zwischen einem holistischen Kern- und einem eher unregelmäßig praktizierenden Randmilieu. Personen aus dem Kernmilieu neigen stärker zu basisdemokratischen, grünen oder linksliberalen Positionen. Personen aus dem Randmilieu, die sich vorwiegend mit okkulten Praktiken sowie mit Alternativmedizin beschäftigen und die Wahrsager:innen, Astrolog:innen sowie Wünschelrutengänger:innen konsultieren, sind autoritärer und neigen eher zum Rechtspopulismus.[100] Diese Unterscheidung weist auch den Weg zu einer Differenzierung in unserer Empirie. Auch bei uns finden sich Angehörige einer esoterischen Kerngruppe: Sie verdienen ihren Lebensunterhalt häufig mit physischen oder psychischen Dienstleistungen oder in Angestelltenberufen, die ihnen genug Freizeit lassen. Sie stammen vor allem aus dem sozialökologischen, teilweise jedoch auch aus dem hedonistischen Milieu, gleichwohl nur in geringerem Umfang aus der Gruppe der Performer. Angehörige der Letztgenannten fühlen sich durch die Coronamaßnahmen oft besonders in ihrer äußeren Freiheit gekränkt. Viele von ihnen sind sich sicher, dass *ihr* gesunder Körper eine Infektion gut verkraften würde. Im sozialökologischen Milieu wird das gute Immunsystem hingegen eher auf spirituell-natürliche und sportliche Ertüchtigung zurückgeführt. Bei allen geht mit dem Vertrauen in die eigene Resilienz ein mangelndes Bewusstsein für die Bedürfnisse vulnerabler Gruppen einher.

Die esoterische Kerngruppe ist stärker weiblich, naturnah und basisdemokratisch. Sie neigt eher zur Partei Die Basis als zur AfD.[101] Als esoterische Individualist:innen sind ihre Angehörigen zwar leistungsorientiert, kritisieren aber die falschen Versprechen und Illusionen der spätmodernen Wettbewerbsgesellschaft. Selbstverwirklichung suchen sie in sich selbst, Esoterik bedeutet für sie innere Freiheit, aber gerade durch ihre spirituelle Innerlichkeit sind sie abhängigkeitsvergessen. Sie fühlen sich gekränkt, weil der Staat ihnen ihre innere Freiheit und die Souveränität über ihren Körper nimmt.

Jenseits der Kerngruppe finden sich viele Personen in technischen Berufen oder Selbstständige, die in ihrer Lebensführung stärker leistungsorientiert sind und eher zum Milieu der Performer oder dem liberal-intellektuellen Milieu gehören. Sie machen Yoga oder glauben an parapsychologische Phänomene, aber die Esoterik ist kein Hauptbestandteil ihrer Lebensführung. Wenn sie sich die Welt erschließen, greifen sie häufig auch auf Verschwörungstheorien zurück. Sie sind Gelegenheitsesoteriker:innen und wählen AfD. So wie Frau Kleinschrod-Schüssler. Sie ist 54 Jahre alt und kann sich über mangelnde Beschäftigung nicht beschweren. Früher war sie Lehrerin für Deutsch und Geschichte, jetzt führt sie zwei Hotels, die sie von ihrer Mutter geerbt hat. Sie ist katholisch getauft, ihr »Wertegerüst« bezeichnet sie als christlich-humanistisch. Aus der AfD sei sie wegen Björn Höcke ausgetreten, die Partei wählt sie aber weiterhin. Zwar weist sie Verschwörungstheorien von sich, die Coronapolitik empfindet sie aber allgemein als »unterirdisch«, ja als dermaßen schlecht, dass etwas anderes dahinterstecken müsse. Frau Kleinschrod-Schüssler glaubt, man mache »das ganz bewusst, um Menschen kontrollieren zu können oder besser kontrollieren zu können. Und dass im Hintergrund noch ganz andere Dinge beschlossen werden, die eben aufgrund von viel vordergründiger Panik gar nicht so genau beobachtet werden.« Konkrete Akteure nennt sie nicht, sie liest aber ein Buch des genannten Klaus Schwab. Angesichts der Entwicklungen in Deutschland möchte Frau Kleinschrod-Schüssler auswandern. Sie will nicht länger für dieses »kranke System« Steuern zahlen und auch keine Einwanderung in die Sozialsysteme finanzieren. Diesem Motiv werden wir auch im nächsten Kapitel wieder begegnen.

Libertär-autoritäre Gegengemeinschaften

Herr Zurbriggen bezeichnet sich selbst als »Verschwörungspraktiker«. Er leugnet nicht, dass es in den Spitälern dramatische Fälle von Coronainfektionen gibt, aber als die Pandemie begann, war ihm klar, dass die Regierung das nutzen würde, um einen anderen Plan zu verwirklichen. »Bill Gates und Big Pharma« wollten Impfungen durchsetzen, aber auch die Regierungsapparate führten immer etwas im Schilde. Zurbriggen betrachtet sich als Kapitalismuskritiker, er ist gegen »Neoliberalismus, Thatcher, Reagan«. Seine Einwände gegen die gesellschaftlichen Missstände fasst er wie folgt zusammen: Es »zählte immer nur Geld, Geld, Geld«.

Als gelernter Tiefbauzeichner interessiert er sich für Daten und Statistiken. Auch ihm ist es wichtig, immer an die Quellen zu gehen. Nach seiner Scheidung verlor er seinen Job, weil er sich zunehmend mit Schamanismus beschäftigte und damit die Kolleg:innen nervte, wohl aber auch, weil er Fehler unter den Teppich kehren wollte. Seitdem hat er keine stabile Flugbahn mehr erreicht. Er verlor immer wieder seine Jobs, momentan wohnt er in einer Erwachsenen-WG und macht eine Ausbildung zum »Heiler«. Esoterisches Denken ist ein zentraler Bestandteil seiner Biografie. In den neunziger Jahren trug er die orangefarbenen Gewänder der Bhagwan-Jünger und sympathisierte mit der Anthroposophie. Heute interessiert er sich für alle möglichen Verschwörungstheorien, selbst dass die QAnon-Theorie zutrifft, laut der hochrangige Mitglieder der US-Demokraten einen internationalen Kinderhändlerring betreiben und Ritualmorde begehen, könne er sich durchaus vorstellen, schließlich würden Menschen seit je Opferrituale praktizieren. Herr Zurbriggen hat sich immer zivilgesellschaftlich engagiert, Gemeinschaft ist ihm wichtig. Als Kind war er im Turnverein, später bei den Grünen, heute hat er bei den Maßnahmenkritiker:innen eine neue Heimat gefunden. Auch wenn Querdenker:innen ihren Protest mit Bezug auf die individuelle Freiheit formulieren, wollen sie darin nicht solipsistisch bleiben. Sie sehnen sich nicht nach Organisation (das wäre ein Element der industriellen Moderne), sondern nach Gemeinschaft.

Anders als frühere soziale Bewegungen verfügen die Querdenker:innen weder über ein Programm noch über eine positive politische Utopie. Parolen wie »Friede, Freiheit, Liebe« sind nur der Kitt, der eine äußerst fluide und amorphe Bewegung lose zusammenhält, die sich gegen die Einschränkungen und eine neue biopolitische Gouvernementalität wendet. Diese drückt sich in Empfehlungen und Vorschriften wie jenen aus, Abstand zu halten und Masken zu tragen. Was ihre Anhänger:innen eint, sind gemeinsame Deutungsmuster und vor allem ein allgemeines Misstrauen gegenüber den politischen Eliten und wissenschaftlichen Expert:innen. Sie sehnen sich nach Gleichgesinnten, die eine ähnliche Sicht auf die Welt haben und die genauso »ausgegrenzt« werden wie sie selbst. Gerade weil sie hochgradig individualistisch und gesellschaftsvergessen sind, wünschen sie sich enge und emotionale Beziehungen. So entsteht eine »Misstrauensgemeinschaft«.[102] Zygmunt Bauman hat diese Art der flüchtigen Vernetzung schon 2000 vorweggenommen und festgestellt, sie böte eine Art »Nagel, an dem eine Reihe vereinzelter Individuen vorübergehend ihre vereinzelten Ängste aufhängen« könne.[103]

Im Misstrauen lässt sich die gesellschaftliche Abhängigkeit erfolgreich leugnen; stattdessen sammelt man Gegenexpertise und befasst sich mit praktischen Fragen des widerständigen Daseins. Man richtet sich in Gegengemeinschaften ein, etwa in Gesundheitsverbünden und Dating-Plattformen für Ungeimpfte. Es ist die Sehnsucht nach einer »warmen Gemeinschaft« gegenüber der »kalten Gesellschaft«.[104] In solchen Gemeinschaften kann schließlich eine alternative Realität erzeugt und aufrechterhalten werden.[105] Liebe taucht als Antidot zur instrumentellen Vernunft immer wieder auf – auf Plakaten, in Parolen wie auch in unseren Interviews. Aber die Liebe kann jederzeit in ihr Gegenteil umschlagen, etwa wenn die Atmosphäre auf einer Demonstration in aggressive Enthemmung kippt. Spätmoderne »Neogemeinschaften«, wie Andreas Reckwitz sie nennt, sind häufig mit »intensiver Affektivität« aufgeladen.[106] Vor allem beim Thema Kinder gerieten, wie wir oben gesehen haben, viele unserer Gesprächspartner:innen in Rage. Im Zuge der Interviews nahm die Spannung häufig immer weiter zu, bis sie sich in einer rhetorischen Eskalation entlud.

Sicherlich, die Querdenker:innen und Coronarebellen sind nur eine gesellschaftliche Minderheit, aber sie treffen auf einen relativ großen Resonanzraum.[107] Rund 38 Prozent der Gesamtbevölkerung weisen eine allgemeine Verschwörungsmentalität auf, sie stimmen der Aussage zu, dass geheime Organisationen großen Einfluss auf politische Entscheidungen nehmen.[108] In diesem Kontext zeigt sich auch, dass der Zusammenhang von Esoterik, Verschwörungsmentalität und Autoritarismus besonders hoch ist.[109] Die Gruppe der radikalen Staatsverweigerer ist hingegen nach wie vor ziemlich klein, dafür aber umso fester entschlossen, Widerstand zu leisten. Die Impfquoten sind in den letzten Jahrzehnten gestiegen, dies geht aber vor allem darauf zurück, dass die Gruppe der Impfskeptiker:innen kleiner geworden ist. Die Angehörigen dieser Gruppe, zu der häufiger Personen mit mittlerer oder sogar hoher Bildung gehören, lassen ihre Kinder jedoch seltener impfen als zuvor.[110] Zuletzt wurde oft die Sorge geäußert, die Gesellschaft sei immer stärker polarisiert. Das trifft aus unserer Sicht nur eigeschränkt zu. Vielmehr ist es so, dass sich die politischen Einstellungen an den Rändern zunehmend verhärten.[111]

Diese Verhärtung findet sich in der Gruppe der Querdenker:innen vor allem bei denjenigen, die zunächst eher linksliberal waren, bevor sie im Lauf der Pandemie immer weiter zu libertär-autoritären Positionen drifteten. Spott und Hohn sind Ausdruck einer aggressiven Lust an der Destruktion. Man zielt nicht auf Korrekturen an einer Demokratie ab, die sich vermeintlich in die falsche Richtung entwickelt. Weil man sich in einer »Diktatur« wähnt, fühlt man sich nicht länger an liberale Normen gebunden. Es ist ein *anomischer* Protest, der sich zwar auf Werte wie Demokratie und Rechtsstaatlichkeit beruft, den entsprechenden Institutionen aber immer mehr Verachtung entgegenbringt.[112] Die meisten Protestierenden lehnen staatliche Interventionen dabei aus libertären Gründen ab. Robert Nozick formulierte diese Perspektive pointiert: Der Staat dürfe weder zu Solidarität zwingen noch »den Menschen um ihres *eigenen* Wohles oder Schutzes willen etwas […] verbieten«.[113]

In der öffentlichen Debatte wurden die Querdenker:innen früh als »rechts« markiert. Man war dann aber bald mit der Irritation konfrontiert, dass die Demonstrationen nicht von ausgeprägtem Nationalismus zeugten, dass viele Teilnehmer:innen habituell alles andere als konservativ waren und offensichtlich eine andere politische Sozialisation aufwiesen. Es ging ihnen nicht vorrangig um Schließung, ein zentrales Register der Rechten, sondern um die Öffnung: von Grenzen, Sport- und Kultureinrichtungen, Bars und Restaurants.

Dieser scheinbare Widerspruch löst sich jedoch auf, wenn man sie nicht als typische Rechte, sondern als *libertäre* Autoritäre sieht. Um *Autoritäre* handelt es sich insofern, als bei ihnen zahlreiche Merkmale der autoritären Persönlichkeit, wie sie Adorno und seine Mitstreiter:innen beschrieben, in Erscheinung treten: autoritäre Aggression, Kraftmeierei, Destruktivität, Zynismus, (verschwörungstheoretische) Projektivität und Aberglaube sind häufig in markanter Form und in Kombination anzutreffen. Sexualität spielt dann eine Rolle, wenn Bezug auf die Souveränität des eigenen Körpers und die der Kinder genommen wird. Andere Kennzeichen des traditionellen autoritären Syndroms fehlen hingegen oder sind anders codiert: Die Querdenker:innen orientieren sich nicht an den konventionellen Werten des alten Mittelstandes, sondern wollen unkonventionell sein. Sie folgen damit gleichwohl den mittlerweile konventionellen Werten ihrer Milieus, in denen Selbstverwirklichung eine große Rolle spielt. Das Subjektive und die Fantasie werden nicht abgelehnt – ganz im Gegenteil. Vor allem die autoritäre Unterwerfung ist gering ausgeprägt.[114] Sie lehnen es explizit ab, staatlichen Autoritäten zu gehorchen. Ihr Individualismus, den sie mit einer radikalen verdinglichten Freiheit gegenüber dem Staat verbinden, macht sie schließlich zu *libertären* Autoritären, denn ihre einzige Autorität sind sie selbst.

Dieser sozusagen antiautoritäre Zug kommt noch in zwei weiteren Hinsichten zum Ausdruck: Erstens in der Reorientierung auf das eigene Erfahrungswissen, das wissenschaftliche Expertise ablehnt. Frau Weber bringt das folgendermaßen auf den Punkt: »Ich glaube mittlerweile echt nur noch Sachen, die ich mit meinen eigenen Augen gesehen hab' oder die Vertraute von mir, mein Partner, meine Eltern gesehen haben.« Und zweitens in der Ablehnung der Expert:innen. Wie wir gesehen haben, erlangten Wissenschaftler:innen wie Melanie Brinkmann und Christian Drosten im Lauf der Pandemie große Popularität und beträchtlichen politischen Einfluss. Aus Sicht der Querdenker:innen waren aber gerade sie dafür verantwortlich, dass die Freiheitsgrade der eigenen Lebensführung so stark beschnitten wurden. Also warf man diesen Interpret:innen weitgehend unsichtbarer Gefahren vor, düsteren Interessen zu dienen. Dieses Muster hatte Ulrich Beck bereits 1986 antizipiert, als er schrieb, Risikogesellschaften seien immer auch »Sündenbock-Gesellschaften«: »Plötzlich sind es nicht die Gefährdungen, sondern diejenigen, die sie aufzeigen, die die allgemeine Unruhe provozieren.«[115] Wissenschaftliche Kapazitäten wurden abgelehnt, und dies hatte auch oder vor allem damit zu tun, dass der verhasste »Mainstream« diese Persönlichkeiten als Autoritäten anerkannte. Dissidenten Experten wie dem Mediziner Sucharit Bhakdi, der behauptete, das Virus sei nicht gefährlicher als eine gewöhnliche Grippe, den Ärzten Bodo Schiffmann und Wolfgang Wodarg sowie dem Finanzwissenschaftler Stefan Homburg – bis auf wenige Ausnahmen handelt es sich tatsächlich um Männer – vertraut man aber weiterhin, da sie mit ihrer (ehemaligen) Reputation den eigenen Zweifel an der Realität der Realität wissenschaftlich legitimierten.[116]

Im Kosmos der Querdenker:innen, Coronarebellen und Maßnahmengegner:innen gibt es etwa zwei Handvoll solcher mehr oder weniger prominenter Figuren, die als »alternative Autoritäten« dienen.[117] In der Praxis der Gegen-Epistemologie spielen auch Autoren wie Daniele Ganser eine wichtige Rolle. Der smarte, stets auf ein seriöses Auftreten achtende Schweizer Historiker wurde ab den nuller Jahren mit oft antiamerikanischen Verschwörungstheorien zur Nato sowie zum 11. September bekannt und erreicht mit seinen Büchern, Youtube-Videos und Auftritten mittlerweile ein großes Publikum. Ab dem Sommer 2020 äußerte er sich auch zu Corona, im November 2021 gehörte er zu den Erstunterzeichnern eines Appells, der vor den Gefahren von Lockdowns und Impfungen warnte und dahinter eine »Strategie des ›Great Reset‹ des Forums der Superreichen, das sich ›Weltwirtschaftsforum‹ nennt«, ausmachte.[118] Ganser, der dem Beirat des erwähnten Portals *Rubikon* angehört, wurde in unseren Interviews immer wieder als Faktor des *Erwachens* genannt: »Der […] Mensch, der mein Leben veränderte, das war eben Dr. Daniele Ganser«, betont etwa Herr Flückiger. Michael Ballweg, der Gründer von Querdenken, ist hingegen alles andere als ein charismatischer Anführer. Er repräsentiert eher das, was in der Forschung als »Bewegungsunternehmer« bezeichnet wird.[119] Zu fragwürdiger Prominenz gelangten einige Figuren, die sich bewusst in der Rolle des Volkstribuns inszenierten, etwa Ken Jebsen oder der vegane Kochbuchautor

Attila Hildmann.[120] Mit ihren zuweilen grellen Auftritten und der ressentimentgeladenen, frivolen Agitation erinnern sie an die »falschen Propheten«, die Leo Löwenthal in den vierziger Jahren untersuchte.[121] Der Weggefährte von Adorno und Horkheimer hatte im Zusammenhang mit den Studien der Berkeley-Gruppe Reden, Radioauftritte und Pamphlete protofaschistischer Agitatoren während der New-Deal-Ära analysiert. Er erkannte darin eine verführerische Demagogie, die eine vorhandene Neigung zu Paranoia und Vorurteilen aktivierte und die Anhänger:innen ermunterte, ihren destruktiven Affekten nachzugeben.

Was das Verhältnis der Querdenker:innen zu diesen alternativen Autoritäten anbelangt, ist allerdings eine weitere Einschränkung angebracht: Diese Propheten haben zwar Fans, Hinweise auf eine autoritäre Identifikation fanden wir in unseren Interviews jedoch nicht. Ihre Positionen wurden zwar euphorisch geteilt, aber ein unumstößlicher Glaube an eine Führerfigur fand sich nicht. Der libertäre Autoritarismus der Querdenker:innen ordnet sich dem abstrakten Prinzip der individuellen Freiheit unter. Sie ist die höchste und – neben ihnen selbst – die einzige Autorität, die sie gelten lassen. In dieser starren und immer schon vorgegebenen Perspektive handelt es sich aber um eine verdinglichte Freiheit, die ihre gesellschaftlichen Bedingungen nicht reflektiert.

Der Soziologe Niklas Luhmann hat soziale Bewegungen Mitte der achtziger Jahre einmal als Teil des »Immunsystems« der Gesellschaft bezeichnet.[122] Funktionale Differenzierung führt zu Risiken, die den Fortbestand des Gesamtsystems gefährden, die die einzelnen Teilsysteme selbst aber nicht erkennen können. Protestbewegungen thematisieren diese Gefährdungen und formulieren »Neins«. Diese Äußerungen ermöglichen wiederum erfolgreiche Anpassungen: »Das System immunisiert sich nicht gegen das Nein, sondern mit Hilfe des Nein«.[123]

Die Querdenker:innen adressieren durchaus real existierende Probleme, aber ihre Kritik zielt nicht auf demokratische Korrekturen, sondern auf die Subversion von Demokratie und Wahrheit. Aus dieser Perspektive hätten wir es also mit einer Art Autoimmunerkrankung zu tun. Die Querdenker:innen üben Herrschaftskritik, aus unserer Sicht aber eine *verdrehte* und – nicht im klinischen, sondern im engen Wortsinn verstandene – ver-*rückte* Herrschaftskritik. Gleichwohl bleibt es sinnvoll, sie nicht moralisch zu verurteilen, sondern nüchtern an die eben beschriebene Funktion sozialer Bewegungen zu erinnern. Hier gab es im Zuge der Pandemie tatsächlich eine Lücke. Betrachtet man das Ausmaß der Freiheitsbeschränkungen, war es doch überraschend, dass es kaum starke liberale oder linke Stimmen gab, die die Zweckmäßigkeit der Maßnahmen grundsätzlich, aber vernunftorientiert infrage gestellt hätten. Die Rolle der systematischen Kritik und vor allem der gesellschaftlichen, wissenschaftlichen und politischen Selbstreflexion blieb unbesetzt.[124]

Der US-amerikanische Soziologe Barrington Moore hat darauf hingewiesen, dass soziale Bewegungen vor allem durch eine moralische Empörung angetrieben werden, die entsteht, wenn Menschen den impliziten Gesellschaftsvertrag nicht mehr erfüllt sehen.[125] In spätmodernen Gesellschaften lautet dieser Vertrag: Wer individuell sein möchte und leistungsbereit ist, erhält weitgehende (verdinglichte) Freiheitsrechte. Diese wurden in den Lockdowns zunächst für alle beschnitten, später für diejenigen, die sich nicht impfen lassen wollten. Jürgen Habermas hat argumentiert, Einschränkungen der Grundrechte seien gerechtfertigt gewesen, um das Leben der Bürger:innen zu schützen. Der Staat habe »schon aus funktionalen Gründen« Solidarität »erzwingen dürfen«.[126] So richtig Habermas hier aus unserer Sicht liegt, berücksichtigt er doch zu wenig, dass Solidarität seit dem Neoliberalismus nur noch in Spurenelementen zum impliziten Gesellschaftsvertrag gehört. In der Gesellschaftsvergessenheit der verdinglichten Freiheit hat sie kaum Platz.[127] Das heißt gerade nicht, dass die Querdenker:innen reine »Egoisten« wären. Sie sind durchaus sozial, wie unsere Interviews immer wieder zeigen. Allerdings bezieht sich diese Sozialität nicht auf den Staat oder die Gesellschaft insgesamt, sondern auf Gemeinschaften, die aus ihrer Sicht der Gesellschaft vorgängig sind und einen selbstbestimmten Gegenentwurf zu den fremdbestimmten sozialen Beziehungen darstellen, denen viele der Befragten auch schon vor der Pandemie skeptisch gegenüberstanden.

Dazu kommt, dass die Querdenker:innen in einem verschobenen politischen Koordinatensystem agieren, in dem Herrschaftskritik häufig normativ ungeordnet auftritt. Die Linke ist hier längst nicht mehr die führende Kraft, während der Pandemie unterstützte sie überwiegend die Maßnahmen des Staates. Auf eine bestimmte Weise sind die Querdenker:innen damit eine Fortsetzung und Radikalisierung der »Anti-Politik«, die seit der Finanz- und der Eurokrise einen rapiden Aufstieg erlebt hat. Die »Anti-Politik« von Bewegungen wie Occupy oder des italienischen Movimento 5 Stelle war ein Ausdruck moralischer Rebellion.[128] Auch die französischen Gelbwesten zeugten von einer tiefen Entfremdung von der liberalen Demokratie. Mit ihren basisdemokratischen Praktiken können wir diese Bewegungen als Bestandteile einer neuen Gegen-Demokratie verstehen. Sie kritisierten die Funktionsweise liberaler Demokratien und ihre Institutionen in ganz grundsätzlicher Weise. Was ihnen fehlte, war eine alternative gesellschaftliche und politische Vision. Die Querdenker:innen sind ebenfalls Ausdruck politischer Entfremdung, auch sie verfügen über kein politisches Projekt, eignen sich die Herrschaftskritik gewissermaßen *quer* an. Die Kritik der klassischen sozialen Bewegungen richtete sich in der Regel gegen den (kapitalistischen) Staat, die Querdenker:innen sehen eine Verschwörung am Werk.

Wenn sie die Dominanz der offiziellen Expert:innen infrage

stellen, stehen sie auf verdrehte Weise in der Tradition früherer sozialer Bewegungen: So konfrontierten etwa die Vertreter:innen der Anti-Atomkraft-Bewegung die offizielle Expertise, Kernkraftwerke seien sicher, mit einer systematischen, aber wissenschaftlichen Gegenexpertise. Die Gegenexpert:innen der sozialen Bewegungen schufen eine Gegenöffentlichkeit, die Wissenschaft, Macht- und Alltagsfragen miteinander verband.[129] Die Querdenker:innen setzen hingegen auf häretische Expert:innen, auf Renegat:innen, die ihre Legitimation allein aus dem Antagonismus zum »Mainstream« beziehen.[130] Die vorgebrachte Kritik ist epistemisch, weil sie einen Zweifel an der Realität des Virus formuliert, sie hat aber keine eigene theoretische Grundlage, wie es beispielsweise der Marxismus für die Arbeiter- oder der Feminismus für die Frauenbewegung war. Statt Theorie gibt es nur noch Sound- und Argument-Bites, die erratisch zusammengefügt werden; auf argumentative Stringenz legen die Querdenker:innen nur wenig Wert. Sie unterstellen, jeder könne Experte sein. Die Demokratisierung des Wissens schlägt hier um in eine individuelle Anmaßung von Wissen. Wie in einem Zerrspiegel finden wir dabei auch klassische Slogans früherer Bewegungen: Wo sich die Parole »Mein Körper gehört mir« im Feminismus auf das Recht auf Abtreibung bezog, kommt darin nun die Abwehr der Impf-Solidarität zum Ausdruck. Die Querdenker:innen sind emotional, stets misstrauisch und in einem gewissen Sinne immer dagegen. Im Namen der Demokratie unterlaufen sie demokratische Normen. Hinter den Parolen der Freiheit, Gerechtigkeit und Liebe steckt bisweilen ein destruktiver Nihilismus – und gerade diese Destruktivität ist ein Kernbestandteil des libertären Autoritarismus.

8. Subversion als destruktives Prinzip: Regressive Rebellen

Die Welt von Frau Renz ist nicht mehr die, die sie einmal war. Früher war die kleine Kreisstadt, in der sie aufgewachsen ist und bis heute lebt, ein lebendiger Ort mit gut besuchten Einkaufsstraßen. Heute stünden viele Geschäfte leer, Straßen seien verwaist, eine »Dönerbude« reihe sich an die nächste. Das »Leben«, wie sie es kannte, ist aus ihrer Stadt verschwunden. Das Wegbröckeln der öffentlichen Infrastruktur erfuhr die 1961 geborene Masseurin am eigenen Leib: Ihr kleiner Salon befindet sich im Gebäude, in dem das kommunale Krankenhaus untergebracht war, bevor es geschlossen wurde. »Jetzt haben sie uns das Krankenhaus weggenommen«, bemerkt sie resigniert, wie man ihnen alle »großen Sachen« weggenommen habe. Frau Renz, die weder Freunde noch einen Partner hat und einzig in ihrer Tochter eine Vertraute weiß, verlor mit der Schließung des Krankenhauses auch einen Großteil ihrer Kundschaft und damit den Kontakt zur sozialen Welt. Ihr Massagesalon war zwar weiterhin am selben Ort, das restliche Gebäude stand aber zunächst leer, später wurden dort Geflüchtete untergebracht. Sie füllten die Räume wieder mit Leben – Frau Renz sah sich jedoch ihres Lebens beraubt. Von den Geflüchteten fühlte sie sich wie umzingelt: »Sie waren über mir, neben mir, unter mir.« Die Geflüchteten hätten eine andere, eine fremde »Mentalität« und »Lebensweise« mitgebracht. Sie grillten unter ihrem Balkon, waren laut, hörten bis spät in die Nacht Musik und hätten ihre Kund:innen angesprochen, bis diese schließlich fernblieben. Was allerdings auch daran liegen könnte, dass Frau Renz sie immer mehr gegen die Flüchtlinge aufhetzen wollte. Während sie Wert darauf legt, sich Konventionen nicht unterzuordnen, verlangt sie genau dies von den Geflüchteten mit Nachdruck.

Ihrem trostlosen Dasein will sich Frau Renz aber keineswegs fügen. Sie sei schon in ihrer Jugend eine »Revoluzzerin« gewesen, habe sich nie angepasst und gegen andere Meinungen ordentlich »gegengewettert«. Während des Gesprächs schlägt sie immer wieder auf den Tisch, redet sich in Rage und scheut auch vor Gewaltfantasien nicht zurück. Den Grünen-Politiker Cem Özdemir nennt sie ein »K*-Arschloch«, das sie »an die Wand nageln« könnte. Während ihre Mutter eine engagierte Wahlhelferin war, ist sie schon immer Protestwählerin gewesen. Zunächst machte sie ihr Kreuz bei den rechten Republikanern, danach lange Jahre bei der Partei Die Linke. Doch als auch die 2015 für »geöffnete Grenzen« warb, wandte Frau Renz sich von ihr ab. Über alternative Medien hat sie sich im Lauf der letzten Jahre eine eigene Weltsicht zusammengebastelt. Die ist zwar nicht kohärent, lenkt aber ihre Wut auf konkrete Feindbilder. Sie rebelliert gegen die GEZ-Gebühren, betrachtet Deutschland nicht als »souveränen Staat«, besitzt einen Reichsbürgerausweis und ist der Überzeugung, die »Juden« wollten Deutschland »plattmachen«. Begeistern kann sie sich nur noch für die AfD-Politikerin Alice Weidel mit ihrer »ruhigen« und »sarkastischen« Art. Renz ist nun AfD-Mitglied, die Alternative für Deutschland sei schlicht die »stärkste« Partei der »Opposition«.

Der Werdegang von Frau Renz steht beispielhaft für ein regressives Aufbegehren. Sie hatte zwar schon früher eine autoritäre Prägung (die Stimme für die Republikaner), diese war jedoch demokratisch domestiziert. Ihre Anti-Establishment-Affekte konnte sie dann lange Jahre durch die Wahl der Linken ausleben, einer Partei, die sich offensiv gegen Rassismus positionierte. 2015 begann jedoch ihre Drift zum libertären Autoritarismus. Konventionen will sie sich auch weiterhin nicht fügen, sie ist nicht unterwürfig gegenüber einer fremden Autorität, aber hoch aggressiv und projektiv gegenüber »Ausländern« und ihren fremden Sitten. Jede Anpassung an den »Mainstream« lehnt sie vehement ab. Ähnlich wie die Rebellen, die die Berkeley-Gruppe um Adorno in den vierziger Jahren im US-Exil beobachtete, verachten viele der Personen, mit denen wir gesprochen haben, von jeher alle Autoritäten. Sie begehren gegen Konventionen auf und geraten immer wieder in Konflikt mit ihrer Umwelt. Ihre Neigung zum Extremen, Exzessiven, Subversiven ist in der jüngeren Vergangenheit in ein destruktives Fahrwasser geraten. Sie wettern gegen Geflüchtete, Muslim:innen oder Jüd:innen und steigern sich bisweilen in Gewaltfantasien hinein. Die meisten haben in ihrem Leben existenzielle Brüche oder Krisen erfahren, für die sie ein korrumpiertes System verantwortlich machen, das sie in ihren Freiheiten einschränkt und »Fremde« bevorteilt. In diesem Kapitel geben wir einen Einblick in die Innenwelt dieser aus dem Ruder gelaufenen Rebellion, die politischen Ansichten, die Denken und Handeln der entsprechenden Personen strukturieren, sowie die aversiven Gefühlswelten, die ihre antikapitalistisch gefärbte Gesellschaftskritik in Ressentiment und Zorn umschlagen lassen. Neben dem Typus des regressiven Rebellen stellen wir den autoritären Innovator vor, seinen sozusagen gemäßigteren Mitstreiter. Auch dieser hat fremdenfeindliche und autoritäre Ansichten, stellt das demokratische System jedoch nicht grundsätzlich infrage.[1]

Engagement und Entfremdung

Bevor die Alternative für Deutschland 2017 als drittstärkste Kraft in den Bundestag einzog, versuchten einige soziale Bewegungen, den drohenden Wahlerfolg zu verhindern. So hatte die Nichtregierungsorganisation Campact im Jahr 2016 eine Online-Kampagne gegen die rechtspopulistische Partei lanciert.[2] Für die progressive Organisation war dies ein Novum, hatte sie sich doch zuvor eher auf ökologische und soziale Fragen konzentriert. Als die Kampagne anlief, war die Überraschung in der Zentrale bald groß: Einige Personen auf dem Campact-Verteiler, die die Anliegen der NGO zuvor stets unterstützt hatten, protestierten gegen die Aktion. Sie äußerten Sympathien für die AfD, nicht wenige bekundeten gar die Absicht, diese zu wählen. Die perplexen Aktivist:innen suchten den Kontakt zu Wissenschaftler:innen, wir beschlossen, gemeinsam eine Studie durchzuführen, um neoautoritären Formen politischer Partizipation auf den Grund zu gehen.[3] Vor allem eine Frage lag auf der Hand: Wie kann es sein, dass Menschen, die sich bei Campact für progressive Anliegen wie Kritik an Privatisierungen engagieren, eine Affinität zur AfD entwickeln? Um das herauszufinden, haben wir im Jahr 2017 sechzehn biografisch-narrative Interviews geführt.[4]

Wo es um den Erfolg des Rechtspopulismus geht, dominieren gemeinhin zwei Erklärungen, eine sozioökonomische und eine soziokulturelle. Während Erstere wirtschaftliche Probleme, Prekarisierung und Deprivationserfahrungen in den Vordergrund stellt, fokussiert die zweite Erklärung auf gefühlte Bedrohungen kultureller Werte.[5] Im Zuge unserer Interviews und dann später bei der Auswertung wurde klar, dass beide Ansätze zu kurz greifen. In unserer Empirie führen Personen ohne und solche mit einschneidenden Deprivationserfahrungen denselben Kulturkampf. Häufig waren ökonomische und kulturelle Faktoren aufs Engste miteinander verwoben.[6] Vor allem sagen die genannten Erklärungen uns wenig darüber, wie sich die Einstellungen der Anhänger:innen rechtspopulistischer Parteien über ihre Biografie hinweg verändert haben. Hier schlossen unsere Interviews eine Lücke: Gerade Personen, die der Politik schon früher kritisch gegenüberstanden, dieses Unbehagen aber in zivilgesellschaftliches Engagement für progressive Anliegen überführten, bevor sie sich schließlich der AfD zuwandten, können uns insofern ein besseres Verständnis einer Gegen-Demokratie vermitteln, die sich zunehmend destruktiv gegen die gesellschaftliche Ordnung wendet. Dabei fanden wir zwei unterschiedliche Typen einer Drift nach rechts. Beim Ersten handelt es sich um eine Form, die sich im Rahmen der demokratischen Konventionen bewegt und noch am ehesten den klassischen Autoritären entspricht. Wir nennen sie *autoritäre Innovatoren.* Der andere Typus sind die *regressiven Rebellen.* Sie verkörpern eine Spielart des radikalen libertären Autoritarismus. Am Ende der von sozial regulierten, relativ abgeschlossenen Nationalstaaten geprägten organisierten Moderne waren sie noch Weltbürger:innen. Auf dem Höhepunkt der entgrenzten, deregulierten und sozial entsicherten Spätmoderne veränderte sich ihre Flugbahn. So wurden sie zu geläuterten Kosmopolit:innen und meutern nun gegen liberale Normen. Je nach Situation und Gruppe können sie Migrant:innen zurechtweisen, gegenüber Autoritäten aufbegehren oder Andersdenkende für verblendet erklären. Nachdem wir im ersten Schritt die gemeinsamen autoritären Merkmale der beiden Typen herausarbeiten, stellen wir anschließend die autoritären Innovatoren als Kontrastfolie vor, um dadurch den regressiven Rebellen schärfere analytische Konturen zu verleihen.

Die 1950 geborene Frau Wimmer verlässt ihre Wohnung so gut wie gar nicht mehr. Selbst ihre Lebensmittel lässt sie sich liefern. Seit dem 11. September 2001 hat sich ihre Welt immer weiter verkleinert, nur Fotos und Souvenirs erinnern an vergangene Zeiten. Früher fuhren sie einen Ford Mustang. Einst reiste sie mit ihrem Mann durch den Mittleren Osten. Es verschlug sie bis nach Thailand, wo sie zum Buddhismus konvertierte. Heute traut sie sich nur noch in Ausnahmefällen auf die Straße. Die vielen Migrant:innen in ihrem Viertel empfindet sie als Bedrohung. Dieser räumliche Rückzug geht jedoch nicht mit politischer Apathie einher, Frau Wimmer engagiert sich vom heimischen PC aus für Tierrechte. »Tiere stehen bei mir an erster Stelle«, sagt sie. Darum unterschreibt sie alle Petitionen, die sie im Netz finden kann, und zwar selbst dann, wenn sie in Sprachen verfasst sind, die sie nicht versteht. Die Regierung hält sie jedoch für ein bloßes »Theaterstück«, in dem »die« Wirtschaft und »die« Lobbyisten Regie führen.

Die Lebenssituation und die Einstellungen von Frau Wimmer können in mehrerlei Hinsicht als typisch für die interviewten Personen gelten: Sie waren oder sind in progressiven Organisationen wie zum Beispiel Gewerkschaften oder eben bei Campact aktiv und folgten lange solidarischen und inklusiven Grundorientierungen. In den letzten Jahren haben sie sich jedoch in die Privatsphäre zurückgezogen, ihre sozialen Kreise schrumpften zu einer engen Zelle zusammen, zu der sie nur noch wenigen Menschen – in der Regel Angehörigen – Zutritt gewähren. Ihr Engagement, das früher darauf abzielte, Missstände produktiv zu kritisieren, ist in ein destruktives Misstrauen umgeschlagen.[7] Fast alle Gesprächspartner:innen gaben an, wenig oder kein Vertrauen in die Parlamente, die Parteien oder die EU zu haben. Sie leben, könnte man mit Pierre Rosanvallon sagen, in einer »Entfremdungsgesellschaft«.[8] Sie vertrauen weder den Politiker:innen noch fremden Menschen in ihrer persönlichen Umgebung. Lässt man sie ausführlich zu Wort kommen, führen viele als Grund für diesen Vertrauensverlust den Neoliberalismus und die Austeritätspolitik der letzten dreißig Jahre an. Die soziale Welt wurde instabil, sozialstaatliche Sicherheiten wurden Stück für Stück abgebaut. Zwei enttäuschte ehemalige SPD-Wähler sprechen von »Raubtierkapitalismus« und »marktkonformer Demokratie«. Der Niedergang der Sozialdemokratie wird immer wieder thematisiert. Sollte die nicht »eigentlich die Partei des kleinen Mannes, des Arbeiters« sein, wie es Herr Rupp, ein pensionierter Bankkaufmann, formuliert?[9] Für viele war die Agenda 2010 eine entscheidende Zäsur.

Dem politischen System gegenüber empfinden sie sich zunehmend als ohnmächtig. Dieses habe sich gegen jede Form der zivilgesellschaftlichen Einflussnahme abgeschottet. Die Parlamente wähnen sie in den Händen abgehobener Berufspolitiker:innen. Die politische Entscheidungsfindung ist für sie undurchschaubar. Gegenmacht sei stillgelegt worden bzw. zu einer »Pseudoopposition« herabgesunken, wie Herr Rosowsky konstatiert, ein Fitnesstrainer, der sich zeitweilig in rechtsextremen Kreisen bewegte. Der Staat sei eine »DDR 2.0«, in der jeder lückenlos überwacht werde und in der alle Medien gleichgeschaltet seien. Die Befragten kritisieren einen »Konsens der Mitte«,[10] der gegendemokratische Bewegungen moralisch delegitimiere; eine Argumentation, die uns schon bei den Intellektuellen der nunmehr rechten Zeitschrift *Tumult* begegnet ist (siehe Kapitel 6). Herr Kirchheimer etwa, ein krankgeschriebener Fernfahrer, der sich in seiner freien Zeit in die Bücher des verschwörungstheoretischen Kopp-Verlages versenkt, beobachtet: »Das ist alles Einheitsbrei, ist alles einheitlich. Da gibt es keine Unterschiede mehr. Weil wir werden nicht von Politikern regiert, sondern von Lobbyisten, von der Lobby.«

Die Krise der Repräsentation schlägt bei den Befragten in einen fundamentalen Skeptizismus um, der die parlamentarische Demokratie als solche infrage stellt. Sie interpretieren politische Vorgänge in jenem »Verschwörungsmodus«,[11] der uns schon häufiger begegnet ist. Sie sprechen von »Demokratiesimulation«, »Manipulation« oder gezielten »Lügen und Fehlinformationen«. Die wahren Mächte agierten in Hinterzimmern, deren Türen für die Bürger:innen verschlossen blieben. Umso stärker die Befragten sich in den Weiten des Verschwörungsdenkens verlieren, desto eher attestieren sie den *anderen*, der gesellschaftlichen Mehrheit einen Realitätsverlust – ganz ähnlich wie die Querdenker:innen, die sich im Gegensatz zu den »Schlafschafen« als Erwachte betrachten (siehe Kapitel 7).

Gegen eine Politik, die sich von den Interessen der Bevölkerung abgekoppelt hat, setzen unsere Gesprächspartner:innen Ideale der deskriptiven Repräsentation und der direkten Demokratie. Frau Renz formuliert ihre Ansprüche an Berufspolitiker:innen wie folgt:

> Okay, ich wähle, aber das sind Volksvertreter, ich kann das Wort Regierung sowieso schon gar nicht mehr hören, also es sind Volksvertreter, die haben mich zu vertreten, in dem, was ich denke, in meiner Meinung, was mir guttut, was gut für mich ist. Wenn ich von mir rede, rede ich von allen. Gut, jeder hat eine andere Meinung, aber egal, welches Ding sie abziehen, ich möcht' gefragt werden. Die leben von meinem Geld, von meinen Steuergeldern. Die werden von mir bezahlt, für das was sie tun.

Herr Ludwig, ein selbstständiger Spediteur, der in seinem Garten ein Trinkwasser-Bassin sowie ein Lebensmittellager für den Ernstfall angelegt hat, fordert mehr »Volksabstimmungen«; andere sprechen sich für direkte Demokratie nach Schweizer Vorbild aus. Die Krise der repräsentativen Demokratie soll durch unmittelbare Repräsentation gelöst werden. In dieser populistischen Vorstellung kommt eine Pathologie der Gegen-Demokratie zum Ausdruck, die man als *negative Souveränität* verstehen kann.[12] Zentrale Prinzipien der parlamentarischen Kontrolle, Repräsentation, Delegation oder Intermediatisierung durch Organisation, werden geradezu zwanghaft angefeindet. Entscheidungen, an denen die Befragten nicht beteiligt oder mit denen sie nicht einverstanden sind, gelten als Ergebnis einer

Verschwörung. Im Namen des Volkes wird eine verdinglichte Freiheit verteidigt, die jede Form der Sozialität zurückweist. Die Gegen-Demokratie ist hier im wörtlichen Sinne *un*politisch geworden, ihr fehlt der Bezug zu einer gemeinsamen Welt.[13] Als Personifikation des Volkes erhebt sich das Individuum nun zum Souverän.

Wenn es darum geht, eigene Anliegen durchzusetzen, werden durchaus auch autoritäre Politikmodelle befürwortet. Herr Bollinger etwa war sein Leben lang eher konservativ eingestellt, hat zwischenzeitlich aber auch die Grünen gewählt. Für den zum Zeitpunkt unseres Gesprächs 72-jährigen Rentner stellen muslimische Männer eine Bedrohung für Frauen dar, die sich im öffentlichen Raum nicht mehr sicher bewegen könnten. Seine Partnerin verlasse das Haus nur noch mit Pfefferspray. Gegen das entfesselte und enthemmte Chaos auf der Straße helfe nur rigoroses Durchgreifen: »Wir brauchen Macher in Deutschland, wir brauchen keine Schwätzer. Schwätzer haben wir genug, Macher brauchen wir.« Jemanden wie Helmut Schmidt, fügt er hinzu. Wohl nicht zufällig beziehen sich insgesamt sechs der Befragten positiv auf den 2015 verstorbenen sozialdemokratischen Altbundeskanzler, verkörperte er doch genau das, was sie verloren zu haben glauben: die Verbindung von politischer und sozialer Ordnung. Denn Schmidt war eben nicht nur Sozialdemokrat, sondern auch soldatisch und hart.

Die Idee der Volkssouveränität, auf die sich die Gegen-Demokratie laut Rosanvallon beruft, verkehrt sich ins Destruktive (siehe Kapitel 3).[14] Auf die Frage, was sie denn an der AfD anspreche, antwortet Frau Wimmer: »Dass die jetzt endlich was tun, was die Mutti Merkel ›Wir schaffen das‹ nicht schafft.« Wofür die AfD sich einsetze, erläutert sie anschließend: »Ich will hier eigentlich in Deutschland auch noch Deutsch um mich herumhaben und mir nicht vorkommen, als wenn ich in Afrika wäre.« In der Vorstellungswelt der Befragten ist das Volk also keineswegs identisch mit der Bevölkerung. Bestimmte Teile werden ausgeschlossen. Das Volk definieren sie in Abgrenzung zu denjenigen, die aus ihrer Sicht nicht dazugehören, ob sie dabei nun politische (»Volk« vs. »Elite«), moralische (»Korrupte« vs. »Integre«) oder ethnische (»Einheimische« vs. »Zuwanderer«) Kategorien in Anschlag bringen.[15] Herr Rosowsky, der 1962 geborene Fitnesstrainer, meint dazu: »Also mit den Eigenen müssen wir leben, mit den Fremden nicht.« Hier wird ähnlich wie beim nostalgischen Klassenkampf einiger Intellektueller das Register der Mehrheit bedient, um Minderheiten auszuschließen (siehe Kapitel 6).

Was bei Frau Wimmer und Herrn Bollinger bereits anklang, spielt für im Grunde alle unsere Gesprächspartner:innen eine zentrale Rolle: antimuslimische Ressentiments und die Skandalisierung der Flüchtlingspolitik. Zuwanderung erscheint als wesentliche Triebkraft hinter der Erosion der sozialen Ordnung: »Sie werden kein Deutsch hören«, berichtet Herr Rudolph über seine südwestdeutsche Heimatstadt. Gerade der Sozialraum Stadt trägt aus Sicht der Befragten dystopische Züge. Er erscheint als Brutstätte von Sittenwidrigkeit, Gesetzlosigkeit und Gewalt, wobei auch hier ein Zusammenhang zur muslimischen Bevölkerung hergestellt wird: »Gehen Sie doch mal in die Stadt rein, gehen Sie doch mal nach Essen oder mal nach Köln. Köln ist doch schon ein Kalifat«, meint Herr Münziger. Die Ortstafel als Eingangstor zur Urbanität markiert das Ende der Ordnung, oft ist von »Ghettoisierung«, »Parallelgesellschaften« oder »No-go-Areas« die Rede.

Wir haben es bereits erwähnt: Viele unserer Gesprächspartner:innen berichten von biografischen Brüchen und gefühlten Kontrollverlusten. Sie erlebten den Tod eines Angehörigen, eine schmerzliche Trennung oder ökonomische Deprivation in Gestalt eines Jobverlusts oder der Schließung des eigenen Geschäfts. Nicht wenige bekamen in ihrem Leben den »stumme[n] Zwang ökonomischer Verhältnisse« zu spüren, und zwar meist deutlich vor dem Jahr 2015, das in ihrer Darstellung so häufig eine Zäsur markiert.[16] Lange Zeit blieben sie still. Erst seit die Figur des Fremden 2015 ihre Bühne betrat, entlädt sich die Rebellion gegen die Abhängigkeit, die sie im Zuge ökonomischer oder sozialer Deprivation erfahren haben, auf destruktive Weise.

Moralische Verurteilung und exkludierende Kritik

Herr Bollinger wünscht sich ein geordnetes Leben:

> Ich würde es mal so formulieren, was ich mir wünsche, ist ein kleiner Rechtsruck. Wir sind jetzt ganz stark links abgedriftet, in den Medien, im Fernsehen und auch in den Parteien. Ein kleiner Rechtsruck. Was ich mir wünsche, ist ein bisschen mehr Ordnung, Rechtssicherheit, dass unsere Richter wieder gerechte Urteile sprechen, dass die Frauen keine Angst mehr haben, abends in den Park zu gehen oder einzukaufen.

Der gelernte Industriekaufmann, der im strengen Elternhaus eines »überzeugten Soldaten« aufgewachsen ist und sich beruflich mehrmals neu orientieren musste, wählt die AfD. Nur sie verkörpere noch die Anliegen der Mitte und werde darum vom Establishment zensiert. Er habe sich bei Campact engagiert, weil das eine parteipolitisch neutrale Bürgerbewegung sei. Die damalige Bundeskanzlerin Angela Merkel ist für ihn bloß ein »dummes Püppchen«, das von George Soros, den »Rothschilds und Bilderbergern« gesteuert werde. Aus seiner Sicht wird die europäische Bevölkerung bewusst »dumm« gehalten, die Medien sind gleichgeschaltet, damit unbemerkt die Nationen aufgelöst werden können. Als Moderator verschwörungstheoretischer Internetforen kennt er jedoch die Wahrheit: »Sarrazin hat Recht, Deutschland schafft sich ab.« Für ihn ist Deutschland bereits islamisiert, die Straßen sind wegen der ganzen »Messerstecher« und »Vergewaltiger« nicht mehr sicher. Er betont nachdrücklich: Die »einzige echte Gefahr« sei der Islam. Er verliert sich in aversiven Gefühlswelten, die ein bedrohliches Eigenleben entwickelt haben, fordert »Arbeitslager« für muslimische Flüchtlinge und konsequenten Waffeneinsatz gegenüber kriminellen Migrant:innen. Bald komme der Bürgerkrieg, da ist er sich sicher, dann werde endlich aufgeräumt. Er weiß von immer mehr Menschen, die sich illegal bewaffnen.

Mit seinem Zorn, seinen Gewaltfantasien und der Imagination eines kommenden Aufstands markiert Herr Bollinger eine extreme Position im Spektrum der Empörung, der wir in unseren sechzehn Interviews begegnet sind. Auch wenn sich die meisten Teilnehmer:innen nicht ansatzweise so destruktiv äußern, eint sie doch ein Unrechtsbewusstsein, das aus einer Position der moralischen Überlegenheit vorgetragen wird. Herr Schmitt etwa, ein pensionierter Ingenieur, der ein geordnetes Leben in gesicherten Umständen führt, hat ein Problem mit der Arbeitsmoral von Asylsuchenden: »Aber herkommen und dann, ja, in die sozialen Netzwerke fallen lassen. Oder landläufig gesagt, die Hand aufhalten und sich durchfüttern [lassen].« Bevor er der AfD seine Stimme gab, wählte er treu die SPD. Bei seinem Arbeitgeber war er Vertrauensmann der Gewerkschaft. Er ist also durchaus sensibilisiert für soziale Ungerechtigkeiten. Die Arbeitslosigkeit von Asylsuchenden nimmt er aber nicht als strukturelles, sondern als moralisches Problem wahr: Sie könnten ja arbeiten, wenn sie nur wollten. Insbesondere am muslimischen oder arabischen Mann entzündet sich seine Empörung. Beinahe obsessiv schreibt er ihm enthemmte sexuelle Eigenschaften zu. Herr Ludwig wiederum berichtet von einer Gruppe männlicher Syrer, die »den ganzen Tag in der Stadt« sitzen, zur Tafel gehen, aber einen »dicken Mercedes« fahren. Der 1962 geborene alleinselbstständige Lkw-Fahrer, der sich auf den Ausnahmezustand vorbereitet, betont nachdrücklich, dass das Auto neu und keineswegs klein sei. Es steht pars pro toto für die unrechtmäßige Aneignung sozialstaatlicher Leistungen: »Ja, irgendwer hat den gesponsert, wahrscheinlich ich«, fügt er sarkastisch hinzu. Nahezu alle unsere Gesprächspartner:innen wünschen sich eine »exkludierende Solidarität«,[17] die sozialstaatliche Leistungen stark begrenzt und für die arbeitende und autochthone Bevölkerung reserviert. Wir stoßen hier also auf eine ausschließende Idee von sozialer Gerechtigkeit, die man als regressive Nebenfolge eines *negativen Leistungsdenkens* interpretieren kann, das sich mit dem Umbau des öffentlichen Solidarsystems ausgebreitet hat. Unsere Gesprächspartner:innen stellen sich ganz überwiegend als leistungswillig dar. Sie verwerfen dieses Prinzip nicht, im Gegenteil, es kommt zu einer Art Überidentifikation. Allerdings konnten sie trotz ihres Engagements oft nicht an den beruflichen Erfolg der Elterngeneration anknüpfen, sie haben im Zuge von Privatisierungen ihren Arbeitsplatz verloren, sind im Alter oder Krankheitsfall mit Armut konfrontiert usw. Leistung wird nun zu einer negativen Klassifikationskategorie. Diejenigen, die in ihren Augen nichts leisten (wollen), werden abgewertet. Angesichts von Erfahrungen der Ohnmacht und des Scheiterns versuchen sie, ihre Souveränität zu behaupten, indem sie gegen Fremde zürnen. Auf sie wird das gefühlte Unrecht projiziert, das ihnen im Alltag ein diffuses Unbehagen bereitet.

Einen Konflikt zwischen Kosmopolitismus und Kommunitarismus, wie er in einigen Erklärungsversuchen des Rechtspopulismus behauptet wird, konnten wir im Zuge unserer Gespräche interessanterweise nicht feststellen.[18] Die Empörung entzündet sich – anders als in Teilen des intellektuellen Milieus – kaum an Gendersternchen, dritten Toilettentüren oder veganer Ernährung (siehe Kapitel 6). Die Kritik ist eher sozialpolitisch motiviert, weniger kulturalistisch und richtet sich vor allem gegen die parlamentarische Demokratie und ihre Repräsentant:innen sowie gegen muslimische Minderheiten.

Analysiert man die Vorstellungswelten der Befragten zusammenfassend im Hinblick auf libertär-autoritäre Einstellungsmuster, lässt sich deutlich eine Tendenz zu autoritärer Aggression, Machtdenken und Destruktivität feststellen. Auffällig ist zudem die Neigung zu Stereotypie, Projektivität und Sexualität, die oft in der Imagination des muslimischen Mannes zusammengeführt werden. Uneindeutig ist hingegen die Bindung an konventionelle Werte: Einige waren Zeit ihres Lebens eher konservativ eingestellt, mehrheitlich vertraten sie aber progressive Positionen, bevor sie sich gegenüber der offenen Welt verschlossen. Was sie teilen, ist die Diagnose eines fundamentalen Ordnungsverlustes. Dennoch handelt es sich bei den Befragten nicht um klassische Autoritäre. Sie sind keineswegs unterwürfig, im Gegenteil: Gegenüber dem Staat und Autoritätsfiguren sind sie überaus skeptisch. Sie wehren auch nicht per se das Sensible, Empfindsame oder Fantasievolle ab, setzen sich für das Tierwohl ein oder sind selbst die schwarzen Schafe ihrer jeweiligen Familie. Bei den regressiven Rebellen wird der Unterschied zum klassischen Autoritarismus noch deutlicher werden. Diese Personen empfanden den konformistischen Lebensstil ihrer Eltern als beengend, sie wollten sich verwirklichen, bereisten ferne Länder, wendeten sich fernöstlichen Religionen oder künstlerischen Tätigkeiten zu. Gerade die regressiven Rebellen sind hoch individualisierte Individuen, die aber oft ein einsames, geradezu isoliertes Dasein fristen. Alle Interviewten eint, dass sie Ohnmachtserfahrungen mit einem Rückzug begegnen, der jedoch nicht in politischer Passivität mündet, sondern als gegendemokratische Souveränisierung verstanden werden kann.

Autoritäre Innovatoren

Die Schmitts sind politisch interessierte, reflektierte Menschen, die ein aufgeräumtes Leben führen. Dieses wird allerdings von zwei Schicksalsschlägen überschattet, ihre beiden Söhne sind bereits verstorben. Im Gegensatz zu anderen Befragten reden sie sich bei der Schilderung gesellschaftlicher Missstände nicht in Rage, sie wirken kontrolliert und besonnen. Herr Schmitt stammt aus einer SPD-geprägten Arbeiterfamilie, die seit den fünfziger Jahren »ständig im Aufstieg begriffen« war. Der studierte Maschinenbauer wählte die SPD und engagierte sich, wie wir bereits erfahren haben, in seinem Betrieb gewerkschaftlich. Nach gebrochenen Wahlversprechen habe bei ihm jedoch eine »Nachdenkphase« eingesetzt, er habe den Glauben an die SPD und die anderen Parteien verloren. In den Augen des Ehepaares, die beiden sind in so gut wie allen Fragen einer Meinung, ist die Politik unglaubwürdig geworden. Die Bürger:innen würden, wie Frau Schmitt sagt, von den Parteien »teilweise« (diese Einschränkung unterstreicht sie) nur noch als »dummes Wahlvolk« betrachtet, das auch »stellenweise belogen« werde. Dies war für sie der Beweggrund, sich der AfD zuzuwenden. Weniger wegen der »Gesichter« dort, wie er ergänzt, sondern »aus Protest«, weil die AfD »der Politik Beine« mache. Die Linke haben sie auch schon einmal gewählt, wegen Sahra Wagenknecht.

Sie reflektieren die Veränderung ihrer politischen Einstellung: »[W]ir haben uns da gewandelt von jahrzehntelangen SPD-Wählern eher so Richtung rechte Seite, weil das, was die Frau Merkel eben vor zwei Jahren gemacht hat, ist ja gar nicht in Ordnung, *aus unserer Sicht*.« Die Flüchtlingspolitik war für sie der Auslöser, sich gegen das etablierte Parteiensystem zu wenden – ohne es indes komplett zu verwerfen. Sie wehren sich, wenn sie im Tischtennisverein als »Rassisten« bezeichnet werden, sehen ihren Protest als Korrektiv gegen eine unbegrenzte

Aufnahme von Geflüchteten. Sie sind nicht per se gegen Migrant:innen, aber gegen zu viele, da »Bürger mit Migrationshintergrund« immer wieder »unangenehm auffallen«. Herr Schmitt ist dabei kein typischer Rassist: Er war lange ehrenamtlich in der Flüchtlingshilfe aktiv, gab dort Deutschunterricht, auch heute hilft das Paar noch Kindern aus einer Schule mit hohem Migrantenanteil bei den Hausaufgaben. Man könne schließlich »nit bloss meckern, man muss au' was tun«. Die Schmitts geben sich differenziert und gemäßigt, sie sind skeptisch, wollen die parlamentarische Demokratie aber von innen reformieren. Damit verkörpern sie den von uns identifizierten Typus der autoritären Innovatoren, die wir von den regressiven Rebellen unterscheiden. Leitend sind dabei unter anderem die Überlegungen Robert K. Mertons, die wir in Kapitel 4 vorgestellt haben. Merton, wir erinnern uns, befasste sich ab den dreißiger Jahren mit der Frage, wie soziale Gruppen mit geringen Ressourcen in Phasen des beschleunigten Wandels und der Anomie reagieren, wenn sie als legitim geltende Ziele nicht länger mit sozial anerkannten Mitteln erreichen können. Dabei führt er als zwei typische Muster Innovation und Rebellion an: Bei der Rebellion dominiert der Widerstand, die gesellschaftlich akzeptierten Ziele werden über Bord geworfen. Anders bei der Innovation: Hier werden nicht die Ziele aufgegeben, sondern die entsprechenden Personen schlagen bisweilen nichtakzeptierte Wege ein, um diese zu erreichen. Die autoritären Innovatoren, die wir in unseren Gesprächen kennengelernt haben, setzten sich nach wie vor für das ein, was sie unter Demokratie und Zusammenhalt verstehen. Nur sind sie der Meinung, dass die etablierten liberal-demokratischen Parteien und die Medien nicht mehr in der Lage sind, die von ihnen verloren geglaubte Demokratie wieder herzustellen – weshalb sie auf die Wahl der AfD als Innovation setzen.[19]

Anders als die regressiven Rebellen sind die autoritären Innovatoren sozial vergleichsweise gut integriert: Ihr beruflicher

Status ist gesichert bzw. sie blicken auf eine erfolgreiche Karriere zurück (drei sind bereits pensioniert). Sie verfügen über Eigentum und leben in geordneten Familienverhältnissen. Alle haben ein hohes Vertrauen in ihre Arbeitgeber, waren oder sind unbefristet und in Vollzeit in mehrheitlich prestigereichen Berufen angestellt. Ihre Tätigkeiten verlang(t)en ihnen ein hohes Maß an sozialer Kooperation ab: In unserer Stichprobe finden sich ein Ingenieur, eine Lehrerin, ein Fabrikvorsteher, ein Arbeiter in einem Hightech-Unternehmen, der nebenberuflich einen Biohof führt, ein Bankkaufmann sowie ein Kulturschaffender, der nebenbei Pförtner ist.

Von unseren Gesprächspartner:innen klassifizieren wir neun Personen als regressive Rebellen und sechs als autoritäre Innovatoren, eine konnte nicht eindeutig zugeordnet werden.[20] Letztere haben wir noch in zwei altersbezogene Subgruppen unterteilt. Unter den autoritären Innovatoren gibt es nämlich auffällige generationelle Unterschiede. Die älteren und pensionierten Personen (der Jahrgänge 1944, 1946 und 1953) erlebten sozialen Aufstieg und beruflichen Erfolg: vom ersten und einzigen Studierenden in der Familie zum Ingenieur, vom Bankkaufmann zum Betriebswirt oder vom angestellten Papiermacher zum Betriebsleiter. Sie absolvierten eine angepasste Normalbiografie: Schule, Ausbildung, Berufseinstieg, Heirat, Familiengründung. Ihre Ehen führten sie traditionell, sie entsprachen dem klassischen männlichen Ernährermodell mit all seinen Zwängen, aber auch Sicherheiten. Während die Frau sich in der Regel um Haushalt und Kinder kümmerte, konnte der Mann beruflich vorankommen. Sie machten eine »Familienkarriere«,[21] bei der alle gemeinsam im gesellschaftlichen Fahrstuhl nach oben fuhren. Die Befragten berichten von Überstunden und Überforderung, aber dieser Weg zahlte sich aus. Innerhalb der konventionellen Bahnen einer *abgesicherten* Individualisierung konnten sie den Traum eines bürgerlichen Lebens verwirklichen.

Drei Befragte mittleren Alters (Jahrgängen 1956, 1963 und 1964) sind noch erwerbstätig und zeigen sich mit ihrer Arbeit und ihrem Verdienst zufrieden. Ihre sozialen und beruflichen Laufbahnen sind allerdings heterogener und sie verliefen weniger geradlinig. Sie starteten ebenfalls aus nicht gerade privilegierten Positionen (zwei haben einen Hauptschulabschluss, die dritte Person konnte in der DDR studieren), verglichen mit den älteren autoritären Innovatoren fiel ihnen der berufliche Aufstieg aber schwerer. Alle berichten von aktuellen oder vergangenen finanziellen Sorgen, von ungewollten Berufswechseln, gelegentlicher Selbstständigkeit oder Mehrfachbeschäftigung. Durch Eigeninitiative oder Fortbildungsmöglichkeiten konnten sie die Schwierigkeiten jedoch bewältigen. Auch wenn sie nicht ganz ohne Sorgen in die Zukunft blicken, haben sie sich in vergleichsweise gesicherten Verhältnissen eingerichtet. An ihren Biografien zeigt sich dennoch, wie die Aufstiegs- und Sicherheitsversprechen der organisierten Moderne nach und nach poröser wurden. Sie leben in familiären »Patchwork«-Konstellationen oder berichten von Ehekrisen. Gleichzeitig nimmt das Bedürfnis nach freier Selbst- und Lebensgestaltung mehr Raum ein: Herr Jung, Jahrgang 1964, arbeitet Schicht, um seinen Traum vom eigenen Biohof leben zu können. Herr Lohmann, Jahrgang 1956, musste nach dem Einbruch des Druckmarktes seine Tätigkeit als freier Handelsvertreter aufgeben und produziert nun inklusive Filme, in denen Menschen mit Behinderung mitspielen. Ihr Leben folgt den verschlungenen, bisweilen holprigen Pfaden einer *entsicherten* Individualisierung.

Auch in der politischen Sozialisation gibt es Unterschiede zwischen den Altersgruppen. Die drei Älteren berichten von einer familienbedingten Loyalität zu den Volksparteien. Neben Herrn Schmitt kommt auch Herr Gruber aus einer Arbeiterfamilie mit einer engen Verbindung zur SPD. Sein Vater war Industriearbeiter: »Es ist die Prägung vom Vater: Der Vater war ein SPD-Mann, und die Arbeiter im Dorf waren SPD-Leute, und das prägt einen erst mal.« Der Dritte, Herr Rupp, entstammt einer Bauernfamilie. Er wuchs in einer ländlichen und damit eher konservativen Region auf: »Ich würde einfach sagen, man war unpolitischer. Auf eine Art hat man CDU gewählt und alles war gut.« Man wählte aus Tradition, nicht aus bewusster Identifikation. Darum, so berichten sie, habe ihr politisches Bewusstsein auch erst nach dem Renteneintritt eingesetzt, als ihr Misstrauen allmählich wuchs. Obwohl ihnen niemand mehr ihren bescheidenen Wohlstand nehmen kann, geht die Entsicherung der sozialen Verhältnisse doch nicht spurlos an ihnen vorüber. Sie beginnen zu grübeln, empfinden diffuse Gefühle der Verunsicherung und der Angst, die sie aber vor allem über asyl- und migrationspolitische Themen artikulieren.

Die drei jüngeren Personen hingegen waren bereits früh politisch aktiv. Herr Jung engagierte sich schon mit Anfang zwanzig kommunalpolitisch. Er ging auf Oppositionskurs zur konservativ dominierten Politik seines Heimatdorfes, trat aber trotz seines ausgeprägten Umweltbewusstseins nicht den Grünen bei. Heute wählt er die AfD, Immigration stellt für ihn eine Bedrohung für »deutsche Werte« dar. Herr Lohmann verweigerte den Kriegsdienst, trat auf einer Kanada-Reise bereits in den siebziger Jahren Greenpeace bei, wechselte von den Jusos zu den Grünen und engagierte sich in der Anti-Atomkraft-Bewegung. Frau Krause ist in der DDR aufgewachsen, war dort Lehrerin und in der Reformbewegung aktiv. Nach der Wende stand es allerdings schlecht um ihre Arbeitsmarktchancen, sie schulte zur Immobilienmaklerin um – ein Berufsweg, der sie nicht glücklich machte. Sie gründete eine katholische Schule mit, war dort im Vorstand und als Lehrerin aktiv. Heute lebt sie mit ihrem Ehemann, mit dem sie fünf erwachsene Kinder hat, weitgehend selbstversorgend und beschäftigt sich mit ökologischen Themen. Herr Lohmann und Frau Krause wählen nicht die AfD, sympathisieren aber mit ihr.

Die politischen Ansichten und das zivilgesellschaftliche Engagement spiegeln die soziale Flugbahn, die wir gerade skizziert haben. Auch die autoritären Innovatoren misstrauen den Institutionen der Demokratie, allerdings lehnen sie diese nicht per se ab. Vor allem die politischen Parteien und die EU beurteilen sie skeptisch. Die Medien sehen sie ebenfalls durchaus kritisch, allerdings ohne sie deshalb zu boykottieren. Sie kucken täglich *Tagesschau*, lesen überregionale Tageszeitungen oder hören den öffentlichen Rundfunk. Alternative Blogs oder Youtube-Videos dienen ihnen lediglich als Korrektiv. Sie bewegen sich, kurz gesagt, auf dem Boden einer geteilten Realität, betrachten diese aber mit Argwohn. Anders als die regressiven Rebellen, zu denen wir gleich kommen, sind sie bemüht, die Konventionen des Sagbaren nicht zu verletzen. Wie das Ehepaar Schmitt legen sie viel Wert darauf, sachlich und differenziert zu argumentieren. Darum trifft es sie so hart, wenn sie im Familien- oder Bekanntenkreis mit Rassismusvorwürfen konfrontiert werden, verorten sie sich doch nach wie vor innerhalb des öffentlich akzeptierten Meinungsspektrums, wenn auch an seinem Rand. Sie erkennen andere Positionen an, berufen sich auf Meinungsfreiheit und Toleranz.

Ihre Enttäuschung ist gerade das Ergebnis ihrer hohen Erwartungen an die demokratischen Institutionen. Sie verstehen sich als aktive, misstrauische Bürger:innen, die eine große Distanz zu den staatlichen Instanzen aufgebaut haben, wollen diese aber korrigieren und in ihrer Macht begrenzen. Sie zahlen Steuern und Gebühren, gehen pflichtbewusst zur Wahl, verfassen Protestschreiben an Kommunal- und Landespolitiker:innen oder besuchen politische Veranstaltungen. Sie sind in Sportvereinen und Kirchengemeinden aktiv, waren im Elternbeirat vertreten oder engagieren sich ehrenamtlich in der kommunalpolitischen oder gewerkschaftlichen Arbeit. Gleichzeitig kritisieren sie die klassischen Kanäle der Interessenartikulation als nicht länger responsiv. Um Politik und Gesellschaft zu beeinflussen, wählen sie auch neuartige und für sie unkonventionelle Wege – etwa durch ihr offenes Werben für die AfD. Letztlich verkörpern sie die Widersprüche, die Rosanvallon als typisch für die »Misstrauenspraktiken« der Gegen-Demokratie ausmacht:

> Sie fördern eine wohltuende Wachsamkeit seitens der Bürger und tragen auf diese Weise dazu bei, die staatlichen Instanzen für gesellschaftliche Forderungen empfänglicher zu machen, sie können bisweilen aber auch destruktive Formen von Ablehnung und Verleumdung hervorbringen.[22]

Während die zerstörerische Absage an die geteilte politische Welt bei den regressiven Rebellen offen zutage tritt, zeigt sich das destruktive Element bei den autoritären Innovatoren eher vermittelt über Stereotype. Explizit artikulierte Aggressionen wird man bei ihnen kaum antreffen, allerdings geraten ihre Vorurteile durchaus in Konflikt mit ihrem Bedürfnis nach Konformität – sie drängen an die Oberfläche.[23] Herr Lohmann etwa betont immer wieder seinen »ideologiefreien« oder »neutralen« Standpunkt, wenn er seine Meinung über die Flüchtlingspolitik äußert: »Oder eben auch die Bedrohung, die es ja tatsächlich gibt, von den vielen Menschen, die hier ins Land gekommen sind, das kann man doch auch sagen, ohne dass man AfD-Wähler ist, das ist ja Fakt.« Zur Rechtfertigung seines Unbehagens bezieht er sich auf vermeintliche Fakten (die jedoch über das Indefinitpronomen »man« entpersonalisiert werden: man weiß ja, man hat gehört). Schon Adorno fiel bei der Analyse von Vorurteilen auf, dass die entsprechenden Personen zu einer »pseudorationale[n] Diskussion« neigten, um ihren aversiven Gefühlen eine legitime Grundlage zu geben.[24]

Auffällig war, dass sich die beiden Altersgruppen in der Art und Weise unterschieden, wie sie ihre fremdenfeindlichen Vorurteile zur Sprache brachten. Herr Rupp, der vor seiner Pensionierung in einer Bankfiliale arbeitete, konnte auch im Männerchor nicht zur Flüchtlingsfrage schweigen und empörte sich dort über die aufgenommenen Geflüchteten: »Wieso fliehen eigentlich junge Männer? Und die Frauen und Kinder bleiben zurück und sind gefährdet?« Wie er neigen alle Befragten der älteren Generation zu einer moralischen Skandalisierung. Über die (aus ihrer Sicht) moralischen Fehltritte muslimischer Minderheiten oder Geflüchteter ziehen sie eine klare Trennlinie zwischen der Eigen- und der Fremdgruppe. Die Abwehr dient dem Schutz des eigenen Wertbestands, bei Herrn Rupp etwa traditioneller Familien- und Männlichkeitsideale. Als Gradmesser der Integration gelten diesen Jahrgängen vor allem Sprache, Arbeit und Familiengründung. Rupp ist es wichtig, dass sich »Ausländer« auch am »Gemeindeleben« beteiligen und nicht »unter sich« bleiben, dass sie mit ihm wandern gehen, im Chor singen usw. In den Gesprächen zeigt sich dabei oft eine Art Abwertungshierarchie, mit der Vorurteile ausgesprochen werden können, ohne dass man unangenehm als fremdenfeindlich auffällt. Negative Affekte werden auf eine Teilgruppe der Geflüchteten projiziert, die vermeintlich integrationsunwillig ist, während der integrationswillige Teil angeführt wird, um die eigene Ausgewogenheit und Differenziertheit zu unterstreichen.

Was bei den älteren, emotional stärker kontrollierten Jahrgängen nur selten zum Vorschein kommt, das offene Ressentiment gegenüber Fremden, tritt bei der jüngeren Generation der autoritären Innovatoren deutlicher hervor: Sie regen sich nicht nur stärker über Geflüchtete auf, sondern neigen auch häufiger zu stereotypen Generalisierungen, die verschwörungstheoretische Züge annehmen können. Herr Jung betont etwa, dass er mit »keinem Fremden« ein Problem habe, solange dieser »unsere Anführungszeichen abendländischen Werte« akzeptiere. Gleichzeitig beobachtet er jedoch mit großer Sorge, dass seine Kollegen in der Fabrik kaum noch deutsch seien. Für ihn ist dies ein Anzeichen einer bedrohlichen Entwicklung: »Es zieht sich total zu, wir haben keine Nachkommen mehr, keine deutschen Kinder.« Einwanderung ist für die jüngere Generation ein grundsätzlicheres Problem, durch sie gerät das prekäre Gleichgewicht der Kultur aus dem Lot. Weil dann die »fremden« Wertbestandteile in einer Gesellschaft überwögen oder weil die hohe Kinderzahl die ökologische Grundlage des Zusammenlebens ins Wanken bringe. Bei den jüngeren Jahrgängen tritt die »ökonomische« Funktion von Stereotypen und Vorurteilen für die Psyche stärker hervor, die Adorno bereits Ende der vierziger Jahre diagnostizierte.[25]

Im Inneren der autoritären Innovatoren schwelt – auch bei einem äußerlich kontrollierten Verhalten – eine Feindschaft, die aus Frustrations- und Abhängigkeitserfahrungen resultiert. Sie fühlen sich dadurch stark gekränkt. Doch die aggressiven Energien können sich nicht direkt gegen den Auslöser richten, die kapitalistische Welt, die sie umgibt. Zu groß ist das Bemühen um Anpassung, die Angst vor der Beschämung. Darum wird die Ablehnung auf ein »Ersatzobjekt« projiziert, in diesem Fall häufig auf Geflüchtete, die aus ihrer Sicht die gängigen Konventionen verletzen.

Regressive Rebellen

Am Küchentisch von Herrn Rudolph habe bereits die »halbe Welt« gesessen. Rudolph, ein Physiotherapeut Jahrgang 1956, stammt aus einer wohlhabenden Fabrikantenfamilie mit Kunden rund um den Globus. Er war einst ein Kosmopolit, der früher einmal den Nahen Osten bereist hat. Schon als junger Mann verspürte er ein »inneres Bedürfnis«, sich politisch zu engagieren, er arbeitete früh bei den Grünen mit, engagierte sich von Beginn an bei den Protesten gegen Stuttgart 21, ist heute Mitglied der SPD. Nach »ein paar Schlüsselerlebnissen« sei er jedoch aufgewacht: »Wenn du siehst, dass dann deine eigene Heimat plötzlich zusammenschrumpft, du dich nicht mehr verständigen kannst …« Aus dem Weltbürger ist ein Heimatverteidiger geworden, der AfD wählt. Von den etablierten Parteien fühlt er sich verraten, in der »Überfremdung« sieht er das Grundproblem der deutschen Gesellschaft. Als Verwalter von Immobilien habe er »jede Einwanderungswelle« hautnah erlebt, darum könne er die Flüchtlingskrise 2015 sehr gut beurteilen. Herr Rudolph ist leicht erregbar, kann Ungerechtigkeiten nur schwer ertragen, redet sich in Rage über die Anschreiben migrantischer Mietbewerber:innen: »*Hunderte, Aberhunderte*! Alle aus'm Arabischen, alle mit arabischem Hintergrund, mit einem *unfassbaren* Anspruchsdenken: ›Das will ich haben, das will ich haben, das will ich kriegen, das will ich kriegen.‹« Seine bedürftigen deutschen Bekannten hingegen, die gingen leer aus. Er kennt viele deprimierende Geschichten von Menschen, die von den staatlichen Institutionen im Stich gelassen wurden.

Auch sein eigenes Leben entbehrt nicht einer gewissen Tragik. Er hatte viele Chancen, die sich allerdings alle in Luft aufgelöst haben. Unter insgesamt sieben Geschwistern ist er der Absteiger. Heute ist er fast mittellos, körperlich angeschlagen, muss im Verlauf des Gesprächs immer wieder husten. Während er seinen Studienabschluss verpasste, weil er sich um den pflegebedürftigen Vater kümmerte, konnten seine Geschwister bildungsbürgerliche Erfolge feiern (einige von ihnen sind Ärzt:innen geworden). Auf seine Kosten, so sieht er es jedenfalls, da sie sich an der Pflege der Eltern kaum beteiligten. Er ist ernüchtert, ja verbittert über den Großmut, den er in der Vergangenheit bewiesen hat. Nun steht er ganz alleine da, ohne Partnerin, ohne Kinder. Über die politischen Verhältnisse ist er »dermaßen frustriert«, dass er sich in Gewaltfantasien verliert. Hätte er keine persönlichen Verpflichtungen, würde er »eine militärische Ausbildung« nachholen, die ihm wegen seines pazifistischen Elternhauses versagt geblieben sei: Eine »Scharfschützenausbildung«, um »*wirklich amokmäßig* aus dem Leben zu scheiden«. Während wir gemeinsam Spritzkuchen am Küchentisch essen, lässt er seiner Imagination freien Lauf: »Amokmäßig und ganz sicher nicht irgendwelche harmlosen Tralala-Leutchen, sondern *richtig* mit 'nem Donnerknall. Zwei, drei Größen, zum Beispiel, die hier das Stuttgart 21 zu verantworten haben, *wirklich zu killen, zu ermorden.*« Er betont zwar nachdrücklich, dass dies nur ein »Bild« sei, dass ihn manchmal tröste, kein konkretes Vorhaben, aber doch ist dieses Bild sehr beklemmend.

Ähnlich wie Herr Rudolph wurden auch die anderen Befragten, die wir dem Typus des regressiven Rebellen zuordnen, von persönlichen Brüchen, Krisen oder Abstiegserfahrungen heimgesucht. Ihre Unzufriedenheit mit der politischen Ordnung und ihren Repräsentant:innen, die sie fast zwanghaft anfeinden und verachten, reicht tiefer als bei den autoritären Innovatoren. Das Misstrauen, das die zivilgesellschaftliche Gegenmacht gegen die etablierten Institutionen schon immer begleitet hat, schlägt bei ihnen ins Destruktive um. Sie reagieren, könnte man mit Merton sagen, auf anomische Erfahrungen, indem sie neben den legitimen Mitteln auch die gesellschaftlich gebilligten Ziele verwerfen.

Sozial sind die regressiven Rebellen in einem unaufhaltsamen Sinkflug begriffen. Statt Aufstieg und später Stabilität erfuhren sie Abstieg oder Deprivation (die Jahrgänge sind hier weiter gestreut: 1944, 1945, 1950, 1954, 1956, 1961 und dreimal 1962). Zwar hatten sie vergleichsweise gute Bildungschancen (drei haben Abitur, einer Fachhochschulreife, wiederum drei die Mittlere Reife und zwei einen Hauptschulabschluss), aber diese konnte keine/r von ihnen in eine erfolgreiche Berufskarriere übersetzen. Einige verloren den bescheidenen Wohlstand, den sie sich erarbeitet hatten, anderen blieben Aufstieg und Erfolg gänzlich verwehrt. Sie erzählen von häufigen und unfreiwilligen Berufswechseln, Gelegenheitsjobs, Arbeitsunfähigkeit durch Unfälle oder Krankheiten, von gelegentlicher Arbeitslosigkeit und drohender Altersarmut. Wie Herr Rudolph konnten zwei weitere Befragte ihr Studium nicht abschließen, fast alle mussten sich irgendwann beruflich umorientieren. Anders als die autoritären Innovatoren waren bzw. sind die regressiven Rebellen in unserer Stichprobe vor allem im Dienstleistungssektor tätig. Ihre sozialen Interaktionen beschränkten sich im Wesentlichen auf Kundenkontakte. Sie arbeiteten bzw. arbeiten beispielsweise als Fernfahrer, Masseurin oder als Fitnesstrainer und waren bzw. sind damit direkt der Herrschaft des Kunden und der anonymen Macht des Marktes ausgesetzt. Sie erlebten kaum soziale Kooperation und Solidarität unter Kolleg:innen, stattdessen berichten sie von Konflikten mit ihren Chefs oder der Kundschaft. Nur drei von neun Befragten vertrau(t)en ihrem Arbeitgeber (wobei darunter eine invalide und eine selbstständige Person waren).

Zum Zeitpunkt der Interviews befanden sich viele in einer anomischen Konstellation. Im Laufe ihres Erwerbslebens mussten sie ihre eigenen Erwartungen und Ansprüche immer wieder an die eingeschränkten Möglichkeiten anpassen. Sie blicken auf unstete, improvisierte Berufsbiografien zurück, da konventionelle Wege für sie ins Abseits führten. Während die institutionellen Rahmenbedingungen bei den autoritären Innovatoren insofern funktionierten, als sie sie vor sozialem Abstieg schützten, sind viele der regressiven Rebellen auf sich allein gestellt. Weder Bildungssystem noch Arbeitsmarkt und Marktwirtschaft hielten, was sie versprochen hatten. Auch die regressiven Rebellen arbeiteten hart, um ihre soziale Position zu verteidigen, doch in vielen Fällen reichte dies nicht aus. Viele sind vom Abstieg bedroht oder mussten sich auf den unteren Rängen der Sozialordnung einrichten. Der pensionierte Herr Briedenkamp, der wie Herr Rudolph aus einer wohlhabenden Industriellenfamilie stammt, war in jungen Jahren Balletttänzer, zuletzt Heilpraktiker – nun sieht er verarmt, vereinsamt und verbittert seinem Lebensabend entgegen: »Zu wenig zum Leben, zu viel zum Sterben.«

Nicht nur ihr Berufsleben verläuft diskontinuierlich, auch privat leiden viele unter Vereinzelung und sozialer Isolation. Ihre partnerschaftlichen oder familiären Arrangements weichen häufig von traditionellen Modellen ab. Vier sind dauerhaft ledig (»Nie eine Familie, keine Partnerschaft, nichts«, berichtet Herr Briedenkamp), zwei leben in unehelicher Partnerschaft, nur drei sind verheiratet. Viele berichten von tiefen Kränkungen, schweren Trennungen oder Scheidungen, einige haben zu ihren Kindern schon lange keinen Kontakt mehr. Frau Renz hat zwar zwei Kinder, doch mit einem Partner ist sie nie über längere Zeit ausgekommen. Sie konnten (und wollten) keine klassische Familienkarriere wie die ältere Generation der autoritären Innovatoren realisieren, aber auch die improvisierte Biografie, wie sie die jüngere Generation wählte, ist in ihren Fällen nur selten selbstbestimmt, sondern meist das Ergebnis langjähriger Zerrüttung. Nur vier der neun haben eigene Kinder, zwei von ihnen sind oder waren alleinerziehend. Herr Kirchheimer, der krankgeschriebene Fernfahrer, hat seit seiner Scheidung ein Kontaktverbot zu den Kindern. Lediglich eine Befragte hat gemeinsam mit ihrem Ehemann ein Kind großgezogen. Das Verhältnis zu den eigenen Eltern oder Geschwistern ist außerdem häufig konfliktbelastet: Einige haben mit ihrer Familie gebrochen, bei anderen gab es immer wieder Phasen der Funkstille. Wie schon Adorno in Bezug auf autoritäre Charaktere beobachtete, haben auch sie häufig ein ambivalentes Verhältnis zum Vater, das zwischen devoter Idealisierung und aggressiver Ablehnung changiert. In der Regel sind sie gegenüber ihren Eltern ökonomisch depriviert, was sicherlich zu den Zerwürfnissen beigetragen hat.

Die regressiven Rebellen wählen aber andere Mittel, um ihre politischen Ziele zu erreichen. Sie möchten die Sozialordnung nicht von innen reformieren, sondern rebellieren gegen sie als ganze. Da der Gesellschaftsvertrag der Leistungsgesellschaft gebrochen worden sei, fühlen sie sich ihm nicht länger verpflichtet. Sie verkörpern eine absolute Form der Anti-Politik, die die Bindung an Werte und Verhaltensnormen aufkündigt. Betrachtet man ihre politische Sozialisation, fühlten sie sich demokratischen Institutionen und Verfahren schon früh entfremdet. In der Familie wurde kaum oder gar nicht über Politik gesprochen; was ihre Eltern gewählt haben, können sie oft nur erahnen. Viele sind schon lange Wechsel- oder Protestwähler:innen. Sie gaben vor allem kleineren Parteien wie den Grünen, der Linken oder der FDP ihre Stimme, drei von ihnen haben schon in einer früheren Phase Parteien am rechten Rand gewählt, ohne sich jedoch nachhaltig an diese zu binden. Ihre wechselhaften Parteipräferenzen begründen sie mit ihrer aufständischen Persönlichkeit. Die Masseurin Frau Renz beschreibt sich als »Revoluzzerin«, Herr Bollinger betont, er sei schon immer »oppositionell« eingestellt gewesen. Sie ecken an, geraten schnell in Streitigkeiten, ob in der Familie, mit Freunden oder auf der Arbeit. Ihre innere Neigung zur Rebellion scheint sich generalisiert zu haben. Die politischen Motive und Positionen mögen variieren, entscheidend ist für sie, sich zu widersetzen. Herr Rosowsky, der Fitnesstrainer, wählte eine Zeit lang die SPD, dann die Grünen, war phasenweise aber auch in NPD-Kreisen unterwegs, was für ihn als Homosexuellen nicht einfach war. Selbstironisch meint er, dass er vor allem auf »so ein bisschen Männerkult, ein bisschen die martialische Tour« abgefahren sei, und auch das paramilitärische Training habe ihm gut gefallen. Besonders scheint ihn das provokante Auftreten in der Gruppe zu reizen, beispielsweise bei Naziaufmärschen. Da hätte er sich aber, gibt er zu, ohne Weiteres auch bei den Gegendemonstranten einreihen können, »das wäre emotional ein Leichtes gewesen, ne?«. Es ist eine negative, eine grelle Rebellion, die zwar punktuell Zweckbündnisse mit neuen Autoritäten eingehen kann, sich aber wesentlich durch eine Lust am Destruktiven auszeichnet. Dass die von uns befragten regressiven Rebellen über lange Zeit keine rechten Parteien gewählt haben, ist insofern auch ein Teil der Erfolgsgeschichte der alten Bundesrepublik, der es über viele Jahre gelang, solche Personen zu integrieren.

Interessanterweise hatten aber eben nicht alle bereits in früheren Lebensphasen eine politische Nähe zu rechten Positionen. Wir beobachten auffällig oft (bei fünf von neun Befragten) eine destruktive Verformung einer ursprünglich kosmopolitischen Grundeinstellung. Diese Personen sind *geläuterte Kosmopolit:innen*, sie führten ein kulturell offenes Leben, waren weltbürgerlich eingestellt, bevor sie sich jäh von diesem Lebensentwurf abwandten. Sie bereisten mit dem Rucksack den Nahen und Mittleren Osten, lebten in Indien oder Thailand, konvertierten zum Buddhismus, widmeten sich der Sinnsuche und übten sich in meditativen Techniken der Selbstaufmerksamkeit – nicht unähnlich einigen der oben betrachteten Personen aus der Querdenken-Bewegung (siehe Kapitel 7). Und auch die regressiven Rebellen vollzogen eine fundamentale Kehrtwende, die sie nicht selten auf Ereignisse zurückführen, die ihnen die Augen geöffnet haben. So nennt Herr Rudolph als »Schlüsselerlebnis« eine Begegnung mit »vier oder fünf Türken« in einer Tankstelle im Schwarzwald, die ihn »keines Blickes gewürdigt« hätten, als er nach einer Fahrradtour durstig kurz vor einem Kollaps stand. Daraufhin habe er sich gesagt: »Du *darfst* nicht Fremder in deinem eigenen Land werden.« Er verwendet damit eine Formulierung, die auch die Soziologin Arlie Russell Hochschild immer wieder zu hören bekam, als sie in den USA Anhänger:innen der rechtspopulistischen Tea-Party-Bewegung interviewte und die sie zum Titel des daraus entstandenen Buches gemacht hat: *Fremd in ihrem Land* (engl. *Strangers in Their Own Land*).[26] Wie die Gesprächspartner:innen von Hochschild berichten unsere Befragten von Entfremdungs- und Entwertungserfahrungen, für die sie Fremde, Angehörige diskriminierter Gruppen und die Eliten verantwortlich machen. In unserem Fall sind es aber gerade jene Menschen, bei denen singuläre Lebensgestaltung und Selbstverwirklichung eine wichtige Rolle spielen, die sich frustriert von der Gesellschaft abwandten. Ihr unangepasster individualistischer Lebensstil zog sozioökonomische Misserfolge nach sich, sie konnten ihre Ziele nicht erreichen. Im Verlauf ihrer Biografie hat sich ihre Weltgewandtheit in eine Weltabschließung verwandelt, sie haben ihre kosmopolitischen Überzeugungen allerdings nicht vollends abgestreift. Mehr noch als einen Kommunitarismus vertreten sie einen regressiv gewordenen Kosmopolitismus. Sie betrachten sich nach wie vor als weltoffene, aufgeklärte Menschen, sehen im Multikulturalismus und der Globalisierung aber eine gesellschaftszerstörende Gefahr.

Die Meinungen und das zivilgesellschaftliche Engagement der regressiven Rebellen sind von einem generalisierten Misstrauen geprägt, das sich auf nahezu alle politischen und sozialen Institutionen erstreckt. Lediglich Bürgerinitiativen vertrauten noch fünf von neun Befragten. In der permanenten Anfeindung verwandeln sich die Institutionen der Macht in eine »unzugängliche, den Bürgern radikal entfremdete Autorität«.[27] Die absolute Skepsis führt hier zu einem normativen Nihilismus, der alle verbindlichen Regeln über Bord wirft und nicht selten mit Zerstörungslust einhergeht. Anders als die autoritären Innovatoren fühlen sich die regressiven Rebellen, wir haben bereits darauf hingewiesen, nicht an soziale Konventionen gebunden. Im Gegenteil, sie begreifen Regeln und Verhaltensnormen als ungerechtfertigte Einschränkung ihrer Meinungs- und Handlungsfreiheit. Sie sehen sich im Grunde von der Einwanderungsgesellschaft in ihrer Freiheit gekränkt. Aus ihrer Sicht können sie sich aufgrund der vielen im Land befindlichen Muslime nicht mehr frei äußern und bewegen. Anders als die im vorangegangenen Kapitel analysierten Querdenker:innen, die das Register der Öffnung gegen die Schließung starkmachen, ist es bei den Rebellen genau umgekehrt: Sie setzen sich als geläuterte Kosmopolit:innen für eine möglichst weitgehende Schließung ein. Ihre Kritik zielt nicht auf eine Korrektur, sondern auf die Abschaffung der Regeln, die sie einschränken und gängeln. Es handelt sich um libertäre Autoritäre, deren zentrales Motiv die Selbstermächtigung gegen äußere Schranken und Hemmungen ist. Zwar bekennen auch sie sich formal zu Demokratie und Rechtsstaat, doch werden ihre Rationalisierungsversuche in vielen Fällen durch Schimpfwörter und Schmähreden konterkariert. Bisweilen können die Beschimpfungen in Gewaltfantasien gegenüber Autoritäten, Fremden oder Andersdenkenden ausarten. Das für die autoritären Innovatoren typische Bemühen um Anpassung wird bei den regressiven Rebellen zunehmend von destruktiv-subversiven Tendenzen durchkreuzt.

Etablierte Medien, die *Tagesschau* oder überregionale Tageszeitungen, stehen bei ihnen unter Generalverdacht. Sie bemängeln deren verzerrte Berichterstattung (insbesondere über die AfD und in migrationspolitischen Fragen). Statt am öffentlichen Diskurs als kritische Stimme zu partizipieren, verweigern sie ihn und wenden sich einer Alternativöffentlichkeit zu: Sie sind in sozialen Medien aktiv oder schauen Youtube-Videos. Ähnlich wie bei den Querdenker:innen spielt bei den Rebellen die Berufung auf Gegenwissen und klandestine Wissensbestände eine zentrale Rolle. Sie nennen Buchtitel und vertrauliche Quellen, berufen sich auf einschlägige Autor:innen aus dem Verschwörungsmilieu. Die Krise der politischen Repräsentation ist auch bei den regressiven Rebellen mit einer epistemischen Krise des »besseren Wissens« verquickt. Verschwörung und Verblendung sind beliebte Gesellschaftsdiagnosen. Anders als die autoritären Innovatoren neigen sie dazu, die »eigene Meinung« als verfemtes Wissen anzusehen, das sie gegen die, mit Bourdieu gesprochen, *doxa* ins Feld führen. Herr Kirchheimer, der sich mehrmals auf Thomas Wieczoreks 2009 erschienenes Buch *Die verblödete Republik* bezieht und regelmäßig beim Kopp-Verlag bestellt, erklärt:

> Ich brauche kein Heute Journal oder keine Tagesthemen, [...] die sind ja vom Staat links ausgebildet, diese Journalisten. Die brauchen mir nicht ihre Meinung verkünden, sondern ich will die Nachrichten hören, ich will wissen was passiert ist, und dann kann ich mir eine eigene Meinung bilden.

Doch anders, als noch Merton beobachtete, geht die Rebellion gegen eine anomischen Lebenssituation hier nicht mit Visionen einer besseren Ordnung einher, sie treibt lediglich den Wunsch nach dem Umsturz der aktuellen Verhältnisse auf die Spitze. Der Ausnahmezustand wird zu einem grundlegenden Muster der Realitätswahrnehmung: Nichtexistenz der Bundesrepublik, »Umvolkung«, Bürgerkrieg oder Weltverschwörung. Die affektive Drastik ist ein Instrument, um außerinstitutionelle Mittel des Widerstandes zu rechtfertigen: Sie zahlen keine Rundfunkbeiträge, geben ihre Personalausweise zurück, legen wie Herr Ludwig Vorratslager an und dokumentieren Chemtrails. Der Übergang zur Reichsbürgerszene ist oft fließend. Auf ver-*rückte* Weise sind die regressiven Rebellen dissident und autonomieorientiert. Erzählungen von gesperrten Kommentaren im Internet, Auseinandersetzungen und Zerwürfnissen im Familien-, Freundes- und Bekanntenkreis sowie im Umgang mit Behörden, (seltener) mit Kundschaft und Kolleg:innen zeugen von dieser Grundhaltung. Ein Zurücknehmen der eigenen Position gilt als Schwäche, das Aufbegehren wird zur Tugend erklärt. Die erfahrene Ablehnung und Ausgrenzung bestätigt sie, ja führt zu einer heroischen Selbstaufwertung. Ihnen fehlt, zusammengefasst, ein entscheidendes Merkmal des »autoritären Syndroms«, das Adorno und seine Kolleg:innen angesichts der US-amerikanischen Gesellschaft des vorherigen Jahrhunderts beschrieben: die Unterwerfung. Adorno hielt seinerzeit fest, »Ambitionen nach gesellschaftlichem Aufstieg« äußerten sich bei entsprechenden Personen in einer »unverhüllten Identifikation mit denen«, die ihnen »an Autorität und Rang überlegen« seien.[28] Für die regressiven Rebellen unserer Tage gilt das nicht mehr: Sie rebellieren gegen die Institutionen und Apparate, die ihnen den Aufstieg verwehrt haben. In ihrer Lebensführung bemühen sie sich um eine bürgerliche Fassade, gleichzeitig stehen sie in einem (mitunter geheimen) Online-Austausch mit Verbündeten. Obwohl es ihnen widerstrebt, müssen sie ihre Positionen je nach Kontext verdeckt halten, was zu weiteren Frustrationen führen kann. Online erfahren die Befragten hingegen – neben Widerspruch – auch Anerkennung.

Im Vergleich zu den autoritären Innovatoren sind ihre Vorurteile stärker ausgeprägt und affektiver aufgeladen, woran sich der Unterschied zwischen den beiden Typen noch einmal deutlicher herausarbeiten lässt. Für die autoritären Innovatoren ist das Vorurteil gegenüber Fremden vor allem ein »Mittel zur sozialen Identifikation«[29] über die negative Vergleichsfolie einer Fremdgruppe: Die anderen sind diejenigen, die faul und unwillig sind oder sich moralisch bedenklich verhalten. Bei den regressiven Rebellen ist auch dieser Impuls präsent, aber er dient hier noch stärker dem aus dem Ruder gelaufenen Affekthaushalt. Der Kontakt zu Fremdgruppen ist bei ihnen sehr gering, sie sind weder in der Flüchtlings- oder Integrationshilfe aktiv noch können sie über kollegiale oder nachbarschaftliche Kontakte berichten. Dennoch werden insbesondere muslimische Minderheiten häufiger als Konkurrenz auf dem Arbeits- und auf dem Wohnungsmarkt oder um sozialstaatliche Leistungen identifiziert. Herr Ludwig lässt seiner Empörung beispielhaft freien Lauf: »Ich habe mir den Arsch aufgerissen für die Bude, die kriegen das Ding geschenkt.« Das Vorurteil basiert also weniger auf negativen Erfahrungen mit Fremden, in ihm werden diffuse Gefühle der Deklassierung und Frustration kanalisiert. Für die Berkeley-Gruppe hatte das »autoritäre Syndrom« eine stützende Funktion für die prekäre Psychodynamik: Die strikten Forderungen des Über-Ichs, die man nicht erfüllen kann, werden auf ein »angefeindetes Objekt« projiziert.[30] Auch die Rebellen schreiben einer Fremdgruppe allerlei verhasste Eigenschaften zu: Ihre Angehörigen sind Schmarotzer, habgierig, faul, sexuell enthemmt oder gewaltbereit. Sie werten ihre eigene Arbeitsmoral stärker noch als die Innovatoren über die Abwertung von Minderheiten auf – eine regressive Folge der Leistungsorientierung, der wir bereits oben begegnet sind. Der Selbsthass, es trotz Anstrengung nicht geschafft zu haben, verwandelt sich in einen Hass auf das Fremde.

Frau Wimmer, die mit ihrem Mann einst durch den Mittleren Osten fuhr und seit ihrer Pensionierung aus dem öffentlichen Dienst die Wohnung nur noch in Ausnahmefällen verlässt, nimmt Muslim:innen als eine abstrakte Bedrohung wahr, die nicht nur ihr Leben, sondern das gesamte gesellschaftliche Gefüge ins Wanken bringt. »Die sollen sich doch nach uns richten und nicht andersrum«, fordert sie. Auch sie konstruiert eine Minderheit, die ihre Interessen gegenüber der Mehrheit durchsetzen wolle. Eine Verschiebung der Kritikregister, die wir aus den vorherigen Kapiteln bereits kennen (siehe Kapitel 6). Auf die Frage, wie sich die Politik aus ihrer Sicht verhalten solle, antwortet sie sehr deutlich: »Ja, erst mal mehr für die Deutschen tun, für die Rentner tun, die nicht genug Rente bekommen.« Und ergänzt sogleich: »Die Asylanten raus, alle raus.« Die autoritäre Aggression ist bei den Rebellen unmittelbarer, die Feindseligkeit wird ungehemmt und offen artikuliert. Man schämt sich nicht für sein Ressentiment, im Gegenteil, es wird frivol zur Schau gestellt. Herr Bollinger etwa wird nicht müde, von »Messerangriffen« und »Vergewaltigungen« zu sprechen, und verwendet eine große Bandbreite von Schimpfwörtern. »Gehört der Islam nach Deutschland?«, fragt er rhetorisch. »Der gehört weder nach Deutschland noch nach Europa. Der Islam ist einfach nur Scheiße [...]. Wir brauchen weder Kinderehen, wir brauchen keine Tierschächtung, wir brauchen keine Steinigungen«, fasst er voller Zorn zusammen.

Anders als die autoritären Innovatoren äußern regressive Rebellen außerdem antisemitische Vorurteile, manchmal verdeckt, manchmal ganz offen. Vor allem im Zusammenhang mit Frustrations- oder Ohnmachtserfahrungen greifen sie auf konspirative Erklärungsmodelle zurück, die geheim operierende Machteliten antisemitisch codieren: Von »George Soros«, »Rockefeller«, »Rothschild«, »Federal Reserve« oder einer »Weltregierung« ist immer wieder die Rede. Sie bleiben nicht bei einem Generalverdacht stehen, sondern spüren die dunklen Mächte auf, die das Weltgeschehen lenken. Herr Jovanović, der sich seit seiner Invalidität verstärkt für politische Fragen interessiert, weiß genau, wer die »Hetze gegen die AfD« missbraucht: »Wo die sitzen, ich kann auch darüber was sagen, alles jüdischer Herkunft: Rockefeller [...] und Rothschilds. Alles Mumpitz? Nein! Ist kein Mumpitz. 100 Prozent nicht!«

Adorno ging davon aus, dass der »imaginäre Feind« sich im Antisemitismus völlig von der Realität gelöst habe und die Fantasien »wild umherschweifen«.[31] Für die Psychodynamik der Befragten haben solche Stereotype aber eine wichtige »rationale«, das heißt kompensierende Funktion:[32] Adorno vermutete, dass das antisemitische Vorurteil dem »wirtschaftlichen Konkurrenzneid« entspringe oder dem »Wunsch, sich durch Entrechtung einer besitzenden Minderheit zu bereichern«.[33] Die regressiven Rebellen greifen heute auf antisemitische Vorstellungen zurück, um sich (auf imaginäre Weise) selbst zu ermächtigen. So können sie ihre Ohnmacht in eine Rebellion umdeuten, ohne sich auf reale gesellschaftliche Strukturen beziehen zu müssen, die ihnen ihre Abhängigkeit oder Deprivation vor Augen führen. Herr Bollinger etwa, der nach seiner Lehre als Industriekaufmann sein Geschäft mit Luxusgütern (er verkaufte Silberwaren, Porzellanpuppen, hochwertige Glasvasen und dergleichen) aufgeben und sich die letzten Jahre bis zur Rente im Sicherheitsdienst »durchkämpfen« musste, unterstreicht: »Klar, ich bin aktiv, ich bin kein Schwätzer, ich mache was, aber es ist sinnlos.« Sein heroischer, wenn auch aussichtsloser Kampf richtet sich gegen den »Großen Austausch« der europäischen Bevölkerung, das weitverbreitete Verschwörungsnarrativ, für das er viele Belege gesammelt haben will. »Entscheiden tut erstens mal die Lobby, darüber steht Soros, darüber steht die neue Weltordnung«, erklärt er. »Das sind jetzt keine Schlagwörter, das kann man nachprüfen. Es gibt einige große, wichtige Kräfte, die das Volk überhaupt nicht kennt. Aufgrund meiner vielen, vielen Informationen weiß ich so ein bisschen die Hintergründe.« Mithilfe der konspirativen Techniken der Untersuchung und Prüfung jener Teile der Wirklichkeit, die außerhalb der eigenen Erfahrung liegen, aber gleichwohl Macht über das Alltagsleben ausüben, können die Rebellen die Realität kontrollieren und ihre Frustration auf einen konkreten Adressaten lenken.

Nicht immer äußern die Befragten ihre antisemitischen Vorurteile derart offen. Es werden rhetorische Fragen gestellt, die einen fundamentalen Zweifel säen, Verschwörungsgerüchte mobilisiert, die Vermutungen wahrscheinlich machen. In diesem Zusammenhang greifen viele der regressiven Rebellen auf Formen des sekundären Antisemitismus zurück, die den Holocaust (oder die Erinnerung an ihn) infrage stellen oder verharmlosen. Wie häufig zu beobachten ist, wehren die Befragten nicht nur die Schuld Deutschlands ab, sondern verbinden dies mit einer nationalen Aufwertung der Deutschen. So stellt Herr Kirchheimer klar: »Und die Deutschen, die sollten mal recht aufrecht gehen und mal wirklich wieder mal ein bisschen Rückgrat zeigen und von den Vergangenheiten und was das gewesen ist, nicht mehr so viel in die Gegenwart mit reintragen.« Die Vorurteile, nicht nur die antisemitischen, werden oft existenziell gewendet: Während man selbst hart arbeiten musste und dennoch keine Würdigung erfährt, ja sogar Kränkungen erlebt, werden andere bevorteilt – eine »Tiefengeschichte«,[34] der Hochschild in den USA ebenfalls immer wieder begegnet ist. Die Überzeugung eines Betrugs an der einheimischen Bevölkerung ist bei den Rebellen extrem ausgeprägt und macht das Vorurteil gegenüber muslimischen Minderheiten und Eliten destruktiver als bei den autoritären Innovatoren. In unterschiedlicher Intensität und Ausprägung ermöglicht das Zusammenspiel von antimuslimischen sowie antisemitischen Vorurteilen und Verschwörungsnarrativen den regressiven Rebellen, biografische Problemlagen und negative Emotionen zu verarbeiten und gegen die politische und soziale Ordnung der Bundesrepublik zu rebellieren. Ihr Driften ließ sie in einen libertär-autoritären Tunnel einbiegen, in dem sie für gesellschaftliche Deliberation nicht mehr erreichbar sind und – so fürchten wir – es in der nahen Zukunft auch nicht wieder sein werden. Von allen libertären Autoritären, die wir in diesem Buch analysiert haben, sind sie die radikalsten. Sie empfinden den Staat und die liberalen Normen als derart repressiv, dass sie eine unverhohlene Gewaltbereitschaft entwickelt haben (auch wenn sie nur in symbolisch verbalisierter Form auftritt).

Schluss

Vielmehr setzt Freiheit die bewußte Erkenntnis jener Prozesse voraus, welche zur Unfreiheit führen, und die Kraft des Widerstands, die weder vor diesen Prozessen romantisch in die Vergangenheit flüchtet, noch sich ihnen blindlings verschreibt.
Max Horkheimer/Theodor W. Adorno, »Vorurteil und Charakter« (1952)

In den letzten Jahren ist ein libertärer Autoritarismus in Erscheinung getreten – das ist die Diagnose dieses Buches. Dieser libertäre Autoritarismus ist das Produkt einer spätmodernen Gesellschaft, die von paradoxen Entwicklungen in den Bereichen Individualisierung, Demokratie und Gleichberechtigung geprägt ist. Er resultiert zudem aus Konflikten um Wissen, um Einschluss und Ausschluss sowie aus dem Wandel von Öffentlichkeit und Opposition.

In einem nicht in die deutsche Buchfassung aufgenommenen Vorwort zu den *Studien zum autoritären Charakter* aus dem Jahr 1950 spricht Max Horkheimer vom Aufkommen einer »anthropologischen Spezies« des autoritären Menschen.[1] Dieser verbinde Rationalismus mit Irrationalismus, sei »gleichzeitig aufgeklärt und abergläubisch, stolz auf seinen Individualismus und ständig in Sorge, nicht wie alle anderen zu sein, ängstlich auf seine Unabhängigkeit bedacht und sehr geneigt, sich blind der Macht und der Autorität zu unterwerfen«.[2] Dieser autoritäre Menschentypus hat einige Gemeinsamkeiten mit den libertären Autoritären. Zieht man abschließend noch einmal die von der Berkeley-Gruppe herauspräparierten Merkmale heran, finden wir stark ausgeprägte autoritäre Aggression, Projektivität, Aberglauben und Stereotype, Machtdenken, Destruktivität und Zynismus. Gleichwohl unterscheiden sich die von uns untersuchten Gruppen in einigen wichtigen Aspekten: Die *gefallenen Intellektuellen* neigen weniger zum Aberglauben, sind dafür aber von einer starken Abwehr des Sensiblen und nichtbinärer Geschlechteridentitäten getrieben. Letztere Punkte treffen auf die *Querdenker:innen* weniger zu, im Gegenzug sind bei ihnen Aberglaube und Projektivität umso stärker verbreitet, während schließlich bei den *regressiven Rebellen* eher Destruktivität und Zynismus dominieren. Eines aber unterscheidet fast alle libertären Autoritären von den Menschen, die Adorno und seine Kolleg:innen Ende der vierziger Jahre untersucht haben: Sie sind keine starren Verfechter konventioneller Werte, sofern man unter »konventionell« vor allem klassisch konservative Einstellungen versteht. Sie vertreten die üblichen Konventionen spätmoderner Mittelschichtmilieus, wie wir sie in den vorangegangenen Kapiteln diskutiert haben. Eine besonders ausgeprägte autoritäre Unterwürfigkeit ist nicht zu erkennen. Im Gegenteil: Häufig lehnen sie gesellschaftliche Autoritäten gerade ab, allen voran den Staat und Expert:innen. Die einzige Autorität, die sie anerkennen, sind sie selbst. Freiheit ist für sie ein unbedingter Wert, den sie nicht in sozialen Beziehungen mit anderen abgleichen oder gar einschränken wollen. Sie begreifen sie als ihr alleiniges Recht, über das nur sie verfügen – wir haben dies oben »verdinglichte Freiheit« genannt. *Libertär* sind sie also in dem Sinn, dass sie ihre individuelle Freiheit absolut setzen. Dies ist jedoch gleichzeitig der Ausweis ihrer *autoritären* Neigung. Sie werten jene ab, die ein anderes Verständnis von Freiheit vertreten. Durch diese Form der aggressiven Herabwürdigung werden sie zu *libertären Autoritären*. Darin ähneln sie den Subtypen der »Spinner« und »Rebellen« in den ursprünglichen Untersuchungen zur autoritären Persönlichkeit.

Aus unserer Sicht haben die libertären Autoritären den klassischen Autoritarismus nicht abgelöst. Dieser ist nach wie vor stark präsent, wenn auch in domestizierter Form.[3] Die Berkeley-Gruppe war sich immer bewusst, dass ihre Theorie einen »Zeitkern« hatte, sie wurde in den dreißiger und vierziger Jahren des vergangenen Jahrhunderts entwickelt; wie in einem Brennglas verdichteten sich darin jene Dekaden.[4] Verändere sich hingegen die Gesellschaft, werde auch die Psychodynamik des Autoritarismus eine andere sein. Der libertäre Autoritarismus stellt insofern eher eine Metamorphose der genannten Subtypen des klassischen Autoritarismus dar, die nun stärker in den Vordergrund treten. Ob sich eine neue »anthropologische Spezies« herausbildet, wie Horkheimer seinerzeit bewusst in Anführungszeichen formulierte, wird sich erst in der Zukunft zeigen und bedarf weiterer Forschung. Für einen Formwandel des Autoritarismus spricht, dass der libertäre Autoritarismus in all seinen Facetten an spezifische Elemente des sozialen Wandels in der Spätmoderne anschließt. Wir sind zwar frei wie nie zuvor, allerdings sind die Zwänge nicht verschwunden. Sich zu unterscheiden, sich selbst zu verwirklichen, sich zu verbessern – dies sind vielfach keine selbst gewählten Optionen mehr, sondern Anforderungen, die von außen an uns herangetragen werden. Das geschieht in einer nervösen Welt, in der sich Normen permanent ändern. Der Fortschritt scheint auf Abruf gestellt, teilweise wird er von direkten Rückschritten begleitet. Das spätmoderne Individuum ist zudem äußerst kränkungsanfällig, wenn es seine Ansprüche auf Selbstentfaltung nicht realisieren kann. Mit seiner Ausrichtung auf Selbstverwirklichung und Authentizität ist es ganz auf Immanenz ausgerichtet – und sucht gerade deshalb Halt in alternativen Formen der Transzendenz. Auf ein solches Bedürfnis sind wir in unserer Feldforschung und in unseren Gesprächen immer wieder gestoßen. Woher kommt diese Sehnsucht nach Transzendenz?

Wir haben oben verschiedene Aspekte des sozialen Wandels diskutiert, die zur Ausbreitung des libertären Autoritarismus beigetragen haben. Dabei haben wir vor allem auf den Begriff der (Spät-)Moderne zurückgegriffen. Die Moderne ist indes eine *kapitalistische* Moderne, die als permanenter Prozess der Rationalisierung und Säkularisierung immer wieder aufs Neue eine, wie Georg Lukács es genannt hat, »transzendentale Obdachlosigkeit« produziert.[5] Der moderne Mensch hat seine Einbettung in spirituelle Sinnstrukturen verloren. Die Romanlektüre war für Lukács eine Möglichkeit, mit diesem Problem umzugehen. In Literatur lässt sich eintauchen, man kann eine andere Welt imaginieren. Aus unserer Sicht sind Esoterik und andere Formen spiritueller Sinngebung ein Hinweis darauf, dass es immer noch Nachfrage nach einem transzendentalen Obdach gibt. Insbesondere in einer weitgehend durchrationalisierten Gesellschaft, in der die spätmoderne Marktwirtschaft »selbst zur Kultur wird«, besteht ein Sinndefizit.[6]

Zudem, und dies spricht unseres Erachtens ebenfalls für die Entstehung einer neuen »anthropologischen Spezies«, sind die von uns analysierten Personen mehrheitlich – aber nicht ausschließlich – postautoritär sozialisiert. Die nach dem Krieg geborenen Angehörigen der Babyboomer-Generation (in Deutschland ungefähr die Jahrgänge 1955-1970) wurden zwar noch stärker autoritär erzogen. Für jüngere Kohorten gilt das in diesem Ausmaß nicht mehr, weder für die familiäre noch die schulische und politische Sozialisation. Sie waren die meiste Zeit ihres Lebens links, liberal oder gemäßigt konservativ, sie partizipierten an einer demokratischen Ordnung, die sie in vielen Bereichen kritisierten, aber insgesamt akzeptierten. Nun begreifen sie sich als erweckt oder erwacht und sehen die Gesellschaft auf dem Weg in die Diktatur oder längst dort angekommen. Die Trope des Erwachens fanden wir durchgehend im empirischen Material. Dies war insofern umso erstaunlicher, als sich ja nicht wenige von ihnen explizit oder implizit von den *woken* (also ebenfalls erwachten) Vertreter:innen der sogenannten »Identitätspolitik« abgrenzen.[7] Die von uns untersuchten libertär-autoritären *Erwachten* machen nur einen kleinen Teil der Bevölkerung aus, allerdings ist bei ihnen ein erstaunliches Einschrumpfen sozialer Kreise festzustellen. Gerade bei den regressiven Rebellen hat sich die Welt verkleinert, sie haben viele Kontakte verloren. Bei den Querdenker:innen oder gefallenen Intellektuellen stellt sich die Sache freilich etwas anders dar: Während der Pandemie drangen Konflikte um Freiheit und Solidarität tief in den privaten Alltag ein. Freundschaften und Verwandtenkreise zerbrachen, jahrzehntealte Bande wurden innerhalb weniger Wochen oder Monate getrennt. Doch schnell fanden die Querdenker:innen in Neogemeinschaften des Misstrauens eine neue Heimat, manch ein Intellektueller auch.

Trotz ihrer scharfen Kritik an der liberalen Demokratie verstehen sich die libertären Autoritären als Demokraten – und begeben sich dennoch auf den rutschigen Abhang der antipolitischen Demokratie, der Abhängigkeitsleugnung und verdinglichten Freiheit. Gleichwohl sind es in der Regel keine faschistoiden Persönlichkeiten, als die Adorno noch jene betrachtete, die hohe Werte auf der F-Skala erzielten. Die libertären Autoritären der Gegenwart sind demokratisch sozialisiert und bekennen sich zu partizipativen Werten. Sie haben jedoch oft keine Berührungsängste mit Faschisten und sind von der Demokratie derart enttäuscht, dass ihre autoritäre Drift droht, nicht nur vorübergehend eine Rechtskurve zu nehmen, sondern diese auch beizubehalten. Es muss jedoch nicht so weit kommen. Dazu am Ende mehr.

Staatskritik und die Paradoxien des Fortschritts

Die libertären Autoritären richten ihren Zorn auf den modernen Staat. Dieser ist kein Klassenstaat bismarckscher Prägung mehr, er ist ein komplexer Interventionsstaat: ein Instrument zur Durchsetzung sozialer Fortschritte. Gleichzeitig reproduziert er Ungleichheiten, Klassenlagen und Ausschlüsse. Die Rolle des Staates hat sich in den letzten zwanzig Jahren noch einmal erheblich verändert. Zwar hat er auch weiterhin die strategische Funktion, den Kapitalismus am Laufen zu halten und die ihn tragenden Klassenstrukturen zu stabilisieren.[8] In ihm verdichten sich aber auch die Konflikte um normative Fortschritte, und gerade angesichts wachsender globaler Risiken ist er nicht mehr nur der ideelle »Gesamtkapitalist« (wie Friedrich Engels ihn nannte), sondern auch der reale »Gesamtvergesellschafter« – er sieht sich verantwortlich für die gelungene Reproduktion sozialer Beziehungen. In der Pandemie haben sich beispielsweise die Ungleichheiten nicht verringert, mitunter sogar verschärft, aber der Staat hat eine Politik des universellen Gesundheitsschutzes betrieben. In der Vergangenheit zielte die Kritik am Staat (vor allem von links) insbesondere darauf, dass er letztendlich nichts gegen die Ungleichheiten unternehme, ja sie am Leben erhalte und sogar noch steigere. In der Wahrnehmung klassischer Neoliberaler stellte er hingegen eine Bedrohung für die Funktionsfähigkeit der Märkte und der Wettbewerbsfähigkeit dar. Für die libertären Autoritären der letzten Jahre erscheint er nun als Maschine, die individuelle Freiheiten einschränkt, sei es durch Inklusionspolitik, Multikulturalismus oder durch das Erzwingen von Solidarität in der Pandemie. Einige soziale Gruppen, darunter Männer höheren Alters, büßen ihre unangetastete Machtposition ein – und deuten dies als Freiheitsverlust. Die normative Demokratisierung, Inklusion und Egalisierung der Gesellschaft beschränkt die subjektiven Freiheiten, die sie zuvor in ihrer Klassen- und Hierarchieposition genossen.

An der staatlichen Macht und ihrer Kritik kristallisieren sich die meisten Fragen: Libertäre Autoritäre sehen sich durch den Staat in der Ausübung ihrer unveräußerlichen Freiheiten eingeschränkt. Viele von ihnen betrachten sich als Opfer vermeintlicher progressiver Usurpatoren (»linksliberale Kosmopoliten«), die sich des Staates, der Universitäten und der Medien bemächtigt haben. So entsteht aus ihrer Sicht eine neue Frontstellung: der Antagonismus zwischen einer illiberalen Herrschaft linksliberaler Eliten und einer demokratischen Mehrheit, zwischen einem universitär gebildeten Zentrum und einer hart arbeitenden Peripherie. Wobei die Kosmopolit:innen in urbanen Milieus angeblich auf Letztere herabblicken. Wir würden nicht bestreiten, dass es unangenehme, als herablassend wahrnehmbare Wortmeldungen von Linksliberalen gibt. Dass solche Konflikte real häufiger auftreten, halten wir allerdings nicht für ausgemacht.[9] Wechselseitige Ressentiments zwischen Stadt und Land, Arbeiter:innen und Angestellten etc. hat es schon immer gegeben. Real sind allerdings die Machtverschiebungen im Staat. Exklusionen und Ungleichheiten in den Statusordnungen wurden sukzessive verringert. In diesem Sinne ist es genau umgekehrt, als von der sentimentalen Freiheitsnostalgie (»Früher konnte man noch alles sagen!«) suggeriert. Frauen beispielweise konnten in den retrospektiv idealisierten Zeiten eben keineswegs alles sagen oder tun, dazu hatten sie weder die Macht noch die notwendigen Sprechpositionen. In der Schweiz wurde das allgemeine Frauenwahlrecht, wie erwähnt, erst 1971 eingeführt, in Deutschland galt bis 1977 die Hausfrauenehe, das heißt, Ehemänner hatten beispielsweise das Recht, die Arbeitsstellen ihrer Gattinnen zu kündigen.

Dass damals viele Dinge gesagt oder getan werden konnten, die heute als anstößig gelten, hat weniger mit einem Verfall der Meinungsfreiheit als vielmehr damit zu tun, dass damals niemand die Macht hatte, solchen Äußerungen zu widersprechen. Und dass außerdem damals eine Art Schere im Kopf existierte: Viele kamen gar nicht erst auf die Idee, gegen sexistische Konventionen oder rassistische Bezeichnungen aufzubegehren. Auch heute existieren Diskriminierungen fort, etwa in den Haushalten, bei der Vergabe von Führungspositionen und vor allem beim Einkommen. Aber zumindest normativ war der Anspruch auf Gleichheit nie so weit fortgeschritten wie in der Gegenwart. Die affektiven Aufladungen aktueller Konflikte resultierten nicht aus einer neuen *Empfindlichkeit*, sondern aus Machtfragen, die im Register der Moral ausgetragen werden. Die erkämpften Fortschritte haben sich kumuliert und ein neues Tocqueville-Paradox hervorgebracht. Die Verringerung der Ausschlüsse hat dazu geführt, dass Diskriminierung, Nicht-Repräsentation und Nicht-Berücksichtigung aufgrund von Geschlecht oder Ethnie nicht länger als akzeptabel betrachtet werden. Soziale Bewegungen holen sie aus der gesellschaftlichen Latenz (denn das war der zentrale Mechanismus der Exklusion) in die Sichtbarkeit.

Die Ausweitung von demokratischer Inklusion und Egalisierung hat jedoch einen Preis, der die Freiheitskonflikte der Gegenwart befeuert. Zum einen wurden parallel zu demokratischen Inklusionen, aber nicht ursächlich damit zusammenhängend, soziale Rechte abgebaut. Insbesondere für Arbeitnehmer:innen, Arbeitslose und Arme bedeutete dies eine Reduzierung individueller positiver Freiheitsrechte. Für die etablierten Eliten liefen die Egalisierung und die Inklusion bisher exkludierter Gruppen auf einen Machtverlust hinaus. In diesem neuen Machtkampf verhalten sich Linksliberale nicht selten genau wie diejenigen, die ihre Privilegien nun teilweise eingebüßt haben: wie Eliten. Sie bekämpfen die Konkurrenz und gehen dabei nicht zimperlich vor. Indem der Linksliberalismus, wenn er als »progressiver Neoliberalismus« auftritt, jedoch materielle soziale Fragen ignoriert, hat er es nicht nur den libertären Autoritären erlaubt, sich als Vertreter der »kleinen Leute« zu gerieren. Von dieser Gelegenheit machen auch Rechtspopulisten eifrig Gebrauch.

Libertäre Autoritäre kämpfen aus ihrer Sicht gegen eine *Diktatur*, sie sehen sich als Heroen im Namen der Demokratie, unterlaufen jedoch demokratische Normen. Das ist zuweilen verwirrend. Zur Unordnung unserer Tage gehört ein gewisses babylonisches Sprachgewirr: Auch diejenigen, die Demokratie und Freiheit subversiv zersetzen wollen, tun dies im Namen von Demokratie und Freiheit. Die häufig anzutreffende Sprache der Emanzipation und Herrschaftskritik, die jedoch in ihrer Bedeutung verkehrt wird, reflektiert auch die Schwäche traditioneller progressiver Bewegungen, die sich entweder deradikalisiert haben oder in die staatlichen Institutionen eingezogen sind – oft sogar beides zugleich. Ältere emanzipatorische Bewegungen zogen ihre Kraft aus dem gemeinsamen Kampf gegen Stände, Hierarchie und Herrschaft, gegen Könige und die Kirche. Sie stritten für eine allgemeine Befreiung, für eine demokratische Gesellschaft der Bürger:innen, für eine Demokratie, die sich selbst konstituierte, regierte und kontrollierte. Seit dem letzten Drittel des 20. Jahrhunderts glaubten viele Beobachter, Freiheitsbewegungen hätten diese Kraft eingebüßt, da die große Disruption – die Konstitution von Bürgerrechten und Demokratie – bereits passiert war. Ab jetzt ging es eher um die inkrementelle Ausdehnung individueller Rechte. Damit veränderte die Kritik aber ihren Standort, ging es ihr doch nicht länger um die Transformation der kapitalistischen Totalität, sondern allein um ihre Korrektur. Grundsätzliche und umfassende Kritik an der kapitalistischen Moderne ist kaum noch vernehmbar – und wenn doch, dann praktisch ohne jede Chance auf praktische Umsetzung. Die traditionelle Herrschaftskritik ist schwach und orientierungslos, sie weist so viele blinde Flecke auf, dass sie im Dagegensein keine Orientierung und keinen Halt mehr bietet. Da die progressiven Kräfte sich nach dieser Metamorphose nicht länger gegen den Staat, gegen die *doxa* der Medien (wo sie nun selbst einflussreiche Positionen bekleiden), gegen die biopolitischen Regierungsmaßnahmen zur Wehr setzen und da sie aus der Sicht zahlreicher Menschen nicht länger gesellschaftskritisches Denken, ja den »Volkswillen« repräsentieren, haben linke Parteien oder soziale Bewegungen, die für ein kollektives Realitätsprinzip stehen, als Stimme der Herrschaftskritik ihre Glaubwürdigkeit verloren.

Die kommenden Wahrheitskonflikte

Ist der libertäre Autoritarismus ein temporäres Phänomen? Oder wird er spätmoderne Gesellschaften dauerhaft begleiten? Die Flüchtlingskrise von 2015 wurde relativ erfolgreich bewältigt, und auch die Coronapandemie wird irgendwann (so hoffen wir im Sommer 2022) vorbei sein. Möglich auch, dass sich die Konflikte im intellektuellen Feld bereinigen, sei es durch Klärung, Annäherung oder schlicht, weil eine neue Generation Intellektueller nachrückt, die weniger unversöhnlich ist. Wir fürchten jedoch, dass es selbst in solch eher optimistischen Szenarien mit dem libertären Autoritarismus so schnell nicht zu Ende gehen würde. Vielmehr erkennen wir hier Symptome des »wachsende[n] Potential[s] eines ganz neuen, in libertären Formen auftretenden Extremismus der Mitte«, wie ihn Jürgen Habermas mit Blick auf die Coronaproteste ausgemacht hat.[10] Was uns mit großer Wahrscheinlichkeit auch nach der Pandemie noch beschäftigen wird, ist die Epidemie der Halbwahrheiten und Verschwörungstheorien. Dies hat mit der veränderten Ordnung von Wissen, Expertise und Handlungsfähigkeit in spätmodernen Gesellschaften zu tun, die in diesem Buch bereits mehrfach zur Sprache gekommen ist. Alexander Bogner sieht in den diversen Bewegungen von »Konsensleugnern« einen »ideologischen Feldzug gegen die Kolonialisierung der Gesellschaft durch die Wissenschaft«.[11]

Einerseits ist der Zugang zu Informationen demokratisiert, andererseits versteht man durch den Fortschritt in den Wissenschaften, ihre Spezialisierung sowie die Erfahrungslosigkeit des Risikos am Ende weniger von der Welt, die einen umgibt. Dennoch will man auch weiterhin ein gleichberechtigtes Subjekt im Diskurs sein, allerdings weniger mit dem eigenen Wissen als vielmehr mit der eigenen Meinung. Dabei ist es hilfreich, zwischen Fake News und Postfaktizität zu unterscheiden. Erstere sind in erster Linie schlicht Falschaussagen, die als Fakten ausgegeben werden, während Postfaktizität als Haltung auf einen tieferen epistemischen Wahrheitskonflikt hindeutet. Postfaktizität – oder wie es im Amerikanischen heißt: »post-truth« – meint in dieser Hinsicht das Pochen darauf, dass die eigene Meinung, das eigene Gefühl das gleiche Gewicht in der Bewertung einer Situation haben soll wie wissenschaftliche Evidenz.[12] Hier scheint uns eine entscheidende Pathologie in der Gleichzeitigkeit von Nicht-wissen-Können und Partizipationsansprüchen zu liegen, auf der die postfaktische Politik der libertären Autoritären basiert. Sie wollen, dass *alle* (aber in erster Linie *ihre*) Meinungen berücksichtigt werden. In diesen Konflikten validieren libertäre Autoritäre ihre Ansichten mit protowissenschaftlicher Evidenz, Gerüchten auf Telegram oder schlichten Fake News.

Auch klassische Herrschaftskritik rekurriert natürlich auf eigene Empfindungen, auf die subjektive Wahrnehmung einer Sache. Bei den libertären Autoritären sind die Register der Kritik jedoch oft ver-*rückt*, schiefgestellt oder vertauscht, damit sie am Ende der ohnehin bereits gefassten Meinung entsprechen. Es gibt keinen Transmissionsriemen, über den sich Ohnmachtsgefühle in rationale Herrschaftskritik übersetzen ließen. Vor den Komplexitätszumutungen der spätmodernen Welt kapitulieren die libertären Autoritären. Adorno hat diesen Mechanismus schon vor mehr als einem halben Jahrhundert zusammengefasst:

> Aber die Einsicht in die steigende Abhängigkeit wird ungemildert nur schwer ertragen. Gäben die Menschen sie offen zu, so könnten sie einen Zustand kaum länger aushalten, den zu ändern sie doch weder die objektive Möglichkeit sehen noch die psychische Kraft in sich fühlen. Darum projizieren sie die Abhängigkeit auf etwas, das von Verantwortung dispensiert: seien es die Sterne, sei's die Verschwörung der internationalen Bankiers.[13]

Es ist der beschleunigte soziale Wandel, der Verschwörungstheorien einen stärkeren Resonanzboden verschafft. Falls sich die Verhältnisse beruhigen, falls wieder »Normalität« einkehren sollte, finden möglicherweise auch wieder Menschen aus ihrem epistemischen Widerstand gegen die Realität heraus. Damit wären gleichwohl die Probleme noch lange nicht gelöst, denn es ist ja gerade die vermeintliche »Normalität«, die die Voraussetzungen sozialer Kränkungserfahrungen so umfassend produziert hat.

Aber was passiert, wenn wir nicht mehr zur Normalität zurückkehren, was ja, *horribile dictu*, gar nicht so unwahrscheinlich ist? Wenn die spätmodernen Gesellschaften in eine Abfolge – teilweise parallel laufender – schwerwiegender Krisen geraten, die jeweils neue Einschnitte und Freiheitseinschränkungen bedeuten? Von einigen Problemen wissen wir, dass sie kommen werden. Schon jetzt ist klar, dass der Klimawandel eine dauerhafte Herausforderung für die Weltgesellschaft sein wird. Andere Großkrisen hätten wir erahnen können, den Ukraine-Krieg beispielsweise seit der Annektion der Krim, haben sie aber kollektiv verdrängt. Wieder andere Krisen funktionieren wie die Pandemie nach dem Prinzip des »Schwarzen Schwans«: Sie sind unwahrscheinlich, aber in der Welt angelegt, und dringen dann plötzlich als singuläres Ereignis in die Realität.[14] Durch die Globalität spätmoderner Gesellschaften greifen die Krisen ineinander und verstärken sich: Corona und der Ukraine-Krieg beispielsweise gefährden zusammen globale Lieferketten und die Nahrungsmittelversorgung. Die Verknappung in den entsprechenden Feldern treibt die Inflation an, die in der lockeren Geldpolitik der letzten Jahre angelegt war, die ihrerseits auf globale ökonomische Probleme reagierte. Auch wir können natürlich nicht vorhersagen, welche Risiken sich realisieren werden, halten es aber für mehr oder weniger ausgeschlossen, dass die spätmodernen Gesellschaften auf einen Pfad linearen Fortschritts zurückkehren und eine dauerhaft stabile alltägliche Normalität erreichen werden. Deshalb fürchten wir, dass der libertäre Autoritarismus so schnell nicht wieder von der Bildfläche verschwinden wird. Das deutete sich bereits im Sommer 2022 an. Personen, die die Coronamaßnahmen übertrieben fanden, sahen beispielsweise auch in der Berichterstattung über den Ukraine-Krieg eine künstliche Dramatisierung oder gar eine willkommene Ablenkung von der Coronapolitik.[15] In vielen Telegram-Gruppen der Querdenken-Szene wurde der Angriff Russlands relativiert oder sogar gerechtfertigt.[16] Dabei wird – soweit wir das derzeit einschätzen können – allerdings nicht unbedingt eine autoritäre Idealisierung Putins vorgenommen, was der Vorstellungswelt der libertären Autoritären auch gar nicht entsprechen würde. So sehnten sich in unserem Survey 2020 nur wenige Querdenker:innen nach einem starken Führer. In nach dem 24. Februar 2022 geführten Interviews galt Putin ebenfalls nicht als attraktive Figur, der Krieg wurde jedoch teilweise als Konstrukt des Westens betrachtet. Frau Kleinschrod-Schüssler, eine Maßnahmenkritikerin und AfD-Wählerin, der wir im Kapitel über die Querdenker:innen begegnet sind, stellt nicht die Kriegsschuld infrage, äußert aber den Verdacht, dass es auch hier nicht mit rechten Dingen zugehe. Dabei greift sie auf das Register der sozialen Schließung zurück:

Dass sein Eingriff in die Ukraine völkerrechtswidrig war,

> ist für mich unstrittig. Aber wie gehen wir jetzt damit um? Ich finde, darüber muss man diskutieren dürfen. Also ich sage mal, zu neunzig Prozent sind die Leute, die die Coronamaßnahmen extrem befürwortet haben, identisch mit denen, die jetzt die schweren Waffen liefern wollen. Und ich bin der Meinung, es muss eine ganz klare Rückkehrer-Perspektive [der Geflüchteten] geben. Nach dem Motto: Ihr seid jetzt hier! Aber in dem Moment, wo es bei euch wieder friedlich zugeht, geht ihr auch wieder zurück. Und dazu kommt, dass ja auch in der Ukraine nicht flächendeckend Krieg ist. Denn wenn ich sehe, dass der Flixbus von Deutschland aus nach Kiew fährt jeden Tag, da muss ich sagen, das ist ja ein interessantes Unternehmen, was mit Flixbus nun in Kriegsgebiet fährt. Also da frage ich mich dann schon, wie das so sein kann. Und die fahren nicht raus aus der Ukraine, sondern die fahren rein in die Ukraine.

Wir halten es für denkbar, dass sich in kommenden Krisen weitere verquere Fronten bilden, die sich über eine schiefgestellte Herrschaftskritik verbinden. In unserem Survey war die Zustimmung zu verschwörungstheoretischen Aussagen zum Klimawandel zwar eher schwach ausgeprägt, aber schon jetzt ist absehbar, dass Coronaskeptiker:innen und Verschwörungstheoretiker:innen auch Maßnahmen zur Eindämmung des Klimawandels stärker ablehnen werden.[17] Fahrverbote, individuelle CO_2-Budgets, Verteuerung von CO_2-intensiven Konsumartikeln – solche Eingriffe könnten sich als »Triggerpunkte«[18] eines verdinglichten Freiheitsverständnisses herausstellen. Die Transformation der Arbeitswelt, Digitalisierung und der Klimawandel haben bereits heute erheblichen Einfluss auf subjektive Deprivationserfahrungen und hängen systematisch mit der Ausbildung rechter Einstellungen zusammen.[19] Gut möglich, dass sich dieser Zusammenhang auch in der Zukunft nicht abschwächt.

Erweitert man den analytischen Blick geografisch, können

die in diesem Buch behandelten Phänomene des libertären Autoritarismus als Teil eines internationalen postpolitischen Aufbegehrens gelten. Dies muss nicht zwangsläufig nach rechts driften, sondern kann auch weiterhin eine hybride Form annehmen oder wieder stärker nach links tendieren. Die Gelbwesten-Bewegung in Frankreich, obwohl in ihr strukturell eine Anlage zum Autoritarismus vorhanden war, hat sich nicht zuletzt dank einer konzertierten linken Intervention nicht in eine Vorfeldbewegung von Marine Le Pens Rassemblement National entwickelt.[20]

Soziale Freiheit und Demokratie

Wir haben zwar als Literatursoziologin und als Soziologe keine Patentlösung für die von uns analysierten Probleme. Wir verstehen unser Buch eher als einen Beitrag zu einer gesellschaftlichen Diskussion über die Malaise, in der wir uns befinden. Zum Schluss möchten wir daher nur einige wenige aus unserer Sicht relevante Aspekte ansprechen. Leitend ist dabei, dass wir unsere Befunde im Kontext einer Analyse der paradoxen Metamorphosen der spätmodernen Gesellschaft gewonnen haben.

Horkheimer und Adorno haben sich in der *Dialektik der Aufklärung* mit der Frage beschäftigt, wie Fortschritt sich in sein Gegenteil verwandeln, wie die Menschheit, statt »in einen wahrhaft menschlichen Zustand einzutreten, in eine neue Art von Barbarei« versinken kann.[21] Eine Antwort, die sie darauf gaben und die wir bereits erwähnt haben, lautete, dass die Aufklärung sich selbst zerstöre, wenn sie zu einem positivistisch durchdrungenen Mythos werde. Horkheimer und Adorno hatten dabei eine Wissenschaft vor Augen, die ihre gesellschaftliche Funktion nicht reflektiert, eine Technologie, deren Folgen nicht in den Blick geraten, und einen Markt, dessen historische

Funktion der Befreiung aus feudalen Banden in eine selbstzweckhafte Apotheose kapitalistischer Beziehungen überführt wurde. Ihre Skepsis erweist sich auch in der Gegenwart noch als hoch aktuell. In diesen drei Feldern emergieren heute scheinbar alternativlose Sachzwänge, die hinter ein Grundprinzip der Aufklärung zurückfallen: das Denken in Alternativen. Horkheimer und Adorno waren zutiefst davon überzeugt, dass »die Freiheit in der Gesellschaft vom aufklärenden Denken unabtrennbar ist«.[22] Aufklärung müsste demnach stärker selbstreflexiv sein, stärker in Alternativen denken – und diese auch öffentlich zur Wahl stellen. Eine spätmodern erneuerte Aufklärung wäre gefordert, die Produktionsbedingungen wissenschaftlicher Evidenz bei ihrer Interpretation berücksichtigen, so dass sie nicht in einen Positivismus zurückfällt, bei dem die Aufklärung zu einem »Mythos dessen [wird], was der Fall ist«.[23] War die Austerität der vergangenen 25 Jahre alternativlos? Nach mehrmaligem Einsatz finanzieller *Bazookas* wissen wir heute, dass sie das nicht war, dass vielmehr politische Motive im Vordergrund standen. War die Form der Pandemiepolitik alternativlos? Nicht unbedingt. Sie war auch das Resultat einer wenig vorausschauenden Politik und mangelnder systematischer Vorsorge. Das Risiko einer Pandemie war schon lange bekannt. Ist die neoliberale Marktwirtschaft alternativlos? Wahrscheinlich nicht. Aber sie wird als einzige mögliche Alternative zu autoritären Regimes wie in China oder Russland präsentiert. Dass auch andere Alternativen denkbar sind, etwa eine Wirtschaftsdemokratie, findet im öffentlichen Diskurs kaum Widerhall.

Wir haben in diesem Buch gezeigt, dass viele Auseinandersetzungen aus einem Konflikt um Demokratie und staatliches Handeln resultieren. Regierungen müssen häufig sehr schnell auf Ereignisse reagieren, für die es noch kein erprobtes Skript gibt. In der real existierenden Demokratie wurde häufig falsch oder zu langsam gehandelt. Fehler werden gemacht, das gehört zur Politik. Ihre systematische Aufarbeitung, eine selbstreflexive Haltung, ein kollektives Lernen blieb jedoch aus. Soweit uns bekannt, haben bis heute weder Politiker:innen noch Behördenvertreter:innen selbstkritisch erklärt, warum zuerst behauptet wurde, man müsse keine Masken tragen, das sei möglicherweise sogar schädlich. Im Zusammenhang mit dem russischen Angriff auf die Ukraine findet eine solche Selbstkritik nun zwar statt, allerdings teilweise mit umgekehrten Vorzeichen: Man hat sich bezüglich des faschistoiden Charakters der Putin-Diktatur geirrt, reagiert nun aber selbst angesichts vorsichtig vorgetragener Kritik wie jener von Jürgen Habermas am teils bellizistischen Ton mancher Forderungen mit Spott und Häme. Zu einem Vademecum der Alternativen würde aus unserer Sicht daher gehören: Natürlich muss die Politik am Ende kollektiv bindende Entscheidungen treffen, sie kann aber erstens stärker die Alternativen offenlegen und so den Bürger:innen die jeweiligen Konsequenzen erläutern, statt sich auf Sachzwänge zu berufen. Zweitens erscheint uns eine ausgeprägtere Form der Selbstreflexion und gegebenenfalls auch Selbstkritik angebracht.

Ein weiterer Punkt wäre ein Ausbau der Institutionen und der normativen Grundlagen der Freiheit. Soll Freiheit mehr sein als bloß negative Freiheit, müssen wir sie als etwas zutiefst Soziales begreifen.[24] Freiheit beruht auf einem Geflecht subjektiver Rechte und institutioneller Voraussetzungen. Deshalb wird gerade ökonomische, politische und soziale *Planung* in der ausgehenden Spätmoderne zu einer Garantin individueller Freiheit. Ein Sozialstaat beispielsweise, der die Risiken des Lebens abfedert, ein Gesundheitssystem, das auf kommende Pandemien vorbereitet ist, ein Katastrophenschutz, der in der Lage ist, auf extreme Wetterereignisse zu reagieren, usw. Freiheit kann nur dann wirklich realisiert werden, wenn dies in Anerkennung wechselseitiger Abhängigkeiten geschieht. Dafür ist aber ein erneuertes Verständnis von Individualismus unabdingbar. Als Individuen können wir noch so unabhängig, noch so eigenverantwortlich und souverän sein, als Organismen sind wir permanent mit anderen Menschen verbunden, als Subjekte mit der Gesellschaft. Individuen sind wir immer nur in Ko-Präsenz mit anderen Individuen, mit der Gesellschaft und der Natur.[25] Dies spricht keineswegs gegen Selbstverwirklichung oder Singularisierung. Sie müssen sich aber im Bewusstsein ihrer gesellschaftlichen Voraussetzungen entfalten und nicht auf die Sezession aus dem Gemeinwesen zielen. Peter Wagner kritisiert dahingehend den »individualistische[n] Liberalismus«[26] als unzureichende Grundlage einer sozialen Freiheit. In der Debatte diene er vor allem dazu, andere politische Werte und Verpflichtungen zu delegitimieren, da er gerade die für die Erhaltung der Freiheit notwendige »Verpflichtung auf Solidarität« unterminiere.[27] Die Freiheit der Zukunft braucht Solidarität. Wie Axel Honneth in *Das Recht der Freiheit* argumentiert, ist der Mensch erst wirklich frei, wenn er »im Rahmen institutioneller Praktiken auf ein Gegenüber trifft, mit dem [ihn] ein Verhältnis wechselseitiger Anerkennung deswegen verbindet, weil [er] in dessen Zielen eine Bedingung der Verwirklichung seiner eigenen Ziele erblicken kann«.[28] Honneth hat hier eine Gesellschaft vor Augen, in der eine demokratische Sittlichkeit vorherrscht. Solch eine Gesellschaft würde gerade die Individualität nicht zu lebloser Konformität einkochen, sondern sie im Gegenteil erst zur wirklichen Entfaltung bringen.[29] Bis dahin ist es ein weiter Weg. Ein erster Schritt läge darin, wieder in gesellschaftlichen Alternativen zu denken, Optionen offenzuhalten und nicht den Status quo als die beste aller Welten zu affirmieren, weil die real existierenden Alternativen allzu grausam erscheinen. Eine Demokratisierung der Demokratie und der Wirtschaft ist im Möglichkeitsraum der Welt angelegt und sie würde den gewachsenen Partizipationsansprüchen der Menschen entgegenkommen und ihre Entfremdung von einer politischen Ordnung reduzieren, die für sie im Alltag oft nur mittelbar erfahrbar, ein abstraktes Prinzip ist.[30] Alternativen entstehen jedoch erst in Konflikten. Der französische Philosoph Miguel

Abensour tritt für eine *rebellierende Demokratie* ein, die den Staat herausfordert, die Demokratie dadurch erneuert und in eine wahrhafte Demokratie verwandelt.[31] Abensour ist damit alles andere als ein Theoretiker des Querdenkertums, er plädiert vielmehr für das genaue Gegenteil: Eine vitale Herrschaftskritik von unten, die die Realität nicht bestreitet, sondern versucht, die Verhältnisse zu verändern.

Anmerkungen

Einleitung

1 Vgl. Oliver Decker/Elmar Brähler (Hg.), *Autoritäre Dynamiken. Alte Ressentiments – neue Radikalität. Leipziger Autoritarismus-Studie 2020*, Gießen 2020; Wilhelm Heitmeyer, *Autoritäre Versuchungen. Signaturen der Bedrohung I*, Berlin 2018; Wilhelm Heitmeyer et al., *Rechte Bedrohungsallianzen. Signaturen der Bedrohung II*, Berlin 2020.

2 Theodor W. Adorno et al., *Studien zum autoritären Charakter*, Frankfurt am Main 1995 [1950], S. 45.

3 Erich Fromm, »Sozialpsychologischer Teil«, in: *Studien zu Autorität und Familie. Forschungsberichte aus dem Institut für Sozialforschung*, herausgegeben von Max Horkheimer, Lüneburg 1987 [1936], S. 77-135, S. 131.

4 Erich Fromm, *Arbeiter und Angestellte am Vorabend des Dritten Reiches. Eine sozialpsychologische Untersuchung*, München 1983 [1929], S. 249.

5 Adorno et al., *Studien zum autoritären Charakter*, a. a. O., S. 45 f.

6 Ebd.

1. Aporien der Aufklärung: Kritische Theorie der Freiheit

1 Vgl. exemplarisch Peter Bieri, *Das Handwerk der Freiheit. Über die Entdeckung des eigenen Willens*, München 2001; Otfried Höffe, *Kritik der Freiheit. Das Grundproblem der Moderne*, München 2015; Axel Honneth, *Das Recht der Freiheit. Grundriß einer demokratischen Sittlichkeit*, Berlin 2011; Carlo Strenger, *Abenteuer Freiheit. Ein Wegweiser für unsichere Zeiten*, Berlin 2017.

2 Cornelius Castoriadis, *Gesellschaft als imaginäre Institution. Entwurf einer politischen Philosophie*, Frankfurt am Main 1990, S. 252.

3 Montesquieu, *Vom Geist der Gesetze*, Stuttgart 1994 [1835/40], S. 213.

4 Werner Conze, »Freiheit«, in: *Geschichtliche Grundbegriffe. Historisches Lexikon zur politisch-sozialen Sprache in Deutschland*, Band 2, herausgegeben von Otto Brunner et al., Stuttgart 1975, S. 425-542, S. 425.

5 Einen Überblick gibt die von Jonas Pfister herausgegebene Auswahl *Texte zur Freiheit* (Stuttgart 2017).

6 Vgl. die Unterscheidung von Isaiah Berlin, »Zwei Freiheitsbegriffe« (1969), in: ders. *Freiheit. Vier Versuche*, Frankfurt am Main 1995, S. 197-256.

7 Ernst Bloch, *Das Prinzip Hoffnung. In fünf Teilen. Kapitel 33-42*, in: *Gesamtausgabe in 16 Bänden*, Bd. 5, Frankfurt am Main 1985, S. 614.

8 Honneth, *Das Recht der Freiheit*, a. a. O., S. 39.

9 Höffe, *Kritik der Freiheit*, a. a. O., S. 32.

10 Vgl. zum Begriff des Fortschritts Peter Wagner, *Fortschritt. Zur Erneuerung einer Idee*, Frankfurt am Main 2018.

11 Georg Wilhelm Friedrich Hegel, *Vorlesungen zur Philosophie der Geschichte* (1833-1836), in: ders.: *Werke in zwanzig Bänden*, Bd. 12, Frankfurt am Main 1986, S. 49, S. 86.

12 Vgl. zum Freiheitsbewusstsein bei Hegel Andreas Arndt, *Geschichte und Freiheitsbewusstsein. Zur Dialektik der Freiheit bei Hegel und Marx*, Berlin 2015.

13 Vgl. Höffe, *Kritik der Freiheit*, a. a. O., S. 29f.

14 Honneth, *Das Recht der Freiheit*, a. a. O., S. 36.

15 Ebd., S. 36.

16 Theodor W. Adorno, *Negative Dialektik*, Frankfurt am Main 1975 [1966], S. 213f.

17 Karl Marx, »Zur Judenfrage« (1844), in: Karl Marx/Friedrich Engels, *Werke* (MEW), Bd. 1, Berlin/DDR 1976, S. 347-377, S. 365.

18 Theodor W. Adorno, *Zur Lehre von der Geschichte und von der Freiheit* (1964/65), in: ders., *Nachgelassene Schriften*, Bd. 13, herausgegeben von Rolf Tiedemann, Frankfurt am Main 2001, S. 11.

19 Vgl. Alex Demirović, »Vernunft und Emanzipation«, in: *Handbuch Kritische Theorie*, herausgegeben von Uwe H. Bittlingmayer et al., Wiesbaden 2019, S. 187-210.

20 Max Horkheimer/Theodor W. Adorno, *Dialektik der Aufklärung. Philosophische Fragmente* (1944), in: Theodor W. Adorno, *Gesammelte Schriften*, Bd. 3, herausgegeben von Rolf Tiedemann, Frankfurt am Main 2003, S. 13.

21 Ebd., S. 13.

22 Gunnar Hindrichs, *Zur kritischen Theorie*, Berlin 2020, S. 92.

23 Jürgen Habermas, »Urgeschichte der Subjektivität und verwilderte Selbstbehauptung« (1969), in: ders., *Philosophisch-politische Profile*, Frankfurt am Main 1981, S. 167-179, S. 168.

24 Adorno/Horkheimer, *Dialektik der Aufklärung*, a.a.O., S. 76.

25 Ebd., S. 73.

26 Max Horkheimer, *Zur Kritik der instrumentellen Vernunft* (1947), in: ders., *Gesammelte Schriften*, Bd. 6: *»Zur Kritik der instrumentellen Vernunft« und Notizen 1949-1969*, Frankfurt am Main 1991, S. 21-186, S. 146.

27 Vgl. hierzu auch David Riesman et al., *Die einsame Masse. Eine Untersuchung der Wandlungen des amerikanischen Charakters*, Darmstadt 1956.

28 Andreas Reckwitz, *Das Ende der Illusionen. Politik, Ökonomie und Kultur in der Spätmoderne*, Berlin 2019, S. 13.

29 Theodor W. Adorno, *Einleitung in die Soziologie* (1968), in: ders., *Nachgelassene Schriften*, Bd. 15, herausgegeben von Christoph Gödde, Frankfurt am Main 1993, S. 42.

30 Vgl. zur Diskussion um Adornos These vom »Ende der Individualität« Thorsten Bonacker, »Ohne Angst verschieden sein können. Individualität in der integralen Gesellschaft«, in: *Die Gesellschaftstheorie Adornos. Themen und Grundbegriffe*, herausgegeben von Dirk Auer et al., Darmstadt 1998, S. 117-144, S. 142.

31 Adorno, *Zur Lehre von der Geschichte und von der Freiheit*, a.a.O., S. 295.

32 Eine in der Studentenbewegung so populäre wie umstrittene Auseinandersetzung mit Marcuses Thesen findet sich bei Reimut Reiche, *Sexualität und Klassenkampf. Zur Abwehr repressiver Entsublimierung*, Frankfurt am Main 1971.

33 Herbert Marcuse, »Das Veralten der Psychoanalyse (1963)«, in: ders., *Kultur und Gesellschaft II*, Frankfurt am Main 1965, S. 85-106, S. 93.

34 Herbert Marcuse, *Der eindimensionale Mensch. Studien zur Ideologie der fortgeschrittenen Industriegesellschaft*, München 1994 [1964], S. 17f.

35 In seiner Schrift *Triebstruktur und Gesellschaft* setzt Marcuse den sogenannten »revisionistischen neo-freudianischen Schulen«, gemeint ist hier insbesondere Erich Fromm, eine eigene Freud-Interpretation entgegen: Statt die Triebtheorie Freuds wie seine Kollegen als biolo-

gistisch zu verwerfen, betrachtet er sie als eine »Gesellschaftstheorie«, die im Kern selbst »soziologisch« sei; Herbert Marcuse, *Triebstruktur und Gesellschaft. Ein philosophischer Beitrag zu Sigmund Freud*, Frankfurt am Main 1969 [1955], S. 11.

36 Marcuse, »Das Veralten der Psychoanalyse«, a.a.O., S. 85-106, S. 102.

37 Ebd., S. 102. Um zwischen »wahren« und »falschen« Bedürfnissen unterscheiden zu können, muss Marcuse letztlich an der Triebtheorie Freuds festhalten: In den allen Menschen gleichermaßen innewohnenden libidinösen Energien verortet er einen Impuls zur Kritik und letztlich zur Überwindung der sie unterdrückenden gesellschaftlichen Herrschaft.

38 Vgl. Horst Kurnitzky/Hansmartin Kuhn (Hg.), *Das Ende der Utopie. Herbert Marcuse diskutiert mit Studenten und Professoren Westberlins an der Freien Univ. Berlin über die Möglichkeiten und Chancen einer politischen Opposition in den Metropolen in Zusammenhang mit den Befreiungsbewegungen in den Ländern der Dritten Welt*, Berlin 1967.

39 Marcuse, *Der eindimensionale Mensch*, a.a.O., S. 95.

40 Ebd.

41 Marcuse, »Das Veralten der Psychoanalyse (1963)«, a.a.O., S. 99.

42 Obwohl Erich Fromm in den frühen dreißiger Jahren am Institut für Sozialforschung maßgeblich »das Programm einer marxistischen Sozialpsychologie« entwickelte, daran erinnerte Jürgen Habermas Herbert Marcuse in einem Gespräch kurz vor dessen Tod, kritisierte man Fromm dafür, mit seinen ab den vierziger Jahren erschienenen Schriften eine revisionistische Abweichung von ebenjenem Programm vollzogen zu haben, da er die Triebtheorie Freuds verworfen habe; Jürgen Habermas, »Gespräch mit Herbert Marcuse« (1977), in: ders., *Philosophisch-politische Profile*, a.a.O., S. 265-318, S. 271.

43 Vgl. zum Bruch des Instituts mit Fromm Rolf Wiggershaus, *Die Frankfurter Schule. Geschichte. Theoretische Entwicklung. Politische Bedeutung*, München 1988, S. 298-307.

44 Erich Fromm, *Die Furcht vor der Freiheit*, München 1990 [1941], S. 33.

45 Ebd., S. 32.

46 Georg Lukács, *Die Theorie des Romans. Ein geschichtsphilosophischer Versuch über die Formen der großen Epik*, Darmstadt/Neuwied 1971 [1916], S. 32.

47 Fromm, *Die Furcht vor der Freiheit*, a.a.O., S. 90.

48 Vgl. ebd., S. 94.

49 Ebd., S. 33.

50 Ebd., S. 106.
51 Ebd., S. 209.
52 In der jüngsten Generation der Kritischen Theorie tritt Hartmut Rosa in die geistigen Fußstapfen Fromms. Auch er sieht das Streben nach Resonanz als eine motivationale innere Kraft des Menschen; vgl. Hartmut Rosa, *Resonanz. Eine Soziologie der Weltbeziehung*, Berlin 2018.
53 Adorno, *Zur Lehre von der Geschichte und von der Freiheit*, a.a.O., S. 303.
54 Markus Schroer, *Das Individuum der Gesellschaft. Synchrone und diachrone Theorieperspektiven*, Frankfurt am Main 2001, S. 43.
55 Zygmunt Bauman, *Flüchtige Moderne*, Frankfurt am Main 2003, S. 32. Der Satz geht folgendermaßen weiter: »die Institutionen sind nur allzu gerne bereit, alle Fragen der Definition der Identität den Individuen zu überlassen, und irgendwelche allgemeinen Prinzipien, gegen die man rebellieren könnte, sind kaum auszumachen«. Dies würde man heute angesichts der Freiheitsproteste der Querdenken-Bewegung freilich anders sehen.
56 Vgl. Peter Wagner, *Soziologie der Moderne*, Frankfurt am Main/New York 1995.
57 Bauman, *Flüchtige Moderne*, a.a.O., S. 34.
58 Vgl. neben Bauman hierzu ebenfalls Hartmut Rosa, *Beschleunigung. Die Veränderung der Zeitstrukturen in der Moderne*, Frankfurt am Main 2005; Andreas Reckwitz, *Die Gesellschaft der Singularitäten. Zum Strukturwandel der Moderne*, Berlin 2019.
59 Dies beobachtete Marcuse durchaus hellsichtig; vgl. Marcuse, *Der eindimensionale Mensch*, a.a.O., S. 265.
60 Vgl. Eric Hobsbawm, *Das Zeitalter der Extreme. Weltgeschichte des 20. Jahrhunderts*, München 1995; Hindrichs, *Zur Kritischen Theorie*, a.a.O., S. 46-90.
61 Herbert Marcuse, »Vorwort«, in: ders., *Kultur und Gesellschaft I*, Frankfurt am Main 1965, S. 7-16, S. 7.
62 Herbert Marcuse, »Der Kampf gegen den Liberalismus in der totalitären Staatsauffassung« (1934), in: ders., *Kultur und Gesellschaft I*, a.a.O., S. 17-55, S. 22.
63 Karl Marx, *Das Kapital. Kritik der politischen Ökonomie. Erster Band*, MEW 23, Berlin 1962 [1867], S. 743.
64 Ebd., S. 765.
65 Ebd., S. 766.
66 Marcuse, »Der Kampf gegen den Liberalismus«, a.a.O., S. 23.

67 Ludwig von Mises, *Liberalismus*, Jena 1927, S. 45. Der Verweis auf Mises findet sich bei Marcuse an folgender Stelle: Marcuse, »Der Kampf gegen den Liberalismus«, a. a. O., S. 23.
68 Carl Schmitt, »Starker Staat und gesunde Wirtschaft. Ein Vortrag vor Wirtschaftsführern«, in: *Volk und Reich. Politische Monatshefte für das junge Deutschland* 1/2 (1933), S. 81-94.
69 Etwa für Alexander Rüstow; vgl. Christoph Butterwegge et al., *Kritik des Neoliberalismus*, Wiesbaden 2017, S. 31-38; vgl. zum Verhältnis von Liberalismus und Faschismus die umfassende Studie von Ishay Landa, *Der Lehrling und sein Meister. Liberale Tradition und Faschismus*, Berlin 2021.
70 Schmitt, »Starker Staat und gesunde Wirtschaft«, a. a. O., S. 84.
71 Ebd.
72 Ebd.
73 Ebd., S. 90.
74 Grégoire Chamayou, *Die unregierbare Gesellschaft. Eine Genealogie des autoritären Liberalismus*, Berlin 2019, S. 299.
75 Hermann Heller, »Autoritärer Liberalismus« (1933), in: *Gesammelte Schriften*, Bd. II, herausgegeben von Christoph Müller, Leiden 1971, S. 645-653; vgl. zu Hellers Schmitt-Interpretation Wolfgang Streeck, »Heller, Schmitt and the Euro«, in: *European Law Journal* 1/3 (2015), S. 361-370.
76 Heller, »Autoritärer Liberalismus«, a. a. O., S. 652.
77 Hauke Brunkhorst, »Autoritärer Liberalismus«, in: Karsten Fischer/Sebastian Huhnholz (Hg.), *Liberalismus. Traditionsbestände und Gegenwartskontroversen*, Baden-Baden 2019, S. 291-314, S. 291.
78 Chamayou, *Die unregierbare Gesellschaft*, a. a. O., S. 347.
79 Christoph Möllers betont zwar, dass der Begriff des autoritären Liberalismus vor allem der »Polemik gegen den Liberalismus« diene und weniger einer »akkuraten Klassifizierung autoritärer Systeme«, übersieht so aber die ökonomische Funktionslogik, die Kritiker:innen dem autoritären Liberalismus nachgewiesen haben; Christoph Möllers, *Freiheitsgrade. Elemente einer liberalen politischen Mechanik*, Berlin 2020, S. 32.
80 Friedrich Pollock, »Bemerkungen zur Wirtschaftskrise«, in: *Zeitschrift für Sozialforschung* 2/3 (1933), S. 321-354, S. 350.
81 Adorno et al., *Studien zum autoritären Charakter*, a. a. O., S. 1.
82 Max Horkheimer/Theodor W. Adorno, »Vorurteil und Charakter« (1952), in: Ders., *Gesammelte Schriften*, Bd. 8: *Vorträge und Aufzeich-*

nungen 1949-1973, herausgegeben von Gunzelin Schmid Noerr, Frankfurt am Main 1985, S. 64-76, S. 69.

83 Theodor W. Adorno et al, »Bemerkungen zu *The Authoritarian Personality*« (1947/48), in: ders., *Bemerkungen zu »The Authoritarian Personality« und weitere Texte*, herausgegeben von Eva-Maria Ziege, Berlin 2019, S. 21-61, S. 32.

84 Vgl. die Tabelle in Adorno et al., *Studien zum autoritären Charakter*, a.a.O., S. 40-44.

85 Adorno et al., *Studien zum autoritären Charakter*, a.a.O., S. 45.

86 Ebd.

87 Ebd., S. 95-101.

88 Ebd., S. 99.

89 Vgl. Fromm, »Sozialpsychologischer Teil«, a.a.O., S. 79.

90 Ebd., S. 84f.

91 Ebd., S. 87.

92 Ebd., S. 118.

93 Ebd., S. 117.

94 Ebd., S. 120.

95 Franz L. Neumann, »Angst und Politik«, in: ders., *Wirtschaft, Staat, Demokratie. Aufsätze 1930-1954*, herausgegeben von Alfons Söllner, Frankfurt am Main 1978, S. 424-459, S. 429.

96 Ebd., S. 435.

2. Freiheit in Abhängigkeit: Dialektik der Individualisierung

1 Vgl. zum Folgenden Andreas Reckwitz, *Das hybride Subjekt. Eine Theorie der Subjektkulturen von der bürgerlichen Moderne zur Postmoderne*, Berlin 2020. Reckwitz spricht statt von Sozialcharakteren von Subjektkulturen.

2 Vgl. hierzu auch die wegweisende Studie von Wagner, *Soziologie der Moderne*, a.a.O.

3 Ebd., S. 119-140; vgl. auch Marcuse, *Der eindimensionale Mensch*, a.a.O., S. 21-38.

4 Wir sind uns der Vielfalt an Individualitäten bewusst, legen das Augenmerk aber im Folgenden auf die idealtypische Rekonstruktion der Individualisierung, um die zugrunde liegende gesamtgesellschaftliche Dynamik aufzuzeigen.

5 Karl Marx/Friedrich Engels, *Manifest der Kommunistischen Partei* (1848), MEW 4, Berlin 1972, S. 461-93, S. 482.
6 Ebd., S. 464.
7 Ebd., S. 465. Zygmunt Bauman greift diese Metaphorik in seiner Deutung des historischen Modernisierungsprozesses auf. Das Verdampfen würde »die komplexen Netzwerke sozialer Beziehungen ohne Anbindung« zurücklassen und setze sie »dem rauhen Wind der wirtschaftlichen Rationalität aus«; *Flüchtige Moderne*, a.a.O., S. 10.
8 Karl Marx, *Grundrisse der Kritik der politischen Ökonomie*, MEW 42, Berlin 1983, S. 47-770, S. 414; vgl. auch Marx, *Das Kapital*, a.a.O., S. 183.
9 Marx/Engels, *Manifest der Kommunistischen Partei*, a.a.O., S. 465.
10 Max Horkheimer, »Egoismus und Freiheitsbewegung« (1936), in: *Gesammelte Schriften*, Bd. 4: *Schriften 1936-1941*, herausgegeben von Alfred Schmidt, Frankfurt am Main 1988, S. 9-88, S. 70-71.
11 Vgl. für einen Überblick Schroer, *Das Individuum der Gesellschaft*, a.a.O.
12 Vgl. Hermann Korte, *Einführung in die Geschichte der Soziologie*, Wiesbaden 2011, S. 161-163.
13 Norbert Elias, *Über den Prozeß der Zivilisation. Soziogenetische und psychogenetische Untersuchungen*, Bd. II, Frankfurt am Main 1976 [1939], S. 319f.
14 Ebd., S. 313.
15 Vgl. Norbert Elias, *Die Gesellschaft der Individuen*, Frankfurt am Main 1991, S. 85f.
16 Sigmund Freud, *Das Unbehagen in der Kultur* (1930), in: *Studienausgabe*, Bd. IX: *Fragen der Gesellschaft, Ursprünge der Religion*, herausgegeben von Alexander Mitscherlich et al., Frankfurt am Main 1974, S. 191-270, S. 227.
17 Ebd., S. 225.
18 Gerade in der Phase der ursprünglichen Akkumulation des Kapitalismus wurden Frauen und insbesondere Frauenkörper hingegen zum Objekt der Unterwerfung und Disziplinierung gemacht; vgl. Silvia Federici, *Caliban und die Hexe. Frauen, Körper und die ursprüngliche Akkumulation*, Wien 2012 [2004].
19 Bauman, *Flüchtige Moderne*, a.a.O., S. 14.
20 Ebd., S. 43.
21 Vgl. Hans-Peter Müller, »Diagnostiker des Individualismus«, in: *Merkur* 59/675 (2005), S. 637-42, S. 638.

22 Vgl. Georg Simmel, »Über sociale Differenzierung« (1890), in: *Georg Simmel Gesamtausgabe* (GSG), Bd. 2: *Aufsätze 1887 bis 1890. Über sociale Differenzierung. Die Probleme der Geschichtsphilosophie (1892)*, herausgegeben von Heinz-Jürgen Dahme, Frankfurt am Main 1989, S. 109-296.

23 Georg Simmel, *Philosophie des Geldes*, GSG 6: *Philosophie des Geldes*, Frankfurt am Main 1989 [1900], S. 396.

24 Ebd., S. 375.

25 Émile Durkheim, *Soziologie und Philosophie*, mit einer Einleitung von Theodor W. Adorno, Frankfurt am Main 1976, S. 129.

26 Vgl. auch Slavoj Žižek, *Auf verlorenem Posten*, Frankfurt am Main 2009, S. 22.

27 Durkheim, *Soziologie und Philosophie*, a.a.O., S. 129.

28 Nadia Urbinati, »Demokratischer Individualismus«, in: *Westend. Neue Zeitschrift für Sozialforschung* 14/1 (2017), S. 119-140, S. 120.

29 Émile Durkheim, »Der Individualismus und die Intellektuellen« (1898), in: *Gesellschaftlicher Zwang und moralische Autonomie*, herausgegeben von Hans Bertram, Frankfurt am Main 1986, S. 54-70, S 86.

30 Peter Wagner, *Moderne als Erfahrung und Interpretation. Eine neue Soziologie zur Moderne*, Konstanz 2009, S. 43.

31 Thomas Hobbes, *Leviathan oder Stoff, Form und Gewalt eines bürgerlichen und kirchlichen Staates. Teil I und II*, Frankfurt am Main 1984 [1651], S. 202.

32 Honneth, *Das Recht der Freiheit*, a.a.O., S. 47.

33 John Stuart Mill, *Über die Freiheit*, Hamburg 2009 [1859], S. 20.

34 Ebd., S. 16.

35 Vgl. Berlin, »Zwei Freiheitsbegriffe«, a.a.O.

36 Vgl. Ulrich Beck, *Risikogesellschaft. Auf dem Weg in eine andere Moderne*, Frankfurt am Main 1986, S. 206-219.

37 Theodor W. Adorno et al., »Die verwaltete Welt oder: Die Krise des Individuums. Aufzeichnung eines Gesprächs im Hessischen Rundfunk am 4. September 1950«, in: Max Horkheimer, *Gesammelte Schriften*, Bd. 13: *Nachgelassene Schriften 1949-1972*, herausgegeben von Gunzelin Schmid Noerr, Frankfurt am Main 1989, S. 121-142.

38 Elias, *Gesellschaft der Individuen*, a.a.O., S. 185.

39 Vgl. das Vorwort in Elias, *Über den Prozess der Zivilisation* I, a.a.O., S. vii-lxx; vgl. auch Norbert Elias, *Was ist Soziologie?*, Weinheim/Basel 2014 [1970], S. 139-145.

40 Vgl. Elias, *Gesellschaft der Individuen*, a.a.O., S. 207-315.
41 Beck, *Risikogesellschaft*, a.a.O., S. 211.
42 Ebd., S. 119-210.
43 Vgl. dazu die Ausführungen zu Alain Ehrenberg im nächsten Kapitel.
44 Adorno, *Zur Lehre von der Geschichte und von der Freiheit*, a.a.O., S. 7-372, S. 292.
45 Vgl. Bauman, *Flüchtige Moderne*, a.a.O., S. 51; Beck, *Risikogesellschaft*, a.a.O., S. 211.
46 Vgl. zur geschrumpften Mitte Bertelsmann Stiftung/OECD (Hg.), *Bröckelt die Mittelschicht? Risiken und Chancen für mittlere Einkommensgruppen auf dem deutschen Arbeitsmarkt*, Gütersloh 2021; zur Unterklasse Mayer-Ahuja/Nachtwey, »Verkannte Leistungsträger:innen. Berichte aus der Klassengesellschaft«, in: *Verkannte Leistungsträger:innen. Berichte aus der Klassengesellschaft*, herausgegeben von Nicole Mayer-Ahuja und Oliver Nachtwey, Berlin 2021, S. 11-46.
47 Vgl. Pierre Rosanvallon, *Die Gesellschaft der Gleichen*, Berlin 2017; Robert Castel, *Die Metamorphosen der sozialen Frage. Eine Chronik der Lohnarbeit*, Konstanz 2000.
48 Vgl. Oliver Nachtwey, *Die Abstiegsgesellschaft. Über das Aufbegehren in der regressiven Moderne*, Berlin 2016, S. 126f.; Hartmut Rosa, »Wettbewerb als Interaktionsmodus. Kulturelle und sozialstrukturelle Konsequenzen der Konkurrenzgesellschaft«, in: ders., *Weltbeziehungen im Zeitalter der Beschleunigung*, Frankfurt am Main 2012, S. 324-356, S. 201; Hartmut Rosa, *Beschleunigung und Entfremdung. Entwurf einer kritischen Theorie spätmoderner Zeitlichkeit*, Berlin 2013, S. 189-191.
49 Vgl. u.a. Richard Sennett, *Der flexible Mensch. Die Kultur des neuen Kapitalismus*, Berlin 1998; Sighard Neckel, »Identität als Ware. Die Marktwirtschaft im Sozialen« (1996), in: ders., *Die Macht der Unterscheidung. Essays zur Kultursoziologie der modernen Gesellschaft*, Frankfurt am Main 2000, S. 37-47.
50 Vgl. Oliver Nachtwey, »Entzivilisierung. Über regressive Tendenzen in westlichen Gesellschaften«, in: *Die große Regression. Eine internationale Debatte über die geistige Situation der Zeit*, herausgegeben von Heinrich Geiselberger, Berlin 2017, S. 215-232.
51 Vgl. Thomas Meyer, »Die Agenda 2010 und die soziale Gerechtigkeit«, in: *Politische Vierteljahresschrift* 45/2 (2004), S. 181-190.
52 Vgl. Nachtwey, *Die Abstiegsgesellschaft*, a.a.O., S. 114-117.

53 Oliver Nachtwey, *Marktsozialdemokratie. Die Transformation der SPD und Labour Party*, Wiesbaden 2009, S. 225-226.

54 Honneth, *Das Recht der Freiheit*, a.a.O., S. 142.

55 Vgl. Nachtwey, *Die Abstiegsgesellschaft*, a.a.O., S. 107-109, 169-179.

56 Vgl. Adorno, *Zur Lehre von der Geschichte und von der Freiheit*, a.a.O., S. 272.

57 Vgl. zur Herrschaftsfunktion des Leistungsprinzips die immer noch wegweisende Studie von Claus Offe, *Berufsbildungsreform. Eine Fallstudie über Reformpolitik*, Frankfurt am Main 1975.

58 Vgl. Sighard Neckel, *Flucht nach vorn. Die Erfolgskultur der Marktgesellschaft*, Frankfurt am Main 2008, S. 62-63.

59 Ebd., S. 12.

60 Robert K. Merton sprach mit Blick auf die zügellose Aufstiegsorientierung des amerikanische Kapitalismus sogar schon 1949 von einem »Erfolgskult«; Robert K. Merton, *Soziologische Theorie und Soziale Struktur*, Berlin/Boston 1995 [1949], S. 131-133.

61 Neckel, *Flucht nach vorn*, a.a.O., S. 89f.

62 Vgl. Mayer-Ahuja/Oliver Nachtwey, »Verkannte Leistungsträger:innen«, a.a.O., S. 14-20.

63 Vgl. Mark Lutter, »Strukturen ungleichen Erfolgs. Winner-take-all-Konzentrationen und ihre sozialen Entstehungskontexte auf flexiblen Arbeitsmärkten«, in: *Kölner Zeitschrift für Soziologie und Sozialpsychologie* 65/4 (2013), S. 597-622; Sighard Neckel, »Oligarchische Ungleichheit. Winner-take-all-Positionen in der (obersten) Oberschicht«, in: *Westend. Neue Zeitschrift für Sozialforschung* 11/2 (2014), S. 51-63.

64 Vgl. Carolin Amlinger, *Schreiben. Eine Soziologie literarischer Arbeit*, Berlin 2021.

65 Vgl. Oliver Nachtwey/Philipp Staab, »Das Produktionsmodell des digitalen Kapitalismus«, in: *Soziologie des Digitalen – Digitale Soziologie?*, herausgegeben von Sabine Maasen und Jan-Hendrik Passoth, Baden-Baden 2020, S. 285-304.

66 Michael Hartmann, *Der Mythos von den Leistungseliten. Spitzenkarrieren und soziale Herkunft in Wirtschaft, Politik, Justiz und Wissenschaft*, Frankfurt am Main/New York 2002.

67 Sam Friedman et. al., »Deflecting privilege. Class identity and the intergenerational self«, in: *Sociology* 55/4 (2021), S. 716-733.

68 Neckel, *Flucht nach vorn*, a.a.O., S. 12.

69 Ebd., S. 16.

70 Ebd., S. 64.

71 Vgl. Adrian Daub, *Was das Valley denken nennt*, Berlin 2020, S. 134-152.

72 Vgl. Bauman, *Flüchtige Moderne*, a. a. O., S. 47.

73 Der amerikanische Soziologe C. Wright Mills verdeutlichte in seinem Klassiker *Soziologische Phantasie* (Wiesbaden 2016), der 1959 am Ende der industriellen Moderne erschien, dass private Schwierigkeiten zugleich immer auch von öffentlichen Problemen zeugten (S. 30f.). Dieses gesellschaftliche Bewusstsein ist verlorengegangen.

74 Vgl. Neckel, *Flucht nach vorn*, a. a. O., S. 188.

75 Vgl. Bundesregierung, *Lebenslagen in Deutschland. Der Sechste Armuts- und Reichtumsbericht der Bundesregierung*, Berlin 2021; Bertelsmann Stiftung/OECD (Hg.), *Bröckelt die Mittelschicht?*, a. a. O.; Nachtwey, *Die Abstiegsgesellschaft*, a. a. O.

76 Der britische Kultursoziologe Paul Willis untersuchte in den siebziger Jahren den schulischen Widerstand von Arbeiterjugendlichen und konnte zeigen, wie diese versuchen, sich durch eine ausgestellte Verachtung der Schule, durch Alkohol und »Männlichkeit« zu behaupten, sich damit aber auch gezielt selbst ausschließen, weil sie im Grunde schon wissen, dass sie in der Fabrik landen und keinen Aufstieg schaffen werden. Im Anschluss an Willis könnte man die hier beschriebenen Prozesse als eine modernisierte Form des Selbstausschlusses betrachten; vgl. Paul Willis, *Spaß am Widerstand. Learning to Labour*, Hamburg 2013 [1977].

77 Vgl. zur Frage des sozialen Aufstiegs im Gangsta-Rap Martin Seeliger, *Soziologie des Gangsta-Rap. Popkultur als Ausdruck sozialer Konflikte*, Weinheim/Basel 2022.

78 Rosa, »Wettbewerb als Interaktionsmodus«, a. a. O., S. 326. Bereits Anfang der achtziger Jahre hatte Jürgen Habermas bekanntermaßen vor einer »Kolonialisierung der Lebenswelt« gewarnt; Jürgen Habermas, *Theorie des kommunikativen Handelns*, Bd. 2, Frankfurt am Main 1995 [1981], S. 471, S. 522.

79 Neckel, *Flucht nach vorn*, a. a. O., S. 15.

80 Vgl. Marion Fourcade, »Ordinalization. Lewis A. Coser Memorial Award for Theoretical Agenda Setting 2014«, in: *Sociological Theory* 34/3 (2016), S. 175-195.

81 Marion Fourcade/Alex V. Barnard, »Das Unbehagen an der Ordinalisierung«, in: *Kölner Zeitschrift für Soziologie und Sozialpsychologie* 73/1 (2021), S. 113-135, S. 131.

82 Ebd.

83 Vgl. William Davies, *Nervöse Zeiten. Wie Emotionen Argumente ablösen*, München 2019. Davies hat seine Überlegungen vor allem mit Blick auf Großbritannien und die USA angestellt, aber ähnliche Entwicklungen lassen sich auch in Deutschland feststellen. So ist zwar der Wohlstand insgesamt gewachsen, die Lebenserwartung von Rentner:innen mit hohen Bezügen ist aber deutlich stärker gestiegen als die ihrer Altersgenossen mit einer niedrigeren Rente; vgl. Georg Wenau et al., »Socioeconomic disparities in life expectancy gains among retired German men, 1997-2016«, in: *Journal of Epidemiology and Community Health* 73/7 (2019), S. 605-611.

84 Vgl. Thomas H. Marshall, »Staatsbürgerrechte und soziale Klassen« (1951), in: *Citizenship – Soziologie der Staatsbürgerschaft*, herausgegeben von Jürgen Mackert und Hans-Peter Müller, Wiesbaden 2020, S. 45-102; Rosanvallon, *Die Gesellschaft der Gleichen*, a. a. O.

85 Martin Kohli, »Normalbiographie und Individualität. Zur institutionellen Dynamik des gegenwärtigen Lebenslaufregimes«, in: *Vom Ende des Individuums zur Individualität ohne Ende*, herausgegeben von Hanns-Georg Brose und Bruno Hildebrand, Wiesbaden 1988, S. 33-53.

86 Reckwitz, *Das hybride Subjekt*, a. a. O., S. 29.

87 Reckwitz nennt diese Epoche in *Das hybride Subjekt* noch »Postmoderne«, erst in den späteren Schriften ändert er die Begrifflichkeit – in Anlehnung an die Arbeiten Anthony Giddens' – in »Spätmoderne«; vgl. Reckwitz, *Die Gesellschaft der Singularitäten*, a. a. O.; Anthony Giddens, *Modernity and Self-Identity. Self and Society in the Late Modern Age*, Stanford 1991. Wir folgen hier Reckwitz' konziser Systematisierung, da sie für die Entwicklung unseres Arguments sehr nützlich ist. An anderer Stelle könnte es jedoch von Interesse sein, das im Grunde vollständige Fehlen arbeiterlicher Subjektkulturen bei Reckwitz als analytische Leerstelle zu thematisieren.

88 Undine Eberlein bezeichnet diese Metamorphose der Individualität als »romantischen Individualismus«, vgl. Undine Eberlein, *Einzigartigkeit. Das romantische Individualitätskonzept der Moderne*, Frankfurt am Main 2000.

89 Vgl. zu den historischen Wurzeln Colin Campell, *The Romantic Ethic and the Spirit of Modern Consumerism*, Oxford 1987.

90 Vgl. Axel Honneth, »Organisierte Selbstverwirklichung. Paradoxien der Individualisierung«, in: *Befreiung aus der Mündigkeit. Paradoxien*

des gegenwärtigen Kapitalismus, herausgegeben von Axel Honneth, Frankfurt am Main 2002, S. 141-158, S. 149.

91 Vgl. Luc Boltanski/Ève Chiapello, *Der neue Geist des Kapitalismus*, Konstanz 2003 [1999].

92 Vgl. Frithjof Bergmann, *New Work, New Culture. Work We Want and a Culture that Strengthens Us*, Alresford 2019.

93 Vgl. Jan Guldner, »›Moderner und billiger, da kann man nicht nein sagen‹«, Interview mit Nick Kratzer, in: *Wirtschaftswoche* (12. September 2021), online verfügbar unter: {https://www.wiwo.de/erfolg/homeoffice/desksharing-moderner-und-billiger-da-kann-man-nicht-nein-sagen/27469168.html} (alle URL Stand Juni 2022).

94 Vgl. Nachtwey, *Die Abstiegsgesellschaft*, a.a.O.

95 Vgl. Andreas Reckwitz, »Gesellschaftstheorie als Werkzeug«, in: ders./Hartmut Rosa, *Spätmoderne in der Krise*, Berlin 2021, S. 23-150, S. 110; Reckwitz, *Das Ende der Illusionen*, a.a.O., S. 210; Reckwitz, *Die Gesellschaft der Singularitäten*, a.a.O., S. 273-289.

96 Nils C. Kumkar et al., *Die beharrliche Mitte. Wenn investive Statusarbeit funktioniert*, Wiesbaden 2022.

97 Reckwitz, *Die Gesellschaft der Singularitäten*, a.a.O., S. 22.

98 Ebd., S. 342.

99 Reckwitz, *Die Gesellschaft der Singularitäten*, a.a.O., S. 14; Reckwitz, »Gesellschaftstheorie als Werkzeug«, a.a.O., S. 88.

100 Vgl. Undine Eberlein, »Serielle Einzigartigkeit und Eigensinn«, in: *Die Ausweitung der Bekenntniskultur – neue Formen der Selbstthematisierung?*, herausgegeben von Günter Burkart, Wiesbaden 2006, S. 127-143.

101 Simmel, »Philosophie des Geldes«, a.a.O., S. 591-616.

102 Vgl. Edgar Cabanas/Eva Illouz, *Das Glücksdiktat. Und wie es unser Leben beherrscht*, Berlin 2019, S. 19.

103 Anja Röcke, *Soziologie der Selbstoptimierung*, Berlin 2021, S. 10.

104 Reckwitz, »Gesellschaftstheorie als Werkzeug«, a.a.O., S. 110.

105 Vgl. Greta Wagner, *Selbstoptimierung. Praxis und Kritik von Neuroenhancement*, Frankfurt am Main 2017.

106 Max Weber, *Die protestantische Ethik und der Geist des Kapitalismus*, herausgegeben von Dirk Kaesler, München 2004 (1904), S. 160.

107 Vgl. zur Selbstvermessung Steffen Mau, *Das metrische Wir. Über die Quantifizierung des Sozialen*, Berlin 2017, S. 167-184; Simon Schaupp, *Digitale Selbstüberwachung. Self-Tracking im kybernetischen Kapitalismus*, Münster 2016; Stefanie Duttweiler et al. (Hg.),

Leben nach Zahlen. Self-Tracking als Optimierungsprojekt?, Bielefeld 2016.

108 Vgl. Ulrich Bröckling, *Das unternehmerische Selbst. Soziologie einer Subjektivierungsform*, Frankfurt am Main 2007.

109 Bauman, *Flüchtige Moderne*, a.a.O., S. 45.

110 Allerdings sind hier auch schon wieder Absetzbewegungen zu beobachten. Jüngere Menschen, die kurz vor oder nach der Jahrtausendwende geboren sind, legen mehr Wert darauf, Zeit mit Freunden und der Familie zu verbringen. Sie wünschen sich mehr Kollegialität, aber vor allem einen Sinn in ihrer Arbeit, der in mehr besteht als im Gelderwerb. Dies ist aber nach wie vor nur eine Gegenbewegung zum dominanten Modus der wettbewerblichen Subjektivität; vgl. hierzu die regelmäßig veröffentlichten Deloitte Millenial Surveys.

111 Vgl. hierzu bezogen auf das Emotionsmanagement bereits Arlie Russell Hochschild, *The Managed Heart. Commercialization of Human Feeling*, Berkeley 1983.

112 Vgl. Cabanas/Illouz, *Das Glücksdiktat*, a.a.O.; Bröckling, *Das unternehmerische Selbst*, a.a.O.; Ulrich Bröckling, *Gute Hirten führen sanft. Über Menschenregierungskünste*, Berlin 2017, S. 113-139.

113 Vgl. Sighard Neckel/Greta Wagner (Hg.), *Leistung und Erschöpfung. Burnout in der Wettbewerbsgesellschaft*, Berlin 2013.

114 Honneth, »Organisierte Selbstverwirklichung«, a.a.O., S. 154f.

115 Bauman, *Flüchtige Moderne*, a.a.O., S. 25.

116 Max Horkheimer, »Zum Begriff der Freiheit«, in: ders., *Gesammelte Schriften*, Bd. 7: *Vorträge und Aufzeichnungen*, herausgegeben von Gunzelin Schmid Noerr, Frankfurt am Main 1985, S. 145-153, S. 147.

117 Robert Nozick, *Anarchie Staat Utopia*, München 1974.

118 John Rawls, *Eine Theorie der Gerechtigkeit*, Frankfurt am Main 1979.

119 Vgl. Peter Niesen, »Die politische Theorie des Libertarianismus. Robert Nozick und Friedrich A. von Hayek«, in: *Politische Theorien der Gegenwart*, Bd. 1, herausgegeben von André Brodocz und Gary S. Schaal, Opladen 2002, S. 69-110.

120 Nozick, *Anarchie Staat Utopia*, a.a.O., S. 60.

121 Wagner, *Moderne als Erfahrung und Interpretation*, a.a.O., S. 8.

122 Alexis de Tocqueville, *Über die Demokratie in Amerika*, Ditzingen 2021 [1835/40], S. 240, 239.

123 Georg Lukács, *Geschichte und Klassenbewußtsein. Studien über marxistische Dialektik*, Berlin 1970 (1923), S. 171.

124 Ebd., S. 174.

125 Marx, *Das Kapital*, a.a.O., S. 86.

126 Timo Jütten, »Verdinglichung und Freiheit«, in: *Deutsche Zeitschrift für Philosophie* 59/5 (2011), S. 717-730, S. 719.

127 Vgl. hierzu C.B. Macpherson, *Die politische Theorie des Besitzindividualismus. Von Hobbes bis Locke*, Frankfurt am Main 1990; Habermas nimmt in seiner Theorie des kommunikativen Handelns ebenfalls Bezug auf den Besitzindividualismus; vgl. Habermas, *Theorie des kommunikativen Handelns*, Bd. 2, S. 480.

128 Habermas, *Theorie des kommunikativen Handelns*, Bd. 2, S. 522. Er präsentiert an dieser Stelle eine »in System/Lebenswelt-Begriffen reformulierte Theorie der Verdinglichung«, die »kulturelle Verarmung und die Fragmentierung des Alltagsbewußtseins« zu erklären sucht.

129 Vgl. Ole Nymoen/Wolfgang M. Schmitt, *Influencer. Die Ideologie der Werbekörper*, Berlin 2021.

130 »Juggernautrad« ist Marx' Metapher für einen nichtaufhaltbaren Prozess der Akkumulation (Marx, *Das Kapital*, a.a.O., S. 674). Der Begriff Juggernaut ist von einem sehr schweren, bei hinduistischen Prozessionen verwendeten Wagen abgeleitet, der kaum noch zu stoppen ist, wenn er einmal Fahrt aufgenommen hat.

131 Robert Castel, *Die Krise der Arbeit. Neue Unsicherheiten und die Zukunft des Individuums*, München 2011, S. 21.

132 Marcuse, *Der eindimensionale Mensch*, a.a.O., S. 30.

133 Auch Adorno hatte diese Konstellation antizipiert. Er befürchtete, dass Individuen, die sich mit dem Weltlauf des Kapitalismus »zwar unglücklich, neurotisch beschädigt identifizieren, ihn womöglich noch einmal verstärken. Und das, würde ich sagen, ist die Wahrheit über die Stellung der Menschen in der Geschichte.« Adorno, *Zur Lehre von der Geschichte und von der Freiheit*, a.a.O., S. 113.

134 Marx, »Zur Judenfrage«, a.a.O., S. 369.

135 Adorno, *Zur Lehre von der Geschichte und von der Freiheit*, a.a.O., S. 300.

3. Ordnung der Unordnung: Gesellschaftlicher Wandel und regressive Modernisierung

1 Reckwitz, *Das hybride Subjekt*, a. a. O., S. 28.

2 Reckwitz, »Gesellschaftstheorie als Werkzeug«, a. a. O., S. 119.

3 Ulrich Beck, »Das Zeitalter der Nebenfolgen und die Politisierung der Moderne«, in: Ulrich Beck/Anthony Giddens/Scott Lash, *Reflexive Modernisierung. Eine Kontroverse*, Frankfurt am Main 1996, S. 19-111, S. 60.

4 Vgl. Martin Hartmann/Axel Honneth, »Paradoxien kapitalistischer Modernisierung«, in: Axel Honneth, *Das Ich im Wir*, Berlin 2010, S. 222-248; Axel Honneth/Ferdinand Sutterlüty, »Normative Paradoxien der Gegenwart – eine Forschungsperspektive«, in: *Westend. Neue Zeitschrift für Sozialforschung* 8/1 (2011), S. 67-85.

5 Oliver Nachtwey/Martin Seeliger, »Transformation of industrial citizenship in the course of European integration«, in: *The British Journal of Sociology* 71/5 (2020), S. 852-866.

6 Vgl. Simon Schaupp, »Algorithmic integration and precarious (dis)obedience: On the co-constitution of migration regime and workplace regime in digitalised manufacturing and logistics«, in: *Work, Employment and Society* 36/2 (2022), S. 310-327; Steven Vallas/Juliet B. Schor, »What do platforms do? Understanding the gig economy«, in: *Annual Review of Sociology* 46/1 (2020), S. 273-294.

7 Vgl. Nachtwey, *Die Abstiegsgesellschaft*, a. a. O.; Nachtwey, »Entzivilisierung«, a. a. O.

8 Vgl. Horkheimer/Adorno, *Dialektik der Aufklärung*, a. a. O., S. 53.

9 Claus Offe, »Was (falls überhaupt) können wir uns heute unter politischem Fortschritt vorstellen?«, in: *Westend. Neue Zeitschrift für Sozialforschung* 7/2 (2010), S. 3-14, S. 13.

10 Wagner, *Fortschritt*, a. a. O.; vgl. auch Ingolfur Blühdorn/Felix Butzlaff/Margaret Haderer et al., »Emancipatory politics at its limits? An introduction«, in: *European Journal of Social Theory* 25/1 (2021), S. 3-25.

11 Vgl. Reinhart Koselleck, »›Fortschritt‹ und ›Niedergang‹ – Nachtrag zur Geschichte zweier Begriffe« (1980), in: ders., *Begriffsgeschichten. Studien zur Semantik und Pragmatik der politischen und sozialen Sprache*, Frankfurt am Main 2006, S. 159-181, S. 159.

12 Vgl. Pippa Norris/Ronald Inglehart, *Cultural Backlash. Trump, Brexit, and Authoritarian Populism*, New York 2019, S. 25-35, S. 77-101.

Häufig ist auch von einer gewachsenen gesellschaftlichen Polarisierung die Rede; vgl. dazu kritisch Steffen Mau, »Kamel oder Dromedar? Zur Diagnose der gesellschaftlichen Polarisierung«, in: *Merkur* 76/874 (2022), S. 5-18.

13 Diese Form der Diversität wird von Kritiker:innen als problematisch angesehen, da der Aspekt der Kompetenz bei der Personalauswahl nicht genügend berücksichtigt werde. In der Forschung ist hingegen gut belegt, dass Diversität einen Zugewinn an Kompetenz erzeugt. Zudem ist die Kritik wohlfeil, da sie unterstellt, dass zuvor das Kriterium der Kompetenz eine wesentliche Rolle gespielt hat. Aber wieso ist dann Andreas Scheuer bis zum Ende der Großen Koalition Bundesverkehrsminister geblieben?

14 Vgl. Beck, *Risikogesellschaft*, a. a. O.; Beck, »Das Zeitalter der Nebenfolgen und die Politisierung der Moderne«, a. a. O.; Claus Offe, »Die Utopie der Null-Option. Modernität und Modernisierung als politische Gütekriterien«, in: *Die Moderne. Kontinuitäten und Zäsuren*, *Soziale Welt Sonderband* 4, herausgegeben von Johannes Berger, Göttingen 1986, S. 94-117.

15 Vgl. Jürgen Habermas, *Die neue Unübersichtlichkeit. Kleine Politische Schriften V*, Frankfurt am Main 1985.

16 Vgl. hierzu ausführlich Zygmunt Bauman, *Retrotopia*, Berlin 2017.

17 Vgl. Fredric Jameson, *Archaeologies of the Future. The Desire Called Utopia and Other Science Fictions*, London 2005, S. 199.

18 Henry Ford et al., *The Expanded and Annotated »My Life and Work«*, Boca Raton u. a. 2013 [1922], S. 54.

19 Vgl. Eli J. Finkel et al., »Online dating: A critical analysis from the perspective of psychological science«, in: *Psychological Science in the Public Interest* 13/1 (2012), S. 3-66.

20 Entsprechende Daten sind online verfügbar unter: {https://www.destatis.de/DE/Themen/Gesellschaft-Umwelt/Bevoelkerung/Haushalte-Familien/Tabellen/4-3-lr-alleinstehende.html}.

21 Bauman, *Flüchtige Moderne*, a. a. O., S. 77; vgl. auch Rosa, *Beschleunigung und Entfremdung*, a. a. O.

22 Bauman, *Flüchtige Moderne*, a. a. O., S. 76.

23 Slavoj Žižek, *Die Tücke des Subjekts*, Frankfurt am Main 2010, S. 465.

24 Slavoj Žižek, »Why we all love to hate Haider«, in: *New Left Review* 2 (2000), S. 37-46.

25 Žižek, *Die Tücke des Subjekts*, a. a. O., S. 465.

26 In geringerem Ausmaß gilt dies auch bezüglich der ethnischen Herkunft.

27 Vgl. Nachtwey, *Die Abstiegsgesellschaft*, a.a.O., S. 76.
28 Vgl. Reckwitz, *Das Ende der Illusionen*, a.a.O., S. 85-96.
29 Mayer-Ahuja/Nachtwey, »Verkannte Leistungsträger:innen, a.a.O.
30 Vgl. Nachtwey, *Die Abstiegsgesellschaft*, a.a.O., S. 94-107.
31 Vgl. Cas Wouters, *Informalisierung. Norbert Elias' Zivilisationstheorie und Zivilisationsprozesse im 20. Jahrhundert*, Wiesbaden 1999.
32 Dieser Begriff geht auf Norbert Elias zurück; vgl. Elias, »Wandlungen der Machtbalance zwischen den Geschlechtern. Eine prozesssoziologische Untersuchung am Beispiel des antiken Römerstaats«, in: *Kölner Zeitschrift für Soziologie und Sozialpsychologie* 38 (1986), S. 425-449.
33 Vgl. Aladin El-Mafalani, *Das Integrationsparadox*, Köln 2018.
34 Sabine Hark/Paula-Irene Villa, *Unterscheiden und herrschen. Ein Essay zu den ambivalenten Verflechtungen von Rassismus, Sexismus und Feminismus in der Gegenwart*, Bielefeld 2017, S. 26.
35 Armin Nassehi, *Unbehagen. Theorie der überforderten Gesellschaft*, München 2021, S. 194.
36 Vgl. hierzu Norris/Inglehart, *Cultural Backlash*, a.a.O.
37 Das galt nicht nur für die amerikanischen Gewerkschaften; vgl. Sigrid Koch-Baumgarten, »Vom ›Arbeitnehmerpatriarchat‹ zur Quotengewerkschaft? Ein Rückblick auf 50 Jahre Geschlechterverhältnisse in den Gewerkschaften der Bundesrepublik«, in: *Femina Politica. Zeitschrift für feministische Politikwissenschaft* 8/1 (1999), S. 36-48.
38 Vgl. Arlie Russell Hochschild, *Fremd in ihrem Land. Eine Reise ins Herz der amerikanischen Rechten*, Frankfurt am Main 2017.
39 Vgl. Nancy Fraser, »Vom Regen des progressiven Neoliberalismus in die Traufe des reaktionären Populismus«, in: Geiselberger (Hg.), *Die große Regression*, a.a.O., S. 77-92.
40 Beck, *Risikogesellschaft*, a.a.O., S. 25.
41 Ebd., S. 255.
42 Ebd., S. 37.
43 Adorno, *Zur Lehre von der Geschichte und von der Freiheit*, a.a.O., S. 269.
44 Alexander Bogner, *Die Epistemisierung des Politischen. Wie die Macht des Wissens die Demokratie gefährdet*, Ditzingen 2021.
45 Davies, *Nervöse Zeiten*, a.a.O., S. 130.
46 Beck, *Risikogesellschaft*, a.a.O., S. 63.
47 Ebd., S. 65.
48 Ulrich Beck, »Wissen oder Nicht-Wissen? Zwei Perspektiven ›reflexi-

ver Modernisierung‹«, in: Beck et al., *Reflexive Modernisierung*, a.a.O., S. 289-315, S. 302.

49 Ebd.

50 Pierre Rosanvallon, *Die Gegen-Demokratie. Politik im Zeitalter des Misstrauens*, Hamburg 2017.

51 Ulrich Beck, *Weltrisikogesellschaft*, Frankfurt am Main 2007, S. 65-73.

52 Beck, *Risikogesellschaft*, a.a.O., S. 70.

53 Beck, *Weltrisikogesellschaft*, a.a.O., S. 107.

54 Beck, *Risikogesellschaft*, a.a.O., S. 101.

55 Vgl. Reckwitz, *Die Gesellschaft der Singularitäten*, a.a.O., S. 17.

56 Hartmut Rosa, »Best Account. Skizze einer systematischen Theorie der modernen Gesellschaft«, in: ders./Reckwitz, *Spätmoderne in der Krise*, a.a.O., S. 151-252, S. 202; vgl. Rosa, *Beschleunigung*, a.a.O., S. 690-699.

57 Am bekanntesten ist sicherlich Colin Crouch, *Postdemokratie*, Frankfurt am Main 2008 [2003]; vgl. auch Jacques Rancière, *Das Unvernehmen. Politik und Philosophie*, Frankfurt am Main 2002; ders., »Demokratie und Postdemokratie«, in: Alain Badiou/Jacques Rancière, *Politik der Wahrheit*, Wien 1996, S. 119-156.

58 Vgl. Peter Mair, *Ruling the Void. The Hollowing of Western Democracy*, London 2011.

59 Vgl. Žižek, *Die Tücke des Subjekts*, a.a.O., S. 271-281, S. 461-479.

60 Vgl. etwa Göran Therborn, *Inequality and the Labyrinths of Democracy*, London 2020.

61 Vgl. Lea Elsässer, *Wessen Stimme zählt? Soziale und politische Ungleichheit in Deutschland. Vol. 91*, Frankfurt am Main/New York 2018.

62 Vgl. Armin Schäfer/Michael Zürn, *Die demokratische Regression*, Berlin 2021; Philip Manow, *(Ent-)Demokratisierung der Demokratie*, Berlin 2020.

63 Peter Wagner, *Modernity. Understanding the Present*, Cambridge 2012, S. 101.

64 Vgl. Manow, *(Ent-)Demokratisierung der Demokratie*, a.a.O.

65 Vgl. Ingolfur Blühdorn, *Simulative Demokratie. Neue Politik nach der postdemokratischen Wende*, Berlin 2013; John Keane, *The Life and Death of Democracy*, London 2009.

66 Rosa, »Best Account«, a.a.O., S. 202.

67 Das würde auch für die Klimakrise gelten, aber hier ist die Verlangsamung von Entscheidungen häufig Absicht.

68 Vgl. Rosanvallon, *Die Gegen-Demokratie*, a.a.O.
69 Ebd., S. 14.
70 Ebd., S. 26.
71 Vgl. Dieter Rucht, »Gesellschaft als Projekt – Projekte in der Gesellschaft«, in: Ansgar Klein et al., *Neue soziale Bewegungen. Impulse, Bilanzen und Perspektiven*, Opladen 1999, S. 15-27.
72 Ebd., S. 26.
73 Vgl. Rosanvallon, *Die Gegen-Demokratie*, a.a.O., S. 156-171.
74 Ebd., S. 167.
75 Otto Kirchheimer, »Der Wandel des westeuropäischen Parteiensystems«, in: *Politische Vierteljahresschrift* 6/1 (1965), S. 24-41, S. 41.
76 Vgl. Mair, *Ruling the Void*, a.a.O.
77 Es wäre eine eigene Studie wert, sich diese Entwicklung genauer anzusehen.
78 Vgl. Anthony Downs, *An Economic Theory of Democracy*, New York 1957.
79 Vgl. Tariq Ali, *The Extreme Centre. A Warning*, London 2015.
80 Chantal Mouffe, *Für einen linken Populismus*, Berlin 2018, S. 27.
81 Vgl. Chantal Mouffe, *Über das Politische. Wider die kosmopolitische Illusion*, Frankfurt am Main 2007, S. 7-47.
82 Manow, *(Ent-)Demokratisierung der Demokratie*, a.a.O., S. 21.
83 Kirchheimer, »Der Wandel des westeuropäischen Parteiensystems«, a.a.O., S. 41.
84 Davies, *Nervöse Zeiten*, a.a.O., S. 111.
85 Luc Boltanski etwa hat beanstandet, die verschiedenen kritischen Theorien würden nur noch »metakritisch« argumentieren und nicht mehr mit den im Alltagsleben formulierten Urteilen der Individuen korrespondieren; vgl. Luc Boltanski, *Soziologie und Sozialkritik. Frankfurter Adorno-Vorlesungen 2008*, Berlin 2010, S. 15-28.
86 Marx betonte in seiner Kritik an Hegel, dass eine Idee nur dann zur »materiellen Gewalt« werden könne, »sobald sie die Massen ergreift«; Karl Marx, *Zur Kritik der Hegelschen Rechtsphilosophie. Einleitung* (1844), MEW 1, Berlin 1972, S. 378-391, S. 385).
87 Vgl. Oliver Nachtwey/Fabienne Décieux, »Occupy. Proteste in der Postdemokratie«, in: *Forschungsjournal Soziale Bewegungen* 27/1 (2014), S. 75-89.
88 Vgl. Oliver Nachtwey, »Citizenship-Proteste? Zum Wandel des sozialen Konflikts«, in: *Protest in Bewegung. Zum Wandel von Bedingungen, Formen und Effekten politischen Protests, Leviathan Sonderband*

33, herausgegeben von Priska Daphi et al., Baden-Baden 2017, S. 147-170.

89 Vgl. Nachtwey/Décieux, »Occupy«, a. a. O.

90 Vgl. Priska Daphi et al., »Occupy Frieden. Eine Befragung von Teilnehmer/innen der ›Montagsmahnwachen für den Frieden‹«, in: *IPB Working Papers*, Berlin 2014.

91 Jürgen Habermas, *Technik und Wissenschaft als »Ideologie«*, Frankfurt am Main 1968, S. 54.

92 Damit meinen wir nicht die postkoloniale Aufklärungskritik, die die nichtaufklärerischen und zum Teil rassistischen Voraussetzungen der Aufklärung kritisiert.

93 Vgl. hierzu die immer noch lesenswerten Kritiken und gesellschaftstheoretischen Rekonstruktionen von Fredric Jameson, *Postmodernism, or, the Cultural Logic of Late Capitalism*, Durham 1991, und Alex Callinicos, *Against Postmodernism. A Marxist Critique*, Cambridge 1989.

94 Vgl. Albrecht Koschorke, »Linksruck der Fakten«, In: *Zeitschrift für Medien- und Kulturforschung* 9/2 (2018), S. 107-118, S. 117.

95 Vgl. Wolfgang Welsch, *Unsere postmoderne Moderne*, Berlin 2008, S. 40.

96 Philipp Sarasin, *1977. Eine kurze Geschichte der Gegenwart*, Berlin 2021, S. 21.

97 Vgl. Scott Lash, »Expertenwissen oder Situationsdeutung? Kultur und Institutionen im desorganisierten Kapitalismus«, in: Beck et al., *Reflexive Modernisierung*, a. a. O., S. 338-364, S. 344.

98 Vgl. Jean-François Lyotard, *Das postmoderne Wissen. Ein Bericht*, Wien 2019 [1979].

99 Vgl. Michel Foucault, *Überwachen und Strafen. Die Geburt des Gefängnisses*, Frankfurt am Main 1977.

100 Vgl. Jean Baudrillard, *Agonie des Realen*, Berlin 2016 [1978].

101 Carolin Amlinger, »Rechts dekonstruieren. Die neue Rechte und ihr widersprüchliches Verhältnis zu Postmoderne«, in: *Leviathan* 48/2 (2020), S. 318-337, S. 334.

102 Vgl. Paul Feyerabend, *Wider den Methodenzwang*, Frankfurt am Main 1986 [1975].

103 Bogner, *Die Epistemisierung des Politischen*, a. a. O., S. 61.

104 Ebd., S. 64.

105 Vgl. Bruno Latour, *Das Parlament der Dinge. Für eine politische Ökologie*, Frankfurt am Main 2009 [1999].

106 Vgl. hierzu ausführlich Carolin Amlinger, »Men make their own history. Conspiracy as counter-narrative in the German political field«, in: *Plots. Literary Form and Cultures of Conspiracy*, herausgegeben von Ben Carver et al., London/New York, S. 179-200.

107 Bogner, *Die Epistemisierung des Politischen*, a.a.O., S. 79.

108 Ingolfur Blühdorn, »Liberation and limitation: Emancipatory politics, socio-ecological transformation and the grammar of the autocratic-authoritarian turn«, in: *European Journal of Social Theory* 25/1 (2021), S. 26-52.

109 Ebd., S. 33-40.

110 Obwohl wir Blühdorn hier zustimmend referieren, führt die Drastik seiner Kritik in die falsche Richtung. Er entschlüsselt zwar die Entstehung von demokratischen Regressionen, aber letztlich wird sein Argument konservativ, da er implizit einem kohärenten Subjekt im kantischen Sinne den Vorzug gibt.

111 Nicos Poulantzas, *Staatstheorie. Politischer Überbau, Ideologie, Autoritärer Etatismus*, Hamburg 1978.

112 Vgl. zur Unregierbarkeit Claus Offe, »›Unregierbarkeit‹. Zur Renaissance konservativer Krisentheorien«, in: *Stichworte zur »Geistigen Situation der Zeit*, herausgegeben von Jürgen Habermas, Bd. 1: *Nation und Republik«*, Frankfurt am Main 1979, S. 294-318.

113 Vgl. David Harvey, *Kleine Geschichte des Neoliberalismus*, Zürich 2007.

114 Vgl. Nachtwey, *Die Abstiegsgesellschaft*, a.a.O., S. 47-68.

115 Vgl. Quinn Slobodian, *Globalisten. Das Ende der Imperien und die Geburt des Neoliberalismus*, Berlin 2019; Thomas Biebricher, *Die politische Theorie des Neoliberalismus*, Berlin 2021.

116 Vgl. Jamie Peck, *Workfare States*, New York 2001; Loïc Wacquant, *Bestrafen der Armen. Zur neoliberalen Regierung der sozialen Unsicherheit*, Opladen 2009.

117 Vgl. hierzu Michel Foucault, »Die Gouvernementalität«, in: Thomas Lemke et al. (Hg.), *Gouvernementalität der Gegenwart. Studien zur Ökonomisierung des Sozialen*, Frankfurt am Main 2000, S. 41-67; Michel Foucault, *Sicherheit, Territorium, Bevölkerung. Geschichte der Gouvernementalität I*, Frankfurt am Main 2006; Michel Foucault, *Die Geburt der Biopolitik. Geschichte der Gouvernementalität II*, Frankfurt am Main 2006.

118 Vgl. hierzu wegweisend Lemke et al. (Hg.), *Gouvernementalität der Gegenwart*, a.a.O. Allerdings neigen Gouvernementalitätsstudien

dazu, die entscheidende Rolle des Staates als Akteur herunterzuspielen; vgl. hierzu die Kritik von Loïc Wacquant/Ulf Kadritzke, »Der neoliberale Leviathan. Eine historische Anthropologie des gegenwärtigen Gesellschaftsregimes«, in: *Prokla. Zeitschrift für Kritische Sozialwissenschaft* 42/169 (2012), S. 677-698.

119 Vgl. Richard H. Thaler et al., »Libertarian paternalism«, in: *American Economic Review* 93/2 (2003), S. 175-179.

120 Vgl. hierzu u. a. David Graeber, *Bürokratie. Die Utopie der Regeln*, Stuttgart 2016, S. 7-56; Giandomenico Majone, »Paradoxes of privatization and deregulation«, in: *Journal of European Public Policy* 1/1 (1994), S. 53-69.

4. Soziale Kränkung: Zum sozialen Charakter aversiver Gefühle

1 Vgl. Svenja Flaßpöhler, *Sensibel. Über moderne Empfindlichkeit und die Grenzen des Zumutbaren*, Stuttgart 2021.

2 Vgl. exemplarisch Ursula Orlowsky/Rebekka Orlowsky (Hg.), *Narziss und Narzissmus im Spiegel von Literatur, Bildender Kunst und Psychoanalyse. Vom Mythos zur leeren Selbstinszenierung*, München 1992.

3 Ovid, »Metamorphoses/Verwandlungen III 339-510«, in: Almut-Barbara Renger (Hg.), *Mythos Narziss. Texte von Ovid bis Jacques Lacan*, Leipzig 1999, S. 44-54, S. 50.

4 Vgl. zur Verschmelzung von Narziss und Narzissmus Ursula Orlowsky/Rebekka Orlowsky, »Einleitung: Intention und Aufbau des Buches«, in: dies. (Hg.), *Narziss und Narzissmus im Spiegel von Literatur, Bildender Kunst und Psychoanalyse. Vom Mythos zur leeren Selbstinszenierung*, Stuttgart 2002, S. 19-28, S. 19.

5 Almut-Barbara Renger, »Vorwort: Narcissus – ›Selbsterkenntnis‹ und ›Liebe als Passion‹. Gedankengänge zu einem Mythos«, in: dies. (Hg.), *Narcissus. Ein Mythos von der Antike bis zum Cyberspace*, Stuttgart, Weimar 2002, S. 1-12, S. 6.

6 Auf das Moment der Anerkennung weist Martin Altmeyer hin; vgl. Altmeyer, »Narzißmus, Intersubjektivität und Anerkennung«, in: *Psyche* 54/2 (2000), S. 143-171, S. 143.

7 Ovid, »Metamorphoses/Verwandlungen III 339-510«, a. a. O., S. 51-53.

8 Almut-Barbara Renger, »Vorwort«, in: Renger (Hg.), *Mythos Narziss*, a. a. O., S. 14-21, S. 16.
9 Insbesondere in den siebziger Jahren wurde der Narzissmus zu einer inflationären Verfallsdiagnose, worauf wir später noch ausführlicher zu sprechen kommen.
10 Adorno, *Zur Lehre von der Geschichte und von der Freiheit*, a. a. O., S. 290.
11 Peter Sloterdijk, »Warum treten zunehmend Leute aus der Wirklichkeit aus?«, in: ders., *Der Staat streift seine Samthandschuhe ab. Ausgewählte Gespräche und Beiträge 2020-2021*, Berlin 2021, S. 149-171, S. 169.
12 Christopher Lasch, *Das Zeitalter des Narzißmus*, Hamburg 1995 [1979], S. 46.
13 Vgl. zu New Age, Spiritualität und Zeitgefühl Sarasin, *1977*, a. a. O., S. 190-200.
14 Beck, *Risikogesellschaft*, a. a. O., S. 158.
15 Alain Ehrenberg, *Das Unbehagen in der Gesellschaft*, Berlin 2011, S. 23.
16 Axel Honneth definiert soziale Pathologien als gesellschaftliche Entwicklungen, »die zu einer nennenswerten Beeinträchtigung der rationalen Fähigkeiten der Gesellschaftsmitglieder führen, an maßgeblichen Formen der sozialen Kooperation teilzunehmen« (*Das Recht der Freiheit*, a. a. O., S. 157). Unser Vorhaben zielt dagegen eher darauf, die subjektiven Folgen dieser sozial bedingten Beeinträchtigung aufzuzeigen.
17 Vgl. Reinhard Haller, *Die Macht der Kränkung*, Salzburg 2015, S. 36.
18 Vgl. Georg Simmel, »Fragment über die Liebe (1921)«, GSG 7: *Aufsätze und Abhandlungen 1901-1908*, Bd. I, herausgegeben von Otthein Rammstedt et al., Frankfurt am Main 1995, S. 30.
19 Vgl. John Steiner, *Narzißtische Einbrüche. Sehen und Gesehenwerden. Scham und Verlegenheit pathologischer Persönlichkeitsstörungen*, Stuttgart 2006.
20 Georg Simmel, »Zur Psychologie der Scham« (1901), in: *Schriften zur Soziologie. Eine Auswahl*, herausgegeben von Heinz-Jürgen Dahme und Otthein Rammstedt, Frankfurt am Main 1992, S. 140-150, S. 145.
21 Sighard Neckel, *Status und Scham. Zur symbolischen Reproduktion sozialer Ungleichheit*, Frankfurt am Main/New York 1991, S. 99.
22 Sighard Neckel, »Achtungsverlust und Scham. Die soziale Gestalt eines existentiellen Gefühls (1993)«, in: ders., *Die Macht der Unterscheidung*, a. a. O., S. 92-109, S. 106.

23 Vgl. ausführlich Léon Wurmser, *Die Maske der Scham. Die Psychoanalyse von Schamaffekten und Schamkonflikten*, Berlin, Heidelberg 1990.

24 Heinz Weiß, »Groll, Scham und Zorn. Überlegungen zur Differenzierung narzißtischer Zustände«, in: *Psyche* 62/7 (2008), S. 866-886, S. 874. Weiß bringt die drei narzisstischen Gefühlszustände Groll, Scham und Zorn mit unterschiedlichen Blickrichtungen in Verbindung, welche die Art der verleugneten Beziehung genauer zu kennzeichnen vermögen. Unsere Analyse ist von seiner Sichtweise entscheidend geprägt.

25 Ebd., S. 867f.

26 Ebd., S. 868.

27 Rainer Paris, »Ohnmacht als Pression. Über Opferrhetorik«, in: *Merkur* 58/665-666 (2004), S. 914-923, S. 917-918. Der Macht- und Organisationssoziologe Rainer Paris nutzt diese Einsicht indes nicht selten, um Diskriminierungserfahrungen benachteiligter Gruppen zu relativieren. Er wurde mit seiner Kritik an queerfeministischen Positionen auch Autor des rechten Magazins *Tumult*, das wir in einem späteren Kapitel porträtieren.

28 Haller, *Die Macht der Kränkung*, a. a. O., S. 84.

29 Vgl. Weiß, »Groll, Scham und Zorn«, a. a. O., S. 868.

30 Sighard Neckel, »Eingesperrt: der Groll«, in: *Merkur* 75/864 (2021), S. 81-87, S. 84.

31 Ebd., S. 85; vgl. Michael Feldman, »Groll, die zugrundeliegende ödipale Konfiguration«, in: Ronald Britton et al. (Hg.), *Groll und Rache in der ödipalen Situation*, Tübingen 1997, S. 51-96.

32 Die Vertreter:innen der *Affect Studies* gehen sogar noch weiter und behaupten, dass Affekte (politische) Ereignisse kreieren; vgl. exemplarisch Kathleen Stewart, *Ordinary Affects*, Durham 2007; Janet Staiger et al. (Hg.), *Political Emotions*, New York 2010. Sie verstehen, wie Simon Strick betont, »›Gefühle‹ und ›Identitäten‹ als Provisorien, die einen unübersichtlichen Zusammenfall von Intensitäten, Wünschen, flüchtigen Eindrücken, Blockaden, Hemmungen und Atmosphären zu etwas zu verarbeiten suchen, das als sinnhafter Alltag verstehbar und damit emotional ›erlebt‹ werden kann (aber nicht muss)« (Simon Strick, *Rechte Gefühle. Affekte und Strategien des digitalen Faschismus*, Bielefeld 2021, S. 72).

33 Vgl. Pankaj Mishra, *Das Zeitalter des Zorns. Eine Geschichte der Gegenwart*, Frankfurt am Main 2017; Uffa Jensen, *Zornpolitik*, Berlin

2017; Cornelia Koppetsch, *Die Gesellschaft des Zorns. Rechtspopulismus im globalen Zeitalter*, Bielefeld 2019.

34 Mit seinem 2010 erschienenen Essay »Der Wutbürger« gab der Journalist Dirk Kurbjuweit der neuen politischen Gestalt einen Namen: Dirk Kurbjuweit, »Der Wutbürger. Stuttgart 21 und die Sarrazin-Debatte. Warum die Deutschen so viel protestieren«, in: *Der Spiegel* (11. Oktober 2010), online verfügbar unter: {https://www.spiegel.de/spiegel/a-724587.html}.

35 Vgl. Jan-Werner Müller, *Was ist Populismus? Ein Essay*, Berlin 2016, S. 42.

36 Weiß, »Groll, Scham und Zorn«, a.a.O., S. 878.

37 Vgl. Jensen, *Zornpolitik*, a.a.O., S. 79.

38 Heinrich Popitz, *Phänomene der Macht. Autorität – Herrschaft – Gewalt – Technik*, Tübingen 1986, S. 68.

39 Heinz Kohut, »Überlegungen zum Narzißmus und zur narzißtischen Wut« (1971), in: ders., *Die Zukunft der Psychoanalyse. Aufsätze zu allgemeinen Themen und zur Psychologie des Selbst*, Frankfurt am Main 1975, S. 205-251.

40 Peter Sloterdijk, *Zorn und Zeit. Politisch-psychologischer Versuch*, Frankfurt am Main 2006, S. 39.

41 Ebd., S. 344; vgl. Jensen, *Zornpolitik*, a.a.O., S. 119-123.

42 Friedrich Nietzsche, *Genealogie der Moral* (1887), in: *Kritische Studienausgabe*, herausgegeben von Giorgio Colli und Mazzino Montinari, Bd. 5, München 1999, S. 245-412, S. 271.

43 Ebd., S. 270.

44 Vgl. zu Webers Rezeption der Sklavenmoral Nietzsches Hermann Kocyba, »Max Weber. Ressentiment und Rationalität – Zur Genealogie des modernen Menschen«, in: Eicke Brock/Jutta Georg (Hg.), *»– ein Leser, wie ich ihn verdiene«. Nietzsche-Lektüren in der deutschen Philosophie und Soziologie*, Stuttgart 2019, S. 293-317.

45 Max Scheler, *Das Ressentiment im Aufbau der Moralen*, Frankfurt am Main 1978 [1915], S. 7. Ähnlich beschreibt auch Nietzsche die Verselbstständigung des Leidens: »Die Leidenden […] durchwühlen die Eingeweide ihrer Vergangenheit und Gegenwart nach dunklen fragwürdigen Geschichten, wo es ihnen freisteht, in einem quälerischen Verdachte zu schwelgen und am eigenen Gifte der Bosheit sich zu berauschen« (Nietzsche, *Genealogie der Moral*, a.a.O., S. 375).

46 Horkheimer/Adorno, *Dialektik der Aufklärung*, a.a.O., S. 201.

47 Thomas Bedorf sieht in der Personalisierung ein Merkmal des Populis-

mus; vgl. Thomas Bedorf, »Zur Rhetorik des politischen Ressentiments«, in: *Zeitschrift für Praktische Philosophie* 6/1 (2019), S. 239-256, S. 252.

48 Scheler, *Das Ressentiment im Aufbau der Moralen*, a. a. O., S. 8.

49 Ebd., S. 9.

50 Zwar liegt unser Fokus auf den sozialen Gründen von Kränkungen, dies bedeutet aber keineswegs, dass aversive Emotionen die typische oder einzige Reaktionsweise auf die Spannungen sind, die wir nun untersuchen werden. Sie sind lediglich bei denjenigen Individuen wahrscheinlicher, die solchen Spannungen in besonderem Maße ausgesetzt sind.

51 Axel Honneth et al., »Stichwort: Alex de Tocqueville und die Paradoxien der Gleichheit«, in: *Westend. Neue Zeitschrift für Sozialforschung* 26/1 (2017), S. 71-74, S. 71.

52 Hans-Peter Müller, »Soziale Ungleichheit und Ressentiment«, in: *Merkur* 58/665-666 (2004), S. 885-894, S. 888.

53 Ebd., S. 889.

54 Tocqueville, *Über die Demokratie in Amerika*, a. a. O., S. 44.

55 Vgl. zum Neid als demokratische Emotion Johannes Voelz, »Wendungen des Neids. Tocqueville und Emerson zum Paradox einer demokratischen Leidenschaft«, in: *Westend. Neue Zeitschrift für Sozialforschung* 26/1 (2017), S. 141-154.

56 Tocqueville, *Über die Demokratie in Amerika*, a. a. O., S. 314-315.

57 Müller, »Soziale Ungleichheit und Ressentiment«, a. a. O., S. 890.

58 Elias, *Die Gesellschaft der Individuen*, a. a. O., S. 80.

59 Vgl. Nachtwey, »Entzivilisierung«, a. a. O., S. 227.

60 Norbert Elias, *Studien über die Deutschen. Machtkämpfe und Habitusentwicklung im 19. und 20. Jahrhundert*, Frankfurt am Main 1992, S. 243.

61 Scheler, *Das Ressentiment im Aufbau der Moralen*, a. a. O., S. 18.

62 Ebd., S. 9.

63 Ebd., S. 14.

64 Ebd.

65 Émile Durkheim, *Der Selbstmord*, Frankfurt am Main 1983 [1897], S. 292.

66 Diesen Aspekt bringt Helmut Thome konzise auf den Punkt: Helmut Thome, »Zur Normalität von Anomie in funktional differenzierten Gesellschaften«, in: *Zeitschrift für* Soziologie 45/4 (2016), S. 261-280, S. 263.

67 Durkheim, *Der Selbstmord*, a. a. O., S. 282.
68 Ebd., S. 290.
69 Ebd., S. 233.
70 Die Theorie der institutionellen Anomie bringt deviante Verhaltensweisen in ökonomischen Institutionen mit einer marktorientierten Mentalität in Verbindung; vgl. Steven F. Messner et al., »Institutional Anomy Theory. An evolving research program«, in: *Handbook on Crime and Deviance*, herausgegeben von Marvin D. Krohn et al., New York 2019, S. 161-177.
71 Neckel, »Identität als Ware«, a. a. O., S. 45.
72 Scheler, *Das Ressentiment im Aufbau der Moralen*, a. a. O., S. 15.
73 Ebd., S. 17.
74 Joseph Vogl, *Kapital und Ressentiment. Eine kurze Theorie der Gegenwart*, München 2021, S. 162f.
75 Vgl. Jan Slaby/Christian von Scheve (Hg.), *Affective Societies. Key Concepts*, London, New York 2019.
76 Mishra, *Zeitalter des Zorns*, a. a. O., S. 25.
77 Ebd., S. 24.
78 Sighard Neckel, »Blanker Neid, blinde Wut? Sozialstruktur und kollektive Gefühle« (1999), in: ders., *Die Macht der Unterscheidung*, a. a. O., S. 110-132, S. 119.
79 Michael J. Sandel, *Vom Ende des Gemeinwohls. Wie die Leistungsgesellschaft unsere Demokratien zerreißt*, Frankfurt am Main 2020, S. 38.
80 Ebd., S. 40f.
81 Ebd., S. 43.
82 Vgl. auch Neckel, »Blanker Neid, blinde Wut?«, a. a. O., S. 129.
83 Robert K. Merton, *Soziologische Theorie und soziale Struktur*, Berlin/Boston 1995 [1949], S. 160.
84 Ebd., S. 156.
85 Reckwitz, *Die Gesellschaft der Singularitäten*«, a. a. O. Zwar wird der Narzissmus oft mit dem Starkult in Verbindung gebracht, aber er ist ebenso ein Generator von Neid und Minderwertigkeitsgefühlen.
86 Heinrich Popitz, *Die normative Konstruktion der Gesellschaft*, Tübingen 1980, S. 10.
87 Heinrich Popitz, *Soziale Normen*, herausgegeben von Friedrich Pohlmann und Wolfgang Eßbach, Frankfurt am Main 2006, S. 65.
88 Merton, *Soziologische Theorie und soziale Struktur*, a. a. O., S. 184.
89 Christian Baron schildert dies eindrücklich in seinem Roman *Ein Mann seiner Klasse* (Berlin 2020).

90 Fromm, *Die Furcht vor der Freiheit*, a. a. O., S. 92.
91 Popitz, *Soziale Normen*, a. a. O., S. 68.
92 Ebd.
93 Vgl. Sahra Wagenknecht, *Die Selbstgerechten. Mein Gegenprogramm – für Gemeinsinn und Zusammenhalt*, Frankfurt am Main/New York 2021, S. 102.
94 Merton, *Soziologische Theorie und soziale Struktur*, a. a. O., S. 176f.
95 Vgl. Heinz Weiß/Heinrich Merkt, »Eine pathologische Organisation auf der Grundlage des Strebens nach Perfektion«, in: Vera King et al. (Hg.), *Lost in Perfection. Zur Optimierung von Gesellschaft und Psyche*, Berlin 2021, S. 225-238, S. 225.
96 Vgl. King et al. (Hg.), *Lost in Perfection*, a. a. O.,
97 Rosa, *Beschleunigung und Entfremdung*, a. a. O., S. 190.
98 Cabanas/Illouz, *Das Glücksdiktat*, a. a. O., S. 161.
99 Merton, *Soziologische Theorie und soziale Struktur*, a. a. O., S. 176. Die Anpassungsleistungen an soziale Normen können hingegen durchaus nonkonform sein, wie Greta Wagner in ihrer Studie über den Medikamentenkonsum zur kognitiven Leistungssteigerung eindrücklich dargestellt hat; vgl. Wagner, *Selbstoptimierung*, a. a. O.
100 Merton, *Soziologische Theorie und soziale Struktur*, a. a. O., S. 179.
101 Berlin, »Zwei Freiheitsbegriffe« (1958), a. a. O., S. 219.
102 Merton, *Soziologische Theorie und soziale Struktur*, a. a. O., S. 180.
103 Alain Ehrenberg, *Das erschöpfte Selbst. Depression und Gesellschaft in der Gegenwart*, Frankfurt am Main 2015, S. 55.
104 Merton, *Soziologische Theorie und soziale Struktur*, a. a. O. S. 137.
105 Sennett, *Der flexible Mensch*, a. a. O., S. 79.
106 Lutz Eichler, *System und Selbst. Arbeit und Subjektivität im Zeitalter ihrer strategischen Anerkennung*, Bielefeld 2014, S. 301.
107 Vgl. Nicola Gess, *Halbwahrheiten. Zur Manipulation von Wirklichkeit*, Berlin 2021, S. 49-63; Sighard Neckel, »Bluffen, Täuschen und Verstellen. Bemerkungen zu einer Variante des Leistungsprinzips« (1987), in: ders., *Die Macht der Unterscheidung*, a. a. O., Frankfurt am Main 2000, S. 60-66.
108 Vgl. Nymoen/Schmitt, *Influencer*, a. a. O.
109 Merton, *Soziologische Theorie und soziale Struktur*, a. a. O., S. 150-151.
110 Ebd., S. 151.
111 Ebd.

112 Vgl. auch Maurits Heumann/Oliver Nachtwey, *Autoritarismus und Zivilgesellschaft*, IfS Working Paper Nr. 16, Frankfurt am Main 2021, S. 29-60.
113 Lasch, *Das Zeitalter des Narzißmus*, a.a.O., S. 14.
114 Ebd., S. 15.
115 Ebd., S. 53.
116 Vgl. ebd., S. 257f.
117 Ehrenberg, *Das Unbehagen in der Gesellschaft*, a.a.O., S. 163.
118 Vgl. dazu Philip Cushman, »Why the self is empty. Toward a historically situated psychology«, in: *American Psychologist* 45/5 (1990), S. 599-611.
119 Richard Sennett, *Verfall und Ende des öffentlichen Lebens*, Frankfurt am Main 1986.
120 Ebd., S. 408.
121 Ebd., S. 425.
122 Ebd., S. 410.
123 Vgl. Koschorke, »Linksruck der Fakten«, a.a.O., S. 107-118.
124 Die Prävalenzrate, d.h. die Krankheitshäufigkeit, narzisstischer Persönlichkeitsstörungen in der Bevölkerung wird meist auf unter ein Prozent geschätzt; vgl. Kathrin Ritter/Claas-Hinrich Lammers, »Narzissmus – Persönlichkeitsvariable und Persönlichkeitsstörung«, in: *Psychotherapie, Psychosomatik, Medizinische Psychologie* 57/2 (2007), S. 53-60, S. 56; Aline Vater et al., »Narzisstische Persönlichkeitsstörung. Forschung, Diagnose und Psychotherapie«, in: *Psychotherapeut* 58 (2013), S. 599-615, S. 607; vgl. zum inflationären Gebrauch der Narzissmus-Diagnose in negativen Beschreibungen kultureller Entwicklungen Kristin Dombek, *Die Selbstsucht der anderen. Ein Essay über Narzissmus*, Berlin 2016; vgl. zur Aufwertung des Narzissmus zu einer anthropologischen Konstante Katharina Ohana, *Narzissten wie wir. Vom Streben nach Aufwertung – ein ehrlicher Blick auf uns Menschen*, Weinheim 2022.
125 Jean M. Twenge/W. Keith Campbell, *The Narcissism Epidemic. Living in the Age of Entitlement*, New York 2009.
126 Jean M. Twenge et al., »Egos inflating over time. A cross-temporal meta-analysis of the Narcissistic Personality Inventory«, in: *Journal of Personality* 76/4 (2008), S. 875-902.
127 Twenge/Campbell, *The Narcissism Epidemic*, a.a.O., S. 73-88.
128 Ebd., S. 89-106.
129 Yaida T. Uhls/Patricia M. Greenfield, »The rise of fame: An historical

content analysis«, in: *Cyberpsychology. Journal of Psychosocial Research on Cyberspace* 5 (2011), o.S.

130 C. Nathan DeWall et al., »Tuning in to psychological change. Linguistic markers of psychological traits and emotions over time in popular U.S. song lyrics«, in: *Psychology of Aesthetics, Creativity, and the Arts* 5/3 (2011), S. 200-207.

131 Twenge/Campbell, *The Narcissism Epidemic*, a.a.O., S. 107-122.

132 Timo Gnambs/Markus Appel, »Narcissism and social networking behavior: A meta-analysis«, in: *Journal of Personality* 86/2 (2017), S. 200-212.

133 Twenge/Campbell, *The Narcissism Epidemic*, a.a.O., S. 123-140.

134 Ein Forscher:innenteam um Eunike Wetzel konnte bei US-amerikanischen Studierenden, im Gegensatz zu Twenge und Campbell, eine kontinuierliche Rückläufigkeit seit den neunziger Jahren feststellen. Insbesondere das Anspruchsdenken, d.h. das Gefühl der eigenen Höherwertigkeit, habe abgenommen; vgl. Eunike Wetzel et al., »The narcissism epidemic is dead; long live the narcissism epidemic«, in: *Psychological Science* 28/12 (2017), S. 1833-1847.

135 Vgl. Aline Vater et al., »Does a narcissism epidemic exist in modern western societies? Comparing narcissism and self-esteem in East and West Germany«, in: *PLOS ONE* 13/5 (2018), S. 1-16; Paul K. Piff, »Wealth and the inflated self. Class, entitlement, and narcissism«, in: *Personality and Social Psychology Bulletin* 40/1 (2013), S. 34-43; Peter K. Hatemi/Zoltán Fazekas, »Narcissism and political orientations«, in: *American Journal of Political Science* 62/4 (2018), S. 873-888; Virgil Zeigler-Hill et al., »Through the eyes of Narcissus. Competitive social worldviews mediate the associations with ideological attitudes«, in: *Self and Identity* 20/6 (2021), S. 811-840.

136 Vgl. zum Konzept der Sozialfigur Tobias Schlechtriemen/Sebastian J. Moser, »Sozialfiguren. Zwischen gesellschaftlicher Erfahrung und soziologischer Diagnose«, in: *Zeitschrift für Soziologie* 47/3 (2018), S. 164-180.

5. Libertärer Autoritarismus: Eine Bewegung der verdinglichten Freiheit

1 Vgl. Wendy Brown, *Die schleichende Revolution. Wie der Neoliberalismus die Demokratie zerstört*, Berlin 2015.

2 Wendy Brown, »Das Monster des Neoliberalismus. Autoritäre Freiheit in den ›Demokratien‹ des 21. Jahrhunderts«, in: Ulf Bohmann/Paul Sörensen (Hg.), *Kritische Theorie der Politik*, Berlin 2019, S. 539-576, S. 554.

3 Ebd., S. 565.

4 Ebd., S. 567.

5 Heitmeyer, *Autoritäre Versuchungen*, a. a. O., S. 86.

6 Marcuse, »Das Veralten der Psychoanalyse«, a. a. O., S. 102.

7 Blühdorn, »Liberation and limitation«, a. a. O., S. 14.

8 Vgl. Torben Lütjen, »The anti-authoritarian revolt. Right-wing populism as self-empowerment?«, in: *European Journal of Social Theory* 25/1 (2021), S. 75-93, S. 15. Lütjen sieht darin das populistische Streben nach »Selbstermächtigung« begründet: der Populismus akzeptiert zwar die moderne Rationalität und ihre Methoden, kritisiert aber etablierte Autoritäten der Wissensproduktion und -verarbeitung: »Der Populismus rechnet in seiner Ansprache tatsächlich mit Menschen, die sich für so kompetent halten, dass sie die Komplexität der Welt ohne fremde Hilfe und damit selbst verstehen. [...] Es geht, so kontraintuitiv das vielleicht klingen mag, um individuelle Selbstermächtigung oder, wie es auf Neudeutsch heißt: Empowerment.« Torben Lütjen, »Populismus oder die entgleiste Aufklärung«, in: *Frankfurter Allgemeine Zeitung* [15. Januar 2019], online verfügbar unter: {https://www.faz.net/aktuell/politik/die-gegenwart/populismus-oder-die-entgleiste-aufklaerung-eine-begriffsbestimmung-15975253.html}.

9 Vgl. Eichler, *System und Selbst*, a. a. O., S. 459. Lutz Eichler unternimmt in seiner verdienstvollen Studie den Versuch, die Metamorphosen gesellschaftlicher Subjektivität nachzuzeichnen und sie mit der soziologischen Theoriebildung in Beziehung zu setzen.

10 Adorno et al., »Die verwaltete Welt«, a. a. O.

11 Theodor W. Adorno, »Freudsche Theorie und die Struktur der faschistischen Propaganda«, in: *Psyche* 7/24 (1970), S. 486-509, S. 504.

12 Freud, *Das Unbehagen in der Kultur* (1930), a. a. O., S. 226.

13 Adorno, »Freudsche Theorie und die Struktur der faschistischen Propaganda«, a. a. O., S. 491.

14 Vgl. Sigmund Freud, »Massenpsychologie und Ich-Analyse« (1921), in: ders., *Studienausgabe*, Bd. IX, a. a. O., S. 61-134, S. 119.

15 Oliver Decker, »Prothetische Ergänzungen und narzisstische Plomben. Zur Psychoanalyse der autoritären Dynamik«, in: *Swiss Archives of Neurology, Psychiatry and Psychotherapy* 170 (2019), S. 1-9, S. 1.

16 Freud, »Massenpsychologie und Ich-Analyse«, a. a. O., S. 105.

17 Fromm, *Die Furcht vor der Freiheit*, a. a. O., S. 122.

18 Adorno et al., *Studien zum autoritären Charakter*, a. a. O., S. 45.

19 Marcuse, »Das Veralten der Psychoanalyse«, a. a. O.

20 Oliver Decker, »Flucht ins Autoritäre«, in: ders./Elmar Brähler (Hg.), *Flucht ins Autoritäre. Rechtsextreme Dynamiken in der Mitte der Gesellschaft. Die Leipziger Autoritarismus-Studie 2018*, Gießen 2018, S. 15-64, S. 38.

21 Vgl. hierzu die *Leipziger Autoritarismus-Studien zu rechtsextremen und politischen Einstellungen in Deutschland* (LAS), die die Autoritarismustheorie der Kritischen Theorie modernisiert und in eine quantitative Befragung übersetzt haben; Decker/Brähler (Hg.), *Autoritäre Dynamiken*, a. a. O.

22 Marx, *Das Kapital*, a. a. O., S. 189.

23 Angelika Ebrecht-Laermann hat die Sozialfigur des Einzelkämpfers als Wiedergänger des Autoritarismus untersucht und kommt zu ähnlichen Schlüssen. Sie beobachtet in Rap-Songs und der Selbstpräsentation von IS-Kämpfern einen »negativen Narzissmus«, der Wünsche nach »totalitärer Entdifferenzierung« und »Selbstermächtigung« transportiert; vgl. Angelika Ebrecht-Laermann, »Einzelkämpfer – Wiedergänger des Autoritarismus?«, in: Oliver Decker/Christoph Türcke (Hg.), *Autoritarismus. Kritische Theorie und Psychoanalytische Praxis*, Gießen 2019, S. 29-48, S. 44.

24 Vgl. dazu die Beiträge in Herbert Marcuse et al., *Aggression und Anpassung in der Industriegesellschaft*, Frankfurt am Main 1968.

25 Vgl. Fromm, *Furcht vor der Freiheit*, a. a. O. Fromm hatte den Rebellen noch als Nebentypus verstanden.

26 Adorno et al., *Studien zum autoritären Charakter*, a. a. O., S. 52-53.

27 Vgl. Alexander Mitscherlich, *Auf dem Weg zur vaterlosen Gesellschaft. Ideen zur Sozialpsychologie*, München 1963.

28 Marcuse, »Das Veralten der Psychoanalyse«, a. a. O., S. 89.

29 Marcuse, *Triebstruktur und Gesellschaft*, a. a. O., S. 42.

30 Gunnar Hindrichs, »Autoritär-kulturindustrieller Charakter«, in: *Psyche* 76/4 (2022), S. 1-29, S. 24. Anders als noch beim autoritären Cha-

rakter sei die Ich-Schwäche heute, so Hindrichs, Symptom eines »kulturindustriellen Charakters«, der auf der Eigenbeschränkung des Es basiert. Ausgehend von der Diagnose der Kritischen Theorie, die Kulturindustrie gewähre bloß unsublimierte Vorlust, indem sie »prüde und pornographisch« zugleich sei, verlagert sich auch die Anpassungsleistung in der Psychodynamik, sie wird zu einer »Eigenbeschränkung des Es« (ebd., S. 19).

31 Ebd., S. 27.

32 Adorno et al., *Studien zum autoritären Charakter*, a.a.O., S. 312f.

33 Ebd., S. 314.

34 Ebd., S. 315.

35 Horkheimer, *Zur Kritik der instrumentellen Vernunft*, a.a.O., S. 121.

36 Ebd., S. 123. Dass genau diese Geste im Verschwörungsdenken auf den Kopf gestellt wird, werden wir in Kapitel 7 noch genauer betrachten.

37 Fromm, *Die Furcht vor der Freiheit*, a.a.O., S. 126.

38 Adorno, *Studien zum autoritären Charakter*, a.a.O., S. 328.

39 Ebd.

40 Ebd., S. 328f.

41 Ebd., S. 330.

42 Marcuse, »Das Veralten der Psychoanalyse«, a.a.O., S. 94.

43 Vgl. Adorno, *Studien zum autoritären Charakter*, a.a.O., S. 328; Fromm, *Die Furcht vor der Freiheit*, a.a.O., S. 126.

44 Adorno, *Studien zum autoritären Charakter*, a.a.O., S. 331.

45 Ebd., S. 332-334.

46 Ebd., S. 331f.

47 Ebd., S. 332. Adorno führt an dieser Stelle außerdem Halbbildung als weiteres Charakteristikum ein.

48 Vgl. Gess, *Halbwahrheiten*, a.a.O.

49 Adorno, *Studien zum autoritären Charakter*, a.a.O., S. 332.

50 Vgl. Fromm, *Furcht vor der Freiheit*, a.a.O., S. 107.

51 Freud, »Massenpsychologie und Ich-Analyse«, a.a.O., S. 94.

52 Oliver Decker et al., »Wohlstand, autoritäre Dynamik und narzisstische Plombe. Psychoanalytisch-sozialpsychologische Beiträge zur Kritik der postdemokratischen Gesellschaft«, in: *Forschungsjournal Soziale Bewegungen* 27/1 (2014), S. 63-75.

53 Eva von Redecker, »Ownership's shadow. Neoauthoritarianism as defense of phantom possession«, in: *Critical Times* 3/1 (2020), S. 33-67, S. 35. Sowohl Redecker als auch Decker greifen zur Erläuterung des

Neoautoritarismus auf die Semantik artifizieller Surrogate zurück, mithilfe derer ein Defekt unkenntlich gemacht werden soll. Decker spricht im Anschluss an Fromm von einer »Prothesen-Sicherheit« des Autoritarismus, während Redecker den Begriff des »Phantom-Besitzes« einführt, der sich wie ein Phantomschmerz nach der Amputation einstelle; Oliver Decker, »Prothetische Ergänzungen und narzisstische Plomben«, a.a.O., S. 4-6; Redecker, »Ownership's shadow«, a.a.O., S. 35.

54 Vgl. Birgit Sauer, »Gesellschaftstheoretische Überlegungen zum europäischen Rechtspopulismus. Zum Erklärungspotenzial der Kategorie Geschlecht«, in: *Politische Vierteljahresschrift* 58/1 (2017), S. 3-22. Einen Forschungsüberblick über Rechtspopulismus und Geschlecht gibt Vincent Streichhahn, »Das Geschlecht des Rechtspopulismus. Ein Forschungsüberblick«, in: *Wie weiter mit der Populismusforschung?*, herausgegeben von Seongcheol Kim et al., Baden-Baden 2021, S. 293-318.

55 Auch wenn heute alltagssprachlich durchaus noch die Bezeichnung des »Spinners« geläufig ist, um etwa Corona-Skeptiker:innen normativ abzuwerten, oder von »Schwurbeln« gesprochen wird, wenn Intellektuelle sich paranoiden Denkmustern annähern, möchten wir auf diese pejorative Semantik verzichten. Die Bezeichnung Konspirationist eignet sich aus unserer Sicht besser, um analytisch die imaginäre Realität der Verschwörung als auch die gemeinschaftsbildende Wirkung dieser Verschwörungen einfangen zu können.

56 Vgl. zum Milieubegriff Michael Vester et al., *Soziale Milieus im gesellschaftlichen Strukturwandel. Zwischen Integration und Ausgrenzung*, Frankfurt am Main 2001; Ronald Hitzler/Anne Honer, »Lebenswelt – Milieu – Situation. Terminologische Vorschläge zur theoretischen Verständigung«, in: *Kölner Zeitschrift für Soziologie und Sozialpsychologie* 36/1 (1984), S. 56-74; Stefan Hradil, *Sozialstrukturanalyse in fortgeschrittenen Industriegesellschaften. Von Klassen und Schichten zu Lagen und Milieus*, Opladen 1987.

57 Reichardt, *Authentizität und Gemeinschaft*, a.a.O., S. 40.

58 Vester et al., *Soziale Milieus im gesellschaftlichen Strukturwandel*, a.a.O., S. 311.

59 Ebd.

60 Vgl. zur Erklärungskraft der Sinus-Milieus für eine milieuabhängige Ausprägung des Rechtspopulismus Bertram Barth/Berthold Bodo Flaig, »Aktuell und zukunftssicher«, in: dies. et al. (Hg.), *Praxis der Si-*

nus-Milieus. Gegenwart und Zukunft eines modernen Gesellschafts- und Zielgruppenmodells, Wiesbaden 2018, S. 30-33. Auch die Leipziger Autoritarismus-Studie bildet Cluster, um politische Syndrome in der Bevölkerung hinsichtlich gemeinsamer Eigenschaften zu gruppieren. Diese Cluster stellen allerdings keine sozialen Milieus dar, sondern zielen auf Persönlichkeitsaspekte, Werte und politische Orientierungen: vgl. Oliver Decker et al., »Das autoritäre Syndrom heute«, in: Decker/Brähler (Hg.), *Flucht ins Autoritäre*, a.a.O., S. 117-156, S. 132-134.

61 Da die Soziologie bisher keine eigene vergleichbare und auf Dauer gestellte Milieuforschung entwickelt hat, dienen die Sinus-Milieus immer wieder als interpretative Heuristik für Gesellschaftsdiagnosen; vgl. die Diskussion zwischen Nils C. Kumkar, Uwe Schimank und Andreas Reckwitz: Nils C. Kumkar/Uwe Schimank, »Drei-Klassen-Gesellschaft? Bruch? Konfrontation? Eine Auseinandersetzung mit Andreas Reckwitz' Diagnose der ›Spätmoderne‹«, in: *Leviathan* 49/1 (2021), S. 7-31; Andreas Reckwitz, »Auf der Suche nach der neuen Mittelklasse – Replik auf Nils Kumkar und Uwe Schimank«, in: *Leviathan* 49/1 (2021), S. 33-61. Im Anschluss daran entzündete sich eine Debatte über die Verwendung eines Milieu-Modells, das letztlich für die kommerzielle Forschung entwickelt wurde. Die Methode sei intransparent und weder intersubjektiv nachvollziehbar noch replizierbar, wie Patrick Sachweh kritisiert; Sachweh, »Klassen und Klassenkonflikte in der postindustriellen Gesellschaft«, in: *Leviathan* 49/2 (2021), S. 181-188, S. 184. Wir sind uns dieser Mängel bewusst und ziehen die Sinus-Milieus im Folgenden bloß als Vergleichsfolie heran, um uns den sozialen Räumen des libertären Autoritarismus anzunähern. Vertiefende Forschungen, die unsere hier entwickelten Analysen prüfen, halten wir in jedem Fall für notwendig.

62 Vgl. Vester et al., *Soziale Milieus im gesellschaftlichen Strukturwandel*, a.a.O., S. 311-327; siehe auch Helmut Bremer/Andrea Lange-Vester, »Zur Entwicklung des Konzeptes sozialer Milieus und Mentalitäten«, in: *Soziale Milieus und Wandel der Sozialstruktur. Die gesellschaftlichen Herausforderungen und die Strategien der sozialen Gruppen*, herausgegeben von Helmut Bremer und Andrea Lange-Vester, Wiesbaden 2014, S. 13-41.

63 Ebd., S. 315; vgl. zur Methodik der Sinus-Milieus auch die Selbstdarstellung von Barth et al. (Hg), *Praxis der Sinus-Milieus*, a.a.O.

64 Vester et al., *Soziale Milieus im gesellschaftlichen Strukturwandel*,

a. a. O., S. 509; vgl. ausführlich zum Alternativmilieu Reichardt, *Authentizität und Gemeinschaft*, a. a. O.

65 Franz Walter, *Gelb oder Grün? Kleine Parteiengeschichte der besserverdienenden Mitte in Deutschland*, Bielefeld 2010, S. 73.

66 Vester et al., *Soziale Milieus im gesellschaftlichen Strukturwandel*, a. a. O., S. 510.

67 Ebd.

68 Vgl. Blühdorn, »Liberation and limitation«, a. a. O.

69 Reckwitz, »Auf der Suche nach der neuen Mittelklasse«, a. a. O., S. 38.

70 Vgl. Sinus Markt- und Sozialforschung, *Die Sinus-Milieus in Deutschland. Infopaket für Lehrzwecke*, Heidelberg 2021, S. 25-31.

71 Ebd., S. 26

72 Vester et al., *Soziale Milieus im gesellschaftlichen Strukturwandel*, a. a. O., S. 507.

73 Sinus, *Die Sinus-Milieus*, a. a. O., S. 33-39.

74 Ebd., S. 34, S. 65-71, S. 67, S. 66, S. 89-95, S. 91.

75 Vester et al., *Soziale Milieus im gesellschaftlichen Strukturwandel*, a. a. O., S. 521.

76 Sinus, *Die Sinus-Milieus*, a. a. O., S. 90.

77 Vgl. zur soziologischen Diskussion die Beiträge in Martin Endreß/Andrea Maurer (Hg.), *Resilienz im Sozialen. Theoretische und empirische Analysen*, Wiesbaden 2015.

78 Vgl. Bauman, *Flüchtige Moderne*, a. a. O., S. 46.

79 Vester et al., *Soziale Milieus im gesellschaftlichen Strukturwandel*, a. a. O., S. 509f.

80 Bröckling, *Das unternehmerische Selbst*, a. a. O.

81 Vgl. Blühdorn, »Liberation and limitation«, a. a. O., S. 14-15.

82 Vgl. Inglehart/Norris, *Cultural Backlash*, a. a. O.

83 Vgl. Philipp Lepenies, *Verbot und Verzicht. Politik aus dem Geiste des Unterlassens*, Berlin 2022.

6. Sturz der Wahrheitssuchenden: Gefallene Intellektuelle

1 Hans Ulrich Gumbrecht, »Die Debatte läuft sich tot«, in: *Neue Zürcher Zeitung* (8. August 2020), S. 29.

2 Émile Zola, »J'accuse!« (1898), in: *Die Affäre Dreyfus*, herausgegeben von Siegfried Thalheimer, München 1963, S. 185-193, S. 186.

3 Andreas Franzmann, *Der Intellektuelle als Protagonist der Öffentlich-*

keit. Krise und Räsonnement in der Affäre Dreyfus, Frankfurt am Main 2004, S. 536; vgl. auch Ulrich Oevermann, »Der Intellektuelle. Soziologische Strukturbestimmungen des Komplementär von Öffentlichkeit«, in: *Die Macht des Geistes. Soziologische Fallanalysen zum Strukturtyp des Intellektuellen*, herausgegeben von Andreas Franzmann et al., Frankfurt am Main 2003, S. 13-75.

4 Vgl. Hauke Brunkhorst, »Die Macht der Intellektuellen«, in: *Aus Politik und Zeitgeschichte* 40/10 (2010), S. 32-37.

5 Die populäre Formel der »freischwebenden Intelligenz« geht auf Karl Mannheim zurück, der sie seinerseits von Alfred Weber übernahm: Sie bezeichnet die soziale Ungebundenheit, die es Intellektuellen erlaube, sich auch ein normativ unabhängiges Urteil zu bilden; vgl. Karl Mannheim, *Ideologie und Utopie*, Frankfurt am Main 1995 [1929]; vgl. zu Alfred Webers ursprünglichem Konzept Wolfgang Eßbach, »Intellektuellensoziologie zwischen Ideengeschichte, Klassenanalyse und Selbstbefragung«, in: *Intellektuelle in der Bundesrepublik Deutschland. Verschiebungen im politischen Feld der 1960er und 1970er Jahre*, herausgegeben von Thomas Kroll und Tilman Reitz, Göttingen 2013, S. 21-40.
Ein »wiederkehrende[s] Tableau von Argumentationszuschreibungen« über Intellektuelle ist zusammengetragen in: Thomas Jung/Stefan Müller-Doohm, »Vorwort: Fliegende Fische. Zeitgenössische Intellektuelle zwischen Distanz und Engagement«, in: *Fliegende Fische. Zeitgenössische Intellektuelle zwischen Distanz und Engagement*, herausgegeben von Thomas Jung und Stefan Müller-Doohm, Frankfurt am Main 2008, S. 9-18, S. 14f.

6 Hans-Peter Müller, »Wozu (noch) Intellektuelle? Versuch einer Standortbestimmung«, in: *Merkur* 66/760-761 (2012), S. 878-885, S. 878.

7 Unter den klassischen Selbstverortungen der Intellektuellen, die nicht selten als Verallgemeinerung des eigenen Engagements gedacht werden, hat sich die Jean-Paul Sartres als besonders wirkmächtig erwiesen. Sein Modell des »totalen« oder »universellen« Intellektuellen beruft sich auf einen universellen Wahrheitsbegriff, der zu einem öffentlichen Wortergreifen in nahezu allen öffentlichen Angelegenheiten ermächtigt. »Der Intellektuelle ist jemand, der sich um Dinge kümmert, die ihn nichts angehen«, lautet seine Definition: Jean-Paul Sartre, »Plädoyer für die Intellektuellen« (1965), in: ders., *Gesammelte Werke*, Bd. 6: *Politische Schriften*, Reinbek bei Hamburg 1995, S. 90-148, S. 91.

8 Dietz Bering hat die unterschiedlichen Verwendungsweisen des Intel-

lektuellen-Begriffs in einer umfassenden Studie historisch rekonstruiert: Bering, *Die Epoche der Intellektuellen. 1898-2001. Geburt Begriff Grabmal*, Berlin 2010. Die neuere Forschung zu Intellektuellen fasst Hans Manfred Bock zusammen in: »Der Intellektuelle als Sozialfigur. Neuere vergleichende Forschungen zu ihren Formen, Funktionen und Wandlungen«, in: *Archiv für Sozialgeschichte* 51 (2011), S. 591-643.

9 Vgl. zur Schwierigkeit, den Konservatismus auf den Begriff zu bringen, Martin Greiffenhagen, *Das Dilemma des Konservatismus in Deutschland*, Frankfurt am Main 1986, S. 27-36.

10 Vgl. Hauke Brunkhorst, *Der Intellektuelle im Land der Mandarine*, Frankfurt am Main 1987; vgl. zum konservativen Denken in der Bundesrepublik Sebastian Liebold/Frank Schale (Hg.), *Neugründung auf alten Werten? Konservative Intellektuelle und Politik in der Bundesrepublik*, Baden-Baden 2017.

11 M. Rainer Lepsius, »Kritik als Beruf. Zur Soziologie der Intellektuellen«, in: *Kölner Zeitschrift für Soziologie und Sozialpsychologie* 16/1 (1964), S. 75-91, S. 88.

12 Der verdiente Intellektuellenforscher Hans Manfred Bock resümiert etwa 2012: »Auch wenn es [den Intellektuellen] gelingt, ihre Position der Kritik und Unabhängigkeit zu bewahren, werden sie sich künftig wohl weniger durch die Berufung auf universelle Werte als durch fachliche Expertise und also dadurch legitimieren, dass sie sich eher auf lebensweltliche Nahbereiche der Politik als auf politische Fernziele handelnd einlassen.« Hans Manfred Bock, »Nekrologe auf Widerruf. Legenden vom Tod des Intellektuellen«, in: *Merkur* 66/760-761 [2012], S. 866-877, S. 877. Im selben Jahr erschien Philipp Korom, »Der Aufstieg der Expertenintellektuellen. Eine kritische Auseinandersetzung mit Bourdieus Soziologie der Intellektuellen«, in: *SWS-Rundschau* 52/1 (2012), S. 69-91. Wir werden später noch genauer auf die These des Expertenintellektuellen eingehen.

13 Vgl. Diedrich Diederichsen, »Postideologische Querfronten«, in: *Jahrbuch der Zeitschrift »Theater heute«* (2015), S. 14-20.

14 Jürgen Habermas, »Ein avantgardistischer Spürsinn für Relevanzen. Die Rolle des Intellektuellen und die Sache Europas« (2006), in: ders., *Ach, Europa. Kleine Politische Schriften XI*, Frankfurt am Main 2008, S. 77-87, S. 81.

15 Vgl. Bock, »Nekrologe auf Widerruf, a.a.O., S. 866.

16 Vgl. Müller, »Wozu (noch) Intellektuelle?«, a.a.O., S. 878.

17 Vgl. Frank Schirrmacher, »Der Solschenizyn-Schock«, in: *Frankfurter Allgemeine Zeitung* (4. August 2008), online verfügbar unter {https://www.faz.net/aktuell/feuilleton/buecher/sieg-ueber-die-geschichte-der-solschenizyn-schock-1677319.html}.

18 Jean-François Lyotard, »Grabmal des Intellektuellen«, in: ders., *Grabmal des Intellektuellen*, herausgegeben von Peter Engelmann, Graz/Wien 1985, S. 9-19, S. 11.

19 Ingrid Gilcher-Holtey, »Konkurrenz um den ›wahren‹ Intellektuellen. Intellektuelle Rollenverständnisse aus zeithistorischer Sicht«, in: *Intellektuelle in der Bundesrepublik Deutschland*, herausgegeben von Thomas Kroll und Tilman Reitz, Göttingen 2013, S. 41-54, S. 45; vgl. zu den unterschiedlichen Sozialfiguren von Intellektuellen Stephan Moebius, »Intellektuellensoziologie – Skizze zu einer Methodologie«, in: *Sozial.Geschichte Online* 2 (2010), S. 37-63, S. 47-50.

20 Mark Fisher, *Kapitalistischer Realismus ohne Alternative? Eine Flugschrift*, Hamburg 2013, S. 8.

21 Axel Honneth, *Die Idee des Sozialismus. Versuch einer Aktualisierung*, Berlin 2017, S. 15.

22 Müller, »Wozu (noch) Intellektuelle?«, a. a. O., S. 881.

23 Amlinger, »Rechts dekonstruieren«, a. a. O., S. 320.

24 Müller, »Wozu (noch) Intellektuelle?«, a. a. O., S. 881.

25 Zygmunt Bauman, *Legislators and Interpreters. On Modernity, Post-Modernity and Intellectuals*, Cambridge 1987, S. 5.

26 Vgl. Georg Vobruba, *Die Kritik der Leute. Einfachdenken gegen besseres Wissen*, Weinheim 2019, S. 107-116.

27 Vgl. Martin Carrier, »Engagement und Expertise. Die Intellektuellen im Umbruch«, in: *Wandel oder Niedergang? Die Rolle der Intellektuellen in der Wissensgesellschaft*, herausgegeben von Martin Carrier und Johannes Roggenhofer, Bielefeld 2007, S. 13-32.

28 Vgl. Michel Foucault, »Die Intellektuellen und die Macht« (1972), in: ders., *Dits et Ecrits. Schriften*, Bd. II: *1970-1975*, herausgegeben von Daniel Defert, Frankfurt am Main 2002, S. 382-393, S. 384; vgl. Gilcher-Holtey, *Eingreifendes Denken*, a. a. O., S. 359-391.

29 Michel Foucault, »Wahrheit und Macht. Interview mit A. Fontana und P. Pasquino«, in: ders., *Dispositive der Macht. Über Sexualität, Wissen und Wahrheit*, Berlin 1978, S. 21-54, S. 54.

30 Philipp Korom schlägt hierfür den Begriff des »Expertenintellektuellen« vor; vgl. Philipp Korom, »Der Aufstieg der Expertenintellektuellen«, a. a. O.

31 Foucault, »Wahrheit und Macht«, a.a.O., S. 46f.
32 Vgl. Gangolf Hübinger, *Gelehrte, Politik und Öffentlichkeit. Eine Intellektuellengeschichte*, Göttingen 2006, S. 14.
33 Vgl. Frank Furedi, *Where Have All the Intellectuals Gone?*, London/New York 2004.
34 Bock, »Der Intellektuelle als Sozialfigur«, a.a.O., S. 613.
35 Richard Münch, *Akademischer Kapitalismus. Über die politische Ökonomie der Hochschulreform*, Berlin 2011, S. 14.
36 Carlos Spoerhase betont etwa, dass »wo und wann und auf welche Weise publiziert wird, [...] erhebliche Effekte etwa darauf [hat], wessen Forschung überhaupt wahrgenommen wird, wer an einer renommierten Universität eine Stelle erhält, wen die großen Förderinstitutionen zu unterstützen bereit sind, wie Wissensansprüche formuliert und herausgefordert werden können und welche Anschlusskommunikation diese Artikulationen nach sich ziehen.« (Carlos Spoerhase, »Filetierte Vernunft. Veröffentlichen in den Geistes- und Sozialwissenschaften«, in: *Mittelweg 36* 31/2 [2022], S. 4-13, S. 5)
37 Thomas H. Macho, »Geistesgegenwart. Notizen zur Lage der Intellektuellen«, in: *Intellektuellendämmerung? Beiträge zur neuesten Zeit des Geistes*, herausgegeben von Martin Meyer, München 1992, S. 38-56, S. 45.
38 Vgl. Axel Schildt, *Medien-Intellektuelle in der Bundesrepublik*, herausgegeben von Gabriele Kandzora und Detlef Siegfried, Göttingen 2020, S. 611-622.
39 Vgl. Stephan Moebius, »Der Medienintellektuelle«, in: *Diven, Hacker, Spekulanten. Sozialfiguren der Gegenwart*, herausgegeben von Stephan Moebius und Markus Schroer, Frankfurt am Main 2010, S. 277-290.
40 Habermas, »Ein avantgardistischer Spürsinn für Relevanzen«, a.a.O., S. 83.
41 Vgl. Amlinger, *Schreiben*, a.a.O., S. 636-638.
42 Ekkehard Knörer, »Demokratisierung der Kritik? Von Experten und Metaexperten«, in: *Merkur* 66/760-761 (2012), S. 945-956, S. 952.
43 Vgl. Martin Seeliger/Sebastian Sevignani (Hg.), *Ein neuer Strukturwandel der Öffentlichkeit?*, *Leviathan Sonderband* 37, Baden-Baden 2021.
44 Vogl, *Kapital und Ressentiment*, a.a.O., S. 178.
45 Jürgen Habermas, »Überlegungen und Hypothesen zu einem erneuten Strukturwandel der politischen Öffentlichkeit«, in: Seeliger/Sevig-

nani (Hg.), *Ein neuer Strukturwandel der Öffentlichkeit?*, a.a.O., S. 470-500, S. 488.

46 Vgl. Pablo Barberá, »Social media, echo chambers, and political polarization«, in: *Social Media and Democracy. The State of the Field, Prospects for Reform*, herausgegeben von Nathaniel Persily und Joshua A. Tucker, Cambridge 2020, S. 34-55.

47 Thomas Petersen, »Die Mehrheit fühlt sich gegängelt«, in: *Frankfurter Allgemeine Zeitung* (16. Juni 2021), S. 8.

48 Pippa Norris hat in einer länderübergreifenden empirischen Studie untersucht, ob die Wahrnehmung einer Cancel Culture davon abhängt, inwieweit die individuellen Wertvorstellungen mit der dominanten Kultur übereinstimmen. Unter Rückgriff auf das Konzept der »Schweigespirale« von Elisabeth Noelle-Neumann geht sie davon aus, dass sich die Norm- und Wertvorstellungen des gesellschaftlichen »Mainstreams« allmählich durchsetzen und zur vorherrschenden Kultur werden, während abweichende Minderheitenstimmen aufgrund des Konformitätsdrucks verstummen. So kommt Norris zu dem Ergebnis, dass sich in postindustriellen, liberalen Gesellschaften vor allem rechte Wissenschaftler:innen ausgegrenzt fühlten, in sogenannten Entwicklungsländern mit einer traditionelleren Moralkultur hingegen eher linke Wissenschaftler:innen; vgl. Pippa Norris, »Cancel culture. Myth or reality?«, in: *Political Studies* (11. August 2021), S. 1-30. Was Norris allerdings außer Acht lässt, sind die internen Widersprüche und Fraktionierungen der als homogen gedachten Mehrheit und Minderheit.

49 Vgl. zur Geschichte des politischen Wortgebrauchs Meredith D. Clark, »Drag them. A brief etymology of so-called ›cancel culture‹«, in: *Communication and the Public* 5/3-4 (2020), S. 88-92; vgl. zu den US-amerikanischen Ursprüngen von Begriff und Debatte Adrian Daub, *Cancel Culture Transfer. Wie eine moralische Panik die Welt erfasst*, Berlin (im Erscheinen).

50 Vgl. Sighard Neckel, »Das Stellhölzchen der Macht. Zur Soziologie des politischen Skandals«, in: *Anatomie des politischen Skandals*, herausgegeben von Rolf Ebbighausen und Sighard Neckel, Frankfurt am Main 1989, S. 55-82.

51 Ingrid Gilcher-Holtey, »Skandalisierung des Skandals. Intellektuelle und Öffentlichkeit«, in: *Skandale zwischen Moderne und Postmoderne. Interdisziplinäre Perspektiven auf Formen gesellschaftlicher Transgression*, herausgegeben von Andreas Gelz et al., Berlin/Boston 2014, S. 217-234, S. 219f.

52 Ebd., S. 221-228.

53 Norbert Elias/John L. Scotson, *Etablierte und Außenseiter*, Frankfurt am Main 1993 [1965]; vgl. Uwe Schimank, »Universitäten und Gesellschaft im Wandel«, in: *Aus Politik und Zeitgeschichte* 71/46 (2021), S. 42-47, S. 46.

54 Robin Celikates, »Moralischer Fortschritt, soziale Kämpfe und Emanzipationsblockaden. Elemente einer Kritischen Theorie der Politik«, in: *Kritische Theorie der Politik*, herausgegeben von Ulf Bohmann und Paul Sörensen, Berlin 2019, S. 397-425, S. 409.

55 Petersen, »Die Mehrheit fühlt sich gegängelt«, a. a. O., S. 8.

56 Vgl. Karsten Schubert, »Umkämpfte Kunstfreiheit. Ein Differenzierungsvorschlag«, in: *Zeitschrift für Menschenrechte* 14/2 (2020), S. 195-204.

57 Albrecht Koschorke, *Identität, Vulnerabilität und Ressentiment. Positionskämpfe in den Mittelschichten*, FGZ Working Paper 1 (Dezember), Leipzig 2021, S. 5.

58 Harald Martenstein, »Über Sternchenpausen, Bösewichtinnen und neue Erwerbsquellen für den Duden«, in: *Zeit-Magazin* (28. April 2021), online verfügbar unter: {https://www.zeit.de/zeit-magazin/2021/18/harald-martenstein-gendern-kritik-sprache-sprachentwicklung-duden}. Martenstein gilt manchen Beobachter:innen selbst als ein Opfer der Cancel Culture, nachdem er im Februar 2022 nach der Löschung einer umstrittenen Kolumne mit dem Titel »Nazi-Vergleiche« die Berliner Zeitung *Der Tagesspiegel* verließ. In dieser hatte er das Tragen von »Judensternen« mit der Aufschrift »Ungeimpft« auf Corona-Demonstrationen als »sicher nicht antisemitisch« bezeichnet, da sich die Träger:innen mit den jüdischen Opfern identifizierten; vgl. Claudia Tieschky, »Harald Martenstein verlässt ›Tagesspiegel‹«, in: *Süddeutsche Zeitung* (20. Februar 2022), online verfügbar unter: {https://www.sueddeutsche.de/medien/martenstein-tagesspiegel-1.5532655}.

59 Anna Schneider, »Weit weg von der Lebensrealität«, in: *Die Welt* (21. Juni 2021), online verfügbar unter: {https://www.welt.de/debatte/kommentare/plus231996405/Diskriminierungssensible-Medien-Weit-weg-von-der-Lebensrealitaet.html}. Eine radikal libertäre Position vertritt Schneider auch gegenüber den staatlichen Corona-Maßnahmen, vgl. etwa Anna Schneider, »Die Freiheit beginnt beim Ich«, in: *Die Welt* (20. November 2021), online verfügbar unter: {https://www.welt.de/debatte/kommentare/plus235159368/Anna-

Schneider-zu-Individualismus-und-Covid-Freiheit-beginnt-beim-Ich.html}.

60 Vgl. zur Politik des »Anti-Genderismus« ausführlich Sabine Hark/Paula-Irene Villa (Hg.), *Anti-Genderismus. Sexualität und Geschlecht als Schauplätze aktueller politischer Auseinandersetzungen*, Bielefeld 2015.

61 Koschorke, *Identität, Vulnerabilität und Ressentiment*, a.a.O., S. 2.

62 Vgl. Paula-Irene Villa et al., »Lässt sich ›cancel culture‹ empirisch belegen?«, in: *Aus Politik und Zeitgeschichte* 71/46 (2021), S. 26-33, S. 27.

63 Diedrich Diederichsen, »Am Stammtisch der Sachlichkeit. Markiertes Sprechen in Deutschland«, in: *Merkur* 75/868 (2021), S. 5-18, S. 6.

64 Was sich schon daran zeigt, dass trotz seines umfangreichen Werks die Forschungsliteratur zu Sloterdijk überschaubar ist. Zu den Ausnahmen gehören zum Beispiel Sjoerd van Tuinen, *Peter Sloterdijk. Ein Profil*, Paderborn 2006; Sjoerd van Tuinen (Hg.), *Peter Sloterdijk*, *Cultural Politics* 3/3 (Sonderheft), Oxford 2007; Jean-Pierre Couture, *Sloterdijk*, Cambridge/Malden 2016; Christian Hein, *Peter Sloterdijk. Der Briefkurier der POST-Moderne*, Würzburg 2021.

65 Willem A. Tell, »Was fasziniert die Deutschen an Helene Fischer? 8 Fragen an Deutschlands wichtigsten Philosophen«, Interview mit Peter Sloterdijk, in: *Bild* (26. Juni 2015), online verfügbar unter: {https://www.bild.de/unterhaltung/kultur/helene-fischer/warum-lieben-die-deutschen-den-schlagerstar-41518092.bild.html}.

66 Peter Sloterdijk, *Reflexionen eines nicht mehr Unpolitischen. Dankrede von Peter Sloterdijk zur Entgegennahme des Ludwig-Börne-Preises 2013*, Berlin 2013, S. 32.

67 Ebd., S. 35.

68 Peter Sloterdijk, *Du mußt dein Leben ändern. Über Anthropotechnik*, Frankfurt am Main 2012, S. 700.

69 Sloterdijk, *Kritik der zynischen Vernunft*, Bd. 1, Frankfurt am Main 1983, S. 207-208.

70 Vgl. van Tuinen, *Peter Sloterdijk*, a.a.O., S. 19.

71 Vgl. Peter Sloterdijk, »Die Revolution der gebenden Hand«, in: *Frankfurter Allgemeine Zeitung* (13. Juni 2009), online verfügbar unter: {https://www.faz.net/aktuell/feuilleton/debatten/kapitalismus/die-zukunft-des-kapitalismus-8-die-revolution-der-gebenden-hand-1812362.html}; vgl. auch den Band *Die nehmende Hand und die gebende Seite. Beiträge zu einer Debatte über die demokratische Neubegründung von Steuern* (Berlin 2010), der diverse Beiträge Sloterdijks zu dieser Debatte versammelt; vgl. hierzu auch Jan Rehmann/Thomas Wag-

ner (Hg.), *Angriff der Leistungsträger? Das Buch zur Sloterdijk-Debatte*, Hamburg 2010.

72 Sloterdijk, *Zorn und Zeit*, a.a.O., S. 68, S. 60.

73 Ebd., S. 66.

74 Christoph Schwennicke, »Es gibt keine moralische Pflicht zur Selbstzerstörung. Peter Sloterdijk über die Flüchtlingskrise«, Interview mit Peter Sloterdijk, in: *Cicero* (28. Januar 2016), {https://www.cicero.de/innenpolitik/peter-sloterdijk-luegenaether-fluechtlinge-koeln-silvester/plus}.

75 Im Unterschied zu einigen anderen Intellektuellen hatte Sloterdijk etwa für die Corona-Demonstrationen nur wenig Verständnis: »Ich kann diese Leute nicht verstehen. [...] [D]iese rasende Ausbreitung eines unsichtbaren perfiden X namens SARS-CoV-2 von Mensch zu Mensch, das ist doch keine bloße Glaubensangelegenheit.« (Sloterdijk, »Der Staat zeigt seine eiserne Faust«, a.a.O., S. 62)

76 Vgl. Diederichsen, »Postideologische Querfronten«, a.a.O., S. 20.

77 Volker Weiß, »Querfront. Die Allianz der Populisten«, in: *Stichworte zur Zeit. Ein Glossar*, herausgegeben von Heinrich-Böll-Stiftung, Bielefeld 2020, S. 227-240, S. 227.

78 Vgl. Stefan Breuer, *Anatomie der konservativen Revolution*, Darmstadt 1993.

79 Vgl. Axel Schildt, *Militärdiktatur mit Massenbasis? Die Querfrontkonzeption der Reichswehrführung um General von Schleicher am Ende der Weimarer Republik*, Frankfurt/New York 1981.

80 Vgl. zur Kritik an der Extremismustheorie, die strukturelle Ähnlichkeiten zwischen linken und rechten Positionen annimmt, Eva Berendsen et al. (Hg.), *Extrem unbrauchbar. Über Gleichsetzungen von links und rechts*, Berlin 2019.

81 Jurij M. Lotman, »Der Begriff der Grenze«, in: ders., *Die Innenwelt des Denkens. Eine semiotische Theorie der Kultur*, herausgegeben von Susi K. Frank et al., Frankfurt am Main 2010, S. 174-190, S. 189; vgl. hierzu Uwe Wirth, »Zwischenräumliche Bewegungspraktiken«, in: *Bewegen im Zwischenraum*, herausgegeben von Uwe Wirth, Berlin 2012, S. 7-34.

82 Vgl. Albrecht Koschorke, »Lechts und rinks. Seitenwechsel in Zeiten der Polarisierung«, in: *Mittelweg 36* (im Erscheinen).

83 Vgl. Diederichsen, »Postideologische Querfronten«, a.a.O., S. 16.

84 Vgl. Julian Müller, »Der politische Konvertit als Fürsprecher seiner selbst«, in: *Mittelweg 36* (im Erscheinen).

85 Thea Dorn et al., »Der Einspruch der Künstler. Es geht nicht darum, wer recht hat«, in: *Die Zeit* (29. April 2021), S. 47f.
86 Vgl. »Jan Josef Liefers« (22. April 2021), online verfügbar unter: {https://www.youtube.com/watch?v=Ux_j8ALQiQY}.
87 Vgl. »Volker Bruch« (22. April 2021), online verfügbar unter: {https://www.youtube.com/watch?v=sOCi3B9wJ5U}. Volker Bruch und die Regisseurin Jeana Paraschiva setzten die Aktion mit #allesaufdentisch fort; nun sollten Künstler:innen mit Expert:innen in einen kritischen Dialog treten.
88 Vgl. Peter Kümmel, »Büschn schämen«, in: *Die Zeit* (29. April 2021), S. 49.
89 Ebd.
90 Giorgio Agamben, »Die Erfindung einer Epidemie«, in: ders., *An welchem Punkt stehen wir? Die Epidemie als Politik*, Wien 2021, S. 15-19.
91 Giorgio Agamben, *Homo sacer. Die souveräne Macht und das nackte Leben*, Frankfurt am Main 2002, S. 175-189.
92 Agamben, »Die Erfindung einer Epidemie«, a. a. O., S. 16.
93 Benjamin Bratton, »Die Philosophie in der Pandemie – ein Totalausfall«, in: *Merkur* 75/869 (2021), S. 66-71, S. 67; vgl. zu den Kontinuitäten in Agambens Denken Thomas Assheuer, »Haben wir das Sterben verlernt? Kritik an Corona-Maßnahmen«, in: *Zeit online* (15. Januar 2022), online verfügbar unter: {https://www.zeit.de/kultur/2022-01/kritik-corona-massnahmen-intellektuelle-philosophie}.
94 Giorgio Agamben, »Vorwort«, in: ders., *An welchem Punkt stehen wir? Die Epidemie als Politik*, Wien 2021, S. 7-14, S. 7.
95 Vgl. Carolin Amlinger/Nicola Gess, »Reality check. Wie die Corona-Krise kritische und weniger kritische Theorien auf den Prüfstand stellt«, in: *Geschichte der Gegenwart* (1. Juli 2020), online verfügbar unter: {https://geschichtedergegenwart.ch/reality-check-wie-die-corona-krise-kritische-und-weniger-kritische-theorien-auf-den-pruefstand-stellt/}.
96 Agamben, »Vorwort«, a. a. O., S. 8.
97 Ebd., S. 8f., S. 7, S. 12f.
98 Ulrike Guérot, *Wer schweigt, stimmt zu. Über den Zustand unserer Zeit. Und darüber, wie wir leben wollen*, Frankfurt am Main 2022, S. 5.
99 Ebd., S. 10, S. 135, S. 42.
100 Julien Benda, *Der Verrat der Intellektuellen. Essay*, Frankfurt am Main 1988 [1927], S. 116.
101 Guérot, *Wer schweigt, stimmt zu*, a. a. O., S. 77.

102 Ebd., S. 48 f., S. 96, S. 60.

103 Ebd., S. 12, S. 16, S. 22, S. 31, S. 37, S. 48.

104 Ebd., S. 53. Dieser Begriff verweist implizit auf Geiselberger (Hg.), *Die große Regression*, a. a. O. Mit dem Unterschied, dass er bei Guérot eine ganz andere Bedeutung erhält.

105 Guérot, *Wer schweigt, stimmt zu*, a. a. O., S. 53

106 Vgl. Nils C. Kumkar, *Alternative Fakten. Zur Praxis der kommunikativen Erkenntnisverweigerung*, Berlin 2022.

107 Guérot, *Wer schweigt, stimmt zu*, a. a. O., S. 134.

108 Guérot schildert etwa folgendes Szenario: »Zuerst räumen wir auf, jeder in seinem Land. Wir überantworten die Verantwortlichen dem Internationalen Strafgerichtshof, sollte sich herausstellen, dass es nicht die Fledermaus war, sondern doch ein Labor, das uns das Virus beschert hat [...]. Wir bitten die USA, sich um Anthony Fauci und Bill Gates zu kümmern. Wir schließen die WHO und durchforsten ihre finanziellen Verstrickungen mit der Pharmaindustrie. Wir lassen die dunklen Gestalten von Pfizer und Co. nicht entkommen« (ebd., S. 116).

109 Marx/Engels, *Manifest der Kommunistischen Partei*, a. a. O., S. 472.

110 Vgl. hierzu die Kritik von Richard Rorty, *Stolz auf unser Land. Die amerikanische Linke und der Patriotismus*, Frankfurt am Main 1999, S. 74 f.

111 Vgl. exemplarisch Mark Lilla, »Das Scheitern der Identitätspolitik. Trumps Amerika. Lehren für die Linke«, in: *Blätter für deutsche und internationale Politik* 62 (2017), S. 41-55.

112 Vgl. die Rekonstruktion in Emma Dowling et al. »Rückkehr des Hauptwiderspruchs? Anmerkungen zur aktuellen Debatte um den Erfolg der Neuen Rechten und das Versagen der ›Identitätspolitik‹«, in: *Prokla* 47/3 (2017), S. 411-420, S. 413.

113 Ebd.

114 Bernd Stegemann, »Der liberale Populismus und seine Feinde«, in: *Blätter für deutsche und internationale Politik* 4 (2017), S. 81-94, S. 89.

115 Ebd., S. 92.

116 Ebd. Silke van Dyk deutet dieses Zitat gar als Bereitschaft zu einer strategischen Querfront mit dem Rechtspopulismus; vgl. Silke van Dyk, »Krise der Faktizität? Über Wahrheit und Lüge in der Politik und die Aufgabe der Kritik«, in: *Prokla* 47/3 (2017), S. 347-367, S. 361.

117 Bernd Stegemann, *Die Öffentlichkeit und ihre Feinde*, Stuttgart 2021, S. 62.
118 Robert Pfaller, *Erwachsenensprache. Über ihr Verschwinden aus Politik und Kultur*, Frankfurt am Main 2017, S. 21.
119 Ebd., S. 23.
120 Ebd., S. 24; vgl. zu Stegemanns Rekonstruktion der deliberativen Öffentlichkeit nach Habermas *Die Öffentlichkeit und ihre Feinde*, a. a. O., S. 39-50.
121 Bauman, *Retrotopia*, a. a. O.
122 Meist beruft man sich auch explizit auf Fraser, siehe etwa Pfaller, *Erwachsenensprache*, a. a. O., S. 19.
123 Vgl. Jürgen Link, *Versuch über den Normalismus. Wie Normalität produziert wird*, Göttingen 2009.
124 Wagenknecht, *Die Selbstgerechten*, a. a. O., S. 25.
125 Pfaller, *Erwachsenensprache*, a. a. O., S. 19-20.
126 Ebd., S. 204. Eine ähnliche Kritik formuliert auch Svenja Flaßpöhler in ihrem Buch *Sensibel. Über moderne Empfindlichkeit und die Grenzen des Zumutbaren* (Stuttgart 2021). Flaßpöhler blendet die progressive Dynamik der Sensibilisierung in der Zivilisationsgeschichte allerdings nicht aus.
127 Pfaller, *Erwachsenensprache*, a. a. O., S. 14-15.
128 Bernd Stegemann, »Keine Macht den Denunzianten und Reinheitsfanatikern der Kulturszene!«, in: *Schweizer Monat* 1077 (2020), online verfügbar unter: {https://schweizermonat.ch/keine-macht-den-denunzianten-und-reinheitsfanatikern-der-kulturszene}.
129 Vgl. Koschorke, »Linksruck der Fakten«, a. a. O.
130 Jürgen Habermas, *Die Moderne – ein unvollendetes Projekt. Philosophisch-politische Aufsätze 1977-1990*, Leipzig 1990, S. 52.
131 Vgl. Amlinger, »Rechts dekonstruieren«, a. a. O.
132 Zitiert nach Philipp Felsch, *Der lange Sommer der Theorie. Geschichte einer Revolte 1960-1990*, München 2015, S. 163.
133 Frank Böckelmann et al., *Das Schillern der Revolte*, Berlin 1978.
134 Zit. nach Felsch, *Der lange Sommer der Theorie*, a. a. O., S. 163.
135 Vgl. Karin Priester, »Philosophie der Apokalypse. Geistige Pfadfinder der Neuen Rechten«, in: *Blätter für deutsche und internationale Politik* 10 (1995), S. 1241-1251.
136 Felsch, *Der lange Sommer der Theorie*, a. a. O., S. 198-206.
137 Tumult, »Über Tumult«, online verfügbar unter: {https://www.tumult-magazine.net/ueber-tumult}.

138 Frank Böckelmann, »Die urbane Katastrophe«, in: *Tumult. Zeitschrift für Verkehrswissenschaften* 1 (1979), S. 3-24, S. 3.
139 Jean Baudrillard, *Kool Killer. Oder Der Aufstand der Zeichen*, Berlin 1978.
140 Frank Böckelmann/Horst Ebner, »Tumult. Vierteljahresschrift für Konsensstörung«, in: *Tumult. Vierteljahresschrift für Konsensstörung* (Sommer 2014), S. 1.
141 Frank Böckelmann/Horst Ebner, »Gibt es wenigstens eine einzige Lebensform?«, in: *Tumult. Vierteljahresschrift für Konsensstörung* (Herbst 2015), S. 4-6, S. 5.
142 Frank Böckelmann, »Völkerfußwanderung 2015?«, in: *Tumult. Vierteljahresschrift für Konsensstörung* (Winter 2015/16), S. 4-7, S. 5.
143 Böckelmann/Ebner, »Gibt es wenigstens eine einzige Lebensform?«, a. a. O., S. 6.
144 Ernst Jünger, *Das Abenteuerliche Herz. Zweite Fassung* (1938), in: *Sämtliche Werke*, Bd. 9: *Zweite Abteilung. Essays*, Stuttgart 1979, S. 177-330, S. 265.
145 Vgl. Luc Boltanski, *Soziologie und Sozialkritik*, a. a. O.; Ulrich Bröckling, »Der Kopf der Leidenschaft. Soziologie und Kritik«, in: *Leviathan* 41/2 (2013), S. 309-323, S. 314-316.
146 Koschorke, *Identität, Vulnerabilität und Ressentiment*, a. a. O., S. 6.
147 Vgl. Diederichsen, »Postideologische Querfronten«, a. a. O., S. 20.

7. Wiederverzauberung der Welt: Coronaproteste

1 Malte Thießen, *Auf Abstand. Eine Gesellschaftsgeschichte der Coronapandemie*, Frankfurt am Main/ New York 2021, S. 42.
2 Ebd.
3 Ebd., S. 80-88; vgl. auch Frank M. Snowden, *Epidemics and Society. From the Black Death to the Present*, New Haven 2019.
4 Vgl. Thießen, *Auf Abstand*, a. a. O., S. 45-54.
5 Vgl. Beck, *Weltrisikogesellschaft*, a. a. O., S. 146-150.
6 Thießen, *Auf Abstand*, a. a. O., S. 80-104.
7 Ebd., S. 76.
8 Bogner, *Die Epistemisierung des Politischen*, a. a. O., S. 21.
9 Vgl. Richard Münch, »Benevolenter Paternalismus. Regieren nach SARS-CoV-2«, in: Sebastian Büttner/Thomas Laux (Hg.), *Um-*

strittene Expertise. Zur Wissensproblematik der Politik, Leviathan Sonderband 38, Baden-Baden 2021, S. 409-432.

10 Alexander Gauland, zit. nach Thießen, *Auf Abstand*, a.a.O., S. 72.

11 Die folgenden Abschnitte beruhen teilweise auf Amlinger/Nachtwey, »Sozialer Wandel, Sozialcharakter und Verschwörungsdenken in der Spätmoderne«, a.a.O., S. 14f.

12 Vgl. Klaus Schwab/Thierry Malleret, *Covid-19. Der Große Umbruch*, Genf 2020.

13 Bogner, *Die Epistemisierung des Politischen*, a.a.O., S. 26.

14 Alexander Bogner/Wolfgang Menz, »Wissen und Werte im Widerstreit. Zum Verhältnis von Expertise und Politik in der Corona-Krise«, in: *Leviathan* 49/1 (2021), S. 111-132. Caspar Hirschi kritisiert, während der Pandemie sei eine »Expertokratie« entstanden, in der vor allem der Berliner Virologe Christian Drosten zu viel Macht angehäuft habe; vgl. Hirschi, »Expertise in der Krise. Zur Totalisierung der Expertenrolle in der Euro-, Klima- und Coronakrise«, in: *Umstrittene Expertise*, herausgegeben von Büttner und Laux, a.a.O., S. 159-186, hier S. 161. Aus unserer Sicht schlägt seine legitime Kritik teilweise selbst in Ressentiment gegenüber Drosten im Speziellen und Experten im Allgemeinen um; vgl. die Kritik von Nils C. Kumkar an Hirschis Diagnose: Kumkar, »Politisierung von Expertise? In der Pandemie auf jeden Fall!«, in: *Frankfurter Allgemeine Zeitung* (15. Dezember 2021), online verfügbar unter: {https://www.faz.net/aktuell/wissen/geist-soziales/wie-caspar-hirschi-vor-politisierung-virologischer-expertise-warnt-17683142.html}.

15 Vgl. auch die Darstellungen und Analysen in: Heike Kleffner/Matthias Meisner (Hg), *Fehlender Mindestabstand. Die Coronakrise und die Netzwerke der Demokratiefeinde*, Freiburg 2021; Wolfgang Benz (Hg.), *Querdenken*, a.a.O.

16 Vgl. etwa Will Callison/Quinn Slobodian, »Coronapolitics from the Reichstag to the Capitol«, in: *Boston Review* (12. Januar 2021), online verfügbar unter: {https://bostonreview.net/articles/quinn-slobodian-toxic-politics-coronakspeticism/}.

17 Vgl. für die soziologische Diskussion zur Rolle von Frames für kollektives Handeln Robert D. Benford/David A. Snow, »Framing processes and social movements. An overview and assessment«, in: *Annual Review of Sociology* 26/1 (2000), S. 611-639.

18 In unseren Analysen gibt es auch Hinweise, dass die Querdenken-Bewegung in Ostdeutschland von Beginn an einen größeren rechtspo-

pulistischen Anteil aufwies als im Westen, insbesondere in Baden-Württemberg; vgl. Nadine Frei/Oliver Nachtwey, »Quellen des ›Querdenkertums‹. Eine politische Soziologie der Corona-Proteste in Baden-Württemberg«, in: *SocArXiv Preprint*, online verfügbar unter: {https://osf.io/preprints/socarxiv/8f4pb}.

19 Die Demonstration in Konstanz erinnerte die Beobachter der dortigen Forschungsgruppe mit ihrer Atmosphäre an eine Mischung aus alternativer Kultur und Kirchentag; vgl. Johannes Pantenburg et al., »Wissensparallelwelten der ›Querdenker‹«, in: *Die Misstrauensgemeinschaft der »Querdenker«. Die Corona-Proteste aus kultur- und sozialwissenschaftlicher Perspektive*, herausgegeben von Sven Reichardt, Frankfurt am Main/New York 2021, S. 29-66, S. 30.

20 Vgl. u.a. den Demonstrationsbericht von Basler Soziolog:innen: Nadine Frei et al., »›Liebe, Freiheit, Frieden‹. Ethnographische Beobachtung des Corona-Protests in Konstanz«, in: *SocArXiv Preprint*, online verfügbar unter: {https://osf.io/vzf6a}.

21 Vgl. Christine Hentschel, »Das große Erwachen. Affekt und Narrativ in der Bewegung gegen die Corona-Maßnahmen«, in: *Leviathan* 49/1 (2021), S. 62-85, S. 63.

22 Thießen, *Auf Abstand*, a.a.O., S. 140.

23 Der italienische Bewegungsforscher Alberto Melucci nennt die Abgrenzung gegenüber anderen Gruppen als elementar für die Herausbildung einer kollektiven Identität – und verwendet für entsprechende Mechanismen und Strategien zur Herstellung einer solchen Identität den heute so umstrittenen Ausdruck »Identitätspolitik«; vgl. Alberto Melucci, »The process of collective identity«, in: *Social Movements and Culture*, herausgegeben von Hank Johnston und Bert Klandermans, Minnesota 1995, S. 41-63.

24 Hentschel, »›Das große Erwachen‹«, a.a.O., S. 64.

25 Vgl. zum Folgenden Oliver Nachtwey et al., »Politische Soziologie der Corona-Proteste«, in: *SocArXiv Preprint*, online verfügbar unter: {https://osf.io/preprints/socarxiv/zyp3f}. Aufgrund der epidemiologischen Lage entschlossen wir uns, unsere quantitative Untersuchung nicht – wie ursprünglich geplant – mit Paper & Pencil-Fragebögen auf Demonstrationen durchzuführen, sondern in offenen Telegram-Gruppen Teilnehmer:innen für eine Online-Befragung zu rekrutieren. Der Online-Survey wurde vom 18. bis zum 24. November 2020 durchgeführt. Die Grundgesamtheit bildeten Personen, die zum Zeitpunkt der Befragung Mitglied in einer offenen Telegram-Gruppe mit mehr

als 200 Mitgliedern waren, die direkt mit der politischen Szene der Corona-Kritiker:innen im Zusammenhang stand. Durch das Verfahren konnten wir eine hohe Anzahl von Teilnehmenden erreichen (3700 Personen haben die erste Seite der Studie angeklickt). Insgesamt wurden durch das gewählte Verfahren 1152 ausgefüllte Fragebögen generiert, was für die erreichte Gruppe eine gute Analysegrundlage darstellt. Es handelt sich jedoch um ein *Convenience*-Sample und damit um eine nichtrepräsentative Erhebung. Die offenen Telegram-Gruppen, in denen effektiv Postings gemacht werden konnten, umfassten insgesamt etwa 75 000 Mitglieder, von denen jedoch viele mutmaßlich in mehreren Gruppen aktiv waren. Zudem wurden wir in einigen – vor allem größeren und professioneller geführten – Gruppen durch Moderator:innen bzw. Bots geblockt. Es war daher nicht feststellbar, wie viele Personen in den Telegram-Gruppen den Link zum Survey wahrgenommen haben, so dass wir die Rücklaufquote nicht befriedigend bestimmen konnten. Wir gehen von einer Overcoverage von Personen aus, die die Bewegung der Corona-Kritikerinnen und -Kritiker in ein positives Licht rücken wollten. Da die Teilnahme über Selbstselektion erfolgte, konnte dies nicht gewichtet und korrigiert werden.

26 In unserem Survey waren auch einige wenige Fälle aus Österreich enthalten, diese analysieren wir aber aufgrund der relativ geringen Fallzahl nicht separat.

27 Mario Luis Small, »How to conduct a mixed methods study: Recent trends in a rapidly growing literature«, in: *Annual Review of Sociology* 37 (2011), S. 57-86. Durch die Multiperspektivität ist eine sogenannte »Triangulation« von Daten möglich, um die Ergebnisse wechselseitig zu validieren; vgl. Uwe Flick, *Doing Triangulation and Mixed Methods*, London 2017.

28 Vgl. hierzu Frei/Nachtwey, »Quellen des ›Querdenkertums‹«, a. a. O. In späteren repräsentativen Erhebungen wurde festgestellt, dass Anhänger der Grünen die Proteste gegen die Corona-Maßnahmen überwiegend und zunehmend ablehnen; vgl. z.B. Edgar Grande et al., »Alles Covidioten? Politische Potenziale des Corona-Protests in Deutschland«, *WZB Discussion Paper* ZZ 2021-601, online verfügbar unter: {https://bibliothek.wzb.eu/pdf/2021/zz21-601.pdf}. Dies steht jedoch nicht im Widerspruch zu unseren Befunden, da es sich in unserer Stichprobe um nunmehr *ehemalige* Anhänger:innen der Grünen handelt.

29 Vgl. auch die Ergebnisse von Sebastian Koos, »Konturen einer hetero-

genen ›Misstrauensgemeinschaft‹«, in: Reichardt (Hg.), *Die Misstrauensgemeinschaft der »Querdenker«*, a. a. O., S. 67-90.

30 Die Forschung zu den einzelnen psychologischen Faktoren für den Glauben an Verschwörungstheorien ist mittlerweile sehr umfangreich; vgl. für einen Überblick Karen M. Douglas et al., »Understanding conspiracy theories«, in: *Political Psychology* 40 (2019), S. 3-35.

31 Wir sprechen von einer latenten Neigung zum Antisemitismus, denn fast 30 Prozent der Studienteilnehmenden wichen bei dem Item »Auch heute noch ist der Einfluss von Juden auf die Politik groß« auf »keine Angabe« aus. Dies könnte ein Hinweis auf sozial erwünschtes Antwortverhalten sein, allerdings wären dazu weitere Untersuchungen notwendig. Im Vergleich zur repräsentativen Leipziger Autoritarismusstudie fiel zudem die Ablehnung des Items geringer aus. Die Studien sind jedoch nur bedingt vergleichbar, da die Leipziger Untersuchung gemäß dem Forced-Choice-Verfahren die Option »Keine Angabe« nicht vorsah.

32 Die Impfablehnung ist allerdings nicht allein auf anthroposophische und esoterische Einstellungen zurückzuführen, sondern sie findet sich auch häufig bei Männern, bei denen sie weniger einer Skepsis als vielmehr einer »Überschätzung der eigenen gesundheitlichen Resilienz« entspringt; vgl. Yasemin El-Menouar, *Zwischen individueller Freiheit und Gemeinwohl. Sieben Wertemilieus und ihre Sicht auf Corona*, Gütersloh 2021, S. 28.

33 Die Mehrheit der Gespräche wurde per Zoom geführt. Die folgenden Zitate von Querdenker:innen stammen, wenn es nicht anders gekennzeichnet ist, aus unseren für die Analyse pseudonymisierten Interviews.

34 Wir danken allen Teilnehmer:innen der Arbeitsgruppe »Coronaproteste und Verschwörungsdenken« im Herbstsemester 2021 im Fachbereich Soziologie für ihre Unterstützung bei der Empirie-Gewinnung.

35 Vgl. auch die Analyse von Pantenburg et al., »Wissensparallelwelten der ›Querdenker‹«, a. a. O., S. 3.

36 Vgl. für erste Analysen, auf die wir im Folgenden zurückgreifen, Nadine Frei et al., »Die Proteste gegen die Corona-Maßnahmen. Eine soziologische Annäherung«, in: *Forschungsjournal Soziale Bewegungen* 34/2 (2021), S. 249-258; Oliver Nachtwey et al., »Generalverdacht und Kritik als Selbstzweck. Empirische Befunde zu den Corona-Protesten«, in: Benz (Hg.), *Querdenken*, a. a. O., S. 194-213.

37 Vgl. Niklas Luhmann, *Vertrauen. Ein Mechanismus der Reduktion sozialer Komplexität*, Stuttgart 1968, S. 92-101.

38 Vgl. Michael Butter, *»Nichts ist, wie es scheint«. Über Verschwörungstheorien*, Berlin 2018; Michael Butter/Peter Night (Hg.), *Routledge Handbook of Conspiracy Theories*, London 2020.

39 Imke Schmincke, »Das Kind als Chiffre politischer Auseinandersetzung am Beispiel neuer konservativer Protestbewegungen in Frankreich und Deutschland«, in: Hark/Villa (Hg.), *Anti-Genderismus*, a. a. O., S. 93-108.

40 Eine Zunahme der Suizidrate war allerdings nicht festzustellen; vgl. Daniel Radeloff et al., »Suizide in Deutschland während der COVID-19-Pandemie. Eine Analyse auf der Grundlage von Daten zu elf Millionen Einwohnern 2017-2021«, in: *Deutsches Ärzteblatt* 119 (2022), online verfügbar unter: {https://www.aerzteblatt.de/archiv/225003/Suizide-in-Deutschland-waehrend-der-COVID-19-Pandemie}.

41 Vgl. Beck, *Risikogesellschaft*, a. a. O., S. 9.

42 Vgl. auch Frei/Nachtwey, »Quellen des ›Querdenkertums‹«, a. a. O.

43 So eine bisher noch unveröffentlichte Auswertung unserer Survey-Daten.

44 Fabian Beckmann/Anna-Lena Schönauer, »Spaltet Corona die Gesellschaft? Eine Milieuanalyse pandemiebezogener Einstellungen«, in: *Gesellschaft unter Spannung. Der Verhandlungsband des 40. Kongresses der Deutschen Gesellschaft für Soziologie (DGS) vom 14.-24. September 2020*, herausgegeben von Birgit Blättel-Mink, S. 8.

45 Vgl. El-Menouar, *Zwischen individueller Freiheit und Gemeinwohl*, a. a. O.; vgl. auch Helene Thaa, »Corona-Skepsis als Rebellion der Individualist*innen«, in: *Soziologieblog* (9. September 2020), online verfügbar unter: {https://soziologieblog.hypotheses.org/13718}.

46 Vgl. hierzu Carolin Amlinger/Oliver Nachtwey, »Die Risikogesellschaft und die Gegenwelt. Theorien von Ulrich Beck und Luc Boltanski eröffnen soziologische Perspektiven auf das Corona-Rebellentum«, in: *Frankfurter Allgemeine Zeitung* (17. Februar 2021), S. N3.

47 Beck, *Risikogesellschaft*, a. a. O., S. 96.

48 Ebd., S. 98.

49 Vgl. Jaron Harambam/Stef Aupers, »Contesting epistemic authority: Conspiracy theories on the boundaries of science«, in: *Public Understanding of Science* 24/4 (2015), S. 466-480.

50 Bogner, *Die Epistemisierung des Politischen*, a. a. O., S. 104.
51 Vgl. hierzu auch Carolin Amlinger, »Über das Querdenken. Der epistemische Widerstand der Corona-Proteste«, in: *Zeitschrift für Fantastikforschung* 8/1 (2020), S. 20-26.
52 Vgl. hierzu Pantenburg et al., »Wissensparallelwelten der ›Querdenker‹«, a. a. O.
53 Vgl. Amlinger/Nachtwey, »Die Risikogesellschaft und die Gegenwelt«, a. a. O.
54 Eine ähnliche Beobachtung macht Nils C. Kumkar im Zusammenhang mit der Verwendung alternativer Fakten; vgl. Nils C. Kumkar, *Alternative Fakten*, a. a. O., S. 54, S. 154.
55 Vgl. dazu auch Florian Buchmayr, »Im Feld der Verschwörungstheorien. Interaktionsregeln und kollektive Identitäten einer verschwörungstheoretischen Bewegung«, in: *Österreichische Zeitschrift für Soziologie* 44/4 (2019), S. 369-386.
56 Vgl. Pierre Bourdieu, *Über den Staat. Vorlesungen am Collège de France 1989-1992*, Berlin 2014, S. 289f.
57 Ebd., S. 293, S. 298, S. 308, S. 326, S. 292.
58 Pierre Bourdieu, »Die politische Repräsentation. Elemente einer Theorie des politischen Feldes« (1981), in: ders., *Politik. Schriften zur Politischen Ökonomie 2*, Berlin 2013, S. 43-96.
59 Vgl. zum Folgenden Buchmayr, »Im Feld der Verschwörungstheorien«, a. a. O.; Oliver Kuhn, »Spekulative Kommunikation und ihre Stigmatisierung – am Beispiel der Verschwörungstheorien«, in: *Zeitschrift für Soziologie* 39/2 (2010), S. 106-123; Andreas Anton et al., »Einleitung: Wirklichkeitskonstruktion zwischen Orthodoxie und Heterodoxie – zur Wissenssoziologie von Verschwörungstheorien«, in: *Konspiration*, herausgegeben von Andreas Anton et al., Wiesbaden 2014, S. 9-25.
60 Boltanski, *Soziologie und Sozialkritik*, a. a. O., S. 13, 92-97.
61 Ebd., S. 27. Allerdings grenzt sich Boltanski ansonsten stark von Bourdieus kritischer Soziologie ab, da diese die Subjekte nicht ernst genug nehme.
62 Vgl. Amlinger/Nachtwey, »Sozialer Wandel, Sozialcharakter und Verschwörungsdenken in der Spätmoderne«, a. a. O., S. 13.
63 Boltanski, *Soziologie und Sozialkritik*, a. a. O., S. 168.
64 Ebd., S. 169f.
65 Ebd.
66 Vgl. Michel Foucault, *Der Mut zur Wahrheit. Die Regierung des Selbst*

und der anderen II. Vorlesungen am Collège de France 1983/84, Berlin 2012, S. 13-41.

67 Vgl. Eva Barlösius, *Naturgemäße Lebensführung. Zur Geschichte der Lebensreform um die Jahrhundertwende*, Frankfurt am Main 1997; Bernd Wedemeyer-Kolwe, *Aufbruch. Die Lebensreform in Deutschland*, Darmstadt 2017.

68 Vgl. Johannes Weiß, »Wiederverzauberung der Welt? Bemerkungen zur Wiederkehr der Romantik in der gegenwärtigen Kulturkritik«, in: *Kultur und Gesellschaft (Sonderheft 27 der Kölner Zeitschrift für Soziologie und Sozialpsychologie)*, herausgegeben von Friedhelm Neidhardt et al., Opladen 1986.

69 Karl Mannheim, *Konservatismus. Ein Beitrag zur Soziologie des Wissens*, herausgegeben von David Kettler et al., Frankfurt am Main 1984, S. 84.

70 Vgl. Andreas Speit, *Verqueres Denken. Gefährliche Weltbilder in alternativen Milieus*, Berlin 2021; Detlef Siegfried/David Templin (Hg.), *Lebensreform um 1900 und Alternativmilieu um 1980. Kontinuitäten und Brüche in Milieus der gesellschaftlichen Selbstreflexion im frühen und späten 20. Jahrhundert*, Göttingen 2019.

71 Vgl. Eberhard Wolff, »Über das Impfen«, in: *Schweizerische Ärztezeitung* 100/25 (2019), S. 868; Eberhard Wolff, »Einschneidende Maßnahmen. Pockenschutzimpfung und traditionale Gesellschaft im Württemberg des frühen 19. Jahrhunderts«, in: *Medizin, Gesellschaft und Geschichte, Beiheft* 10 (1998); Jonathan M. Berman, *Anti-Vaxxers. How to Challenge a Misinformed Movement*, Cambridge 2020.

72 Vgl. hierzu Malte Thießen, *Immunisierte Gesellschaft. Impfen in Deutschland im 19. und 20. Jahrhundert*, Göttingen 2017, S. 31-37.

73 Vgl. für Großbritannien Nadja Durbach, *Bodily Matters. The Anti-Vaccination Movement in England, 1853-1907*, Durham 2005; Wolff, »Einschneidende Maßnahmen«, a. a. O.

74 Ebd.

75 Vgl. Thießen, *Immunisierte Gesellschaft*, a. a. O., S. 132f.

76 Barlösius, *Naturgemäße Lebensführung*, a. a. O., S. 7.

77 Vgl. Cornelia Klinger, »Romantik und Neue Soziale Bewegungen«, in: *Athenäum. Jahrbuch für Romantik*, herausgegeben von Ernst Behler et al., Paderborn 1993, S. 223-244.

78 Vgl. dazu auch Boltanski/Chiapello, *Der neue Geist des Kapitalismus*, a. a. O., S. 80.

79 Vgl. Reichardt, *Authentizität und Gemeinschaft*, a. a. O., S. 784-790.

80 Speit, *Verqueres Denken*, a.a.O., S. 90.
81 Ebd., S. 90-93; Sarasin, *1977*, a.a.O., S. 169-221.
82 Der folgende Abschnitt beruht auf Frei/Nachtwey, »Quellen des ›Querdenkertums‹«, a.a.O.
83 Vgl. Helmut Zander, *Die Anthroposophie. Rudolf Steiners Ideen zwischen Esoterik, Weleda, Demeter und Waldorfpädagogik*, Paderborn 2019.
84 Mateo Kries »Ein Stecker für die höheren Energien«, Interview mit Peter Sloterdijk, in: *Die Welt* (25. Oktober 2011), online verfügbar unter: {https://www.welt.de/print/die_welt/kultur/article13679318/Ein-Stecker-fuer-die-hoeheren-Energien.html}.
85 Zander, *Die Anthroposophie*, a.a.O., S. 252.
86 Ebd., S. 247.
87 Vgl. hierzu ausführlicher Frei/Nachtwey, »Quellen des ›Querdenkertums‹«, a.a.O.
88 Vgl. aus der umfangreichen Forschungsliteratur z.B. N. Fournet et al. »Under-vaccinated groups in Europe and their beliefs, attitudes and reasons for non-vaccination; two systematic reviews«, in: *BMC Public Health* 18/1 (2018), S. 1-17; Edzard Ernst, »Anthroposophy: A risk factor for noncompliance with measles immunization«, in: *The Pediatric Infectious Disease Journal* 30/3 (2011), S. 187-189.
89 Vgl. Jennifer Reich, *Calling the Shots. Why Parents Reject Vaccines*, New York 2016.
90 Zander, *Die Anthroposophie*, a.a.O., S. 252, S. 35.
91 Vgl. Speit, *Verqueres Denken*, a.a.O., S. 91.
92 Vgl. ebd., S. 111-112.
93 Schon für Karl Mannheim waren Romantik und Rationalismus komplementär aufeinander bezogen; vgl. Mannheim, *Konservatismus*, a.a.O., S. 85.
94 Vgl. Heelas, *Spiritualities of Life*, a.a.O.
95 So Adorno über die Astrologie; Theodor W. Adorno, »Aberglaube aus zweiter Hand«, a.a.O., S. 173.
96 Hier bezieht sich der Milieu-Begriff nicht auf Lebensstile im sozialen Raum, wie er zuvor gebraucht wurde, sondern einzig auf die geteilten quasi-religiösen Praktiken.
97 Vgl. Franz Höllinger/Thomas Tripold, *Ganzheitliches Leben. Das holistische Milieu zwischen neuer Spiritualität und postmoderner Wellness-Kultur*, Bielefeld 2014, S. 12, S. 26-35; Hanegraaff, *New Age Religion and Western Culture*, a.a.O., S. 125-157.

98 Vgl. Charlotte Ward/David Voas, »The emergence of conspirituality«, in: *Journal of Contemporary Religion* 26/1 (2011), S. 103-121. Allerdings wird auch Kritik an der These von der Neuartigkeit des Phänomens formuliert; vgl. hierzu: Egil Asprem/Asbjørn Dyrendal, »Conspirituality reconsidered. How surprising and how new is the confluence of spirituality and conspiracy theory?«, in: *Journal of Contemporary Religion* 30/3 (2015), S. 367-382; Robert Schäfer/Nadine Frei, »Rationalismus und Mystifikation. Zur formalen Pathetik des Dagegenseins«, in: *Zeitschrift für Religion, Gesellschaft und Politik* 5 (2021), S. 391-410.

99 Vgl. Nachtwey et al., »Politische Soziologie der Corona-Proteste«, a.a.O., S. 44-49; vgl. zum Genderaspekt Nadine Frei/Ulrike Nack, »Frauen und Corona-Proteste«, in: *SocArXiv Preprint*, online verfügbar unter: {https://osf.io/preprints/socarxiv/bn8vk/}.

100 Höllinger/ Tripold, *Ganzheitliches Leben*, a.a.O., S. 208-218.

101 Vgl. auch Nils B. Weidmann, »Esoteric beliefs and opposition to Corona restrictions«, Working Paper Series/Cluster of Excellence »The Politics of Inequality« 10, Konstanz 2022.

102 Vgl. Reichardt (Hg.), *Die Misstrauensgemeinschaft der »Querdenker«*, a.a.O.

103 Bauman, *Flüchtige Moderne*, a.a.O., S. 49.

104 Vgl. zu dieser Denkfigur Winfried Gebhardt, »›Warme Gemeinschaft‹ und ›kalte Gesellschaft‹. Zur Kontinuität einer deutschen Denkfigur«, in: *Der Aufstand gegen den Bürger. Antibürgerliches Denken im 20. Jahrhundert*, herausgegeben von Günter Meuter und Henrique R. Otten, Würzburg 1999, S. 165-184.

105 Vgl. Heinrich Popitz, »Realitätsverlust in Gruppen« (1994), in: ders., *Soziale Normen*, a.a.O., S. 175-186, S. 177.

106 Reckwitz, *Die Gesellschaft der Singularitäten*, a.a.O., S. 63.

107 In einer repräsentativen Studie des Wissenschaftszentrums Berlin (WZB) wurde deutlich, dass die Corona-Proteste ein erhebliches und relativ stabiles Mobilisierungspotenzial haben. So äußert jede fünfte befragte Person ein großes oder gar sehr großes Verständnis für die Proteste. Jede zehnte Person zeigte sich grundsätzlich offen, an einer Kundgebung teilzunehmen. Die Mehrheit der Befürworter:innen verortete sich selbst in der politischen Mitte. Zudem stellt die Studie heraus, dass nicht wirtschaftliche Sorgen das ausschlaggebende Motiv sind, sondern »befürchtete Freiheitseinschränkungen«; vgl. Grande et al., »Alles Covidio-

ten?«, a. a. O.; vgl. mit ähnlichen Ergebnisse Sebastian Koos/Nicolas Binder, »Wer unterstützt die ›Querdenker‹?«, in: *Die Misstrauensgemeinschaft der »Querdenker«*, herausgegeben von Reichardt, a. a. O., S. 295-320.

108 Oliver Decker et al., »Das autoritäre Syndrom«, a. a. O., S. 201. In Deutschland und der Schweiz trafen während der Pandemie Verschwörungstheorien mit Bezug auf das Corona-Virus auf hohen Zuspruch; vgl. hierzu beispielsweise Sarah Anne Kezia Kuhn et al., »Coronavirus conspiracy beliefs in the German-speaking general population. Endorsement rates and links to reasoning biases and paranoia«, in: *Psychological Medicine* (2021), S. 1-15.

109 Vgl. Clara Schließler et al., »Aberglaube, Esoterik und Verschwörungsmentalität in Zeiten der Pandemie«, in: *Autoritäre Dynamiken. Alte Ressentiments – neue Radikalität. Leipziger Autoritarismus-Studie 2020*, herausgegeben von Oliver Decker und Elmar Brähler, Gießen 2020, S. 283-308.

110 Claudia Diehl/Christian Hunkler, »Vaccination-related attitudes and behavior across birth cohorts. Evidence from Germany«, in: *PLOS ONE* 17/2 (2022), e0263871.

111 Vgl. Thomas Lux et al., »Neue Ungleichheitsfragen, neue Cleavages? Ein internationaler Vergleich der Einstellungen in vier Ungleichheitsfeldern«, in: *Berliner Journal für Soziologie* (2021), o. S.; Mau, »Kamel oder Dromedar?«, a. a. O.

112 Vgl. Hentschel, »›Das große Erwachen‹«, a. a. O.

113 Nozick, *Anarchie Staat Utopia*, a. a. O., S. 11.

114 Allerdings sehen Decker et al. abweichend von der klassischen F-Skala, wo er eine eigene Dimension darstellt, auch den Aberglauben als Teil der autoritären Unterwerfung; vgl. Decker et al., »Das autoritäre Syndrom«, a. a. O., S. 193.

115 Beck, *Risikogesellschaft*, a. a. O., S. 101.

116 Auch bei der QAnon-Verschwörungstheorie handelt es sich um eine Gegen-Epistemologie durch einen Gegenexperten – Q –, der über die Geheimnisse der Regierung Bescheid weiß und diese lüftet; vgl. Jeremiah Morelock/Felipe Ziotti Narita, »The nexus of QAnon and COVID-19. Legitimation crisis and epistemic crisis«, in: *Critical Sociology* (2022), online verfügbar unter: {https://journals.sagepub.com/doi/10.1177/08969205211069614}.

117 Boris Holzer et al., »Einleitung: Protest in der Pandemie«, in: Reichardt (Hg.), *Die Misstrauensgemeinschaft der »Querdenker«*, a. a. O., S. 7-28, S. 18.

118 Dieser »Neue Krefelder Appell« ist online verfügbar unter: {https://peaceappeal21.de/}.

119 Jochen Roose, »Soziale Bewegungen als Basismobilisierung. Zum Verhältnis von Basis und Führungspersonal in den Ansätzen der Bewegungsforschung«, in: *Grassroots-Campaigning*, herausgegeben von Rudolf Speth, Wiesbaden 2013, S. 141-157.

120 Bereits in den zwanziger Jahren gab es im Umfeld der Lebensreformbewegung eine Reihe solcher »Propheten«. Teilweise waren sie eher links, teilweise drifteten sie in den Faschismus ab; vgl. Ulrich Linse, *Barfüßige Propheten. Erlöser der zwanziger Jahre*. Berlin 1983.

121 Vgl. Leo Löwenthal, *Falsche Propheten. Studien zur faschistischen Agitation*, Frankfurt am Main 1990 [1982].

122 Vgl. Niklas Luhmann, *Soziale Systeme. Grundriß einer allgemeinen Theorie*, Frankfurt am Main 1984, S. 546-550.

123 Ebd., S. 507; vgl. dazu auch Kai-Uwe Hellmann, »Einleitung«, in: Niklas Luhmann, *Protest. Systemtheorie und soziale Bewegungen*, herausgegeben von Kai-Uwe-Hellmann, S. 7-45, S. 26.

124 Vgl. zu einem solchen Ansatz Alex Demirović, »Kapitalistischer Staat und Pandemie (Teil 1)«, in: *Prokla. Zeitschrift für Kritische Sozialwissenschaft* 52/206 (2022), S. 11-32; vgl. auch Thomas Ebermann, *Störung im Betriebsablauf. Systemrelevante Betrachtungen zur Pandemie*, Hamburg 2021.

125 Vgl. Barrington Moore/Detlev Puls, *Ungerechtigkeit. Die sozialen Ursachen von Unterordnung und Widerstand*, Frankfurt am Main 1982.

126 Jürgen Habermas, »Corona und der Schutz des Lebens. Zur Grundrechtsdebatte in der pandemischen Ausnahmesituation«, in: *Blätter für deutsche und internationale Politik* 9/2021, S. 65-78, S. 66.

127 Vgl. mit einer Perspektive auf ein »neoliberales« Freiheitsverständnis: Samia Mohammed, »Verletzliche Freiheit? Zur Kritik neoliberaler Freiheitsverständnisse in der Corona-Krise«, in: *Kritik in der Krise. Perspektiven politischer Theorie auf die Corona-Pandemie*, herausgegeben von Clara Arnold et al., Baden-Baden 2020, S. 33-48.

128 Jacques de Saint-Victor, *Die Antipolitischen*, Hamburg 2015, S. 10.

129 Vgl. Dieter Rucht, »Gegenöffentlichkeit und Gegenexperten«, in: *Zeitschrift für Rechtssoziologie* 9/2 (1988), S. 290-305.

130 Johannes Pantenburg/Benedikt Sepp, »Wissen, hausgemacht. Selbstverständnis, Expertisen und Hausverstand der ›Querdenker‹«, in: Büttner/Laux (Hg.), *Umstrittene Expertise*, a.a.O., S. 468-482.

8. Subversion als destruktives Prinzip: Regressive Rebellen

1 Dieses Kapitel basiert wesentlich auf der gemeinsamen Forschung von Maurits Heumann und Oliver Nachtwey. Die hier formulierte Analyse beruht auf: Heumann/Nachtwey, *Autoritarismus und Zivilgesellschaft*, a.a.O.

2 Campact lanciert vor allem Online-Kampagnen und verfügt über einen E-Mail-Verteiler mit insgesamt mehr als zwei Millionen Adressen; Informationen zur Organisation sind online verfügbar unter: {https://www.campact.de/campact/}; Angaben zur Kampagne gegen die AfD sind verfügbar unter: {https://blog.campact.de/2016/03/steuern-bildung-hartz-iv-was-die-afd-wirklich-will/}.

3 Die Studie wurde durch die Demokratie-Stiftung Campact und die Rosa-Luxemburg-Stiftung finanziell unterstützt. Für ihre Mitarbeit bei der Erhebung und Auswertung danken wir Flurin Dummermuth, Farah Grütter und Moritz Dolinga.

4 In einem Fall haben wir ein Ehepaar interviewt. Auch bei zwei anderen Gesprächen stießen zwischenzeitlich Angehörige dazu.

5 Vgl. zu den unterschiedlichen Erklärungsansätzen Bettina Kohlrausch/Linus M. Höcker, »Ursachen für rechtspopulistische Einstellungen. Ein Überblick über den Forschungsstand«, Working Paper Forschungsförderung 178 (März), Hans-Böckler-Stiftung, Düsseldorf 2020.

6 Die explorative Studie baute auf einem selbstselektiven Sampling von Personen aus dem Campact-Verteiler auf, die die Kampagne der NGO kritisiert hatten. Insgesamt haben wir über 30 Stunden Interviewmaterial erhoben und durch ethnografische Feldnotizen sowie einen standardisierten Fragebogen zur Sozialstruktur und zu den wahlpolitischen Präferenzen ergänzt. Unter Zuhilfenahme der Analysesoftware MAXQDA codierten wir das Interviewmaterial unter Berücksichtigung deduktiver Kriterien gemäß der Methode der qualitativen Inhaltsanalyse und nach dem offenen Verfahren der Grounded Theory; vgl. zu methodischen Aspekten Philipp A.E. Mayring, *Qualitative Inhaltsanalyse. Grundlagen und Techniken*, Weinheim 2015; Anselm L. Strauss/ Juliet Corbin, *Basics of Qualitative Research. Grounded Theory Procedures and Techniques*. London 1990; Jörg Strübing, *Grounded Theory. Zur sozialtheoretischen und epistemologischen Fundierung eines pragmatistischen Forschungsstils*, Wiesbaden 2014.

Auf dieser Basis konnten wir schließlich zwei »empirisch begründete Typen« des neuen Autoritarismus rekonstruieren, in denen sich geteilte Vorstellungen, biografische Entwicklungen und sozialstrukturelle Merkmale verdichten; vgl. zur Methode Uwe Kelle/Susanne Kluge, *Vom Einzelfall zum Typus. Fallvergleich und Fallkontrastierung in der qualitativen Sozialforschung*, Wiesbaden 2010, S. 90. Mit unserer Typenbildung liefern wir eine Rekonstruktion geteilter Vorstellungen und Reaktionsweisen im Verhältnis zur sozialen Flugbahn und politischen Sozialisation und ferner eine sinnverstehende Interpretation dieser Daten mit Blick auf anomiebedingte Entfremdungserfahrungen und ihre politische Verarbeitung. Es ist wichtig zu betonen, dass die Interviews im Kontext einer öffentlich-medialen Debatte um die bundesdeutsche Flüchtlingspolitik und den Aufstieg der AfD stattfanden und daher stark von dem beeinflusst sind, was Adorno et al. als »kulturelles Klima« und »ideologischen Einfluß der Massenmedien auf die Bildung der öffentlichen Meinung« bezeichnen; Adorno, *Studien zum autoritären Charakter*, a.a.O., S. 176.

7 Rosanvallon, *Die Gegen-Demokratie*, a.a.O., S. 14.

8 Ebd., S. 16.

9 Vgl. zum Wandel sozialdemokratischer Parteien Oliver Nachtwey, *Marktsozialdemokratie. Die Transformation von SPD und Labour Party*, Wiesbaden 2009.

10 Mouffe, *Für einen linken Populismus*, a.a.O., S. 27.

11 Nils C. Kumkar, »Realitätsverlust und Autoritarismus. Das Krisenerleben des klassischen Kleinbürgertums und die Attraktivität Donald Trumps«, in: *Psychologie und Gesellschaftskritik* 41/3-4 (2017), S. 87-107, S. 94.

12 Rosanvallon, *Die Gegen-Demokratie*, a.a.O., S. 19.

13 Ebd., S. 26.

14 Ebd., S. 17.

15 Ebd., S. 241.

16 Marx, *Das Kapital*, a.a.O., S. 765; vgl. hierzu Søren Mau, *Stummer Zwang. Eine marxistische Analyse der ökonomischen Macht im Kapitalismus*, Berlin 2021.

17 Vgl. Klaus Dörre, »In der Warteschlange. Rassismus, völkischer Populismus und die Arbeiterfrage«, in: *Arbeiterbewegung von rechts? Ungleichheit – Verteilungskämpfe – populistische Revolte*, herausgegeben von Karina Becker et al., Frankfurt am Main 2018, S. 49-81.

18 Vgl. u.a. Cornelia Koppetsch, »Rechtspopulismus, Etablierte und Au-

ßenseiter. Emotionale Dynamiken sozialer Deklassierung«, in: Dirk Jörke/Oliver Nachtwey (Hg.), *Das Volk gegen die (liberale) Demokratie, Leviathan Sonderheft* 32, Baden-Baden 2017, S. 208-232; Reckwitz, *Das Ende der Illusionen*, a. a. O.; Wolfgang Merkel, »Kosmopolitismus versus Kommunitarismus. Ein neuer Konflikt in der Demokratie«, in: *Parties, Governments and Elites. The Comparative Study of Democracy*, herausgegeben von Philipp Harfst et al., Wiesbaden 2017, S. 9-23.

19 Neben der unterschiedlichen Anomievulnerabilität waren Unterschiede in den politischen Einstellungen und Vorurteilen sowie der berufs- und familienbiografische Werdegang ausschlaggebend für die Unterteilung in die beiden Subgruppen.

20 Angehörige, die wie Frau Schmitt während der Interviews nur zeitweilig anwesend waren, wurden in der Analyse nicht berücksichtigt.

21 Vgl. Rüdiger Peukert, »Die Destabilisierung der Familie«, in: *Was treibt die Gesellschaft auseinander?*, herausgegeben von Wilhelm Heitmeyer, Frankfurt am Main 1997, S. 187-328.

22 Rosanvallon, *Die Gegen-Demokratie*, a. a. O., S. 27.

23 Adorno, *Studien zum autoritären Charakter*, a. a. O., S. 320.

24 Ebd., S. 107.

25 Ebd., S. 323.

26 Vgl. Hochschild, *Fremd in ihrem Land*, a. a. O.

27 Rosanvallon, *Die Gegen-Demokratie*, a. a. O., S. 244.

28 Adorno, *Studien zum autoritären Charakter*, a. a. O., S. 324.

29 Ebd., S. 323.

30 Ebd., S. 323 f.

31 Ebd.

32 Ebd., S. 123.

33 Ebd.

34 Vgl. Hochschild, *Fremd in ihrem Land*, a. a. O., S. 187-210.

Schluss

1 Max Horkheimer, »Vorwort [zu Authoritarian Personality]« (1950), in: ders., *Gesammelte Schriften*, Bd. 5, a. a. O., S. 415-420, S. 415.

2 Ebd.

3 Vgl. Oliver/Brähler (Hg.), *Autoritäre Dynamiken*, a. a. O.; Heitmeyer, *Autoritäre Versuchungen*, a. a. O.; Heitmeyer et al., *Rechte Bedrohungsallianzen*, a. a. O.

4 Max Horkheimer/Theodor W. Adorno, »Zur Neuausgabe« (1969), in: Max Horkheimer, *Gesammelte Schriften*, Bd. 5: *»Dialektik der Aufklärung« und Schriften 1940-1950*, Frankfurt am Main 1991, S. 13-14, S. 13.

5 Lukács, *Die Theorie des Romans*, a.a.O., S. 32.

6 Neckel, »Identität als Ware«, a.a.O., S. 38.

7 Das eigene Erwachtsein erklärt aber vielleicht auch gerade bei den Intellektuellen die starke Projektivität auf die linksliberale Identitätspolitik.

8 Vgl. Bob Jessop, *The State. Past, Present and the Future*, Cambridge 2016.

9 Vgl. Thomas Lux et al., »Neue Ungleichheitsfragen, neue Cleavages? Ein internationaler Vergleich der Einstellungen in vier Ungleichheitsfeldern«, in: *Berliner Journal für Soziologie* (2021), S. 1-40; Steffen Mau et al., »Die drei Arenen der neuen Ungleichheitskonflikte. Eine sozialstrukturelle Positionsbestimmung der Einstellungen zu Umverteilung, Migration und sexueller Diversität«, in: *Berliner Journal für Soziologie* 30/3 (2020), S. 317-346.

10 Habermas, »Corona und der Schutz des Lebens«, a.a.O., S. 68.

11 Bogner, *Die Epistemisierung des Politischen*, a.a.O., S. 95, S. 93.

12 Vgl. Frank Fischer, *Truth and Post-Truth in Public Policy*, Cambridge 2021, S. 6f.; Rose McDermott, »Psychological underpinnings of post-truth in political beliefs«, in: *Political Science & Politics* 52/2 (2019), S. 218-222, S. 219.

13 Theodor W. Adorno, »Aberglaube aus zweiter Hand« (1962), in: ders., *Soziologische Schriften I*, Frankfurt am Main 1997, S. 147-176, S. 172.

14 Vgl. Nassim Nicholas Taleb, *Der Schwarze Schwan. Die Macht höchst unwahrscheinlicher Ereignisse*, München 2008.

15 Vgl. dazu etwa Umfragedaten des COSMO-Projekts, die online verfügbar sind unter: {https://projekte.uni-erfurt.de/cosmo2020/web/topic/vertrauen-ablehnung-demos/30-verschwoerung/}.

16 Vgl. Carla Reveland/Volker Siefert, »›Querdenker‹ für Putin«, in: *Tagesschau.de* (4. März 2022), online verfügbar unter: {https://www.tagesschau.de/investigativ/reaktionen-auf-putin-von-querdenkern-und-verschwoerungsideologen-101.html}.

17 Vgl. auch hierzu Daten des COSMO-Projekts, online verfügbar unter: {https://projekte.uni-erfurt.de/cosmo2020/web/topic/politik/20-akzeptanz/#von-corona-krise-und-klima-krise-stand-15.06.21}

18 Vgl. zu diesem Begriff Steffen Mau, »Wut kann Impulse setzen, aber keine Probleme bearbeiten«, Interview von Nils Markwardt, in: *Philomag.de* (15. April 2021), online verfügbar unter: {https://www.philomag.de/artikel/steffen-mau-wut-kann-impulse-setzen-aber-keine-probleme-bearbeiten}.

19 Vgl. Andreas Hövermann et al., *Wie Arbeit, Transformation und soziale Lebenslagen mit anti-demokratischen Einstellungen zusammenhängen. Befunde einer repräsentativen Bevölkerungsumfrage*, Working Paper Forschungsförderung 241 (Februar), Hans-Böckler-Stiftung, Düsseldorf 2022.

20 Pascal Wagner-Egger et al., »The Yellow Vests in France. Psychosocial determinants and consequences of the adherence to a social movement in a representative sample of the population«, in: *International Review of Social Psychology* 35/1 (2022), S. 1-14, S. 2.

21 Horkheimer/Adorno, *Dialektik der Aufklärung*, a. a. O., S. 16.

22 Ebd., S. 18.

23 Ebd., S. 14.

24 Elisabeth Anker kritisiert den Begriff der negativen Freiheit weitergehend als *üble Freiheit* (»ugly freedoms«), da er auch das Recht beinhalte, andere auszubeuten und zu unterjochen und das Klima zu zerstören; vgl. Elisabeth R. Anker, *Ugly Freedoms*, Durham 2022.

25 Vgl. Benjamin Bratton, *The Revenge of the Real. Politics for a Post-Pandemic World*, London 2021.

26 Wagner, *Moderne als Erfahrung und Interpretation*, a. a. O., S. 43.

27 Ebd.

28 Honneth, *Das Recht der Freiheit*, a. a. O., S. 86.

29 Vgl. auch Karl Marx/Friedrich Engels, *Die deutsche Ideologie* (1845/46), MEW 3, S. 5-530, hier S. 74.

30 Vgl. Adorno, *Zur Lehre von der Geschichte und von der Freiheit*, a. a. O., S. 113.

31 Vgl. Miguel Abensour, *Demokratie gegen den Staat. Marx und das machiavellische Moment*, Berlin 2012.

Literatur

Abensour, Miguel, *Demokratie gegen den Staat. Marx und das machiavellische Moment*, Berlin 2012.

Adorno, Theodor W./Max Horkheimer/Eugen Kogon., »Die verwaltete Welt oder: Die Krise des Individuums. Aufzeichnung eines Gesprächs im Hessischen Rundfunk am 4. September 1950«, in: Max Horkheimer, *Gesammelte Schriften*, Bd. 13: *Nachgelassene Schriften 1949-1972*, herausgegeben von Gunzelin Schmid Noerr, Frankfurt am Main 1989, S. 121-142.

Adorno, Theodor W. et al, »Bemerkungen zu *The Authoritarian Personality*« (1947/48), in: ders., *Bemerkungen zu »The Authoritarian Personality« und weitere Texte*, herausgegeben von Eva-Maria Ziege, Berlin 2019, S. 21-61, S. 32.

Adorno, Theodor W., *Zur Lehre von der Geschichte und von der Freiheit* (1964/65), in: *Nachgelassene Schriften*, Band 13, herausgegeben von Rolf Tiedemann, Frankfurt am Main 2001.

Adorno, Theodor W., *Studien zum autoritären Charakter*, Frankfurt am Main 1995 [1950].

Adorno, Theodor W., »Einleitung in die Soziologie« (1968), in: *Nachgelassene Schriften*, Bd. 15, herausgegeben von Christoph Gödde, Frankfurt am Main 1993.

Adorno, Theodor W., »Aberglaube aus zweiter Hand« (1962), in: *Gesammelte Schriften*, Bd. 8: *Soziologische Schriften I*, Frankfurt am Main 1977, S. 147-176.

Adorno, Theodor W., *Negative Dialektik*, Frankfurt am Main 1975 [1966].

Adorno, Theodor W., »Freudsche Theorie und die Struktur der faschistischen Propaganda«, in: *Psyche* 7/24 (1970), S. 486-509.

Agamben, Giorgio, »Vorwort«, in: ders., *An welchem Punkt stehen wir? Die Epidemie als Politik*, Wien 2021, S. 7-14.

Agamben, Giorgio, »Die Erfindung einer Epidemie«, in: ders., *An welchem Punkt stehen wir?*, a. a. O., S. 15-19.

Agamben, Giorgio, *Homo sacer. Die souveräne Macht und das nackte Leben*, Frankfurt am Main 2002.

Ali, Tariq, *The Extreme Centre. A Warning*, London 2015.

Altmeyer, Martin, »Narzißmus, Intersubjektivität und Anerkennung«, in: *Psyche* 54/2 (2000), S. 143-171.

Amlinger, Carolin, »Men make their own history. Conspiracy as counter-narrative in the German political field«, in: *Plots. Literary Form and Cultures of Conspiracy*, herausgegeben von Ben Carver, Dana Craciun und Todor Hristov, London/New York 2022, S. 179-200.

Amlinger, Carolin/Oliver Nachtwey, »Die Risikogesellschaft und die Gegenwelt. Theorien von Ulrich Beck und Luc Boltanski eröffnen soziologische Perspektiven auf das Corona-Rebellentum«, in: *Frankfurter Allgemeine Zeitung* (17. Februar 2021), S. 3.

Amlinger, Carolin, *Schreiben. Eine Soziologie literarischer Arbeit*, Berlin 2021.

Amlinger, Carolin/Oliver Nachtwey, »Sozialer Wandel, Sozialcharakter und Verschwörungsdenken in der Spätmoderne«, in: *Aus Politik und Zeitgeschichte* 71/35-36 (2021).

Amlinger, Carolin/Nicola Gess, »Reality check. Wie die Corona-Krise kritische und weniger kritische Theorien auf den Prüfstand stellt«, in: *Geschichte der Gegenwart* (1. Juli 2020), online verfügbar unter: {https://geschichtedergegenwart.ch/reality-check-wie-die-corona-krise-kritische-und-weniger-kritische-theorien-auf-den-pruefstand-stellt/} (alle URL Stand Juni 2022).

Amlinger, Carolin, »Über das Querdenken. Der epistemische Widerstand der Corona-Proteste«, in: *Zeitschrift für Fantastikforschung* 8/1 (2020), S. 20-26.

Amlinger, Carolin, »Rechts dekonstruieren. Die neue Rechte und ihr widersprüchliches Verhältnis zur Postmoderne«, in: *Leviathan* 48/2 (2020), S. 318-337.

Anton, Andreas/Michael Schetsche/Michael Walter, »Einleitung: Wirklichkeitskonstruktion zwischen Orthodoxie und Heterodoxie – zur Wissenssoziologie von Verschwörungstheorien«, in: *Konspiration*, herausgegeben von Andreas Anton, Michael Schetsche und Michael Walter, Wiesbaden 2014, S. 9-25.

Arndt, Andreas, *Geschichte und Freiheitsbewusstsein. Zur Dialektik der Freiheit bei Hegel und Marx*, Berlin 2015.

Asprem, Egil/Asbjørn Dyrendal, »Conspirituality reconsidered. How surprising and how new is the confluence of spirituality and conspiracy theory?«, in: *Journal of Contemporary Religion* 30/3 (2015), S. 367-382.

Assheuer, Thomas, »Haben wir das Sterben verlernt? Kritik an Corona-Maßnahmen«, in: *Zeit online* (15. Januar 2022), online verfügbar unter: {https://www.zeit.de/kultur/2022-01/kritik-corona-massnahmen-intellektuelle-philosophie}.

Barberá, Pablo, »Social media, echo chambers, and political polarization«, in: *Social Media and Democracy. The State of the Field, Prospects for Reform*, herausgegeben von Nathaniel Persily und Joshua A. Tucker, Cambridge 2020, S. 34-55.

Barlösius, Eva, *Naturgemäße Lebensführung. Zur Geschichte der Lebensreform um die Jahrhundertwende*, Frankfurt am Main 1997.

Baron, Christian, *Ein Mann seiner Klasse*, Berlin 2020.

Barth, Bertram/Berthold Bodo Flaig, »Aktuell und zukunftssicher«, in: *Praxis der Sinus-Milieus. Gegenwart und Zukunft eines modernen Gesellschafts- und Zielgruppenmodells*, herausgegeben von Bertram Barth et al., Wiesbaden 2018, S. 30-33.

Baudrillard, Jean, *Agonie des Realen*, Berlin 2016 [1978].

Baudrillard, Jean, *Kool Killer. Oder Der Aufstand der Zeichen*, Berlin 1978.

Bauman, Zygmunt, *Retrotopia*, Berlin 2017.

Bauman, Zygmunt, *Flüchtige Moderne*, Frankfurt am Main 2003.

Bauman, Zygmunt, *Legislators and Interpreters. On Modernity, Post-Modernity and Intellectuals*, Cambridge 1987.

Beck, Ulrich, *Weltrisikogesellschaft. Auf der Suche nach der verlorenen Sicherheit*, Frankfurt am Main 2007.

Beck, Ulrich/Anthony Giddens/Scott Lash, *Reflexive Modernisierung. Eine Kontroverse*, Frankfurt am Main 1996.

Beck, Ulrich, »Das Zeitalter der Nebenfolgen und die Politisierung der Moderne«, in: Beck/Giddens/Lash, *Reflexive Modernisierung*, a. a. O., S. 19-112.

Beck, Ulrich, »Wissen oder Nicht-Wissen? Zwei Perspektiven ›reflexiver Modernisierung‹«, in: Beck/Giddens/Lash, *Reflexive Modernisierung*, a. a. O., S. 289-315.

Beck, Ulrich, *Risikogesellschaft. Auf dem Weg in eine andere Moderne*, Frankfurt am Main 1986.

Beckmann, Fabian/Anna-Lena Schönauer, »Spaltet Corona die Gesellschaft? Eine Milieuanalyse pandemiebezogener Einstellungen«, in: *Ge-*

sellschaft unter Spannung. Der Verhandlungsband des 40. Kongresses der Deutschen Gesellschaft für Soziologie (DGS) vom 14.-24. September 2020, herausgegeben von Birgit Blättel-Mink, S. 8.

Bedorf, Thomas, »Zur Rhetorik des politischen Ressentiments«, in: *Zeitschrift für Praktische Philosophie* 6/1 (2019), S. 239-256.

Benda, Julien, *Der Verrat der Intellektuellen. Essay*, Frankfurt am Main 1988 [1927].

Benford, Robert D./David A. Snow, »Framing processes and social movements. An overview and assessment«, in: *Annual Review of Sociology* 26/1 (2000), S. 611-639.

Benz, Wolfgang (Hg.), *Querdenken. Protestbewegung zwischen Demokratieverachtung, Hass und Aufruhr*, Berlin 2021.

Berendsen, Eva/Tom David Uhlig/Katharina Rhein (Hg.), *Extrem unbrauchbar. Über Gleichsetzungen von links und rechts*, Berlin 2019.

Bergmann, Frithjof, *New Work, New Culture. Work We Want and a Culture that Strengthens Us*, Alresford 2019.

Bering, Dietz, *Die Epoche der Intellektuellen. 1898-2001. Geburt Begriff Grabmal*, Berlin 2010.

Berlin, Isaiah, »Zwei Freiheitsbegriffe« (1969), in: ders., *Freiheit. Vier Versuche*, Frankfurt am Main 1995, S. 197-256.

Berman, Jonathan M., *Anti-Vaxxers. How to Challenge a Misinformed Movement*, Cambridge 2020.

Bertelsmann Stiftung/OECD (Hg.), *Bröckelt die Mittelschicht? Risiken und Chancen für mittlere Einkommensgruppen auf dem deutschen Arbeitsmarkt*, Gütersloh 2021.

Biebricher, Thomas, *Die politische Theorie des Neoliberalismus*, Berlin 2021.

Bieri, Peter, *Das Handwerk der Freiheit. Über die Entdeckung des eigenen Willens*, München 2001.

Bloch, Ernst, *Das Prinzip Hoffnung. In fünf Teilen. Kapitel 33-42* (1954), in: *Gesamtausgabe in 16 Bänden*, Bd. 5, Frankfurt am Main 1985.

Blühdorn, Ingolfur, »Liberation and limitation: Emancipatory politics, socio-ecological transformation and the grammar of the autocratic-authoritarian turn«, in: *European Journal of Social Theory* 25/1 (2021), S. 26-52.

Blühdorn, Ingolfur/Felix Butzlaff/Margaret Haderer, »Emancipatory politics at its limits? An introduction«, in: *European Journal of Social Theory* 25/1 (2021), S. 3-25.

Blühdorn, Ingolfur, *Simulative Demokratie. Neue Politik nach der postdemokratischen Wende*, Berlin 2013.

Bock, Hans Manfred, »Nekrologe auf Widerruf. Legenden vom Tod des Intellektuellen«, in: *Merkur* 66/760-761 (2012), S. 866-877.

Bock, Hans Manfred, »Der Intellektuelle als Sozialfigur. Neuere vergleichende Forschungen zu ihren Formen, Funktionen und Wandlungen«, in: *Archiv für Sozialgeschichte* 51 (2011), S. 591-643.

Böckelmann, Frank, »Völkerfußwanderung 2015?«, in: *Tumult. Vierteljahresschrift für Konsensstörung* (Winter 2015/16), S. 4-7.

Böckelmann, Frank/Horst Ebner, »Gibt es wenigstens eine einzige Lebensform?«, in: *Tumult. Vierteljahresschrift für Konsensstörung* (Herbst 2015), S. 4-6.

Böckelmann, Frank/Horst Ebner, »Tumult. Vierteljahresschrift für Konsensstörung«, in: *Tumult. Vierteljahresschrift für Konsensstörung* (Sommer 2014), S. 1.

Böckelmann, Frank, »Die urbane Katastrophe«, in: *Tumult. Zeitschrift für Verkehrswissenschaften* 1 (1979), S. 3-24.

Böckelmann, Frank et al., *Das Schillern der Revolte*, Berlin 1978.

Bogner, Alexander, *Die Epistemisierung des Politischen. Wie die Macht des Wissens die Demokratie gefährdet*, Ditzingen 2021.

Bogner, Alexander/Wolfgang Menz, »Wissen und Werte im Widerstreit. Zum Verhältnis von Expertise und Politik in der Corona-Krise«, in: *Leviathan* 49/1 (2021), S. 111-132.

Bohmann, Ulf/Paul Sörensen (Hg.), *Kritische Theorie der Politik*, Berlin 2019.

Boltanski, Luc, *Soziologie und Sozialkritik. Frankfurter Adorno-Vorlesungen 2008*, Berlin 2010.

Boltanski, Luc/Ève Chiapello, *Der neue Geist des Kapitalismus*, Konstanz 2003 [1999].

Bonacker, Thorsten, »Ohne Angst verschieden sein können. Individualität in der integralen Gesellschaft«, in: *Die Gesellschaftstheorie Adornos. Themen und Grundbegriffe*, herausgegeben von Dirk Auer, Thorsten Bonacker und Stefan Müller-Doohm, Darmstadt 1998, S. 117-144.

Bourdieu, Pierre, *Über den Staat. Vorlesungen am Collège de France 1989-1992*, Berlin 2014.

Bourdieu, Pierre, »Die politische Repräsentation. Elemente einer Theorie des politischen Feldes« (1981), in: ders., *Politik. Schriften zur Politischen Ökonomie 2*, Berlin 2013, S. 43-96.

Bratton, Benjamin, »Die Philosophie in der Pandemie – ein Totalausfall«, in: *Merkur* 75/869 (2021), S. 66-71.

Bratton, Benjamin, *The Revenge of the Real. Politics for a Post-Pandemic World*, London 2021.

Bremer, Helmut/Andrea Lange-Vester, »Zur Entwicklung des Konzeptes sozialer Milieus und Mentalitäten«, in: *Soziale Milieus und Wandel der Sozialstruktur. Die gesellschaftlichen Herausforderungen und die Strategien der sozialen Gruppen*, herausgegeben von Helmut Bremer und Andrea Lange-Vester, Wiesbaden 2014, S. 13-41.

Breuer, Stefan, *Anatomie der konservativen Revolution*, Darmstadt 1993.

Bröckling, Ulrich, *Gute Hirten führen sanft. Über Menschenregierungskünste*, Berlin 2017.

Bröckling, Ulrich, »Der Kopf der Leidenschaft. Soziologie und Kritik«, in: *Leviathan* 41/2 (2013), S. 309-323.

Bröckling, Ulrich, *Das unternehmerische Selbst. Soziologie einer Subjektivierungsform*, Frankfurt am Main 2007.

Brown, Wendy, »Das Monster des Neoliberalismus. Autoritäre Freiheit in den ›Demokratien‹ des 21. Jahrhunderts«, in: Bohmann/Sörensen (Hg.), *Kritische Theorie der Politik*, a.a.O., S. 539-576.

Brown, Wendy, *Die schleichende Revolution. Wie der Neoliberalismus die Demokratie zerstört*, Berlin 2015.

Brunkhorst, Hauke, »Autoritärer Liberalismus«, in: *Liberalismus. Traditionsbestände und Gegenwartskontroversen*, herausgegeben von Karsten Fischer und Sebastian Huhnholz, Baden-Baden 2019, S. 291-314.

Brunkhorst, Hauke, »Die Macht der Intellektuellen«, in: *Aus Politik und Zeitgeschichte* 40/10 (2010), S. 32-37.

Brunkhorst, Hauke, *Der Intellektuelle im Land der Mandarine*, Frankfurt am Main 1987.

Buchmayr, Florian, »Im Feld der Verschwörungstheorien. Interaktionsregeln und kollektive Identitäten einer verschwörungstheoretischen Bewegung«, in: *Österreichische Zeitschrift für Soziologie* 44/4 (2019), S. 369-386.

Bundesregierung, *Lebenslagen in Deutschland. Der Sechste Armuts- und Reichtumsbericht der Bundesregierung*, 2021.

Butter, Michael, *»Nichts ist, wie es scheint«. Über Verschwörungstheorien*, Berlin 2018.

Butter, Michael/Peter Night (Hg.), *Routledge Handbook of Conspiracy Theories*, London 2020.

Butterwegge, Christoph/Bettina Lösch/Ralf Ptak, *Kritik des Neoliberalismus*, Wiesbaden 2017.

Cabanas, Edgar/Eva Illouz, *Das Glücksdiktat. Und wie es unser Leben beherrscht*, Berlin 2019.

Callison, Will/Quinn Slobodian, »Coronapolitics from the Reichstag to the Capitol«, in: *Boston Review* (12. Januar 2021), online verfügbar unter: {https://bostonreview.net/articles/quinn-slobodian-toxic-politics-coronakspeticism/}.

Callinicos, Alex, *Against Postmodernism. A Marxist Critique*, Cambridge 1989.

Campbell, Colin, *The Romantic Ethic and the Spirit of Modern Consumerism*, Oxford 1987.

Carrier, Martin, »Engagement und Expertise. Die Intellektuellen im Umbruch«, in: *Wandel oder Niedergang? Die Rolle der Intellektuellen in der Wissensgesellschaft*, herausgegeben von Martin Carrier und Johannes Roggenhofer, Bielefeld 2007, S. 13-32.

Castel, Robert, *Die Krise der Arbeit. Neue Unsicherheiten und die Zukunft des Individuums*, München 2011.

Castel, Robert, *Die Metamorphosen der sozialen Frage. Eine Chronik der Lohnarbeit*, Konstanz 2000.

Castoriadis, Cornelius, *Gesellschaft als imaginäre Institution. Entwurf einer politischen Philosophie*, Frankfurt am Main 1990.

Celikates, Robin, »Moralischer Fortschritt, soziale Kämpfe und Emanzipationsblockaden. Elemente einer Kritischen Theorie der Politik«, in: Bohmann/Sörensen (Hg.), *Kritische Theorie der Politik*, a.a.O., S. 397-425.

Chamayou, Grégoire, *Die unregierbare Gesellschaft. Eine Genealogie des autoritären Liberalismus*, Berlin 2019.

Clark, Meredith D., »Drag them. A brief etymology of so-called ›cancel culture‹«, in: *Communication and the Public* 5/3-4 (2020), S. 88-92.

Conze, Werner, »Freiheit«, in: *Geschichtliche Grundbegriffe. Historisches Lexikon zur politisch-sozialen Sprache in Deutschland*, Bd. 2, herausgegeben von Werner Conze, Otto Brunner und Reinhart Koselleck, Stuttgart 1975, S. 425-542.

Couture, Jean-Pierre, *Sloterdijk*, Cambridge/Malden 2016.

Crouch, Colin, *Postdemokratie*, Frankfurt am Main 2008 [2003].

Cushman, Philip, »Why the self is empty. Toward a historically situated psychology«, in: *American Psychologist* 45/5 (1990), S. 599-611.

Daphi, Priska et al., »Occupy Frieden. Eine Befragung von Teilnehmer/innen der ›Montagsmahnwachen für den Frieden‹«, in: *IPB Working Papers*, Berlin 2014.

Daub, Adrian, *Cancel Culture Transfer. Wie eine moralische Panik die Welt erfasst*, Berlin (im Erscheinen).

Daub, Adrian, *Was das Valley denken nennt. Über die Ideologie der Techbranche*, Berlin 2020.

Davies, William, *Nervöse Zeiten. Wie Emotionen Argumente ablösen*, München 2019.

Decker, Oliver et al., »Wohlstand, autoritäre Dynamik und narzisstische Plombe. Psychoanalytisch-sozialpsychologische Beiträge zur Kritik der postdemokratischen Gesellschaft«, in: *Forschungsjournal Soziale Bewegungen* 27/1 (2014), S. 63-75.

Decker, Oliver/Elmar Brähler (Hg.), *Flucht ins Autoritäre. Rechtsextreme Dynamiken in der Mitte der Gesellschaft. Die Leipziger Autoritarismus-Studie 2018*, Gießen 2018.

Decker, Oliver, »Flucht ins Autoritäre«, in: Decker/Brähler (Hg.), *Flucht ins Autoritäre*, a.a.O., S. 15-64.

Decker, Oliver/Julia Schuler/Elmar Brähler, »Das autoritäre Syndrom heute«, in: Decker/Brähler (Hg.), *Flucht ins Autoritäre*, a.a.O., S. 117-156.

Decker, Oliver, »Prothetische Ergänzungen und narzisstische Plomben. Zur Psychoanalyse der autoritären Dynamik«, in: *Swiss Archives of Neurology, Psychiatry and Psychotherapy* 170 (2019), S. 1-9.

Decker, Oliver/Christoph Türcke (Hg.), *Autoritarismus. Kritische Theorie und Psychoanalytische Praxis*, Gießen 2019, S. 29-48.

Decker, Oliver/Elmar Brähler (Hg.), *Autoritäre Dynamiken. Neue Radikalität – alte Ressentiments. Leipziger Autoritarismus-Studie 2020*, Gießen 2020.

Demirović, Alex, »Kapitalistischer Staat und Pandemie (Teil 1)«, in: *Prokla. Zeitschrift für Kritische Sozialwissenschaft* 52/206 (2022), S. 11-32.

Demirović, Alex, »Vernunft und Emanzipation«, in: *Handbuch Kritische Theorie*, herausgegeben von Uwe H. Bittlingmayer, Alex Demirovic und Tatjana Freytag, Wiesbaden 2019, S. 187-210.

DeWall, C. Nathan et al., »Tuning in to psychological change. Linguistic markers of psychological traits and emotions over time in popular U.S. song lyrics«, in: *Psychology of Aesthetics, Creativity, and the Arts* 5/3 (2011), S. 200-207.

Diederichsen, Diedrich, »Am Stammtisch der Sachlichkeit. Markiertes Sprechen in Deutschland«, in: *Merkur* 75/868 (2021), S. 5-18.

Diederichsen, Diedrich, »Postideologische Querfronten«, in: *Jahrbuch der Zeitschrift »Theater heute«* (2015), S. 14-20.

Diehl, Claudia/Christian Hunkler, »Vaccination-related attitudes and behavior across birth cohorts. Evidence from Germany«, in: *PLOS ONE* 17/2 (2022), o. S.

Dombek, Kristin, *Die Selbstsucht der anderen. Ein Essay über Narzissmus*, Berlin 2016.

Dorn, Thea/Daniel Kehlmann/Juli Zeh, »Der Einspruch der Künstler. Es geht nicht darum, wer recht hat«, in: *Die Zeit* (29. April 2021), S. 47f.

Dörre, Klaus, »In der Warteschlange. Rassismus, völkischer Populismus und die Arbeiterfrage«, in: *Arbeiterbewegung von rechts? Ungleichheit – Verteilungskämpfe – populistische Revolte*, herausgegeben von Karina Becker, Klaus Dörre und Peter Reif-Spirek, Frankfurt am Main 2018, S. 49-81.

Douglas, Karen M. et al., »Understanding conspiracy theories«, in: *Political Psychology* 40 (2019), S. 3-35.

Dowling, Emma/Silke van Dyk/Stefanie Graefe, »Rückkehr des Hauptwiderspruchs? Anmerkungen zur aktuellen Debatte um den Erfolg der Neuen Rechten und das Versagen der ›Identitätspolitik‹«, in: *Prokla* 47/3 (2017), S. 411-420.

Downs, Anthony, *An Economic Theory of Democracy*, New York 1957.

Durbach, Nadja, *Bodily Matters. The Anti-Vaccination Movement in England, 1853-1907*, Durham 2005.

Durkheim, Émile, »Der Individualismus und die Intellektuellen« (1898), in: *Gesellschaftlicher Zwang und moralische Autonomie*, herausgegeben von Hans Bertram, Frankfurt am Main 1986, S. 54-70.

Durkheim, Émile, *Der Selbstmord*, Frankfurt am Main 1983 [1897].

Durkheim, Émile, *Soziologie und Philosophie*, mit einer Einleitung von Theodor W. Adorno, Frankfurt am Main 1976.

Duttweiler, Stefanie et al. (Hg.), *Leben nach Zahlen. Self-Tracking als Optimierungsprojekt?*, Bielefeld 2016.

Dyk, Silke van, »Krise der Faktizität? Über Wahrheit und Lüge in der Politik und die Aufgabe der Kritik«, in: *Prokla* 47/3 (2017), S. 347-367.

Eberlein, Undine, »Serielle Einzigartigkeit und Eigensinn«, in: *Die Ausweitung der Bekenntniskultur – neue Formen der Selbstthematisierung?*, herausgegeben von Günter Burkart, Wiesbaden 2006, S. 127-143.

Eberlein, Undine, *Einzigartigkeit. Das romantische Individualitätskonzept der Moderne*, Frankfurt am Main 2000.

Ebermann, Thomas, *Störung im Betriebsablauf. Systemrelevante Betrachtungen zur Pandemie*, Hamburg 2021.

Ehrenberg, Alain, *Das erschöpfte Selbst. Depression und Gesellschaft in der Gegenwart*, Frankfurt am Main 2015.

Ehrenberg, Alain, *Das Unbehagen in der Gesellschaft*, Berlin 2011.

Eichler, Lutz, *System und Selbst. Arbeit und Subjektivität im Zeitalter ihrer strategischen Anerkennung*, Bielefeld 2013.

Elias, Norbert, *Was ist Soziologie?*, Weinheim/Basel 2014 [1970].

Elias, Norbert/John L. Scotson, *Etablierte und Außenseiter*, Frankfurt am Main 1993 [1965].

Elias, Norbert, *Studien über die Deutschen. Machtkämpfe und Habitusentwicklung im 19. und 20. Jahrhundert*, Frankfurt am Main 1992.

Elias, Norbert, *Die Gesellschaft der Individuen*, Frankfurt am Main 1991.

Elias, Norbert, »Wandlungen der Machtbalance zwischen den Geschlechtern. Eine prozesssoziologische Untersuchung am Beispiel des antiken Römerstaats«, in: *Kölner Zeitschrift für Soziologie und Sozialpsychologie* 38 (1986), S. 425-449.

Elias, Norbert, *Über den Prozeß der Zivilisation. Soziogenetische und psychogenetische Untersuchungen*, zwei Bände, Frankfurt am Main 1976 [1939].

El-Mafaalani, Aladin, *Das Integrationsparadox. Warum gelungene Integration zu mehr Konflikten führt*, Köln 2018.

El-Menouar, Yasemin, *Zwischen individueller Freiheit und Gemeinwohl. Sieben Wertemilieus und ihre Sicht auf Corona*, Gütersloh 2021.

Elsässer, Lea, *Wessen Stimme zählt? Soziale und politische Ungleichheit in Deutschland*, Frankfurt am Main/New York 2018.

Endreß, Martin/Andrea Maurer (Hg.), *Resilienz im Sozialen. Theoretische und empirische Analysen*, Wiesbaden 2015.

Ernst, Edzard, »Anthroposophy: A risk factor for noncompliance with measles immunization«, in: *The Pediatric Infectious Disease Journal* 30/3 (2011), S. 187-189.

Eßbach, Wolfgang, »Intellektuellensoziologie zwischen Ideengeschichte, Klassenanalyse und Selbstbefragung«, in: *Intellektuelle in der Bundesrepublik Deutschland. Verschiebungen im politischen Feld der 1960er und 1970er Jahre*, herausgegeben von Thomas Kroll und Tilman Reitz, Göttingen 2013, S. 21-40.

Federici, Silvia, *Caliban und die Hexe. Frauen, Körper und die ursprüngliche Akkumulation*, Wien 2012 [2004].
Feldman, Michael, »Groll: die zugrundeliegende ödipale Konfiguration«, in: *Groll und Rache in der ödipalen Situation*, herausgegeben von Ronald Britton, Michael Feldman und John Steiner, Tübingen 1997, S. 51-96.
Felsch, Philipp, *Der lange Sommer der Theorie. Geschichte einer Revolte 1960-1990*, München 2015.
Feyerabend, Paul, *Wider den Methodenzwang*, Frankfurt am Main 1986 [1975].
Finkel, Eli J. et al., »Online dating: A critical analysis from the perspective of psychological science«, in: *Psychological Science in the Public Interest* 13/1 (2012), S. 3-66.
Fischer, Frank, *Truth and Post-Truth in Public Policy*, Cambridge 2021.
Fisher, Mark, *Kapitalistischer Realismus ohne Alternative? Eine Flugschrift*, Hamburg 2013.
Flaßpöhler, Svenja, *Sensibel. Über moderne Empfindlichkeit und die Grenzen des Zumutbaren*, Stuttgart 2021.
Flick, Uwe, *Doing Triangulation and Mixed Methods*, London 2017.
Ford, Henry/William A. Levinson/Samuel Crowther, *The Expanded and Annotated »My Life and Work«*, London 2013 [1922].
Foucault, Michel, *Der Mut zur Wahrheit. Die Regierung des Selbst und der anderen II. Vorlesungen am Collège de France 1983/84*, Berlin 2012.
Foucault, Michel, *Die Geburt der Biopolitik. Geschichte der Gouvernementalität II*, Frankfurt am Main 2006.
Foucault, Michel, *Sicherheit, Territorium, Bevölkerung. Geschichte der Gouvernementalität I*, Frankfurt am Main 2006.
Foucault, Michel, »Wahrheit und Macht. Interview mit A. Fontana und P. Pasquino«, in: ders., *Dispositive der Macht. Über Sexualität, Wissen und Wahrheit*, Berlin 1978, S. 21-54.
Foucault, Michel, *Überwachen und Strafen. Die Geburt des Gefängnisses*, Frankfurt am Main 1977.
Foucault, Michel, »Die Intellektuellen und die Macht« (1972), in: ders., *Dits et Ecrits. Schriften*, Bd. II: *1970-1975*, herausgegeben von Daniel Defert, Frankfurt am Main 2002, S. 382-393.
Foucault, Michel, »Die Gouvernementalität«, in: Lemke/Bröckling/Krasmann (Hg.), *Gouvernementalität der Gegenwart*, a. a. O., S. 41-67.

Fourcade, Marion/Alex V. Barnard, »Das Unbehagen an der Ordinalisierung«, in: *Kölner Zeitschrift für Soziologie und Sozialpsychologie* 73/1 (2021), S. 113-135.

Fourcade, Marion, »Ordinalization. Lewis A. Coser Memorial Award for Theoretical Agenda Setting 2014«, in: *Sociological Theory* 34/3 (2016), S. 175-195.

Fournet, Nelly et al. »Under-vaccinated groups in Europe and their beliefs, attitudes and reasons for non-vaccination; two systematic reviews«, in: *BMC Public Health* 18/1 (2018), S. 1-17.

Franzmann, Andreas, *Der Intellektuelle als Protagonist der Öffentlichkeit. Krise und Räsonnement in der Affäre Dreyfus*, Frankfurt am Main 2004.

Fraser, Nancy, »Vom Regen des progressiven Neoliberalismus in die Traufe des reaktionären Populismus«, in: Geiselberger (Hg.), *Die große Regression*, a.a.O., S. 77-92.

Frei, Nadine/Ulrike Nack, »Frauen und Corona-Proteste«, in: *SocArXiv Preprint*, online verfügbar unter: {https://osf.io/preprints/socarxiv/bn8vk/}.

Frei, Nadine et al., »›Liebe, Freiheit, Frieden‹. Ethnographische Beobachtung des Corona-Protests in Konstanz«, in: *SocArXiv Preprint*, online verfügbar unter: {https://osf.io/vzf6a}.

Frei, Nadine/Oliver Nachtwey/Robert Schäfer, »Die Proteste gegen die Corona-Maßnahmen. Eine soziologische Annäherung«, in: *Forschungsjournal Soziale Bewegungen* 34/2 (2021), S. 249-258, online verfügbar unter: {https://doi.org/10.1515/fjsb-2021-0021}.

Frei, Nadine/Oliver Nachtwey, »Quellen des ›Querdenkertums‹. Eine politische Soziologie der Corona-Proteste in Baden-Württemberg« (2021), in: *SocArXic Preprint* (12. Januar 2022), online verfügbar unter: {https://osf.io/preprints/socarxiv/8f4pb}.

Freud, Sigmund, »Das Unbehagen in der Kultur (1930)«, in: *Studienausgabe*, Bd. IX: *Fragen der Gesellschaft, Ursprünge der Religion*, herausgegeben von Alexander Mitscherlich et al., Frankfurt am Main 1974, S. 191-270.

Freud, Sigmund, »Massenpsychologie und Ich-Analyse« (1921), in: *Studienausgabe*, Bd. IX, a.a.O., S. 61-134.

Friedman, Sam/Dave O'Brien/Ian McDonald, »Deflecting privilege. Class identity and the intergenerational self«, in: *Sociology* 55/4 (2021), S. 716-733.

Fromm, Erich, *Die Furcht vor der Freiheit*, München 1990 [1941].

Fromm, Erich, »Sozialpsychologischer Teil«, in: *Studien zu Autorität und*

Familie. Forschungsberichte aus dem Institut für Sozialforschung, herausgegeben von Max Horkheimer, Lüneburg 1987 [1936], S. 77-135.

Fromm, Erich, *Arbeiter und Angestellte am Vorabend des Dritten Reiches. Eine sozialpsychologische Untersuchung*, München 1983 [1929], S. 249.

Furedi, Frank, *Where Have All the Intellectuals Gone?* London/New York 2004.

Gebhardt, Winfried, »›Warme Gemeinschaft‹ und ›kalte Gesellschaft‹. Zur Kontinuität einer deutschen Denkfigur«, in: *Der Aufstand gegen den Bürger. Antibürgerliches Denken im 20. Jahrhundert*, herausgegeben von Günter Meuter und Henrique R. Otten, Würzburg 1999, S. 165-184.

Geiselberger, Heinrich (Hg.), *Die große Regression. Eine internationale Debatte über die geistige Situation der Zeit*, Berlin 2017.

Gess, Nicola, *Halbwahrheiten. Zur Manipulation von Wirklichkeit*, Berlin 2021.

Giddens, Anthony, *Modernity and Self-Identity. Self and Society in the Late Modern Age*, Stanford 1991.

Gilcher-Holtey, Ingrid, »Skandalisierung des Skandals. Intellektuelle und Öffentlichkeit«, in: *Skandale zwischen Moderne und Postmoderne. Interdisziplinäre Perspektiven auf Formen gesellschaftlicher Transgression*, herausgegeben von Andreas Gelz, Dietmar Hüser und Sabine Ruß-Sattar, Berlin/Boston 2014, S. 217-234.

Gilcher-Holtey, Ingrid, »Konkurrenz um den ›wahren‹ Intellektuellen. Intellektuelle Rollenverständnisse aus zeithistorischer Sicht«, in: *Intellektuelle in der Bundesrepublik Deutschland*, herausgegeben von Thomas Kroll und Tilman Reitz, Göttingen 2013.

Gnambs, Timo/Markus Appel, »Narcissism and social networking behavior: A meta-analysis«, in: *Journal of Personality* 86/2 (2017), S. 200-212.

Graeber, David, *Bürokratie. Die Utopie der Regeln*, Stuttgart 2016.

Grande, Edgar et al., »Alles Covidioten? Politische Potenziale des Corona-Protests in Deutschland«, *WZB Discussion Paper* ZZ 2021-601, online verfügbar unter: {https://bibliothek.wzb.eu/pdf/2021/zz21-601.pdf}.

Greiffenhagen, Martin, *Das Dilemma des Konservatismus in Deutschland*, Frankfurt am Main 1986.

Guérot, Ulrike, *Wer schweigt, stimmt zu. Über den Zustand unserer Zeit. Und darüber, wie wir leben wollen*, Frankfurt am Main 2022.

Guldner, Jan, »›Moderner und billiger, da kann man nicht nein sagen‹«, Interview mit Nick Kratzer, in: *Wirtschaftswoche* (12. September 2021), online verfügbar unter: {https://www.wiwo.de/erfolg/homeoffice/desksharing-moderner-und-billiger-da-kann-man-nicht-nein-sagen/27469168.html}.

Gumbrecht, Hans Ulrich, »Die Debatte läuft sich tot«, in: *Neue Zürcher Zeitung* (8. August 2020), S. 29.

Habermas, Jürgen, »Corona und der Schutz des Lebens. Zur Grundrechtsdebatte in der pandemischen Ausnahmesituation«, in: *Blätter für deutsche und internationale Politik* 9/2021, S. 65-78.

Habermas, Jürgen, »Überlegungen und Hypothesen zu einem erneuten Strukturwandel der politischen Öffentlichkeit«, in: Seeliger/Sevignani (Hg.), *Ein neuer Strukturwandel der Öffentlichkeit?*, a. a. O., S. 470-500.

Habermas, Jürgen, »Ein avantgardistischer Spürsinn für Relevanzen. Die Rolle des Intellektuellen und die Sache Europas« (2006), in: ders., *Ach, Europa. Kleine Politische Schriften XI*, Frankfurt am Main 2008, S. 77-87.

Habermas, Jürgen, *Theorie des kommunikativen Handelns*, Bd. 2, Frankfurt am Main 1995 [1981].

Habermas, Jürgen, *Die Moderne – ein unvollendetes Projekt. Philosophisch-politische Aufsätze 1977-1990*, Leipzig 1990.

Habermas, Jürgen, *Die neue Unübersichtlichkeit. Kleine Politische Schriften V*, Frankfurt am Main 1985.

Habermas, Jürgen, *Philosophisch-politische Profile*, Frankfurt am Main 1981.

Habermas, Jürgen, »Gespräch mit Herbert Marcuse« (1977), in: ders., *Philosophisch-politische Profile*, a. a. O., S. 265-318.

Habermas, Jürgen, »Urgeschichte der Subjektivität und verwilderte Selbstbehauptung« (1969), in: ders., *Philosophisch-politische Profile*, a. a. O., S. 167-179.

Habermas, Jürgen, *Technik und Wissenschaft als »Ideologie«*, Frankfurt am Main 1968.

Haller, Reinhard, *Die Macht der Kränkung*, Salzburg 2015.

Hanegraaff, Wouter J., *New Age Religion and Western Culture, Esotericism in the mirror of secular thought*, New York 1997.

Harambam, Jaron/Stef Aupers, »Contesting epistemic authority: Conspiracy theories on the boundaries of science«, in: *Public Understanding of Science* 24/4 (2015), S. 466-480.

Hark, Sabine/Paula-Irene Villa, *Unterscheiden und herrschen. Ein Essay zu den ambivalenten Verflechtungen von Rassismus, Sexismus und Feminismus in der Gegenwart*, Bielefeld 2017.

Hark, Sabine/Paula-Irene Villa (Hg.), *Anti-Genderismus. Sexualität und Geschlecht als Schauplätze aktueller politischer Auseinandersetzungen*, Bielefeld 2015.

Hartmann, Martin/Axel Honneth, »Paradoxien kapitalistischer Modernisierung«, in: Axel Honneth, *Das Ich im Wir. Studien zur Anerkennungstheorie*, Berlin 2010.

Hartmann, Michael, *Der Mythos von den Leistungseliten. Spitzenkarrieren und soziale Herkunft in Wirtschaft, Politik, Justiz und Wissenschaft*, Frankfurt am Main/New York 2002.

Harvey, David, *Kleine Geschichte des Neoliberalismus*, Zürich 2007.

Hatemi, Peter K./Zoltán Fazekas, »Narcissism and political orientations«, in: *American Journal of Political Science* 62/4 (2018), S. 873-888.

Heelas, Paul, *Spiritualities of Life. New Age Romanticism and Consumptive Capitalism*, Hoboken 2008.

Hegel, Georg Wilhelm Friedrich, *Vorlesungen zur Philosophie der Geschichte* (1833-1836), in: *Werke in zwanzig Bänden*, Bd. 12, Frankfurt am Main 1986.

Hein, Christian, *Peter Sloterdijk. Der Briefkurier der POST-Moderne*, Würzburg 2021.

Heitmeyer, Wilhelm/Manuela Freiheit/Peter Sitzer, *Rechte Bedrohungsallianzen. Signaturen der Bedrohung II*, Berlin 2020.

Heitmeyer, Wilhelm, *Autoritäre Versuchungen. Signaturen der Bedrohung I*, Berlin 2018.

Heller, Hermann, »Autoritärer Liberalismus« (1933), in: *Gesammelte Schriften*, Bd. II, herausgegeben von Christoph Müller, Leiden 1971, S. 645-653

Hentschel, Christine, »Das große Erwachen. Affekt und Narrativ in der Bewegung gegen die Corona-Maßnahmen«, in: *Leviathan* 49/1 (2021), S. 62-85.

Hellmann, Kai-Uwe, »Einleitung«, in: Luhmann, *Protest*, a. a. O., S. 7-45.

Heumann, Maurits/Oliver Nachtwey, »Autoritarismus und Zivilgesellschaft. Eine empirische Studie zum neuen Autoritarismus«, IfS Working Paper Nr. 16, Frankfurt am Main 2021, online verfügbar unter: {https://www.ifs.uni-frankfurt.de/publikationsdetails/ifs-maurits-heumann-und-oliver-nachtwey-autoritarismus-und-zivilgesellschaft.html}.

Hindrichs, Gunnar, *Zur kritischen Theorie*, Berlin 2020.
Hindrichs, Gunnar, »Autoritär-kulturindustrieller Charakter«, in: *Psyche* 76/4 (2022), S. 1-29.
Hirschi, Caspar, »Expertise in der Krise. Zur Totalisierung der Expertenrolle in der Euro-, Klima- und Coronakrise«, in: *Umstrittene Expertise. Zur Wissensproblematik der Politik*, herausgegeben von Sebastian Büttner und Thomas Laux, Baden-Baden 2021, S. 159-186.
Hitzler, Ronald/Anne Honer, »Lebenswelt – Milieu – Situation. Terminologische Vorschläge zur theoretischen Verständigung«, in: *Kölner Zeitschrift für Soziologie und Sozialpsychologie* 36/1 (1984), S. 56-74.
Hobbes, Thomas, *Leviathan oder Stoff, Form und Gewalt eines bürgerlichen und kirchlichen Staates. Teil I und II*, Frankfurt am Main 1984 [1651].
Hobsbawm, Eric, *Das Zeitalter der Extreme. Weltgeschichte des 20. Jahrhunderts*, München 1995.
Hochschild, Arlie R., *Fremd in ihrem Land. Eine Reise ins Herz der amerikanischen Rechten*, Frankfurt am Main 2017.
Hochschild, Arlie R., *The Managed Heart. Commercialization of Human Feeling*, Berkeley 1983.
Höllinger, Franz/Thomas Tripold, *Ganzheitliches Leben. Das holistische Milieu zwischen neuer Spiritualität und postmoderner Wellness-Kultur*, Bielefeld 2014.
Holzer, Boris et al., »Einleitung: Protest in der Pandemie«, in: Reichardt (Hg.), *Die Misstrauensgemeinschaft der »Querdenker«*, a. a. O., S. 7-28.
Höffe, Otfried, *Kritik der Freiheit. Das Grundproblem der Moderne*, München 2015.
Honneth, Axel, *Die Idee des Sozialismus. Versuch einer Aktualisierung*, Berlin 2017.
Honneth, Axel et al., »Stichwort: Alexis de Tocqueville und die Paradoxien der Gleichheit«, in: *Westend. Neue Zeitschrift für Sozialforschung* 26/1 (2017), S. 71-74.
Honneth, Axel, *Das Recht der Freiheit. Grundriß einer demokratischen Sittlichkeit*, Berlin 2011.
Honneth, Axel/Ferdinand Sutterlüty, »Normative Paradoxien der Gegenwart – eine Forschungsperspektive«, in: *Westend. Neue Zeitschrift für Sozialforschung* 8/1 (2011), S. 67-85.
Honneth, Axel, »Organisierte Selbstverwirklichung. Paradoxien der Individualisierung«, in: ders., *Befreiung aus der Mündigkeit. Paradoxien des gegenwärtigen Kapitalismus*, Frankfurt am Main 2002.

Max Horkheimer/Theodor W. Adorno, »Vorurteil und Charakter« (1952), in: Horkheimer, *Gesammelte Schriften*, Bd. 8: *Vorträge und Aufzeichnungen 1949-1973*, herausgegeben von Gunzelin Schmid Noerr, Frankfurt am Main 1985, S. 64-76, S. 69.

Horkheimer, Max/Theodor W. Adorno, *Dialektik der Aufklärung. Philosophische Fragmente* (1944), in: Theodor W. Adorno, *Gesammelte Schriften*, Bd. 3, herausgegeben von Rolf Tiedemann, Frankfurt am Main 2003.

Horkheimer, Max, *Zur Kritik der instrumentellen Vernunft* (1947), in: *Gesammelte Schriften*, Bd. 6: *»Zur Kritik der instrumentellen Vernunft« und Notizen 1949-1969*, herausgegeben von Alfred Schmidt, Frankfurt am Main 1991, S. 21-186.

Horkheimer, Max/Theodor W. Adorno, »Zur Neuausgabe« (1969), in: Horkheimer, *Gesammelte Schriften*, Bd. 5: *»Dialektik der Aufklärung« und Schriften 1940-1950*, herausgegeben von Alfred Schmidt Gunzelin Schmid Noerr, Frankfurt am Main 1991, S. 13-14.

Horkheimer, Max, »Egoismus und Freiheitsbewegung« (1936), in: *Gesammelte Schriften*, Bd. 4: *Schriften 1936-1941*, herausgegeben von Alfred Schmidt, Frankfurt am Main 1988, S. 9-88.

Horkheimer, Max, »Vorwort [zu Authoritarian Personality]« (1950), in: *Gesammelte Schriften*, Bd. 5, a. a. O., S. 415-420.

Horkheimer, Max, »Zum Begriff der Freiheit«, in: *Gesammelte Schriften*, Bd. 7: *Vorträge und Aufzeichnungen 1949-1973*, herausgegeben von Alfred Schmidt und Gunzelin Schmid Noerr, Frankfurt am Main 1985, S. 145-153.

Hövermann, Andreas/Bettina Kohlrausch/Dorothea Voss, *Wie Arbeit, Transformation und soziale Lebenslagen mit anti-demokratischen Einstellungen zusammenhängen. Befunde einer repräsentativen Bevölkerungsumfrage*, Working Paper Forschungsförderung 241 (Februar), Hans-Böckler-Stiftung, Düsseldorf 2022.

Hradil, Stefan, *Sozialstrukturanalyse in fortgeschrittenen Industriegesellschaften. Von Klassen und Schichten zu Lagen und Milieus*, Opladen 1987.

Hübinger, Gangolf, *Gelehrte, Politik und Öffentlichkeit. Eine Intellektuellengeschichte*, Göttingen 2006.

Jameson, Fredric, *Archaeologies of the Future. The Desire Called Utopia and Other Science Fictions*, London 2005.

Jameson, Fredric, *Postmodernism, or, the Cultural Logic of Late Capitalism*, Durham 1991.

Jensen, Uffa, *Zornpolitik*, Berlin 2017.

Jessop, Bob, *The State. Past, Present and the Future*, Cambridge 2016.

Jung, Thomas/Stefan Müller-Doohm, »Vorwort: Fliegende Fische. Zeitgenössische Intellektuelle zwischen Distanz und Engagement«, in: *Fliegende Fische. Zeitgenössische Intellektuelle zwischen Distanz und Engagement*, herausgegeben von Thomas Jung und Stefan Müller-Doohm, Frankfurt am Main 2008, S. 9-18.

Jünger, Ernst, *Das Abenteuerliche Herz. Zweite Fassung* (1938), in: *Sämtliche Werke*, Bd. 9: *Zweite Abteilung. Essays III. Das abenteuerliche Herz*, Stuttgart 1979, S. 177-330.

Jütten, Timo, »Verdinglichung und Freiheit«, in: *Deutsche Zeitschrift für Philosophie* 59/5 (2011), S. 717-730.

Keane, John, *The Life and Death of Democracy*, London 2009.

Kelle, Uwe/Susanne Kluge, *Vom Einzelfall zum Typus. Fallvergleich und Fallkontrastierung in der qualitativen Sozialforschung*, Wiesbaden 2010.

Kirchheimer, Otto, »Der Wandel des westeuropäischen Parteiensystems«, in: *Politische Vierteljahresschrift* 6/1 (1965), S. 24-41.

Kleffner, Heike/Matthias Meisner (Hg.), *Fehlender Mindestabstand. Die Coronakrise und die Netzwerke der Demokratiefeinde*, Freiburg 2021.

Klinger, Cornelia, »Romantik und Neue Soziale Bewegungen«, in: *Athenäum. Jahrbuch für Romantik*, herausgegeben von Ernst Behler et al., Paderborn 1993, S. 223-244.

Knörer, Ekkehard, »Demokratisierung der Kritik? Von Experten und Metaexperten«, in: *Merkur* 66/760-761 (2012), S. 945-956.

Koch-Baumgarten, Sigrid, »Vom ›Arbeitnehmerpatriarchat‹ zur Quotengewerkschaft? Ein Rückblick auf 50 Jahre Geschlechterverhältnisse in den Gewerkschaften der Bundesrepublik«, in: *Femina Politica. Zeitschrift für feministische Politikwissenschaft* 8/1 (1999), S. 36-48.

Kocyba, Hermann, »Max Weber. Ressentiment und Rationalität – Zur Genealogie des modernen Menschen«, in: *»– ein Leser, wie ich ihn verdiene«. Nietzsche-Lektüren in der deutschen Philosophie und Soziologie*, herausgegeben von Eicke Brock und Jutta Georg, Stuttgart 2019, S. 293-317.

Kohli, Martin, »Normalbiographie und Individualität. Zur institutionellen Dynamik des gegenwärtigen Lebenslaufregimes«, in: *Vom Ende des Individuums zur Individualität ohne Ende*, herausgegeben von Hanns-Georg Brose und Bruno Hildebrand, Wiesbaden 1988, S. 33-53.

Kohlrausch, Bettina/Linus M. Höcker, »Ursachen für rechtspopulistische Einstellungen. Ein Überblick über den Forschungsstand«, Working Paper Forschungsförderung 178 (März), Hans-Böckler-Stiftung, Düsseldorf 2020.

Kohut, Heinz, »Überlegungen zum Narzißmus und zur narzißtischen Wut« (1971), in: ders., *Die Zukunft der Psychoanalyse. Aufsätze zu allgemeinen Themen und zur Psychologie des Selbst*, Frankfurt am Main 1975, S. 205-251.

Koos, Sebastian, »Konturen einer heterogenen ›Misstrauensgemeinschaft‹«, in: Reichardt (Hg.), *Die Misstrauensgemeinschaft der »Querdenker«*, a.a.O., S. 67-90.

Koos, Sebastian/Nicolas Binder, »Wer unterstützt die ›Querdenker‹?«, in: Reichardt (Hg.), *Die Misstrauensgemeinschaft der »Querdenker«*, a.a.O., S. 295-320.

Koppetsch, Cornelia, *Die Gesellschaft des Zorns. Rechtspopulismus im globalen Zeitalter*, Bielefeld 2019.

Koppetsch, Cornelia, »Rechtspopulismus, Etablierte und Außenseiter. Emotionale Dynamiken sozialer Deklassierung«, in: *Das Volk gegen die (liberale) Demokratie*, *Leviathan Sonderband* 32, herausgegeben von Dirk Jörke und Oliver Nachtwey, Baden-Baden 2017, S. 208-232.

Korom, Philipp, »Der Aufstieg der Expertenintellektuellen. Eine kritische Auseinandersetzung mit Bourdieus Soziologie der Intellektuellen«, in: *SWS-Rundschau* 52/1 (2012), S. 69-91.

Korte, Hermann, *Einführung in die Geschichte der Soziologie*, Wiesbaden 2011.

Koschorke, Albrecht, »Lechts und rinks. Seitenwechsel in Zeiten der Polarisierung«, in: *Mittelweg 36* (im Erscheinen).

Koschorke, Albrecht, *Identität, Vulnerabilität und Ressentiment. Positionskämpfe in den Mittelschichten*, FGZ Working Paper 1 (Dezember), Leipzig 2021.

Koschorke, Albrecht, »Linksruck der Fakten«, in: *Zeitschrift für Medien- und Kulturforschung* 9/2 (2018), S. 107-118.

Koselleck, Reinhart, *Begriffsgeschichten. Studien zur Semantik und Pragmatik der politischen und sozialen Sprache*, Frankfurt am Main 2006.

Kries, Mateo »Ein Stecker für die höheren Energien«, Interview mit Peter Sloterdijk, in: *Die Welt* (25. Oktober 2011), online verfügbar unter: {https://www.welt.de/print/die_welt/kultur/article13679318/Ein-Stecker-fuer-die-hoeheren-Energien.html}.

Kuhn, Oliver, »Spekulative Kommunikation und ihre Stigmatisierung –

am Beispiel der Verschwörungstheorien«, in: *Zeitschrift für Soziologie* 39/2 (2010), S. 106-123.

Kuhn, Sarah Anne Kezia et al., »Coronavirus conspiracy beliefs in the German-speaking general population. Endorsement rates and links to reasoning biases and paranoia«, in: *Psychological Medicine* (2021), S. 1-15.

Kumkar, Nils C., *Alternative Fakten. Zur Praxis der kommunikativen Erkenntnisverweigerung*, Berlin 2022.

Kumkar, Nils C., Stefan Holubek-Schaum, Karin Gottschall, Betina Hollstein, Uwe Schimank, *Die beharrliche Mitte. Wenn investive Statusarbeit funktioniert*, Wiesbaden 2022.

Kumkar, Nils C., »Politisierung von Expertise? In der Pandemie auf jeden Fall!«, in: *Frankfurter Allgemeine Zeitung* (15. Dezember 2021), online verfügbar unter: {https://www.faz.net/aktuell/wissen/geist-soziales/wie-caspar-hirschi-vor-politisierung-virologischer-expertise-warnt-17683142.html}.

Kumkar, Nils C./Uwe Schimank, »Drei-Klassen-Gesellschaft? Bruch? Konfrontation? Eine Auseinandersetzung mit Andreas Reckwitz' Diagnose der ›Spätmoderne‹«, in: *Leviathan* 49/1 (2021), S. 7-31.

Kumkar, Nils C., »Realitätsverlust und Autoritarismus. Das Krisenerleben des klassischen Kleinbürgertums und die Attraktivität Donald Trumps«, in: *Psychologie und Gesellschaftskritik* 41/3-4 (2017), S. 87-107.

Kümmel, Peter, »Büschn schämen«, in: *Die Zeit* (29. April 2021), S. 49.

Kurbjuweit, Dirk, »Der Wutbürger. Stuttgart 21 und die Sarrazin-Debatte. Warum die Deutschen so viel protestieren«, in: *Der Spiegel* (11. Oktober 2010), online verfügbar unter: {https://www.spiegel.de/spiegel/a-724587.html}.

Kurnitzky, Horst/Hansmartin Kuhn (Hg.), *Das Ende der Utopie. Herbert Marcuse diskutiert mit Studenten und Professoren Westberlins an der Freien Univ. Berlin über die Möglichkeiten und Chancen einer politischen Opposition in den Metropolen in Zusammenhang mit den Befreiungsbewegungen in den Ländern der Dritten Welt*, Berlin 1967.

Landa, Ishay, *Der Lehrling und sein Meister. Liberale Tradition und Faschismus*, Berlin 2021.

Lasch, Christopher, *Das Zeitalter des Narzißmus*, Hamburg 1995 [1979].

Lash, Scott, »Expertenwissen oder Situationsdeutung? Kultur und Institutionen im desorganisierten Kapitalismus«, in: Beck/Giddens/Lash, *Reflexive Modernisierung*, a.a.O., S. 338-364.

Latour, Bruno, *Das Parlament der Dinge. Für eine politische Ökologie*, Frankfurt am Main 2009 [1999].

Lemke, Thomas/Ulrich Bröckling/Susanne Krasmann (Hg.), *Gouvernementalität der Gegenwart. Studien zur Ökonomisierung des Sozialen*, Frankfurt am Main 2000.

Lepenies, Philipp, *Verbot und Verzicht. Politik aus dem Geiste des Unterlassens*, Berlin 2022.

Lepsius, M. Rainer, »Kritik als Beruf. Zur Soziologie der Intellektuellen«, in: *Kölner Zeitschrift für Soziologie und Sozialpsychologie* 16/1 (1964), S. 75-91.

Liebold, Sebastian/Frank Schale (Hg.), *Neugründung auf alten Werten? Konservative Intellektuelle und Politik in der Bundesrepublik*, Baden-Baden 2017.

Link, Jürgen, *Versuch über den Normalismus. Wie Normalität produziert wird*, Göttingen 2009.

Linse, Ulrich, *Barfüßige Propheten. Erlöser der zwanziger Jahre*, Berlin 1983.

Lilla, Mark, »Das Scheitern der Identitätspolitik. Trumps Amerika. Lehren für die Linke«, in: *Blätter für deutsche und internationale Politik* 62 (2017), S. 41-55.

Lotman, Jurij M., »Der Begriff der Grenze«, in: ders., *Die Innenwelt des Denkens. Eine semiotische Theorie der Kultur*, herausgegeben von Susi K. Frank, Cornelia Ruhe und Alexander Schmitz, Frankfurt am Main 2010, S. 174-190.

Löwenthal, Leo, *Falsche Propheten. Studien zur faschistischen Agitation*, Frankfurt am Main 1990 [1982].

Lütjen, Torben, »The anti-authoritarian revolt. Right-wing populism as self-empowerment?«, in: *European Journal of Social Theory* 25/1 (2021), S. 75-93.

Lütjen, Torben, »Populismus oder die entgleiste Aufklärung«, in: *Frankfurter Allgemeine Zeitung* (15. Januar 2019), online verfügbar unter: {https://www.faz.net/aktuell/politik/die-gegenwart/populismus-oder-die-entgleiste-aufklaerung-eine-begriffsbestimmung-15975253.html}.

Luhmann, Niklas, *Protest. Systemtheorie und soziale Bewegungen*, herausgegeben von Kai-Uwe-Hellmann, Frankfurt am Main 1996, S. 7-45, S. 26.

Luhmann, Niklas, *Soziale Systeme. Grundriß einer allgemeinen Theorie*, Frankfurt am Main 1984.

Luhmann, Niklas, *Vertrauen. Ein Mechanismus der Reduktion sozialer Komplexität*, Stuttgart 1968.

Lukács, Georg, *Die Theorie des Romans. Ein geschichtsphilosophischer Versuch über die Formen der großen Epik*, Darmstadt/Neuwied 1971 [1916].

Lukács, Georg, *Geschichte und Klassenbewußtsein. Studien über marxistische Dialektik*, Berlin 1970 (1923).

Lutter, Mark, »Strukturen ungleichen Erfolgs. Winner-take-all-Konzentrationen und ihre sozialen Entstehungskontexte auf flexiblen Arbeitsmärkten«, in: *Kölner Zeitschrift für Soziologie und Sozialpsychologie* 65/4 (2013), S. 597-622.

Lux, Thomas/Steffen Mau/Aljoscha Jacobi, »Neue Ungleichheitsfragen, neue Cleavages? Ein internationaler Vergleich der Einstellungen in vier Ungleichheitsfeldern«, in: *Berliner Journal für Soziologie* (2021), S. 1-40.

Lyotard, Jean-François, *Das postmoderne Wissen. Ein Bericht*, Wien 2019 [1979].

Lyotard, Jean-François, »Grabmal des Intellektuellen«, in: ders., *Grabmal des Intellektuellen*, herausgegeben von Peter Engelmann, Graz/Wien 1985, S. 9-19.

Macho, Thomas H., »Geistesgegenwart. Notizen zur Lage der Intellektuellen«, in: *Intellektuellendämmerung? Beiträge zur neuesten Zeit des Geistes*, herausgegeben von Martin Meyer, München 1992, S. 38-56.

Mair, Peter, *Ruling the Void. The Hollowing of Western Democracy*, London 2011.

Majone, Giandomenico, »Paradoxes of privatization and deregulation«, in: *Journal of European Public Policy* 1/1 (1994), S. 53-69.

Mannheim, Karl, *Ideologie und Utopie*, Frankfurt am Main 1995 [1929].

Mannheim, Karl, *Konservatismus. Ein Beitrag zur Soziologie des Wissens*, herausgegeben von David Kettler, Volker Meja und Nico Stehr, Frankfurt am Main 1984.

Manow, Philip, *(Ent-)Demokratisierung der Demokratie*, Berlin 2020.

Marcuse, Herbert, *Der eindimensionale Mensch. Studien zur Ideologie der fortgeschrittenen Industriegesellschaft*, München 1994 [1964].

Marcuse, Herbert, *Triebstruktur und Gesellschaft. Ein philosophischer Beitrag zu Sigmund Freud*, Frankfurt am Main 1969 [1955].

Marcuse, Herbert et al., *Aggression und Anpassung in der Industriegesellschaft*, Frankfurt am Main 1968.

Marcuse, Herbert, »Das Veralten der Psychoanalyse« (1963), in: ders., *Kultur und Gesellschaft II*, Frankfurt am Main 1965, S. 85-106.

Marcuse, Herbert, »Der Kampf gegen den Liberalismus in der totalitären Staatsauffassung« (1934), in: ders., *Kultur und Gesellschaft I*, Frankfurt am Main 1965, S. 17-55.

Marcuse, Herbert, »Vorwort«, in: ders., *Kultur und Gesellschaft I*, a. a. O., S. 7-16.

Markwardt, Nils, »Wut kann Impulse setzen, aber keine Probleme bearbeiten«, Interview mit Steffen Mau, in: *Philomag.de* (15. April 2021), online verfügbar unter: {https://www.philomag.de/artikel/steffen-mau-wut-kann-impulse-setzen-aber-keine-probleme-bearbeiten}.

Marshall, Thomas H., »Staatsbürgerrechte und soziale Klassen« (1951), in: *Citizenship – Soziologie der Staatsbürgerschaft*, herausgegeben von Jürgen Mackert und Hans-Peter Müller, Wiesbaden 2020.

Martenstein, Harald, »Über Sternchenpausen, Bösewichtinnen und neue Erwerbsquellen für den Duden«, in: *Zeit-Magazin* (28. April 2021), online verfügbar unter: {https://www.zeit.de/zeit-magazin/2021/18/harald-martenstein-gendern-kritik-sprache-sprachentwicklung-duden}.

Marx, Karl, *Grundrisse der Kritik der politischen Ökonomie*, in: Karl Marx/Friedrich Engels, *Werke* (MEW), Bd. 42, Berlin 1983 [1939], S. 47-770.

Marx, Karl, »Zur Judenfrage« (1844), MEW 1, Berlin 1976, S. 347-377.

Marx, Karl/Friedrich Engels, *Die deutsche Ideologie* (1845/46), MEW 3, Berlin 1972, S. 5-530.

Marx, Karl/Friedrich Engels, *Manifest der Kommunistischen Partei*, MEW 4, Berlin 1972, S. 461-493 [1848].

Marx, Karl, *Zur Kritik der Hegelschen Rechtsphilosophie. Einleitung*, MEW 1, Berlin 1972, S. 378-391 [1844].

Marx, Karl, *Das Kapital. Kritik der politischen Ökonomie. Erster Band*, MEW 23, Berlin 1962 [1867].

Mau, Søren, *Stummer Zwang. Eine marxistische Analyse der ökonomischen Macht im Kapitalismus*, Berlin 2021.

Mau, Steffen, »Kamel oder Dromedar? Zur Diagnose der gesellschaftlichen Polarisierung«, in: *Merkur* 76/874 (2022), S. 5-18.

Mau, Steffen/Thomas Lux/Fabian Gülzau, »Die drei Arenen der neuen Ungleichheitskonflikte. Eine sozialstrukturelle Positionsbestimmung der Einstellungen zu Umverteilung, Migration und sexueller Diversität«, in: *Berliner Journal für Soziologie* 30/3 (2020), S. 317-346.

Mau, Steffen, *Das metrische Wir. Über die Quantifizierung des Sozialen*, Berlin 2017.

Mayer-Ahuja, Nicole/Oliver Nachtwey, »Verkannte Leistungsträger:innen. Berichte aus der Klassengesellschaft«, in: *Verkannte Leistungsträger:innen. Berichte aus der Klassengesellschaft*, herausgegeben von Nicole Mayer-Ahuja und Oliver Nachtwey, Berlin 2021.

Mayring, Philipp A. E., *Qualitative Inhaltsanalyse. Grundlagen und Techniken*, Weinheim 2015.

McDermott, Rose, »Psychological underpinnings of post-truth in political beliefs«, in: *PS. Political Science & Politics* 52/2 (2019), S. 218-222.

Macpherson, Crawford Brough, *Die politische Theorie des Besitzindividualismus. Von Hobbes bis Locke*, Frankfurt am Main 1990.

Melucci, Alberto, »The process of collective identity«, in: *Social Movements and Culture*, herausgegeben von Hank Johnston und Bert Klandermans, Minneapolis 1995, S. 41-63.

Merkel, Wolfgang, »Kosmopolitismus versus Kommunitarismus. Ein neuer Konflikt in der Demokratie«, in: *Parties, Governments and Elites. The Comparative Study of Democracy*, herausgegeben von Philipp Harfst, Ina Kubbe und Thomas Poguntke, Wiesbaden 2017, S. 9-23.

Merton, Robert K., *Soziologische Theorie und soziale Struktur*, Berlin/Boston 1995 [1949].

Messner, Steven F./Richard Rosenfeld/Andreas Hövermann, »Institutional Anomie Theory. An evolving research program«, in: *Handbook on Crime and Deviance*, herausgegeben von Marvin D. Krohn et al., New York 2019, S. 161-177.

Meyer, Thomas, »Die Agenda 2010 und die soziale Gerechtigkeit«, in: *Politische Vierteljahresschrift* 45/2 (2004), S. 181-190.

Mill, John Stuart, *Über die Freiheit*, Hamburg 2009 [1859].

Mills, C. Wright, *Soziologische Phantasie*, Wiesbaden 2016 [1959].

Mises, Ludwig von, *Liberalismus*, Jena 1927.

Mishra, Pankaj, *Das Zeitalter des Zorns. Eine Geschichte der Gegenwart*, Frankfurt am Main 2017.

Mitscherlich, Alexander, *Auf dem Weg zur vaterlosen Gesellschaft. Ideen zur Sozialpsychologie*, München 1963.

Moebius, Stephan, »Der Medienintellektuelle«, in: *Diven, Hacker, Spekulanten. Sozialfiguren der Gegenwart*, herausgegeben von Stephan Moebius und Markus Schroer, Frankfurt am Main 2010, S. 277-290.

Moebius, Stephan, »Intellektuellensoziologie – Skizze zu einer Methodologie«, in: *Sozial.Geschichte Online* 2 (2010), S. 37-63.

Möllers, Christoph, *Freiheitsgrade. Elemente einer liberalen politischen Mechanik*, Berlin 2020.

Montesquieu, *Vom Geist der Gesetze*, Stuttgart 1994 [1835/40].

Moore, Barrington/Detlev Puls, *Ungerechtigkeit. Die sozialen Ursachen von Unterordnung und Widerstand*, Frankfurt am Main 1982.

Morelock, Jeremiah/Felipe Ziotti Narita, »The nexus of Qanon and COVID-19. Legitimation crisis and epistemic crisis«, in: *Critical Sociology* (2022), online verfügbar unter: {https://journals.sagepub.com/doi/10.1177/08969205211069614}.

Mouffe, Chantal, *Für einen linken Populismus*, Berlin 2018.

Mouffe, Chantal, *Über das Politische. Wider die kosmopolitische Illusion*, Frankfurt am Main 2007.

Müller, Hans-Peter, »Wozu (noch) Intellektuelle? Versuch einer Standortbestimmung«, in: *Merkur* 66/760-761 (2012), S. 878-885.

Müller, Hans-Peter, »Diagnostiker des Individualismus«, in: *Merkur* 59/675 (2005), S. 637-42.

Müller, Hans-Peter, »Soziale Ungleichheit und Ressentiment«, in: *Merkur* 58/665-666 (2004), S. 885-894.

Müller, Jan-Werner, *Was ist Populismus? Ein Essay*, Berlin 2016.

Müller, Julian, »Der politische Konvertit als Fürsprecher seiner selbst«, in: *Mittelweg 36* (im Erscheinen).

Münch, Richard, »Benevolenter Paternalismus. Regieren nach SARS-CoV-2«, in: Büttner/Laux (Hg.), *Umstrittene Expertise*, a. a. O., S. 409-432.

Münch, Richard, *Akademischer Kapitalismus. Über die politische Ökonomie der Hochschulreform*, Berlin 2011.

Nachtwey, Oliver/Nadine Frei/Robert Schäfer, »Generalverdacht und Kritik als Selbstzweck. Empirische Befunde zu den Corona-Protesten«, in: Benz (Hg.), *Querdenken*, a. a. O., S. 194-213.

Nachtwey, Oliver/Nadine Frei/Robert Schäfer, »Politische Soziologie der Corona-Proteste«, in: *SocArXiv Preprint* (Dezember 2020), online verfügbar unter: {https://osf.io/preprints/socarxiv/zyp3f}.

Nachtwey, Oliver/Philipp Staab, »Das Produktionsmodell des digitalen Kapitalismus«, in: *Soziologie des Digitalen – Digitale Soziologie?*, herausgegeben von Sabine Maasen und Jan-Hendrik Passoth, Baden-Baden 2020, S. 285-304.

Nachtwey, Oliver/Martin Seeliger, »Transformation of industrial citizenship in the course of European integration«, in: *The British Journal of Sociology* 71/5 (2020), S. 852-866.

Nachtwey, Oliver, »Citizenship-Proteste? Zum Wandel des sozialen Konflikts«, in: *Protest in Bewegung. Zum Wandel von Bedingungen, Formen und Effekten politischen Protests. Leviathan Sonderband 33*, herausgegeben von Priska Daphi et al., Baden-Baden 2017, S. 147-170.

Nachtwey, Oliver, »Entzivilisierung. Über regressive Tendenzen in westlichen Gesellschaften«, in: Geiselberger (Hg.), *Die große Regression*, a. a. O., S. 215-232.

Nachtwey, Oliver, *Die Abstiegsgesellschaft. Über das Aufbegehren in der regressiven Moderne*, Berlin 2016.

Nachtwey, Oliver/Fabienne Décieux, »Occupy. Proteste in der Postdemokratie«, in: *Forschungsjournal Soziale Bewegungen* 27/1 (2014), S. 75-89.

Nachtwey, Oliver, *Marktsozialdemokratie. Die Transformation der SPD und Labour Party*, Wiesbaden 2009.

Nassehi, Armin, *Unbehagen. Theorie der überforderten Gesellschaft*, München 2021.

Neckel, Sighard, »Eingesperrt: der Groll«, in: *Merkur* 75/864 (2021), S. 81-87.

Neckel, Sighard, »Oligarchische Ungleichheit. Winner-take-all-Positionen in der (obersten) Oberschicht«, in: *Westend. Neue Zeitschrift für Sozialforschung* 11/2 (2014), S. 51-63.

Neckel, Sighard/Greta Wagner (Hg.), *Leistung und Erschöpfung. Burnout in der Wettbewerbsgesellschaft*, Berlin 2013.

Neckel, Sighard, *Flucht nach vorn. Die Erfolgskultur der Marktgesellschaft*, Frankfurt am Main/New York 2008.

Neckel, Sighard, *Die Macht der Unterscheidung. Essays zur Kultursoziologie der modernen Gesellschaft*, Frankfurt am Main/New York 2000.

Neckel, Sighard, »Blanker Neid, blinde Wut? Sozialstruktur und kollektive Gefühle« (1999), in: ders., *Die Macht der Unterscheidung*, a. a. O., S. 110-131.

Neckel, Sighard, »Identität als Ware. Die Marktwirtschaft im Sozialen« (1996), in: ders., *Die Macht der Unterscheidung*, a. a. O., S. 37-47.

Neckel, Sighard, »Achtungsverlust und Scham. Die soziale Gestalt eines existentiellen Gefühls (1993)«, in: ders., *Die Macht der Unterscheidung*, a. a. O., S. 92-109.

Neckel, Sighard, »Bluffen, Täuschen und Verstellen. Bemerkungen zu einer Variante des Leistungsprinzips« (1987), in: ders., *Die Macht der Unterscheidung*, a. a. O., S. 60-66.

Neckel, Sighard, *Status und Scham. Zur symbolischen Reproduktion sozialer Ungleichheit*, Frankfurt am Main/New York 1991.

Neckel, Sighard, »Das Stellhölzchen der Macht. Zur Soziologie des politischen Skandals«, in: *Anatomie des politischen Skandals*, herausgegeben von Rolf Ebbighausen und Sighard Neckel, Frankfurt am Main 1989, S. 55-82.

Neumann, Franz L., »Angst und Politik«, in: ders., *Wirtschaft, Staat, Demokratie. Aufsätze 1930-1954*, herausgegeben von Alfons Söllner, Frankfurt am Main 1978, S. 424-459.

Niesen, Peter, »Die politische Theorie des Libertarianismus. Robert Nozick und Friedrich A. von Hayek«, in: *Politische Theorien der Gegenwart*, Bd. 1, herausgegeben von André Brodocz und Gary S. Schaal, Opladen 2002, S. 69-110.

Nietzsche, Friedrich, »Genealogie der Moral« (1887), in: *Kritische Studienausgabe*, Bd. 5, herausgegeben von Giorgio Colli und Mazzino Montinari, München 1999, S. 245-412.

Norris, Pippa, »Cancel culture. Myth or reality?«, in: *Political Studies* (11. August 2021), S. 1-30.

Norris, Pippa/Ronald Inglehart, *Cultural Backlash. Trump, Brexit, and Authoritarian Populism*, New York 2019.

Nozick, Robert, *Anarchie Staat Utopia*, München 1974.

Nymoen, Ole/Wolfgang M. Schmitt, *Influencer. Die Ideologie der Werbekörper*, Berlin 2021.

Oevermann, Ulrich, »Der Intellektuelle. Soziologische Strukturbestimmungen des Komplementär von Öffentlichkeit«, in: *Die Macht des Geistes. Soziologische Fallanalysen zum Strukturtyp des Intellektuellen*, herausgegeben von Andreas Franzmann, Sascha Liebermann und Jörg Tykwer, Frankfurt am Main 2003, S. 13-75.

Offe, Claus, »Was (falls überhaupt) können wir uns heute unter politischem Fortschritt vorstellen?«, in: *Westend. Neue Zeitschrift für Sozialforschung* 7/2 (2010), S. 3-14.

Offe, Claus, »Die Utopie der Null-Option. Modernität und Modernisierung als politische Gütekriterien«, in: *Die Moderne. Kontinuitäten und Zäsuren, Soziale Welt Sonderband* 4, herausgegeben von Johannes Berger, Göttingen 1986, S. 94-117.

Offe, Claus, »›Unregierbarkeit‹. Zur Renaissance konservativer Krisentheorien«, in: *Stichworte zur »Geistigen Situation der Zeit«*, Bd. 1: *Nation und Republik*, herausgegeben von Jürgen Habermas, Frankfurt am Main 1979, S. 294-318.

Offe, Claus, *Berufsbildungsreform. Eine Fallstudie über Reformpolitik*, Frankfurt am Main 1975.

Ohana, Katharina, *Narzissten wie wir. Vom Streben nach Aufwertung – ein ehrlicher Blick auf uns Menschen*, Weinheim 2022.

Orlowsky, Ursula/Rebekka Orlowsky, »Einleitung: Intention und Aufbau des Buches«, in: Orlowsky/Orlowsky (Hg.), *Narziss und Narzissmus im Spiegel von Literatur, Bildender Kunst und Psychoanalyse*, a. a. O., S. 19-28.

Orlowsky, Ursula/Rebekka Orlowsky (Hg.), *Narziss und Narzissmus im Spiegel von Literatur, Bildender Kunst und Psychoanalyse. Vom Mythos zur leeren Selbstinszenierung*, München 1992.

Ovid, »Metamorphoses/Verwandlungen III 339-510«, in: Renger (Hg.), *Mythos Narziss*, a. a. O., S. 44-54.

Pantenburg, Johannes/Sven Reichardt/Benedikt Sepp, »Wissensparallelwelten der ›Querdenker‹«, in: Reichardt (Hg.), *Die Misstrauensgemeinschaft der »Querdenker«*, a. a. O., S. 29-66.

Pantenburg, Johannes/Benedikt Sepp, »Wissen, hausgemacht. Selbstverständnis, Expertisen und Hausverstand der ›Querdenker‹«, in: Büttner/Laux (Hg.), *Umstrittene Expertise*, a. a. O., S. 468-482.

Paris, Rainer, »Ohnmacht als Pression. Über Opferrhetorik«, in: *Merkur* 58/665-666 (2004), S. 914-923.

Peck, Jamie, *Workfare States*, New York 2001.

Petersen, Thomas, »Die Mehrheit fühlt sich gegängelt«, in: *Frankfurter Allgemeine Zeitung* (16. Juni 2021), S. 8.

Peukert, Rüdiger, »Die Destabilisierung der Familie«, in: *Was treibt die Gesellschaft auseinander?*, herausgegeben von Wilhelm Heitmeyer, Frankfurt am Main 1997, S. 187-328.

Pfaller, Robert, *Erwachsenensprache. Über ihr Verschwinden aus Politik und Kultur*, Frankfurt am Main 2017.

Pfister, Jonas (Hg.), *Texte zur Freiheit*, Stuttgart 2017.

Piff, Paul K., »Wealth and the inflated self. Class, entitlement, and narcissism«, in: *Personality and Social Psychology Bulletin* 40/1 (2013), S. 34-43.

Pollock, Friedrich, »Bemerkungen zur Wirtschaftskrise«, in: *Zeitschrift für Sozialforschung* 2/3 (1933), S. 321-354.

Popitz, Heinrich, »Realitätsverlust in Gruppen« (1994), in: ders., *Soziale Normen*, herausgegeben von Friedrich Pohlmann und Wolfgang Eßbach, Frankfurt am Main 2006, S. 175-186.

Popitz, Heinrich, *Phänomene der Macht. Autorität – Herrschaft – Gewalt – Technik*, Tübingen 1986.

Popitz, Heinrich, *Die normative Konstruktion der Gesellschaft*, Tübingen 1980.

Poulantzas, Nicos, *Staatstheorie. Politischer Überbau, Ideologie, Autoritärer Etatismus*, Hamburg 1978.

Priester, Karin, »Philosophie der Apokalypse. Geistige Pfadfinder der Neuen Rechten«, in: *Blätter für deutsche und internationale Politik* 10 (1995), S. 1241-1251.

Radeloff, Daniel/Jon Genuneit/Christian J. Bachmann, »Suizide in Deutschland während der COVID-19-Pandemie. Eine Analyse auf der Grundlage von Daten zu elf Millionen Einwohnern 2017-2021«, in: *Deutsches Ärzteblatt* 119 (2022), online verfügbar unter: {https://www.aerzteblatt.de/archiv/225003/Suizide-in-Deutschland-waehrend-der-COVID-19-Pandemie}.

Rancière, Jacques, *Das Unvernehmen. Politik und Philosophie*, Frankfurt am Main 2002.

Rancière, Jacques, »Demokratie und Postdemokratie«, in: Alain Badiou/Jacques Rancière, *Politik der Wahrheit*, Wien 1996, S. 119-156.

Rawls, John, *Eine Theorie der Gerechtigkeit*, Frankfurt am Main 1979 [1971].

Reckwitz, Andreas, *Das Ende der Illusionen. Politik, Ökonomie und Kultur in der Spätmoderne*, Berlin 2019.

Reckwitz, Andreas, *Die Gesellschaft der Singularitäten. Zum Strukturwandel der Moderne*, Berlin 2019.

Reckwitz, Andreas, *Das hybride Subjekt. Eine Theorie der Subjektkulturen von der bürgerlichen Moderne zur Postmoderne*, Berlin 2020.

Reckwitz, Andreas/Hartmut Rosa, *Spätmoderne in der Krise. Was leistet die Gesellschaftstheorie?*, Berlin 2021.

Reckwitz, Andreas, »Gesellschaftstheorie als Werkzeug«, in: Reckwitz/Rosa, *Spätmoderne in der Krise*, a. a. O., S. 23-150.

Reckwitz, Andreas, »Auf der Suche nach der neuen Mittelklasse – Replik auf Nils Kumkar und Uwe Schimank«, in: *Leviathan* 49/1 (2021), S. 33-61.

Redecker, Eva von, »Ownership's shadow. Neoauthoritarianism as defense of phantom possession«, in: *Critical Times* 3/1 (2020), S. 33-67.

Rehmann, Jan/Thomas Wagner (Hg.), *Angriff der Leistungsträger? Das Buch zur Sloterdijk-Debatte*, Hamburg 2010.

Reich, Jennifer, *Calling the Shots. Why Parents Reject Vaccines*, New York 2016.

Reichardt, Sven (Hg.), *Die Misstrauensgemeinschaft der »Querdenker«. Die Corona-Proteste aus kultur- und sozialwissenschaftlicher Perspektive*, Frankfurt am Main/New York 2021.

Reichardt, Sven, *Authentizität und Gemeinschaft. Linksalternatives Leben in den siebziger und frühen achtziger Jahren*, Berlin 2014.

Reiche, Reimut, *Sexualität und Klassenkampf. Zur Abwehr repressiver Entsublimierung*, Frankfurt am Main 1971.

Renger, Almut-Barbara, »Vorwort: Narcissus – ›Selbsterkenntnis‹ und ›Liebe als Passion‹. Gedankengänge zu einem Mythos«, in: *Narcissus. Ein Mythos von der Antike bis zum Cyberspace*, herausgegeben von Almut-Barbara Renger, Stuttgart/Weimar 2002, S. 1-12.

Renger, Almut-Barbara (Hg.), *Mythos Narziss. Texte von Ovid bis Jacques Lacan*, Leipzig 1999.

Renger, Almut-Barbara, »Vorwort«, in: Renger (Hg.), *Mythos Narziss*, a.a.O., S. 14-21.

Reveland, Carla/Volker Siefert, »›Querdenker‹ für Putin«, in: *Tagesschau.de* (4. März 2022), online verfügbar unter: {https://www.tagesschau.de/investigativ/reaktionen-auf-putin-von-querdenkern-und-verschwoerungsideologen-101.html}.

Riesman, David et al., *Die einsame Masse. Eine Untersuchung der Wandlungen des amerikanischen Charakters*, Darmstadt 1956.

Ritter, Kathrin/Claas-Hinrich Lammers, »Narzissmus – Persönlichkeitsvariable und Persönlichkeitsstörung«, in: *Psychotherapie, Psychosomatik, Medizinische Psychologie* 57/2 (2007), S. 53-60.

Röcke, Anja, *Soziologie der Selbstoptimierung*, Berlin 2021.

Roose, Jochen, »Soziale Bewegungen als Basismobilisierung. Zum Verhältnis von Basis und Führungspersonal in den Ansätzen der Bewegungsforschung«, *Grassroots-Campaigning*, herausgegeben von Rudolf Speth, Wiesbaden 2013, S. 141-157.

Rorty, Richard, *Stolz auf unser Land. Die amerikanische Linke und der Patriotismus*, Frankfurt am Main 1999.

Rosa, Hartmut, »Best Account. Skizze einer systematischen Theorie der modernen Gesellschaft«, in: Reckwitz/Rosa, *Spätmoderne in der Krise*, a.a.O., S. 151-252.

Rosa, Hartmut, *Resonanz. Eine Soziologie der Weltbeziehung*, Berlin 2018.

Rosa, Hartmut, *Beschleunigung und Entfremdung. Entwurf einer kritischen Theorie spätmoderner Zeitlichkeit*, Berlin 2013.

Rosa, Hartmut, »Wettbewerb als Interaktionsmodus. Kulturelle und sozialstrukturelle Konsequenzen der Konkurrenzgesellschaft, in: ders., *Weltbeziehungen im Zeitalter der Beschleunigung*, Frankfurt am Main 2012, S. 324-356.

Rosa, Hartmut, *Beschleunigung. Die Veränderung der Zeitstrukturen in der Moderne*, Frankfurt am Main 2005.

Rosanvallon, Pierre, *Die Gegen-Demokratie. Politik im Zeitalter des Misstrauens*, Hamburg 2017.

Rosanvallon, Pierre, *Die Gesellschaft der Gleichen*, Hamburg 2013.

Rucht, Dieter, »Gesellschaft als Projekt – Projekte in der Gesellschaft«, in: *Neue soziale Bewegungen. Impulse, Bilanzen und Perspektiven*, herausgegeben von Ansgar Klein, Hans-Josef Legrand und Thomas Leif, Opladen 1999, S. 15-27.

Rucht, Dieter, »Gegenöffentlichkeit und Gegenexperten«, in: *Zeitschrift für Rechtssoziologie* 9/2 (1988), S. 290-305.

Sachweh, Patrick, »Klassen und Klassenkonflikte in der postindustriellen Gesellschaft«, in: *Leviathan* 49/2 (2021), S. 181-188.

Saint-Victor, Jacques de, *Die Antipolitischen*, Hamburg 2015.

Sandel, Michael J., *Vom Ende des Gemeinwohls. Wie die Leistungsgesellschaft unsere Demokratien zerreißt*, Frankfurt am Main 2020.

Sarasin, Philipp, *1977. Eine kurze Geschichte der Gegenwart*, Berlin 2021.

Sartre, Jean-Paul, »Plädoyer für die Intellektuellen« (1965), in: *Gesammelte Werke*, Bd. 6: *Politische Schriften*, herausgegeben von Traugott König, Reinbek bei Hamburg 1995, S. 90-148.

Sauer, Birgit, »Gesellschaftstheoretische Überlegungen zum europäischen Rechtspopulismus. Zum Erklärungspotenzial der Kategorie Geschlecht«, in: *Politische Vierteljahresschrift* 58/1 (2017), S. 3-22.

Schäfer, Armin/Michael Zürn, *Die demokratische Regression*, Berlin 2021.

Schäfer, Robert/Nadine Frei, »Rationalismus und Mystifikation. Zur formalen Pathetik des Dagegenseins«, in: *Zeitschrift für Religion, Gesellschaft und Politik* 5 (2021), S. 391-410.

Schaupp, Simon, »Algorithmic integration and precarious (dis)obedience: On the co-constitution of migration regime and workplace regime in digitalised manufacturing and logistics«, in: *Work, Employment and Society* 36/2 (2022), S. 310-327.

Schaupp, Simon, *Digitale Selbstüberwachung. Self-Tracking im kybernetischen Kapitalismus*, Münster 2016.

Scheler, Max, *Das Ressentiment im Aufbau der Moralen*, Frankfurt am Main 1978 [1915].

Schildt, Axel, *Medien-Intellektuelle in der Bundesrepublik*, herausgegeben von Gabriele Kandzora und Detlef Siegfried, Göttingen 2020.

Schildt, Axel, *Militärdiktatur mit Massenbasis? Die Querfrontkonzeption der Reichswehrführung um General von Schleicher am Ende der Weimarer Republik*, Frankfurt am Main/New York 1981.

Schimank, Uwe, »Universitäten und Gesellschaft im Wandel«, in: *Aus Politik und Zeitgeschichte* 71/46 (2021), S. 42-47.

Schirrmacher, Frank, »Der Solschenizyn-Schock«, in: *Frankfurter Allgemeine Zeitung* (4. August 2008), online verfügbar unter {https://www.faz.net/aktuell/feuilleton/buecher/sieg-ueber-die-geschichte-der-solschenizyn-schock-1677319.html}.

Schlechtriemen, Tobias/Sebastian J. Moser, »Sozialfiguren. Zwischen gesellschaftlicher Erfahrung und soziologischer Diagnose«, in: *Zeitschrift für Soziologie* 47/3 (2018), S. 164-180.

Schließler, Clara/Nele Hellweg/Oliver Decker, »Aberglaube, Esoterik und Verschwörungsmentalität in Zeiten der Pandemie«, in: Decker/Bähler (Hg.), *Autoritäre Dynamiken*, a. a. O., S. 283-308.

Schmincke, Imke, »Das Kind als Chiffre politischer Auseinandersetzung am Beispiel neuer konservativer Protestbewegungen in Frankreich und Deutschland«, in: Hark/ Villa (Hg.), *Anti-Genderismus*, a. a. O., S. 93-108.

Schmitt, Carl, »Starker Staat und gesunde Wirtschaft. Ein Vortrag vor Wirtschaftsführern«, in: *Volk und Reich* 1/2 (1933), S. 81-94.

Schneider, Anna, »Die Freiheit beginnt beim Ich«, in: *Die Welt* (20. November 2021), online verfügbar unter: {https://www.welt.de/debatte/kommentare/plus235159368/Anna-Schneider-zu-Individualismus-und-Covid-Freiheit-beginnt-beim-Ich.html}.

Schneider, Anna, »Weit weg von der Lebensrealität«, in: *Die Welt* (21. Juni 2021), online verfügbar unter: {https://www.welt.de/debatte/kommentare/plus231996405/Diskriminierungssensible-Medien-Weit-weg-von-der-Lebensrealitaet.html}.

Schroer, Markus, *Das Individuum der Gesellschaft. Synchrone und diachrone Theorieperspektiven*, Frankfurt am Main 2001.

Schubert, Karsten, »Umkämpfte Kunstfreiheit. Ein Differenzierungsvorschlag«, in: *Zeitschrift für Menschenrechte* 14/2 (2020), S. 195-204.

Schwab, Klaus/Thierry Malleret, *Covid-19. Der Große Umbruch*, Genf 2020.

Schwennicke, Christoph, »Es gibt keine moralische Pflicht zur Selbstzerstörung. Peter Sloterdijk über die Flüchtlingskrise«, Interview mit Peter Sloterdijk, in: *Cicero* (28. Januar 2016), online verfügbar unter: {https://www.cicero.de/innenpolitik/peter-sloterdijk-luegenaether-fluechtlinge-koeln-silvester/plus}.

Seeliger, Martin, *Soziologie des Gangsta-Rap. Popkultur als Ausdruck sozialer Konflikte*, Weinheim/Basel 2022.

Seeliger, Martin/Sebastian Sevignani (Hg.), *Ein neuer Strukturwandel der Öffentlichkeit?*, Baden-Baden 2021.

Sennett, Richard, *Der flexible Mensch. Die Kultur des neuen Kapitalismus*, Berlin 1998.

Sennett, Richard, *Verfall und Ende des öffentlichen Lebens. Die Tyrannei der Intimität*, Frankfurt am Main 1986.

Siegfried, Detlef/David Templin (Hg.), *Lebensreform um 1900 und Alternativmilieu um 1980. Kontinuitäten und Brüche in Milieus der gesellschaftlichen Selbstreflexion im frühen und späten 20. Jahrhundert*, Göttingen 2019.

Simmel, Georg, »Fragment über die Liebe« (1921), in: *Georg Simmel Gesamtausgabe* (GSG), Bd. 7: *Aufsätze und Abhandlungen 1901-1908. Band I*, herausgegeben von Rüdiger Kramme, Angela Rammstedt und Otthein Rammstedt, Frankfurt am Main 1995.

Simmel, Georg, »Zur Psychologie der Scham« (1901), in: *Schriften zur Soziologie. Eine Auswahl*, herausgegeben von Heinz-Jürgen Dahme und Otthein Rammstedt, Frankfurt am Main 1992, S. 140-150.

Simmel, Georg, *Philosophie des Geldes*, GSG 6: *Philosophie des Geldes*, Frankfurt am Main 1989 [1900].

Simmel, Georg, »Über sociale Differenzierung« (1890), in: GSG 2: *Aufsätze 1887 bis 1890. Über sociale Differenzierung. Die Probleme der Geschichtsphilosophie (1892)*, herausgegeben von Heinz-Jürgen Dahme, Frankfurt am Main 1989, S. 109-296.

Sinus Markt- und Sozialforschung, *Die Sinus-Milieus in Deutschland. Infopaket für Lehrzwecke*, Heidelberg 2021, S. 25-31.

Slaby, Jan/Christian von Scheve (Hg.), *Affective Societies. Key Concepts*, London/New York 2019.

Slobodian, Quinn, *Globalisten. Das Ende der Imperien und die Geburt des Neoliberalismus*, Berlin 2019.

Sloterdijk, Peter, »Warum treten zunehmend Leute aus der Wirklichkeit aus?«, in: ders., *Der Staat streift seine Samthandschuhe ab. Ausgewählte Gespräche und Beiträge 2020-2021*, Berlin 2021, S. 149-171.

Sloterdijk, Peter, *Reflexionen eines nicht mehr Unpolitischen. Dankrede von Peter Sloterdijk zur Entgegennahme des Ludwig-Börne-Preises 2013*, Berlin 2013.

Sloterdijk, Peter, *Du mußt dein Leben ändern. Über Anthropotechnik*, Frankfurt am Main 2012.

Sloterdijk, Peter, *Die nehmende Hand und die gebende Seite. Beiträge zu einer Debatte über die demokratische Neubegründung von Steuern*, Berlin 2010.

Sloterdijk, Peter, »Die Revolution der gebenden Hand«, in: *Frankfurter Allgemeine Zeitung* (13. Juni 2009), online verfügbar unter: {https://www.faz.net/aktuell/feuilleton/debatten/kapitalismus/die-zukunft-des-kapitalismus-8-die-revolution-der-gebenden-hand-1812362.html}.

Sloterdijk, Peter, *Zorn und Zeit. Politisch-psychologischer Versuch*, Frankfurt am Main 2006.

Sloterdijk, Peter, *Kritik der zynischen Vernunft*, Bd. 1., Frankfurt am Main 1983.

Small, Mario Luis, »How to conduct a mixed methods study: Recent trends in a rapidly growing literature«, in: *Annual Review of Sociology* 37 (2011), S. 57-86.

Snowden, Frank M., *Epidemics and Society. From the Black Death to the Present*, New Haven 2019.

Speit, Andreas, *Verqueres Denken. Gefährliche Weltbilder in alternativen Milieus*, Berlin 2021.

Spoerhase, Carlos, »Filetierte Vernunft. Veröffentlichen in den Geistes- und Sozialwissenschaften«, in: *Mittelweg 36* 31/2 (2022), S. 4-13.

Staiger, Janet/Ann Cvetkovich/Ann Reynolds (Hg.), *Political Emotions*, New York 2010.

Stegemann, Bernd, *Die Öffentlichkeit und ihre Feinde*, Stuttgart 2021.

Stegemann, Bernd, »Keine Macht den Denunzianten und Reinheitsfanatikern der Kulturszene!«, in: *Schweizer Monat* 1077 (2020), online verfügbar unter: {https://schweizermonat.ch/keine-macht-den-denunzianten-und-reinheitsfanatikern-der-kulturszene}.

Stegemann, Bernd, »Der liberale Populismus und seine Feinde«, in: *Blätter für deutsche und internationale Politik* 4 (2017), S. 81-94.

Steiner, John, *Narzißtische Einbrüche. Sehen und Gesehenwerden. Scham und Verlegenheit pathologischer Persönlichkeitsstörungen*, Stuttgart 2006.

Stewart, Kathleen, *Ordinary Affects*, Durham 2007.

Strauss, Anselm L./Juliet Corbin, *Basics of Qualitative Research. Grounded Theory Procedures and Techniques*, London 1990.

Streeck, Wolfgang, »Heller, Schmitt and the Euro«, in: *European Law Journal* 1/3 (2015), S. 361-370.

Streichhahn, Vincent, »Das Geschlecht des Rechtspopulismus. Ein Forschungsüberblick«, in: *Wie weiter mit der Populismusforschung?*, herausgegeben von Seongcheol Kim und Veith Selk, Baden-Baden 2021, S. 293-318.

Strenger, Carlo, *Abenteuer Freiheit. Ein Wegweiser für unsichere Zeiten*, Berlin 2017.

Strick, Simon, *Rechte Gefühle. Affekte und Strategien des digitalen Faschismus*, Bielefeld 2021.

Strübing, Jörg, *Grounded Theory. Zur sozialtheoretischen und epistemologischen Fundierung eines pragmatistischen Forschungsstils*, Wiesbaden 2014.

Taleb, Nassim Nicholas, *Der Schwarze Schwan. Die Macht höchst unwahrscheinlicher Ereignisse*, München 2008.

Tell, Willem A., »Was fasziniert die Deutschen an Helene Fischer? 8 Fragen an Deutschlands wichtigsten Philosophen«, Interview mit Peter Sloterdijk, in: *Bild* (26. Juni 2015), online verfügbar unter: {https://www.bild.de/unterhaltung/kultur/helene-fischer/warum-lieben-die-deutschen-den-schlagerstar-41518092.bild.html}.

Thaa, Helene, »Corona-Skepsis als Rebellion der Individualist*innen«, in: *Soziologieblog* (9. September 2020), online verfügbar unter: {https://soziologieblog.hypotheses.org/13718}.

Thaler, Richard H./Cass R. Sunstein, »Libertarian paternalism«, in: *American Economic Review* 93/2 (2003), S. 175-179.

Therborn, Göran, *Inequality and the Labyrinths of Democracy*, London 2020.

Thießen, Malte, *Auf Abstand. Eine Gesellschaftsgeschichte der Coronapandemie*, Frankfurt am Main/New York 2021.

Thießen, Malte, *Immunisierte Gesellschaft. Impfen in Deutschland im 19. und 20. Jahrhundert*, Göttingen 2017.

Thome, Helmut, »Zur Normalität von Anomie in funktional differenzierten Gesellschaften«, in: *Zeitschrift für Soziologie* 45/4 (2016), S. 261-280.

Tieschky, Claudia, »Harald Martenstein verlässt ›Tagesspiegel‹«, in: *Süddeutsche Zeitung* (20. Februar 2022), online verfügbar unter:

{https://www.sueddeutsche.de/medien/martenstein-tagesspiegel-1.5532655}.

Tocqueville, Alexis de, *Über die Demokratie in Amerika*, Ditzingen 2021 [1835/40].

Tuinen, Sjoerd van (Hg.), *Peter Sloterdijk*, *Cultural Politics* 3/3 (Sonderheft), Oxford 2007.

Tuinen, Sjoerd van, *Peter Sloterdijk. Ein Profil*, Paderborn 2006.

Tumult, »Über Tumult«, online verfügbar unter: {https://www.tumult-magazine.net/ueber-tumult}.

Twenge, Jean M./W. Keith Campbell, *The Narcissism Epidemic. Living in the Age of Entitlement*, New York 2009.

Twenge, Jean M. et al., »Egos inflating over time. A cross-temporal meta-analysis of the Narcissistic Personality Inventory«, in: *Journal of Personality* 76/4 (2008), S. 875-902.

Uhls, Yaida T./Patricia M. Greenfield, »The rise of fame: An historical content analysis«, in: *Cyberpsychology* 5 (2011), o.S.

Urbinati, Nadia, »Demokratischer Individualismus«, in: *Westend. Neue Zeitschrift für Sozialforschung* 14/1 (2017), S. 119-140.

Vallas, Steven/Juliet B. Schor, »What do platforms do? Understanding the gig economy«, in: *Annual Review of Sociology* 46/1 (2020), S. 273-294.

Vater, Aline/Steffen Moritz/Stefan Roepke, »Does a narcissism epidemic exist in modern western societies? Comparing narcissism and self-esteem in East and West Germany«, in: *PLOS ONE* 13/5 (2018), S. 1-16.

Vater, Aline et al., »Narzisstische Persönlichkeitsstörung. Forschung, Diagnose und Psychotherapie«, in: *Psychotherapeut* 58 (2013), S. 599-615.

Vester, Michael et al., *Soziale Milieus im gesellschaftlichen Strukturwandel. Zwischen Integration und Ausgrenzung*, Frankfurt am Main 2001.

Villa, Paula-Irene/Richard Traunmüller/Matthias Revers, »Lässt sich ›cancel culture‹ empirisch belegen?«, in: *Aus Politik und Zeitgeschichte* 71/46 (2021), S. 26-33.

Vobruba, Georg, *Die Kritik der Leute. Einfachdenken gegen besseres Wissen*, Weinheim 2019.

Voelz, Johannes, »Wendungen des Neids. Tocqueville und Emerson zum Paradox einer demokratischen Leidenschaft«, in: *Westend. Neue Zeitschrift für Sozialforschung* 26/1 (2017), S. 141-154.

Vogl, Joseph, *Kapital und Ressentiment. Eine kurze Theorie der Gegenwart*, München 2021.

Wacquant, Loïc/Ulf Kadritzke, »Der neoliberale Leviathan. Eine historische Anthropologie des gegenwärtigen Gesellschaftsregimes«, in: *Prokla. Zeitschrift für Kritische Sozialwissenschaft* 42/169 (2012), S. 677-698.

Wacquant, Loïc, *Bestrafen der Armen. Zur neoliberalen Regierung der sozialen Unsicherheit*, Opladen 2009.

Wagenknecht, Sahra, *Die Selbstgerechten. Mein Gegenprogramm – für Gemeinsinn und Zusammenhalt*, Frankfurt am Main/New York 2021.

Wagner, Greta, *Selbstoptimierung. Praxis und Kritik von Neuroenhancement*, Frankfurt am Main 2017.

Wagner, Peter, *Fortschritt. Zur Erneuerung einer Idee*, Frankfurt am Main 2018.

Wagner, Peter, *Modernity. Understanding the Present*, Cambridge 2012.

Wagner, Peter, *Moderne als Erfahrung und Interpretation. Eine neue Soziologie zur Moderne*, Konstanz 2009.

Wagner, Peter, *Soziologie der Moderne*, Frankfurt am Main/New York 1995.

Wagner-Egger, Pascal et al., »The Yellow Vests in France. Psychosocial determinants and consequences of the adherence to a social movement in a representative sample of the population«, in: *International Review of Social Psychology* 35/1 (2022), S. 1-14.

Walter, Franz, *Gelb oder Grün? Kleine Parteiengeschichte der besserverdienenden Mitte in Deutschland*, Bielefeld 2010.

Ward, Charlotte/David Voas, »The emergence of conspirituality«, in: *Journal of Contemporary Religion* 26/1 (2011), S. 103-121.

Weber, Max, *Die protestantische Ethik und der Geist des Kapitalismus*, herausgegeben von Dirk Kaesler, München 2004 [1904].

Wedemeyer-Kolwe, Bernd, *Aufbruch. Die Lebensreform in Deutschland*, Darmstadt 2017.

Weidmann, Nils B., »Esoteric beliefs and opposition to Corona restrictions«, Working Paper Series/Cluster of Excellence »The Politics of Inequality« 10, Konstanz 2022.

Weiß, Heinz/Heinrich Merkt, »Eine pathologische Organisation auf der Grundlage des Strebens nach Perfektion«, in: *Lost in Perfection. Zur Optimierung von Gesellschaft und Psyche*, herausgegeben von Vera King, Benigna Gerisch und Hartmut Rosa, Berlin 2021, S. 225-238.

Weiß, Heinz, »Groll, Scham und Zorn. Überlegungen zur Differenzierung narzißtischer Zustände«, in: *Psyche* 62/7 (2008), S. 866-886.

Weiß, Johannes, »Wiederverzauberung der Welt? Bemerkungen zur Wiederkehr der Romantik in der gegenwärtigen Kulturkritik«, in: *Kultur und Gesellschaft, Sonderheft* 27 der *Kölner Zeitschrift für Soziologie und Sozialpsychologie*, herausgegeben von Friedhelm Neidhardt, M. Rainer Lepsius und Johannes Weiß, Opladen 1986.

Weiß, Volker, »Querfront. Die Allianz der Populisten«, in: *Stichworte zur Zeit. Ein Glossar*, herausgegeben von der Heinrich-Böll-Stiftung, Bielefeld 2020, S. 227-240.

Welsch, Wolfgang, *Unsere postmoderne Moderne*, Berlin 2008.

Wenau, Georg/Pavel Grigoriev/Vladimir Shkolnikov, »Socioeconomic disparities in life expectancy gains among retired German men, 1997-2016«, in: *Journal of Epidemiology and Community Health* 73/7 (2019), S. 605-611.

Wetzel, Eunike et al., »The narcissism epidemic is dead; long live the narcissism epidemic«, in: *Psychological Science* 28/12 (2017), S. 1833-1847.

Wiggershaus, Rolf, *Die Frankfurter Schule. Geschichte. Theoretische Entwicklung. Politische Bedeutung*, München 1988.

Willis, Paul, *Spaß am Widerstand. Learning to Labour*, Hamburg 2013 [1977].

Wirth, Uwe, »Zwischenräumliche Bewegungspraktiken«, in: *Bewegen im Zwischenraum*, herausgegeben von Uwe Wirth, Berlin 2012, S. 7-34.

Wolff, Eberhard, »Über das Impfen«, in: *Schweizerische Ärztezeitung* 100/25 (2019), S. 868.

Wolff, Eberhard, *Einschneidende Maßnahmen. Pockenschutzimpfung und traditionale Gesellschaft im Württemberg des frühen 19. Jahrhunderts*, Stuttgart 1998.

Wouters, Cas, *Informalisierung. Norbert Elias' Zivilisationstheorie und Zivilisationsprozesse im 20. Jahrhundert*, Wiesbaden 1999.

Wurmser, Léon, *Die Maske der Scham. Die Psychoanalyse von Schamaffekten und Schamkonflikten*, Berlin/Heidelberg 1990.

Zander, Helmut, *Die Anthroposophie. Rudolf Steiners Ideen zwischen Esoterik, Weleda, Demeter und Waldorfpädagogik*, Paderborn 2019.

Zeigler-Hill, Virgil/Paige Malay/Destaney Saulsa, »Through the eyes of Narcissus. Competitive social worldviews mediate the associations with ideological attitudes«, in: *Self and Identity* 20/6 (2021), S. 811-840.

Žižek, Slavoj, *Die Tücke des Subjekts*, Frankfurt am Main 2010.

Žižek, Slavoj, *Auf verlorenem Posten*, Frankfurt am Main 2009.
Žižek, Slavoj, »Why we all love to Hate Haider«, in: *New Left Review* 2 (2000), S. 37-46.
Zola, Émile, »J'accuse!« (1898), in: *Die Affäre Dreyfus*, herausgegeben von Siegfried Thalheimer, München 1963, S. 185-193.

Dank

Dieses Buch ist das Gemeinschaftswerk einer Literatursoziologin und eines Soziologen. Die Forschung, auf der es aufbaut, ist aber auch das Resultat eines kollaborativen Forschungsprozesses. Ohne die Unterstützung unserer Mitarbeiter:innen und Hilfskräfte wäre die Erhebung des empirischen Materials und seine Auswertung nicht möglich gewesen. Ihnen gebührt großer Dank. Insbesondere Nadine Frei, Maurits Heumann, Johannes Truffer, Daria Wild, Matthias Zaugg, Clara Balzer-Nelson, Max Kaufmann, Verena Hartleitner und Robert Schäfer sei an dieser Stelle nochmals für die Mitarbeit in den empirischen Forschungsprojekten sowie der Unterstützung bei der Erstellung des Manuskripts gedankt.

Für ihre Anregungen bedanken wir uns bei den Teilnehmer:innen des Kolloquiums im Arbeitsbereich Sozialstrukturanalyse der Universität Basel, neben den oben Genannten bei Helene Thaa, Mirela Ivanova, Linus Petermann, Jacqueline Kalbermatter und Simon Schaupp.

Außerordentlicher Dank gebührt außerdem Nicola Gess und dem SNF-Projekt »Halbwahrheiten« an der Universität Basel für das produktive geistige Klima, namentlich Silvan Bolliger, Hevin Karakurt, Lea Liese und Cornelius Puschmann.

Für anregende Gespräche und Diskussionen auf Tagungen, Workshops, Institutsfluren oder in Forschungsnetzwerken bedanken wir uns außerdem bei Sidonia Blättler, Ulrich Bröckling, Adrian Daub, Alex Demirović, Wolfgang Eßbach, Philipp

Felsch, Johannes Franzen, Gunnar Hindrichs, Agnes Hoffmann, Vera King, Albrecht Koschorke, Piotr Kocyba, Nils C. Kumkar, Andrea Maihofer, Julian Müller, Johannes Paßmann, Dieter Rucht, Astrid Séville, Markus Steinmayr, Ferdinand Sutterlüty, Simon Teune, Hubert Thüring, Niels Werber und Eberhard Wolff.

Unserer Agentin Aenne Glienke danken wir für ihren engagierten Einsatz.

Unserem Boi danken wir für seine stoische Geduld, wenn wir mal wieder »tippeln« mussten. 1000 Küsschen!

Der größte Dank gebührt zuallerletzt unserem Lektor Heinrich Geiselberger für die wahnsinnig gute und vertrauensvolle Zusammenarbeit.

Sachregister